Helge Bezold
Ester – eine Gewaltgeschichte

Beihefte zur Zeitschrift für die alttestamentliche Wissenschaft

Herausgegeben von
John Barton, Reinhard G. Kratz, Nathan MacDonald,
Sara Milstein und Markus Witte

Band 545

Helge Bezold

Ester – eine Gewaltgeschichte

Die Gewaltdarstellungen in der hebräischen
und griechischen Esterüberlieferung

DE GRUYTER

Die Open-Access-Version sowie die Druckvorstufe dieser Publikation wurden vom Schweizerischen Nationalfonds zur Förderung der wissenschaftlichen Forschung unterstützt.

FNSNF

SCHWEIZERISCHER NATIONALFONDS
ZUR FÖRDERUNG DER WISSENSCHAFTLICHEN FORSCHUNG

ISBN 978-3-11-079223-2
e-ISBN (PDF) 978-3-11-079226-3
e-ISBN (EPUB) 978-3-11-079235-5
ISSN 0934-2575
DOI https://doi.org/10.1515/9783110792263

Library of Congress Control Number: 2022950203

Bibliografische Information der Deutschen Nationalbibliothek
Die Deutsche Nationalbibliothek verzeichnet diese Publikation in der Deutschen Nationalbibliografie; detaillierte bibliografische Daten sind im Internet über http://dnb.dnb.de abrufbar.

© 2023 bei dem Autor, publiziert von Walter de Gruyter GmbH, Berlin/Boston. Dieses Buch ist als Open-Access-Publikation verfügbar über www.degruyter.com.

Satz: Samuel Arnet, Bern, Schweiz
Druck und Bindung: CPI books GmbH, Leck

www.degruyter.com

MIX
Papier | Fördert
gute Waldnutzung
FSC
www.fsc.org FSC® C083411

Inhalt

Vorwort —— IX

1	**Einleitung** —— 1	
1.1	Rezeptions- und Gewaltgeschichte —— 1	
1.2	Inhalte und Ziele der Arbeit —— 5	
1.3	Konzeptionelle Grundannahmen und Vorüberlegungen —— 7	
1.3.1	Zum Begriff „Gewalt" —— 7	
1.3.2	Die Estergeschichte als historische Fiktion —— 9	
1.3.3	Der hellenistische Blick auf die persische Welt —— 12	
1.4	Gewalt in der antiken Esterüberlieferung —— 17	
1.4.1	EstMT: Die hebräische Estererzählung —— 18	
1.4.2	EstLXX: Die septuagintagriechische Estererzählung —— 20	
1.4.3	EstAT: Die Estererzählung des griechischen Kurztextes —— 22	
1.5	Aufbau und Vorgehen der Arbeit —— 23	

**2 Literarhistorische Grundlegung:
Eine Gewaltgeschichte ohne Gewalt? —— 27**

2.1   Positionen der literarhistorischen Esterforschung —— 27

2.2   EstAT: Zeuge der ältesten Estererzählung? —— 39

2.2.1   Die Überlieferung von EstAT —— 39

2.2.2   Die Kürze von EstAT —— 41

2.2.3   EstAT 3: Hamans Vorwürfe gegen die Juden —— 44

2.2.4   EstAT 7,14–17; Add. E; 7,34–38:
Die Annullierung von Hamans Plan —— 47

2.2.5   EstAT 7,18–21: Die Vernichtung der Feinde I: Todesstrafe —— 54

2.2.6   EstAT 7,43–46: Die Vernichtung der Feinde II:
Kämpfe der Juden —— 57

2.2.7   Literarhistorische Synthese zu EstAT —— 60

2.3   EstMT: Die älteste Estererzählung —— 61

2.3.1   EstMT 3–5: Der Konflikt Hamans mit Mordechai und
der Plan zur Vernichtung der Juden —— 62

2.3.2   EstMT 8: Die Erhöhung Mordechais und
das jüdische Gegenedikt —— 69

2.3.3   EstMT 8,17: Abschluss einer älteren Estererzählung? —— 73

2.3.4   EstMT 9,1–16: Die Kampfszenen —— 75

2.3.5   Literarhistorische Synthese zu EstMT —— 79

2.4   Rück- und Ausblick —— 81

3	**EstMT: Von Vernichtung und Vergeltung** —— **85**	
3.1	Einleitende Bemerkungen zur Gewaltdarstellung von EstMT —— **85**	
3.2	Die Bedrohung der Juden nach EstMT 3 —— **88**	
3.2.1	Das Vernichtungsmotiv aus traditionsgeschichtlicher und historischer Perspektive —— **88**	
3.2.2	Kollektivstrafen: EstMT 1 als Vorbereitung von EstMT 3 —— **93**	
3.2.3	Hamans Charakter und seine Reaktion (EstMT 3,1–7) —— **97**	
3.2.3.1	Haman, der hochmütige und zornige Frevler —— **97**	
3.2.3.2	Von Zorn und Vernichtung in griechischer Literatur —— **99**	
3.2.3.3	Haman, der Judenfeind – Haman, der Agagiter? —— **100**	
3.2.4	Der Erlass des Vernichtungsedikts (EstMT 3,8–15) —— **104**	
3.2.4.1	Die Anklage gegen die Juden (EstMT 3,8–9) —— **104**	
3.2.4.2	Jüdische Partikularität —— **106**	
3.2.4.3	Imperiale Vernichtungsabsicht (EstMT 3,13) —— **108**	
3.2.4.4	Gewalt und Vernichtung in 1 Makk —— **112**	
3.2.5	Synthese zu EstMT 3 —— **116**	
3.3	Die Vergeltung der Juden nach EstMT 8–9 —— **119**	
3.3.1	Das Gegenedikt (EstMT 8) —— **120**	
3.3.1.1	Der politische Rahmen —— **121**	
3.3.1.1.1	Der Weg zum Gegenedikt (EstMT 8,1–10) —— **121**	
3.3.1.1.2	Mordechais Macht (EstMT 8,15–16) —— **125**	
3.3.1.2	Der Inhalt des Gegenedikts: Verteidigung und Vergeltung (EstMT 8,11–13) —— **131**	
3.3.1.2.1	Verteidigung —— **131**	
3.3.1.2.2	Vergeltung —— **134**	
3.3.1.3	Die Furcht der Nichtjuden vor den Juden (EstMT 8,17) —— **139**	
3.3.1.4	Synthese —— **144**	
3.3.2	Die Vernichtung der Feinde (EstMT 9) —— **145**	
3.3.2.1	Zu Form, Inhalt und Herkunft von EstMT 9,1–16 —— **145**	
3.3.2.2	Die Überlegenheit der Juden im Kampf —— **150**	
3.3.2.2.1	Das Summarium (EstMT 9,1–5) —— **150**	
3.3.2.2.2	Der erste Kampftag (EstMT 9,6–10.16) —— **156**	
3.3.2.2.3	Der zweite Kampftag (EstMT 9,11–15) —— **162**	
3.3.2.3	Purim als Siegesfeier —— **166**	
3.3.2.4	Synthese —— **172**	
3.4	Historische Kontextualisierung der Gewaltdarstellung von EstMT —— **174**	
3.4.1	Grundlegendes zur Datierung von EstMT —— **174**	
3.4.2	Das militärische Strafgericht des Seleukidenkönigs Antiochus IV. —— **177**	

3.4.3   Die Hasmonäer zwischen Gewalt und Diplomatie —— **183**
3.4.4   Jüdische Nachbarn und die Diaspora:
           Perspektiven aus der Hasmonäerzeit —— **187**

4   **Transformationen der**
           Gewaltdarstellung in den griechischen Esterbüchern —— **193**
4.1   Überblick —— **193**
4.2   Transformationen der Gewaltdarstellung I: EstLXX —— **195**
4.2.1   Die Bedrohung der Juden nach EstLXX —— **195**
4.2.1.1   Träume und Gebete:
           Die Vernichtung der Juden als göttliches (Straf-)Gericht —— **195**
4.2.1.2   Der Plan Hamans: Missgunst statt Feindschaft —— **202**
4.2.1.3   Das königliche Vernichtungsedikt:
           Die Feindlichkeit der Juden —— **206**
4.2.1.4   Synthese —— **209**
4.2.2   Die Vergeltung der Juden nach EstLXX —— **211**
4.2.2.1   Das Gegenedikt: Gesetze und Gewalt —— **211**
4.2.2.2   Die Vernichtung der Feinde:
           Ein militärischer Präventivschlag —— **215**
4.2.2.3   Die Errettung der Juden: Zeichen und Wunder Gottes —— **222**
4.2.2.4   Synthese —— **224**
4.2.3   Historische Kontextualisierung der Gewaltdarstellung
           von EstLXX —— **226**
4.3   Transformationen der Gewaltdarstellung II: EstAT —— **235**
4.3.1   Die Bedrohung der Juden nach EstAT —— **235**
4.3.1.1   Mordechais Traumvision: (K)ein Völkerkampf —— **235**
4.3.1.2   Hamans Plan —— **239**
4.3.2   Die Vergeltung der Juden nach EstAT —— **242**
4.3.2.1   Die Todesstrafe für die Feinde (EstAT 7,18–21) —— **242**
4.3.2.2   Die Vernichtung der Feinde durch die Juden (EstAT 7,43–46) —— **247**
4.3.3   Historische Kontextualisierung der Gewaltdarstellung
           von EstAT —— **250**

5   **Ertrag und Ausblick** —— **255**
5.1   Synthese —— **255**
5.2   Aussageabsichten der drei Estererzählungen und
           ihrer Gewaltdarstellungen —— **258**
5.2.1   EstMT —— **258**
5.2.2   EstLXX —— **261**
5.2.3   EstAT —— **263**

5.3　　　　Die Interpretation der Gewalt: Rück- und Ausblick —— **265**

6　　**Literaturverzeichnis** —— **271**
6.1　　　　Quellentexte —— **271**
6.2　　　　Sekundärliteratur —— **272**

Bibelstellenregister —— **291**

Gesamtregister —— **293**

Vorwort

Mit großer Dankbarkeit blicke ich zurück auf die von vielfältiger Unterstützung und intensivem Austausch über das Esterbuch geprägte Zeit meines Doktorats. Das Ergebnis liegt mit dieser Studie vor, die im Herbstsemester 2021 an der Theologischen Fakultät der Universität Basel als Dissertation angenommen und für die Publikation geringfügig überarbeitet wurde.

Ganz besonders danke ich meiner Doktormutter Prof. Dr. Sonja Ammann, die mich in den letzten Jahren mit ihrem Scharfsinn und ihrem Weitblick, aber auch mit Geduld, Zuversicht und Humor gefördert und begleitet hat. Ihr verdanke ich nicht nur eine vertrauensvolle und wertschätzende Zeit der Zusammenarbeit, große Freiräume für meine eigene Arbeit und den Kontakt zu vielen neuen Kolleginnen und Kollegen, sondern auch die Einbindung meiner Arbeit in das vom Schweizerischen Nationalfonds geförderte und in Basel angesiedelte Eccellenza-Forschungsprojekt „Transforming Memories of Collective Violence in the Hebrew Bible."

Die daraus entstandene Zusammenarbeit und Freundschaft mit Dr. Stephen Germany, Dr. Jenna Kemp und Prof. Dr. Julia Rhyder hat mir immer wieder – weit über das Alte Testament hinaus – Impulse für mein Denken und Arbeiten gegeben. Diese einzigartige Form des gemeinsamen Forschens wurde um eine engagierte Gruppe von studentischen Hilfskräften, den kontinuierlichen Austausch mit den externen Expertinnen Prof. Dr. Angelika Berlejung, Prof. Dr. Andrea Bieler und Prof. Dr. Sylvie Honigman sowie den Dialog mit vielen anderen klugen Köpfen in Basel ergänzt. Ihnen allen sei gedankt für offene Ohren und wertvolle Rückmeldungen. Gleiches gilt für die zahlreichen Diskussionen und Gespräche über meine Arbeit mit Kolleginnen und Kollegen bei diversen Workshops und Tagungen wie der Society of Biblical Literature (SBL), dem SBL International Meeting (ISBL), der European Association of Biblical Studies (EABS), dem Graduiertentreffen Basel-Göttingen-Lausanne oder der Schweizerischen Alttestamentlichen Sozietät. Namentlich möchte ich mich bei meinen geschätzten Gesprächspartnerinnen und -partnern Aurélie Bischofberger, Dr. Alma Brodersen, Dr. Johannes Diehl, Dr. Nesina Grütter, Prof. Dr. Benedikt Hensel, Prof. Dr. Hanna Jenni, Prof. em. Dr. Hans-Peter Mathys, Rotem A. Meir, Dr. Nancy Rahn, Dr. Meike J. Röhrig und Melanie Stein bedanken. Alessandra Schmid bleibe ich darüber hinaus durch Erinnerungen an viele Passfahrten in den Schweizer Bergen verbunden, die mir den nötigen Rückenwind für die Fertigstellung der vorliegenden Arbeit verschafft haben.

Mein Dank reicht jedoch auch vor die Baseler Zeit zurück: Meine Begeisterung für das Alte Testament und das Esterbuch haben unter anderem Prof. Dr. Jan C. Gertz, Prof. Dr. Anselm C. Hagedorn, Prof. Dr. Markus Witte, Prof. Dr. Bernd

U. Schipper und Maren Wissemann geweckt und genährt. Meine ersten Schritte als Doktorand durfte ich bei Prof. Dr. Melanie Köhlmoos in Frankfurt und bei Prof. Dr. Ute E. Eisen in Gießen gehen. Von ihnen habe ich wertvolle Anregungen und Ermutigung erfahren. Prof. Dr. Beate Ego verdanke ich nicht nur ihren wohlwollenden Zuspruch, sondern auch die überaus großzügige, umfangreiche und hilfreiche Zusendung von Forschungsliteratur zu Beginn meiner Dissertation. Auch der Austausch mit weiteren Esterexpertinnen und -experten – namentlich seien Dr. Veronika Bachmann, Dr. Simon Bellmann, Slawa Dreier, Prof. Dr. Jean-Daniel Macchi und Prof. Dr. Kristin De Troyer erwähnt – hat mir immer wieder geholfen, meine eigenen Positionen zu überdenken und bisweilen zu korrigieren. Prof. Jean-Daniel Macchi sei dabei gesondert gedankt für die Übernahme des Zweitgutachtens und den anhaltenden Austausch während meines Doktorats.

Ebenso danke ich den Herausgebern der BZAW für die Begutachtung meiner Arbeit sowie für die Aufnahme derselben in die Reihe. Für die Aufbereitung des Manuskripts gilt mein herzlicher Dank Herrn Samuel Arnet. Beim Schweizerischen Nationalfonds bedanke ich mich für die finanzielle Unterstützung bei den Publikationskosten. Auf dem Weg zur Veröffentlichung wurde ich kompetent und freundlich von Sophie Wagenhofer begleitet.

Der größte Dank gebührt schlussendlich meiner Familie, auf deren bedingungslose Unterstützung ich mich unentwegt verlassen durfte. Allen voran gilt das für meine Frau Maren, die mir mit nie enden wollender Zuversicht und ihrem frohen Mut zur Seite steht.

Friedberg, im Mai 2022
Helge Bezold

1 Einleitung

1.1 Rezeptions- und Gewaltgeschichte

Das Esterbuch erzählt von einem extrem gewaltvollen Konflikt: Es geht um nicht weniger als um die Abwendung eines geplanten Genozids. Als der Jude Mordechai dem am Hof des persischen Königs Ahasveros angestellten Beamten Haman die Ehrerbietung durch Kniefall verweigert, gerät dieser in Zorn und fasst den Plan, das gesamte jüdische Volk mitsamt Frauen und Kindern töten zu lassen.[1] Haman überzeugt sogleich den König von der vermeintlichen Gefahr, die vom jüdischen Volk ausgehen soll, und veröffentlicht einen in allen Provinzen des Perserreiches gültigen Erlass, der die völlige Vernichtung der Juden an einem einzigen Tag anordnet. Der Weg zur Abwendung dieses Planes beginnt mit der glücklichen Fügung, dass der Perserkönig ausgerechnet die Jüdin Ester, Mordechais Cousine, zur Frau nimmt. So können Mordechai und Ester am Hof mit dem Großkönig verhandeln und sich für das Schicksal ihres Volkes einsetzen. Während Haman als Übeltäter überführt und hingerichtet wird, erhalten die Juden vom König die Erlaubnis, dem Vernichtungsedikt ein eigenes Schreiben entgegenzusetzen. Dieses Gegenedikt hebt Hamans Beschluss jedoch nicht einfach auf. Vielmehr erlaubt es den überall im persischen Großreich lebenden Juden, sich zu verteidigen und zugleich Vergeltung an ihren Feinden zu üben. Es kommt deshalb zum gewaltsamen Konflikt: Am Tag ihrer geplanten Vernichtung versammeln sich alle Mitglieder des jüdischen Volkes zum Kampf gegen ihre Feinde. Das neunte Kapitel des hebräischen Esterbuches schildert diese Auseinandersetzung allerdings nicht als knapp überstandenen Verteidigungskampf, sondern als souveräne und glorreiche Aktion der Juden, bei der mehr als 75.800 Gegner im gesamten Perserreich getötet worden sein sollen. Diese Gewaltdarstellung erreicht ihren Höhepunkt, als die Juden auch einen Tag nach ihrer geplan-

---

[1] Die in der hebräischen bzw. in den griechischen Estererzählungen verwendeten Begriffe יהודי bzw. Ἰουδαῖος können sowohl mit „Jude" als auch mit „Judäer" übersetzt werden. Zur Diskussion vgl. aus jüngerer Zeit: Mason, *Jews*; Wetter, *Jewish*; Schwartz, *Judeans*; Eckhardt, *Ethnos*, 1–12; Öhler, *Judäer*, 157–185 sowie die Beiträge des Forums *The Marginalia Review of Books* aus dem Jahr 2014. In Bezug auf die Estererzählung scheint mir die Wiedergabe mit „Jude" besser geeignet als „Judäer": Die Erzählung entwirft ein recht weites Konzept von ethnischer Zugehörigkeit, in dem die Herkunft aus Judäa keine besondere Rolle spielt. In Anbetracht der von antijüdischen Vorstellungen durchzogenen Rezeptionsgeschichte der Estererzählung und ihrer Gewaltdarstellung gilt es zu betonen, dass die Rede von „jüdischer Gewaltanwendung" in dieser Studie keine essentialistischen Aussagen über das Judentum trifft, sondern lediglich bestimmte literarisch dargestellte Handlungsformen beschreibt.

https://doi.org/10.1515/9783110792263-001

ten Vernichtung gegen weitere Feinde zu Felde ziehen und die Leichen der von ihnen ebenfalls getöteten Söhne Hamans – auf Esters ausdrücklichen Wunsch hin – in der persischen Hauptstadt Susa aufgehängt und öffentlich zur Schau gestellt werden. Im Anschluss feiert das jüdische Volk das Purimfest, das somit eine äußerst gewaltvolle Vorgeschichte hat. Wie der folgende Blick auf die jüngere Rezeptionsgeschichte des Esterbuches verdeutlichen mag, fasziniert, schockiert und polarisiert die drastische Gewaltdarstellung dieser antiken Erzählung bis heute.

Als es im Jahr 2011 am sogenannten Grab Esters und Mordechais im iranischen Hamadan zu Demonstrationen gegen den Staat Israel und gegen den offiziellen Charakter des Pilgerorts kam, spielte auch das Esterbuch eine Rolle. Unter den von Demonstranten getragenen Bannern fand sich die Aufschrift „Holocaust von 77,000 Iranern" neben einem Davidstern.[2] Diese krasse Aussage, die zweifellos auf das Motiv der Tötung der Judenfeinde am Ende der Estererzählung Bezug nimmt, zeigt, wie diese Gewaltgeschichte bis in die politische Gegenwart hineinwirkt. Dabei pervertiert der Begriff „Holocaust" den Gehalt der Estererzählung ebenso wie die Identifikation der „Iraner" mit den vermeintlich „persischen" Opfern der jüdischen Kämpfe, über deren ethnische Zugehörigkeit im Esterbuch indes keine Aussagen getroffen werden.

Eine vergleichbare, vom Aussagegehalt jedoch umgekehrte Form der Bezugnahme auf die Gewaltdarstellung der Estererzählung lässt sich mit Blick auf die Vorstellung einer Bedrohung des jüdischen Volkes durch Vernichtung vernehmen. Am 3. März 2015, einen Tag vor Purim, sprach der damalige israelische Premierminister Benjamin Netanyahu vor dem US-Kongress. Mit Blick auf die vermeintliche Gefährdung des Staates Israel durch Iran rekurrierte er auf die Estererzählung und betonte, das jüdische Volk sei gegenwärtig wie schon zur Zeit der Perserherrschaft von Vernichtung bedroht: „Today, the Jewish people face another attempt by yet another Persian potentate to destroy us."[3] Der iranische Außenminister Javad Sarif reagierte prompt (per Twitter) und warf Netanyahu eine falsche Interpretation der Erzählung vor:

> Once again, Benjamin Netanyahu not only distorts the realities of today, but also distorts the past – including Jewish scripture. It is truly regrettable that bigotry gets to the point of making allegations against an entire nation which has saved Jews three times in its history.

---

2 Vgl. Silverstein, *Veiling Esther*, 4–7 mit den entsprechenden Belegen zu diesem Ereignis.
3 Die Rede ist in voller Länge einsehbar unter: https://www.washingtonpost.com/news/post -politics/wp/2015/03/03/full-text-netanyahus-address-to-congress/ (aufgerufen am 30.07.2021).

The Book of Esther tells of how Xerxes I saved Jews from a plot hatched by Haman the Agagite, which is marked on this very day, [...][4]

In Sarifs „Auslegung" erscheint der persische König nicht als Gefahr, sondern als Retter der Juden, während allein Haman für die Bedrohung der Juden verantwortlich zu machen sei. Dieser sei wiederum überhaupt kein Perser und damit auch kein Vorfahre der Iraner gewesen. Diese politischen Deutungs- und Vereinnahmungsversuche des Esterbuches aus der jüngeren Vergangenheit zeigen eindrücklich, dass Fragen nach der „richtigen" Deutung dieser Gewaltdarstellung auch weit über den exegetischen Tellerrand hinaus diskutiert werden. Ebenso veranschaulichen sie, wie umstritten die Interpretation dieser antiken Erzählung bis heute ist.

Die Wurzeln dieses Phänomens reichen weit in die Vergangenheit zurück. Schon in der talmudischen Diskussion darüber, ob das Esterbuch als autoritative Schrift gelten kann, drückt sich die Sorge der rabbinischen Gelehrten aus, es besitze aufgrund seiner Gewaltdarstellung das Potential, andere Völker gegen die Juden aufzubringen (vgl. bMeg 7a).[5] Bis ins Mittelalter wurde in der jüdischen Bibelauslegung diskutiert, warum die Juden in der Estererzählung ihre Feinde auf so drastische Art und Weise töten müssen, um zu überleben.[6] Die christliche Auslegungstradition, in der das Esterbuch eigentlich nur eine untergeordnete Rolle spielt, stieß sich ganz besonders an der geschilderten Gewalt. Martin Luthers Schrift „Von den Juden und ihren Lügen" (1543) ist ein besonders unrühmliches Beispiel dafür, wie die Estererzählung auch für judenfeindliche Polemiken herhalten musste. Luther sah im gewaltvollen Ende des Esterbuches seine bereits gefassten antijüdischen Vorurteile bestätigt und warf den Juden seiner Zeit vor, das Buch gerade deshalb so gerne zu lesen, weil es so brutal sei. So zeuge die Estererzählung von Blutdurst, Mordlust und Rachgier.[7]

Die antijüdische Deutung der Estererzählung aufgrund ihrer Darstellung von Gewalt hielt sich bis in das 20. Jahrhundert und erreichte in der Zeit des Nationalsozialismus – besonders in der deutschsprachigen exegetischen Forschung –

---

4 Twitter-Account des iranischen Außenministers Sarif, 12.03.2017; https://twitter.com/JZarif/status/841005150009479168?s=20 (aufgerufen am 30.07.2021).
5 Vgl. Macchi, *Ester*, 87–88. Die talmudische Kommentierung des achten und neunten Kapitels der Estererzählung ist auffallend kurz, was Wacker, *Gewalt*, 618, Anm. 623 als Indiz einer Problematisierung der Gewaltdarstellung in der rabbinischen Tradition wertet.
6 Vgl. Walfish, *Esther*, 127–135, der hier u. a. auf den Kommentar von Ibn Ezra (12. Jh.) verweist.
7 „O, wie lieb haben sie das Buch Esther, das so fein stimmet auff jre blutdürstige, rachgyrige, mördische begir und hoffnung [...]." (WA 53, 433, 19–21) Zur insgesamt dennoch ambivalenten Haltung Luthers dem Esterbuch und seinen Charakteren gegenüber vgl. Bardtke, *Luther* oder Kalimi, *Luther*.

einen traurigen Höhepunkt.[8] Dieser hochproblematische Aspekt der Rezeptions-
geschichte des Esterbuches wurde inzwischen ausführlich aufgearbeitet.[9] Doch
das Unverständnis über die Erzählung hält bis heute an. So konstatiert Marie-
Theres Wacker im Jahr 2005 in ihrem Aufsatz „Hermeneutische Überlegungen zu
Est 9" in Bezug auf das Kapitel, das die Schilderung der Vergeltung der Juden im
Perserreich enthält:

> Bleibt Est 9 nicht stehen bei einer bloßen Umkehrung der Rollen von Verfolgten und Ver-
> folgern? Schärfer noch, trägt diese Umkehrung nicht – ablesbar insbesondere an der hohen
> Zahl der Getöteten in 9,16 – Züge eines Gewaltexzesses, der das im Gegenedikt Gestattete
> (8,11f) weit übertrifft? Stellt Est 9 somit nicht bereits auf der narrativen Ebene selbst, erst
> recht aber auf der Ebene heutiger Auseinandersetzung mit einem kanonischen Text, vor die
> kritische Frage, wie mit der hier erzählten Gewalt umzugehen sei?[10]

Auch vielen anderen erscheint der Aspekt der Gewalt als hermeneutisches oder
moralisches Problem. Besonders die drastische Schilderung der jüdischen Aktionen im neunten Kapitel des hebräischen Esterbuches sorgt für großes Unbeha-
gen. Es könnte daher vermutet werden, dass die historisch-kritische Exegese sich
intensiv mit der Frage nach der Herkunft und der Bedeutung dieser Gewaltdarstellung auseinandergesetzt hat. In wissenschaftlichen Beiträgen zum Esterbuch
werden jedoch meist andere Themen behandelt:[11] In der Esterforschung domi-
nieren literarhistorische Fragestellungen sowie Fragen zum Perserbild, zur Darstellung jüdischer Identität, zu Genderaspekten oder der Diasporaperspektive.[12]
Die Gewaltdarstellung – sowohl das Motiv der Bedrohung des jüdischen Volkes
durch Vernichtung als auch die jüdische Verteidigung und Vergeltung – spielt in
der Forschung eine eher untergeordnete Rolle.[13] Das ist nicht nur mit Blick auf die

---

8 Obwohl die alttestamentliche Wissenschaft nach dem Holocaust insgesamt von einem größeren Problem- und Verantwortungsbewusstsein geprägt ist, lassen sich auch nach 1945 noch Stimmen wie die von Georg Fohrer vernehmen, der 1970 in seiner Einleitung zum Alten Testament
behauptete, die Estererzählung sei von einem Denken geprägt, das „zur Rache anstachle und [...]
den Geist des Judentums zu pervertieren" drohe (Fohrer, *Einführung*, 131).
9 Vgl. z. B. Herrmann, *Ester*; Bush, *Book* oder Carruthers, *Esther*. Zur jüdischen Rezeptionsgeschichte des Esterbuches siehe Walfish, *Esther* oder Kalimi, *Furcht*. Die Arbeit von Horowitz,
Reckless Rites hat darüber hinaus aufgezeigt, dass das Esterbuch bzw. das Purimfest auch zur
Legitimation jüdischer Gewalttaten vereinnahmt wurde.
10 Wacker, *Gewalt*, 609–610.
11 Für eine Übersicht über die aktuelle Forschungslage vgl. Crawford/Greenspoon, *Book* oder
Lubetski, *Book*.
12 Vgl. z. B. die Monographien von Wetter, *Account*; Stone, *Empire* oder Mapfeka, *Diaspora*.
13 Die beiden Publikationen von Wetzel, *Violence* (2015) und Ruiz-Ortiz, *Dynamics* (2017) bezeugen zwar ein wachsendes Interesse am Thema, beide Arbeiten lassen jedoch die wichtige

lange Tradition der Problematisierung und Abwertung der Estererzählung aufgrund der Gewalt auffällig, sondern auch, weil sich die gegenwärtige exegetische Forschung eigentlich recht intensiv mit alttestamentlichen Gewalttexten beschäftigt.[14] In fachspezifischen Lexika oder in Überblickswerken zur Gewalt im Alten Testament findet das Esterbuch jedenfalls keine Erwähnung.[15] So steht auch eine umfassende historisch-kritische Analyse dieser in verschiedener Hinsicht einzigartigen und seit langem umstrittenen Gewaltdarstellung bis heute aus.

1.2 Inhalte und Ziele der Arbeit

Mit dieser Studie möchte ich diese Forschungslücke schließen und die im Esterbuch enthaltene Gewaltdarstellung als Hauptthema der Erzählung und zugleich als literarisches und historisches Phänomen von eigenem Wert würdigen. Als Grundlage meiner Analyse dienen die beiden zentralen Gewaltmotive der Erzählung: *die Bedrohung des jüdischen Volkes durch Vernichtung* sowie *die Vergeltung der Juden bzw. die Vernichtung der Judenfeinde.*

Rückfrage nach den Abfassungskontexten der Gewaltpassagen weitgehend außen vor (die überarbeitete Fassung von Wetzels Dissertation *Violence and Divine Victory in the Book of Esther*, FAT II, Tübingen 2022 konnte für diese Arbeit nicht mehr berücksichtigt werden). An Aufsätzen ließen sich anführen: Wacker, *Gewalt*; Wacker, *Widerstand*; Calduch-Benages, *War*; Achenbach, *Genocide*; Macchi, *Denial* und Bachmann, *Gewalt*.

14 Vgl. z. B. Dietrich/Mayordomo/Henne-Einsele, *Gewalt*; Baumann, *Gottesbilder*; Fischer, *Macht*; Schnocks, *Gewalt*; Baumann, *Gewalt*; van Ruiten/van Bekkum, *Violence* oder Lynch, *Portraying Violence*.

15 Weder das Motiv der Bedrohung der Juden durch völlige Vernichtung noch die Darstellung der Tötung der Judenfeinde in Est 9 wird in der biblischen Gewaltforschung diskutiert. In den umfassenden thematischen Studien von Lohfink, *Gewalt*, Dietrich/Mayordomo/Henne-Einsele, *Gewalt*, Fischer, *Macht* und Schnocks, *Gewalt* findet die Estererzählung keine Erwähnung. Womöglich spielt hier auch das „Gottesschweigen" der Estererzählung eine Rolle. Während dieses Phänomen an sich bereits vielfach thematisiert wurde, bringt die Abwesenheit Gottes nämlich auch ein Problem für die Interpretation bzw. Legitimation der Gewalt mit sich: Da Gott in der hebräischen Erzählung nicht erwähnt wird, ist die Anwendung eines in der alttestamentlichen Exegese etablierten Musters zur Auslegung von Gewaltpassagen verstellt – die Tötung der Judenfeinde im (hebräischen) Esterbuch geht auf menschliche, nicht auf göttliche Initiative zurück, vgl. dazu Holt, *Readings*, 152. Holt löst dieses „Problem" z. B. dadurch, dass sie die Vergeltung der Juden in Est 9 – durch eine intertextuelle Lektüre (vgl. 1 Sam 15) – letztlich doch als „fulfillment of a divine command" (152) versteht. Der Blick auf die Esterseptuaginta zeigt, dass schon die frühjüdische Auslegung theologische Legitimationsstrategien in die Estererzählung eintrug (vgl. Kapitel 4.2).

Der Titel meiner Arbeit: „Ester – Eine Gewaltgeschichte" spielt dabei auf die Mehrdeutigkeit des Begriffs „Geschichte" an.[16] So untersuche ich zunächst die Entstehungsgeschichte der Erzählung. Dieser literarhistorisch ausgerichtete Arbeitsschritt hat zum Ziel zu klären, ob die Gewaltmotivik schon immer Teil der Estergeschichte war oder ob sich in Bezug auf die Bedrohung der Juden durch Vernichtung und die Kampfszenen am Ende der Erzählung Hinweise auf Wachstumsspuren finden lassen. Darüber hinaus zielt meine Arbeit mit einer textpragmatisch und traditionsgeschichtlich angelegten Analyse darauf ab, neue Perspektiven auf den Aufbau, den Inhalt und die Herkunft der Gewaltdarstellung der Estergeschichte zu entwickeln. Indem ich in meine Untersuchung nicht nur die hebräische bzw. masoretische Textfassung (EstMT), sondern auch die griechische Esterüberlieferung miteinbeziehe, widme ich mich außerdem dem Aspekt der Rezeptionsgeschichte der Gewaltmotivik. Diese Fragerichtung verfolgt das Interesse, Unterschiede zwischen den Gewaltdarstellungen von EstMT und ihren beiden ältesten Tochterübersetzungen, der septuagintagriechischen Langfassung (EstLXX) sowie der „Alpha-Text" genannten Kurzfassung (EstAT), herauszustellen und diese zu deuten. Indem ich schließlich demonstrieren werde, dass die Eigenheiten der Gewaltdarstellungen der drei Esterbücher entscheidende Rückschlüsse auf die historischen Überarbeitungs- und Abfassungskontexte dieser Texte zulassen, möchte ich einer weiteren Bedeutungsebene des Begriffs „Gewaltgeschichte" nachgehen. Im Versuch einer historischen und soziopolitischen Verortung der unterschiedlichen Entwicklungsstufen der drei Esterbücher und ihrer Gewaltdarstellungen lassen sich Beobachtungen zur Gestalt der literarischen Geschichte an Erkenntnisse zum Verlauf der historischen Geschichte rückbinden.

Mit der Fokussierung auf die Gewaltmotivik der hebräischen und griechischen Estererzählungen berührt diese Studie zentrale Felder der exegetischen Esterforschung. Sie bietet damit die Chance für eine kritische Überprüfung bzw. Neubewertung mehrerer etablierter Forschungshypothesen, wie z. B. der Annahme, die Kampfszenen seien sekundäre Zusätze, der Vermutung, die

---

16 Der Begriff „Geschichte" hat einen festen Platz in der Literaturwissenschaft, insbesondere in der Erzähltheorie. Er steht dem englischen Ausdruck „plot" nahe. Nach Martínez, *Einführung*, 27, lässt sich die Schilderung einer Reihenfolge von Ereignissen dann als „Geschichte" fassen, wenn „die Ereignisfolge zusätzlich zum chronologischen auch einen kausalen Zusammenhang aufweist, so dass die Ereignisse nicht nur aufeinander, sondern auch auseinander folgen." Etwas vereinfacht gesagt beschreibt „Geschichte" damit stärker das „Was," der Begriff „Erzählung" eher das „Wie" einer Darstellung. Dieser Definition folgend können verschiedene Estererzählungen, wie sie in der antiken Textüberlieferung vorliegen, im Wesentlichen dieselbe (Gewalt-)Geschichte vermitteln.

Gewaltdarstellung reflektiere Erfahrungen von jüdischen Diasporagemeinden aus der späten Perserzeit oder der frühhellenistischen Epoche oder der Behauptung, es gäbe in der griechischen Esterüberlieferung eine eindeutige Tendenz zur Gewaltminimierung. Bei alledem hat meine Arbeit auch das Ziel aufzuzeigen, dass die antike Esterüberlieferung ein in der alttestamentlichen Wissenschaft zu Unrecht vernachlässigtes, wertvolles Zeugnis der frühjüdischen schriftgelehrten Auseinandersetzung mit wichtigen Fragen darstellt – nach der *Gefährdung jüdischer Existenz*, nach der *Notwendigkeit bzw. Legitimität jüdischer Gewaltanwendung* und nach den Möglichkeiten zur *Etablierung eigener Macht* im Angesicht von imperialer Herrschaft. Damit deutet sich bereits an, dass der Ertrag der vorliegenden Studie auch für andere Forschungsgebiete von Relevanz ist. Die Analyse der Gewaltdarstellungen der hebräischen und griechischen Esterbücher und ihrer soziokulturellen und historischen Produktionskontexte bietet unter anderem Anknüpfungspunkte und Impulse für die alttestamentliche Gewaltforschung und -hermeneutik, für die Arbeit an fiktionaler erzählender Literatur sowie für das weite Feld der Erforschung der jüdischen Literatur der hellenistisch-römischen Zeit.

Bevor ich die zu analysierenden Estertexte vorstelle, gilt es noch, drei zentrale begriffliche und konzeptionelle Grundannahmen zu erläutern, die meine Untersuchung leiten. Das betrifft den Begriff der Gewalt und Erscheinungsformen der Gewalt in den Esterbüchern, meinen Umgang mit der fiktionalen Natur der Erzählung sowie die Entscheidung, das hebräische Esterbuch als Werk der hellenistischen Zeit zu lesen.

1.3 Konzeptionelle Grundannahmen und Vorüberlegungen

1.3.1 Zum Begriff „Gewalt"

Gewalt ist eine Form sozialen Handelns, die sich sehr weit gefasst als „das Verfügenkönnen über innerweltlich Seiendes"[17] verstehen lässt.[18] Im deutschen Sprachgebrauch kann der Begriff wertneutral den Aspekt der Verfügungsgewalt (lat. *potestas*) ausdrücken, verbreiteter ist jedoch die Rede von Gewalttätigkeit (lat. *violentia*). Meist wird dabei an eine Verletzung der körperlichen Unversehrtheit gedacht, die im Extremfall auch den Tod von Individuen herbeiführt. Die

---

17 Schrey, *Gewalt/Gewaltlosigkeit* 168.
18 Für einen jüngeren Überblick über Gewaltdefinitionen aus bibelwissenschaftlicher Perspektive vgl. Lass, *Kampf*, 121–140.

Esterbücher erzählen primär von einer solchen Form der Gewalt. Da darin zudem meist Gruppen als gewaltausübende Subjekte in den Blick kommen, lässt sich genauer von *kollektiver Gewalt* sprechen. Der Begriff bezeichnet „zwischen den Tätern zumindest teilweise koordinierte Interaktionen, deren Folgen unmittelbar physischen Schaden an Personen und/oder Sachen hervorrufen."[19] Das betrifft bereits die erste Schilderung physischer Gewalt in der hebräischen Estererzählung, die Episode der „Eunuchenverschwörung" (Est 2,21–23), in der berichtet wird, wie die beiden Hofbeamten Bigtan und Teresch ein Attentat auf den persischen König planen. Zweifelsfrei umfasst auch Hamans Plan zur Vernichtung der Juden die Anwendung tödlicher Gewalt durch ein Kollektiv. Diese im Alten Testament einzigartige, extreme Form kollektiver Gewaltanwendung lässt sich – zumindest nach der Definition der UN-Konvention von 1948 – als Ausdruck genozidaler Gewalt verstehen, da hier die Absicht erkennbar wird, „eine nationale, ethnische, rassische oder religiöse Gruppe ganz oder teilweise zu zerstören [...]."[20] Als Anwendung kollektiver Gewalt lässt sich auch die z. B. in Est 9,1–16 geschilderte Tötung der Judenfeinde durch die Juden beschreiben. Da die Gruppe der Feinde jedoch allein durch ihre Feindlichkeit und ihren Status als Angreifer, nicht durch eine ethnische Kategorie definiert wird, lässt sich hier nicht von genozidaler Gewalt sprechen.

In Anbetracht des Unbehagens vieler Leserinnen und Leser gegenüber der Gewaltdarstellung der Estergeschichte ist zu betonen, dass die Erzählung keine explizite Wertung der Gewalthandlungen vornimmt. Das Lexem חמס, das in der hebräischen Bibel eindeutig die Illegitimität von Gewalttaten bezeichnet, findet keine Erwähnung. Das deutet darauf hin, dass die Verfasser der Estererzählung in den beschriebenen Gewalthandlungen kein grundsätzliches moralisches Problem sahen. Ohnehin galt (eigener) militärischer Erfolg in der Antike als Ausdruck von Autorität, Macht und Herrschaft, d. h. als legitimer Ausdruck von Verfügungsgewalt. Eine solche Überzeugung ist auch fest im alttestamentlichen Denken verankert, wie die bekannten Traditionen über die Eroberung des gelobten Landes (Jos 1–12), die Siege der israelitischen Truppen gegen feindliche Nachbarvölker im Richterbuch oder den kriegerisch erfolgreichen David (z. B. 1 Sam 17; 30; 2 Sam 5) verdeutlichen mögen. Dieser Einsicht folgend gehe ich davon aus, dass die Analyse der Gewalt in den Esterbüchern – sowohl mit Blick

---

19 Wahl, *Aggression*, 26–27 unter Bezugnahme auf Tilly, *Politics*, 3.
20 So die UN-Konvention von 1948 im zweiten Artikel. Auch wenn sich für die rassistisch motivierten Genozide der Neuzeit keine antiken Vorbilder finden (vgl. Mann, *Dark Side*, 34–45), setzt sich in jüngeren Arbeiten zunehmend die Überzeugung durch, dass es durchaus antike Vorläufer genozidaler Ereignisse gab, vgl. z. B. Kiernan, *Genocide* oder van Wees, *Genocide (2016)*, 19–24.

auf das Potential zur Auslöschung jüdischer Existenz unter Fremdherrschaft als auch auf die Möglichkeit zur Bewährung des jüdischen Volkes im Kampf gegen seine Feinde – nicht nur Rückschlüsse auf das Gewaltverständnis der Verfasser, sondern auch wichtige Hinweise auf die in den Erzählfassungen enthaltenen *machtpolitischen Überzeugungen* der Autoren zulässt.

Neben physischer Gewalt kennt das Esterbuch allerdings auch andere Formen gewaltvoller Handlungen, bei denen etwa ökonomische oder soziale Aspekte der Gewaltausübung in den Blick kommen. Hierzu lässt sich das Plündern von Eigentum (z. B. Est 3,13; 8,11) oder das Aufhängen von Leichen zählen (9,13–14), das der öffentlichen Schändung der Getöteten dient. Ferner lässt sich auch der Inhalt von Hamans Rede vor dem persischen König, mit welcher er die Vernichtung der Juden als vermeintliche Staatsfeinde begründet, als eine Form von *verbaler* bzw. *symbolischer* Gewalt verstehen.[21] Wie ich in meiner Analyse darlegen werde, zeigt sich gerade im Vergleich der unterschiedlichen Fassungen dieser Anklage in den drei Esterbüchern, dass ihre Verfasser und Redaktoren von einem intrinsischen Zusammenhang zwischen antijüdischer Stigmatisierung und dem Potential zur physischen Gewaltanwendung gegen Juden ausgingen und sie sich intensiv mit diesem Phänomen auseinandersetzten.

1.3.2 Die Estergeschichte als historische Fiktion

Eine zweite Klärung ist in Bezug auf die literarische Form angebracht, in die die Gewaltdarstellung der Estergeschichte gekleidet ist. Wie andere Hof- und Diaspora-erzählungen – z. B. die Bücher Daniel (Dan 1–6), Tobit, Judit, die Joseferzählung (Gen 37–50) oder die Pagenerzählung des dritten Esrabuches (3 Esr 3,1–5,6) – ist die Estererzählung von hohem Unterhaltungswert. Die Handlung wird, wie schon Hermann Gunkel pointiert vermerkte, „in grellen Farben, in scharfen Gegensätzen, in ‚Knalleffekten'"[22] vorangetrieben, es gibt lustige und ernste Momente, dramatische Wendungen und vor allem ein großes Happy End.[23] In Bezug auf Gewalt weist die Estererzählung sogar ironische Züge auf: Haman stirbt ausgerechnet an dem Holz, das er eigentlich für Mordechais Hinrichtung herrichten

---

21 Zu Pierre Bourdieus Konzept der *symbolischen Gewalt* vgl. Christ/Gudehus, *Gewalt*, 4: „Als symbolische Gewalt bezeichnet Bourdieu jenes Sprechen und Handeln, das bestehende Macht- und Herrschaftsverhältnisse bestätigt [...] und so mittelbar zur Entstehung physischer Gewalt" beiträgt.
22 Gunkel, *Esther*, 79.
23 Für eine Übersicht über die Erzählstruktur von EstMT vgl. Ego, *Ester*, 16–24.

ließ, und anstelle der Vernichtung aller Juden kommt es zur Vernichtung aller Judenfeinde. Mit Blick auf diesen kunstvollen Aufbau und die unterhaltsame Erzählweise verwundert es nicht, dass das Esterbuch mehrfach als Novelle charakterisiert wurde.[24]

Dennoch weist Beate Ego zu Recht darauf hin, dass man es mit der Estererzählung gattungstechnisch „mit einem Hybrid-Gebilde",[25] d. h. mit einer Mischform verschiedener Gattungen zu tun hat. Je nach Blickrichtung und Schwerpunktsetzung lassen sich Gattungsmerkmale wie z. B. der „Diasporanovelle", „Hoferzählung", „weisheitlicher Lehrerzählung" oder der „Festätiologie" erkennen. Während ich nicht beabsichtige, diese Liste um eine weitere Kategorie zu ergänzen, möchte ich betonen, dass die Gewaltmotivik in Bezug auf die Gattungsfrage bisher kaum berücksichtigt wurde. Das dürfte wohl daran liegen, dass keiner der alttestamentlichen Texte, die diesen (ohnehin nicht klar definierbaren) Kategorien zugeordnet werden, eine vergleichbare Gewaltdarstellung enthält und sich die Erzählung in diesem Aspekt einer klaren Gattungszuweisung entzieht: Die Abwendung der Bedrohung des jüdischen Volkes in der persischen Diaspora wird auf recht kurzem Raum und auf unterhaltsame Art und Weise beschrieben („Diasporanovelle"); die Verteidigung und Vergeltung der Juden wird erst durch die politische Interaktion Esters und Mordechais am persischen Hof möglich („Hoferzählung"); die Überzeugung, dass das von Haman und den anderen Feinden geplante Übel auf sie selbst zurückfällt, ist ein weisheitliches Motiv („weisheitliche Erzählung"); das Purimfest kann schließlich nur gefeiert werden, da die Feinde der Juden vernichtend geschlagen wurden („Festätiologie"). In Anbetracht dieser Offenheit der Gattungsfrage scheint mir eine solche Kategorisierung der Estererzählung wenig zielführend. Stattdessen möchte ich mich auf zwei eher äußere Merkmale der Erzählung konzentrieren, nämlich ihren historischen Rahmen und ihre Fiktionalität.

Die Abwendung der Bedrohung des jüdischen Volkes wird wie ein vergangenes, vermeintlich *historisches* Ereignis beschrieben. Die Estergeschichte lebt von vielen Details in der Schilderung der persischen Lebenswirklichkeit, von persisch klingenden Eigennamen und den verschiedenen konkreten Datums- und Ortsangaben. Auch der Rahmen der (hebräischen) Estererzählung, der sich am Stil der alttestamentlichen Historiographie orientiert (vgl. Est 10,1–13), kleidet die Erzählung in den Mantel der Geschichtsschreibung. So werden auch die mit Gewalt verbundenen Ereignisse wie geschichtliche Umstände beschrieben: Das Edikt zur Vernichtung der Juden sowie das jüdische Gegenschreiben sind als offi-

---

24 Vgl. z. B. Meinhold, *Gattung*, 73–75 oder Wills, *Novel*, 93–131.
25 Ego, *Ester*, 34.

zielle, vermeintlich authentische persische Dokumente gestaltet. Ihre Abfassung und Verbreitung werden detailliert beschrieben und datiert. Ebenso mutet die Ausführung der Edikte auf den ersten Blick wie ein historischer Vorgang an. Es finden sich z. B. exakte Angaben zur Anzahl der von den Juden getöteten Feinde (9,6.15.16), und die Auflistung der zehn Eigennamen der getöteten Hamansöhne (9,7–9) nimmt im Kampfbericht des neunten Kapitels relativ viel Raum ein.

Trotz dieses historisierenden Anstrichs scheint die *Fiktionalität* des Dargestellten – zumindest für moderne Leserinnen und Leser – offensichtlich. Es gibt weder in anderen biblischen Texten noch in außerbiblischen Quellen irgendein Indiz dafür, dass es tatsächlich einmal eine Jüdin namens Ester gab, die zur persischen Königin aufstieg und mit ihrem Cousin Mordechai dafür sorgte, dass die Vernichtung aller Juden durch einen Kampf des jüdischen Volkes gegen Zehntausende Feinde abgewendet werden konnte. Mit Sara Raup Johnson, die vergleichbare Phänomene in der jüdischen Literatur untersucht hat, verstehe ich die Estererzählung deshalb als „historical fiction", als historische Fiktion.[26] Diese in einer fiktionalen Vergangenheit angesetzten Texte würden nach Johnson missverstanden, würde man sie als wirklichkeitsfremde, lediglich der Unterhaltung dienende Märchen lesen: „[N]o matter how lighthearted the tone, fictions were employed consciously, thoughtfully, with a view to conveying and supporting the most serious messages."[27] Dieser Einsicht folgend möchte ich die in der Auslegung selten thematisierte Frage stellen, welche „ernsten" Botschaften die hebräischen und griechischen Estererzählungen durch ihre Gewaltdarstellungen vermitteln.

Dabei unterscheidet sich mein Zugang in einem wichtigen Aspekt von Johnsons Interpretation. Ich erkenne in der fiktionalen Erzählweise anders als Johnson keine „deliberate misrepresentation of history",[28] also eine absichtliche *Falsch*-Darstellung geschichtlicher Ereignisse. Vielmehr verstehe ich die Fiktionalität der Estererzählung als ein wichtiges Medium jüdischer Autoren zur Konstruktion eines bestimmten, aus ihrer Sicht offenbar „richtigen" Geschichtsbildes.[29] Ein solcher konstruktiver, nach modernen Vorstellungen recht frei anmutender Umgang mit der Vergangenheit ist mitnichten auf die jüdische Lite-

---

26 Vgl. Johnson, *Fictions*, insb. 16–20.

27 Johnson, *Fictions*, 6.

28 Vgl. Johnson, *Fictions*, 11.

29 Vgl. Honigman, *Novellas*, 23–24 zur Kritik an Johnsons Verständnis. Mein Zugang richtet sich nach jüngeren literaturwissenschaftlichen Erkenntnissen zum Fiktionalitätsbegriff. Nach Wolfgang Iser sollte die Beziehung zwischen (literarischer) Fiktion und (geschichtlicher) Wirklichkeit grundsätzlich „nicht mehr als ein Seinsverhältnis, sondern [...] als ein Mitteilungsverhältnis begriffen werden" (Iser, *Akt*, 88). Für einen Überblick zur Neubewertung der Fiktionalität aus bibelwissenschaftlicher Sicht vgl. z. B. Oeming, *Bedeutung*; Kutzer, *Gegenwelt* oder Müllner, *Fiktion*.

ratur beschränkt. Ähnliches lässt sich z. B. auch in der griechischen Historiographie erkennen. Der Althistoriker Hans-Joachim Gehrke hat dafür den Begriff der „intentionalen Geschichte" geprägt.[30] Er verortet dieses Phänomen im Bereich des kollektiven Gedächtnisses von Gemeinschaften, die „ihr Selbstverständnis und mithin ihre Identität"[31] durch die Bezugnahme auf eine bisweilen auch fiktionale, gemeinsame Vergangenheit bilden und bestärken wollen. Die Erinnerung an eine gemeinsame Vergangenheit hat also eine bestimmte *Intention* in der Gegenwart der Verfasser der Texte bzw. ihrer Rezipientengruppen, die weit über das Festhalten bestimmter realhistorischer Fakten hinausgeht. Deshalb werde ich in meiner Arbeit weniger der Frage nachgehen, *ob* sich die in den jeweiligen Estererzählungen dargestellten Gewalttaten historisch tatsächlich wie beschrieben ereignet haben, sondern *wie, wann* und *zu welchem Zweck* die Motive der Bedrohung des gesamten jüdischen Volkes bzw. die Vorstellung einer kollektiven Vergeltung verschriftlicht – bzw. in den griechischen Texten: aktualisiert – wurden.

1.3.3 Der hellenistische Blick auf die persische Welt

Eine dritte Vorannahme betrifft meine Entscheidung, das (vermutlich älteste, hebräische) Esterbuch und seine Gewaltdarstellung als ein Produkt der hellenistischen Epoche zu betrachten. Mit einer wachsenden Zahl von Auslegerinnen und Auslegern gehe ich davon aus, dass zwischen der Zeit, in der die Erzählung spielt, und der Abfassungszeit des Textes ein beträchtlicher zeitlicher Abstand liegt. Im Folgenden möchte ich die entscheidenden Gründe für diese Annahme darlegen und erläutern, welche Konsequenzen diese Entscheidung für meine Arbeit hat.

Die Estergeschichte spielt über weite Strecken in Susa, der Hauptstadt des Perserreiches, dem Regierungssitz des im hebräischen Esterbuch „Ahasveros" (hebr. אחשורוש) genannten Achämenidenkönigs Xerxes I. (486–465 v. u. Z.), unter dessen Herrschaft das jüdische Volk in der Diaspora lebt. Dabei zeichnet die Erzählung ein überaus detailreiches und plastisches Bild der persischen Welt. Der Erzähler scheint eine gute Kenntnis über die Vorgänge am Perserhof zu haben, zahlreiche persische Lehnwörter und persisch klingende Namen lassen bei der ersten Lektüre den Eindruck entstehen, man habe es mit einer authentischen Darstellung des Perserhofes bzw. der jüdischen Lebensumstände in der persischen Diaspora zu tun. Aufgrund dieses durch und durch „persischen"

---

30 Vgl. unter anderem Gehrke, *Myth*, sowie jüngst Gehrke, *Intentional History*.
31 Gehrke, *Geschichte*, 6.

Kolorits wurde lange Zeit in der alttestamentlichen Wissenschaft vermutet, das Esterbuch stamme aus der östlichen Diaspora und sei zur Zeit der Achämeniden, möglicherweise noch im 5. Jahrhundert v. u. Z. abgefasst. Bis heute finden sich in der Kommentarliteratur Stimmen, die aufgrund der „thorough knowledge of Persian names and the details of the Persian court and palace"[32] des Erzählers darauf schließen, das Esterbuch sei in der Perserzeit oder in Persien entstanden.[33] So gibt es auch Auslegerinnen und Ausleger, die davon ausgehen, dass sich die große Bedrohung des jüdischen Volkes, wie sie in der Estererzählung beschrieben wird, tatsächlich noch in der Perserzeit zugetragen habe.[34] Mehr und mehr Stimmen sprechen sich jedoch für eine jüngere Datierung der Estererzählung aus. Schon das Fehlen eindeutiger Bezugnahmen auf die Estererzählung in den Qumranschriften ist auffällig.[35] Ebenso weisen linguistische Untersuchungen darauf

---

32 Allen/Laniak, *Esther*, 181. Für ältere Vertreter einer perserzeitlichen Datierung siehe die Übersicht bei Macchi, *Ester*, 39, Anm. 88. Für wesentlich älter hält Dalley, *Esther's Revenge*, 165–205 die Estererzählung bzw. die Ursprünge des Purimfestes. Dalley vermutet, das Purimfest habe einen „Assyrian background" (194). Dass altorientalische Symbolik jedoch bis in die hellenistische Epoche rezipiert wurde bzw. dass es besonders unter den Seleukiden ein regelrechtes Revival altorientalischer Traditionen gab, hat Hiepel, *Ester* jüngst eindrücklich demonstriert. Wenig überzeugend scheinen mir ferner auch andere Versuche einer Frühdatierung, wie die von Littman, *Religious Policy*, der die Estererzählung mit der Daiva-Inschrift in Beziehung setzt, oder Heltzer, *Mordechai*, der das Esterbuch mit der phönizischen Revolte gegen Artaxerxes III. unter König Tennes in Verbindung bringt, an der sich angeblich auch Juden beteiligt hätten.
33 So jüngst z. B. auch Miller, *Jews*, 19–21. Für eine Bewertung der diskutierten Kriterien einer perserzeitlichen Datierung der Estererzählung vgl. Middlemas, *Dating Esther*, 151–158, die für eine Abfassung in der Perserzeit votiert, aber dennoch resümiert, dass die bisher eingebrachten „historical, linguistic, reference, and ideological details used to promote Persian or Hellenistic provenance are not objective pieces of evidence, but rather subject to the interpretation of the commentator" (158).
34 Vgl. z. B. Johnson, *Fictions*, 20; Cuffari, *Judenfeindschaft*, 191 oder Miller, *Jews*, 21.
35 Auch wenn sich Miliks These (Milik, *Les modèles*) zur vermeintlichen Nähe der Estererzählung zu sechs Qumranfragmenten (4Q550[a–f]) hartnäckig in der Forschung hält, lässt sich kein gesicherter Zusammenhang zwischen den Texten herstellen, vgl. Wechsler, *Novella*, 131–145. Während die aus den Fragmenten rekonstruierte Erzählung wohl von einem interpersonalen Konflikt wusste, der tödlich endete, gibt es keine Hinweise darauf, dass es darin auch um einen Plan zur kollektiven Tötung aller Juden oder um eine jüdische Vergeltungsaktion ging. Auch bleibt unklar, ob der Stoff der Estererzählung den Verfassern der Qumranschriften bekannt war (optimistisch zeigen sich z. B. De Troyer, *Once more* oder Lange, *Handbuch*, 501–502; skeptisch: Fröhlich, *Stories* oder Macchi, *Ester*, 16–17). Grundsätzlich bleibt bei alledem zu bedenken, dass die vermutlich mit den Qumrantexten in Verbindung stehende Gruppierung ohnehin kaum ein Interesse an der Tradierung einer ätiologischen Erzählung gehabt haben dürfte, die ein Fest begründet, das sich nicht auf die Tora berufen kann, vgl. dazu Carr, *Formation*, 175, Anm. 142.

hin, dass das Hebräische der Estererzählung in einer vergleichsweise jungen Sprachstufe vorliegt.[36]

Am schwersten wiegt jedoch, dass das wichtigste Argument für eine Datierung des Esterbuches in die Perserzeit – die vermeintlich authentische Situations- und Ortskenntnis – aus zwei Gründen an Überzeugungskraft verliert: Zum einen macht die Art und Weise, mit der der Erzähler sein Wissen über den Achämenidenhof kundtut, skeptisch. Wie Hans-Peter Mathys treffend anmerkt, spricht schon „die Dichte an gelegentlich fast penetrant wirkenden Hinweisen auf den persischen Hof"[37] tendenziell dagegen, den Verfasser der Erzählung als einen Zeitgenossen des Dargestellten zu verstehen. Viel eher scheint hier jemand den persischen Hof aus einiger Distanz als besonders *exotische*, seiner Leserschaft und ihm *fremde Lebenswirklichkeit* zu beschreiben. Es lässt sich schwer erklären, warum die Welt der Estererzählung als so märchenhaft und überdeutlich „persisch" dargestellt wird, wenn dem Autor und seiner impliziten Leser-/ bzw. Hörerschaft diese Begebenheiten gut vertraut waren. Zum anderen mehren sich in der historisch-kritischen Forschung die Indizien für die Annahme, dass die Estererzählung ihre Kenntnis über die persische Welt nicht aus erster Hand bezieht. Stattdessen scheint das Buch bestimmte Vorstellungen und Stereotype zu rezipieren, die besonders in der griechischen Geschichtsschreibung über die Perserzeit verbreitet waren. Schon Ende des 18. Jahrhunderts fühlte sich deshalb Johann David Michaelis bei der Lektüre des Esterbuches an die griechische Literatur erinnert. Ihm erschien es als „ein erst nach Alexanders Zeit erdichtetes Buch, nicht eine unter den Persern geschehene wahre Geschichte".[38] Diesem Verdacht schließen sich immer mehr Auslegerinnen und Ausleger an, da nahezu die gesamte, vermeintlich authentische persische Motivik der Estererzählung – unter anderem die Details über den Aufbau des Palastbereiches und seine luxuriöse Innenausstattung, die Organisation des Staatsapparats und des Hofes oder die Angaben über das persische Verwaltungs- und Postsystem – in ähnlicher Typik in griechischen historiographischen Traditionen (insb. bei Xenophon und Herodot) Erwähnung findet. Diese Nähe des Esterbuches zu den „Persika" genannten grie-

---

36 Vgl. Striedl, *Untersuchung*; Bergey, *Features*, 66–78; Sáenz-Badillos, *History*, 124–127 und Holmstedt/Screnock, *Esther*, 1–32.

37 Mathys, *Achämenidenhof*, 244.

38 Vgl. dazu ausführlich Striedl, *Untersuchung*, 108 sowie Mathys, *Achämenidenhof*, 244.

chischen Literaturwerken macht es somit wahrscheinlich, dass die persische Bühne der Estererzählung aus Elementen besteht, die motivische Anleihen aus der griechischen Literatur sind.[39]

Die vermeintlich authentische Detailkenntnis über die persische Welt ist deshalb auch kein hinreichendes Kriterium für die Annahme einer perserzeitlichen Abfassung der Estererzählung. Viel eher scheint wahrscheinlich, dass die vorliegende Form des hebräischen Esterbuches erst in hellenistischer Zeit verfasst wurde. Dabei setzt es ein bestimmtes, durch griechische Vorstellungen geprägtes Perserbild voraus und entwickelt dieses unter einer jüdischen Perspektive weiter.[40] Das lässt sich gut anhand des Motivs der Weigerung Mordechais erkennen, vor Haman niederzufallen. Die „Proskynese" genannte Form der Ehrerbietung, die im dritten Kapitel des Esterbuches zum Auslöser des Vernichtungsplanes und damit zum Auslöser des Grundkonflikts der Erzählung wird, war in der griechischen Literatur ein bekanntes Motiv.

Die Darstellung der Weigerung des Juden Mordechai, vor dem persischen Hofbeamten Haman niederzufallen, lässt sich, wie Beate Ego überzeugend demonstriert hat, als hellenistisch-jüdische Variante eines im griechischen Denken beheimateten Diskurses verstehen.[41] Wie Ego anhand verschiedener griechischer Traditionen zeigen kann, stand das Motiv der Proskynese „im Kontext eines interkulturellen und interreligiösen Diskurses zwischen Persern und Griechen [...]",[42] anhand dessen erkennbar wird, dass die Griechen dieser Form der Ehrerbietung skeptisch gegenüberstanden. Dies mag ein Bericht des Herodot verdeutlichen (*Hist.* 8,136): Einst sollen zwei Spartaner (d. h. Griechen) dem Perserkönig Xerxes die Proskynese verweigert haben.[43] Ein Grieche würde sich – so der Tenor des Berichts – nur vor Göttern, nicht vor Menschen, und schon gar nicht vor einem Perser niederwerfen. Indem der Verfasser der Estererzählung nun dem Juden Mordechai die Weigerung zuschreibt, vor dem persischen Beamten Haman niederzufallen, lässt er Mordechai also in gewisser Weise wie einen „freien" Griechen erscheinen.[44]

---

39 Vgl. Macchi, *Ester*, 42.

40 Vgl. dazu Macchi, *Book*, 109–128; Ego, *Hellenistic Book*, 287–291; Mathys, *Achämenidenhof*, 244–265; Hagedorn, *Presence*, 49–57 und Brosius, *Fact*, 194–201.

41 Vgl. Ego, *Ester*, 196–200.

42 Ego, *Ester*, 196.

43 Vgl. Macchi, *Ester*, 164 mit Verweis auf Ego, *Hellenistic Book*, 290–291 und die Überlieferung des römischen Historiographen Arrian, der zu berichten weiß, dass es auch unter Alexander dem Großen zu einem vergleichbaren Konflikt gekommen sei (Arrian, *Alexander*, 4,10,5–4,12,5). Der Schreiber Alexanders, Kallisthenes, soll argumentiert haben, die Ehrerbietung durch Proskynese stünde nur den Göttern zu, weshalb er nicht wie alle anderen vor Alexander niederfallen würde.

44 Vgl. Macchi, *Ester*, 164: „Damit deuten die Redaktoren von Ester an, dass Juden und Griechen die Ideale der Freiheit und ebenso einige religiöse Werte gemeinsam haben."

Die Einsicht, dass das Esterbuch in seinem Perserbild griechischen Traditionen und deren Perspektive auf die Perserzeit nahesteht, hat wichtige Konsequenzen für meine Arbeit zur Gewaltdarstellung der Erzählung. Prinzipiell erschwert diese Beobachtung die Annahme mancher Auslegerinnen und Ausleger, die Bedrohung des jüdischen Volkes sowie die gewaltvolle Abwendung dieser Gefahr habe sich tatsächlich zur Zeit der Achämenidenherrschaft zugetragen. Obwohl nicht ausgeschlossen werden kann, dass sich in der Estererzählung Erinnerungen an eine ältere Gefährdung jüdischer Gruppen erhalten haben, verliert diese Annahme insofern tendenziell an Wahrscheinlichkeit, als schon der Auslöser des Konflikts, die Proskynese, in jüngere Zeit weist. Zudem ist grundsätzlich auffällig, dass andere alttestamentliche Traditionen die Perser als den Juden besonders wohlwollende Herrscher zeichnen. Die Estererzählung bricht nun mit dieser Darstellung. Indem sie einem persischen Beamten den Plan zuschreibt, ein ganzes Volk aufgrund der Tat eines Einzelnen vernichten zu lassen, steht sie vielmehr ebenfalls dem griechischen Perserbild nahe, das die Perser als barbarisch und grausam zeichnete (vgl. Kapitel 3.2.4.3). Es ist deshalb naheliegend, die Abfassung der Estererzählung in der hellenistischen Epoche zu vermuten, da hier auch das intellektuelle Milieu für die jüdische Rezeption griechischen Bildungsgutes gegeben war.

Für meine Arbeit hat diese Einsicht einerseits Konsequenzen für die traditionsgeschichtliche Kontextualisierung der Gewaltdarstellung der Estererzählung. So werde ich der Frage nachgehen, ob sich möglicherweise auch in Bezug auf die Gewaltmotivik durch griechische Traditionen vermittelte Denkmuster in der Estererzählung erkennen lassen. Dies ist insofern für die Esterforschung relevant, als der griechische Einfluss auf das Buch meist nur in Bezug auf bestimmte erzählerische Details über den Perserhof, nicht aber mit Blick auf die die Handlung leitende Gewaltmotivik nachgewiesen wurde. Andererseits möchte ich die hellenistische Epoche auch als historischen Ort der hebräischen Estererzählung fruchtbar machen und fragen, ob sich in dieser Zeit Hinweise auf historische Konflikte und Gewalterfahrungen ausmachen lassen, die möglicherweise die Abfassung der hebräischen Estererzählung beeinflusst haben könnten. Dabei werde ich besonders auf die Makkabäer- bzw. Hasmonäerzeit eingehen (ab ca. 167 v. u. Z.). In dieser Zeit sind konkrete militärische Konflikte nachweisbar, in die auch jüdische Gruppierungen verwickelt waren. Damit folge ich der in der Esterforschung immer wieder aufkommenden, jedoch umstrittenen Vermutung, dass Teile der Erzählung in das 2. Jahrhundert v. u. Z. zu verorten sind.[45] So möchte ich zeigen, dass das hebräische Esterbuch ein wichtiges Dokument der auch

---

45 Jüngst z. B. Ego, *Ester*, 66–69 oder Macchi, *Ester*, 48–51.

in anderen biblischen Traditionen wahrnehmbaren literarischen Reflexion der gewaltvollen Ereignisse des späten 2. Jahrhunderts v. u. Z. darstellt, bei denen jüdische Gruppen sowohl von kriegerischer Gewalt bedroht waren als auch eigene militärische Erfolge verbuchen konnten.

1.4 Gewalt in der antiken Esterüberlieferung

Eine letzte Vorüberlegung betrifft meine Entscheidung, nicht allein die hebräische, sondern auch die beiden griechischen Esterbücher in meine Analyse miteinzubeziehen, um so der Entwicklung der „Gewaltgeschichte" nachzugehen. Diese Textauswahl hat zum einen den ganz pragmatischen Grund, dass der „Alpha-Text" genannte griechische Kurztext eine zentrale Rolle in der literarhistorischen Forschung spielt (vgl. Kapitel 2.1). Sollte EstAT – wie von der Forschungsmehrheit behauptet – in Teilen älter sein als EstMT und eine Erzählfassung bezeugen, die einst ohne die Kampfszenen geendet hätte, müssten die entsprechenden Passagen im hebräischen Text als jüngere Fortschreibungen eingestuft und vor einem anderen historischen Hintergrund gedeutet werden als das Motiv der Bedrohung der Juden durch Vernichtung. Zum anderen möchte ich EstMT auch deshalb mit den beiden griechischen Esterbüchern in Beziehung setzen, da die jeweils jüngeren Texte einen faszinierenden Einblick in die älteste Rezeption der Gewaltdarstellung erlauben.

Zwar haben bereits mehrere exegetische Beiträge das Potential eines Textvergleichs der hebräischen, der septuagintagriechischen und der zweiten griechischen Textfassung erkannt, systematisch untersucht wurden bisher jedoch weder die auffälligen Unterschiede in Bezug auf die Begründungsmuster zur Legitimierung von Hamans Vernichtungsplan noch die signifikanten Transformationen in der Schilderung der Tötung der Judenfeinde.[46] Eine solche Analyse möchte ich mit meiner Arbeit vorlegen und zeigen, welche Elemente der Gewaltdarstellung die jeweils jüngeren Verfasser übernommen, ausgelassen oder abgeändert haben.[47] Wie ich darlegen werde, lassen sich die Überarbeitungen nicht nur mit stilistischen (z. B. Glättungen oder Dramatisierungen), schriftgelehrten

---

[46] Vgl. z. B. Day, *Three Faces*; Fox, *Three Esthers*; Harvey, *Morality*; Wacker, *Three Faces*; Vialle, *Analyse*; Miller, *Three Versions* oder Bellmann, *Theologie*.

[47] Auf die Verschiebungen in der Gewaltdarstellung der jüngeren Estertexte und ihre Bedeutung für die Auslegung hat jüngst auch Bellmann, *Theologie*, 310–314 hingewiesen, der in diesen Erzählungen „die Grundlinien einer Debatte" erkennt, „die nach der politischen, ethischen und theologischen Angemessenheit einer unter bestimmten Umständen gewaltvollen Rolle jüdischer Gemeinschaften in ihrem gesellschaftlichen und politischen Umfeld fragt" (313).

(z. B. Anspielungen an andere alttestamentliche Gewaltmotive) oder theologischen Interessen erklären. Spätere Verfasser- und Redaktorenkreise scheinen die Gewaltdarstellungen der Estererzählung auch dazu benutzt zu haben, um auf konkrete soziopolitische Herausforderungen ihrer Zeit zu reagieren und um neue Antwortmöglichkeiten auf wichtige Fragen zu diskutieren, wie etwa jene nach der Bedrohung des jüdischen Volkes, nach dem Potential politischer Interaktion mit den herrschenden Mächten sowie nach der Notwendigkeit einer gewaltvollen jüdischen Reaktion. Auch in diesem Aspekt bestätigt sich somit der konstruktive, „intentionale" Charakter der in der Estererzählung entworfenen, fiktionalen Vergangenheit. Die spätere Überlieferung hält zwar an der Erinnerung fest, *dass* die große Bedrohung des jüdischen Volkes in der Perserzeit abgewendet werden konnte; die Frage, *wie* dies geschah, wurde jedoch zu unterschiedlichen Zeitpunkten der jüdischen Geschichte unterschiedlich beantwortet.

Im Folgenden werde ich den Aufbau und Inhalt der drei Esterbücher – EstMT, EstLXX und EstAT – vorstellen und dabei die wichtigsten Gemeinsamkeiten und Unterschiede in Bezug auf die Darstellung von Gewalt herausstellen.

1.4.1 EstMT: Die hebräische Estererzählung

Im Wesentlichen erzählen alle drei Esterbücher dieselbe dramatische Geschichte.[48] In allen drei Fassungen wird den in der persischen Diaspora lebenden Juden durch ein vom Hofbeamten Haman erlassenes Edikt die Vernichtung angedroht. Durch die Intervention Mordechais und seiner Cousine Ester werden die Juden jedoch verschont, und es sterben nur die Judenfeinde. Das gelingt deshalb, da die beiden jüdischen Hauptfiguren einflussreiche Positionen am persischen Hof einnehmen: Mordechai macht als loyaler Hofbeamter Karriere. Er wird erhöht und löst letztlich Haman als ranghöchsten Beamten ab. Ester wird auf wundersame Weise zur Ehefrau des Perserkönigs auserkoren. Sie wird damit zu einer mächtigen Fürsprecherin des jüdischen Volkes. Durch ihre politischen Ämter und ihren Einfluss auf den persischen Großkönig können Ester und Mordechai Hamans Plan zur Vernichtung der Juden aufdecken und ihn als Staatsfeind anklagen. Haman wird hingerichtet, und die Juden erhalten vom Perserkönig die schrift-

---

[48] Die folgenden deutschen Textpassagen der Esterbücher sind eigenständige Übersetzungen auf Grundlage der BHQ bzw. der Göttinger Septuagintaausgabe von Hanhart. Für andere biblische Passagen stellt die BHS bzw. die Septuaginta-Handausgabe von Rahlfs die Textgrundlage dar.

Tab. 1: Die Gewaltdarstellung von EstMT

EstMT 3	Vv. 1–5 Hamans Zorn auf Morde- chai	Vv. 6–11 Hamans Absicht zur Ver- nichtung der Juden (zum 13. Adar)	Vv. 12–15 Erlass des Vernichtungs- edikts (gültig am 13. Adar)
EstMT 8	Vv. 1–2.15–17 Erhöhung Mordechais	Vv. 3–8 Der Weg zum Gegenedikt	Vv. 9–14 Erlass des Gegenedikts (gültig am 13. Adar)
EstMT 9	Vv. 1–5 Summarium: Der Erfolg der Juden	Vv. 6–10.16 Kämpfe in der Festung Susa und in den Provinzen (am 13. Adar) Tötung der Hamansöhne	Vv. 11–15 Verlängerung der Kämpfe in Susa (am 14. Adar) Aufhängen der Hamansöhne

liche Erlaubnis dazu, sich gegen das von Haman geplante Edikt zur Wehr zu setzen. Nachdem alle Feinde getötet worden sind, feiern die Juden das Purimfest.

Das hebräische Esterbuch besteht aus zehn Kapiteln. Zu Beginn wird erzählt, wie die bisherige Königin Waschti abgesetzt wird und wie Ester an ihre Stelle rückt. Mordechai wird als loyaler Hofbeamter vorgestellt, der einen geplanten Anschlag auf den persischen Regenten aufdeckt. Von der gewaltvollen Bedrohung der Juden und dem Kampf des jüdischen Volkes gegen seine Feinde erzählen die drei Kapitel EstMT 3, 8 und 9.[49] Im dritten Kapitel wird der Auslöser des Konflikts beschrieben: Der Jude Mordechai verweigert Haman die Ehrerbietung durch Kniefall, woraufhin Haman im Zorn den Plan fasst, alle Juden töten zu lassen. Er klagt die Juden – ohne den Namen des Volkes zu nennen – als vermeintliche Staatsfeinde vor dem König an. Nachdem er die königliche Erlaubnis für seinen Plan erhalten hat, setzt er einen Erlass auf, der die Vernichtung des jüdischen Volkes in allen Provinzen des Perserreiches anordnet. Die Kapitel 4–7 schildern, wie Ester und Mordechai gegen Hamans Plan vorgehen und wie dieser hingerichtet wird. Zu Beginn des achten Kapitels wird Mordechai erhöht. Im Anschluss wird beschrieben, wie er – in Analogie zu Haman – vom Großkönig die Erlaubnis erhält, ein reichsweit gültiges Edikt aufzusetzen. Dieses jüdische Gegenedikt

---

[49] Außerhalb dieser drei Kapitel finden sich in EstMT zwei Referenzen, die auf Hamans Plan zur Vernichtung der Juden rekurrieren. In EstMT 4,7–8 berichtet Mordechai dem Eunuchen Hatach von Hamans Plänen zur Vernichtung der Juden. Er übergibt ihm außerdem eine Kopie des Vernichtungsbeschlusses. Beides soll dazu dienen, Ester dazu zu bewegen, beim König um Gnade für ihr Volk zu bitten. In 7,3–4 klagt Ester vor dem König über die Bedrohung ihres Volkes, was letztlich dazu führt, dass Haman als Urheber dieser Pläne entlarvt und hingerichtet wird.

greift Begriffe auf, die bereits aus dem Vernichtungsbeschluss aus dem dritten Kapitel bekannt sind, wendet den Inhalt jedoch um. Zur militärischen Konfrontation kommt es sodann im neunten Kapitel, wobei dessen erste Verse den großen Erfolg der Juden bereits vorwegnehmen. Im Anschluss wird berichtet, wie die Juden sich in Susa und in allen persischen Provinzen versammeln und mehr als 75.000 Feinde töten können. Auch die Söhne Hamans sterben. An einem zweiten Kampftag in Susa werden weitere Feinde von den Juden getötet. Die Leichen der Hamansöhne werden auf Esters Bitte hin (vermutlich durch Soldaten des Großreiches) öffentlich aufgehängt. Bei alledem nehmen die Juden – anders als ihnen zuvor gestattet wurde (8,11) – keine Beute. Auf die Schilderung der Kämpfe folgt der Bericht über die Einsetzung des Purimfestes, bevor die drei Verse von EstMT 10 das Buch mit einer historiographischen Notiz über Mordechais ruhmvolle Stellung abschließen.

Tabelle 1 bietet einen Überblick über diejenigen Passagen, die für die Analyse der Gewaltdarstellung von EstMT von besonderer Relevanz sind.

1.4.2 EstLXX: Die septuagintagriechische Estererzählung

Das Esterbuch der Septuaginta, EstLXX, ist insgesamt deutlich länger als EstMT, im Kern berichtet es jedoch von denselben Ereignissen.[50] Der Grund für den gesteigerten Textumfang liegt in mehreren kleinräumigen Ergänzungen gegenüber EstMT, vor allem aber in der Erweiterung der Erzählung um das Material der sechs sogenannten „Zusätze" (EstLXX Add. A–F).

Das auffälligste inhaltliche Merkmal dieser Textbestandteile ist die Erwähnung einer theologischen Perspektive, die in EstMT fehlt. Gott wird als in der Geschichte wirkender Akteur erwähnt, und die Abwendung der Vernichtung der Juden wird als göttliche Rettungstat beschrieben. Zusatz A enthält zunächst ein Traumgesicht Mordechais. Hierin schaut Mordechai unter anderem das Aufeinandertreffen zweier kampfbereiter Drachen sowie die Vorbereitungen aller Völker, gegen das „Volk der Gerechten" (A 6) in den Krieg zu ziehen. Auf diese Vision nimmt EstLXX Add. F, der auf EstLXX 10 folgt und so als Schlussrahmen fungiert, Bezug. Mordechai erkennt das göttliche Walten hinter dem Erfolg der Juden im Kampf gegen ihre Feinde (EstLXX 9,1–16). In der Mitte von EstLXX finden sich

---

50 Hanhart, *Esther* führt diese Form der Estererzählung unter dem Siglum *o'*, in der Forschung existieren daneben auch „OG" für „Old Greek" oder „B" bzw. „B-Text", um den Unterschied zum griechischen Kurztext, dem „A-Text" bzw. „Alpha-Text" anzuzeigen.

Tab. 2: Die Gewaltdarstellung von EstLXX

EstLXX Add. A	Vv. 1–11 Traumgesicht Mordechais (Gewalt- und Kriegsmetaphorik)	V. 12–17 Hamans Pläne gegen die Juden	
EstLXX 3	Vv. 1–10 Hamans Zorn auf Mordechai	Vv. 6–11 Hamans Absicht zur Vernichtung der Juden (*zum 14. Adar*)	Vv. 12–15 Erlass des Vernichtungsedikts
EstLXX Add. B	Vv. 1–7 Königlicher Erlass zur Bestätigung der Vernichtung der Juden (gültig am 14. Adar)		
EstLXX 8	Vv. 1–2.15–17 Erhöhung Mordechais	Vv. 3–8 Der Weg zum Gegenedikt	Vv. 9–13 Erlass des Gegenedikts (gültig am 13. Adar)
EstLXX Add. E	Vv. 1–24 Königlicher Erlass zur Bestätigung des Gegenedikts (gültig am 13. Adar)		
EstLXX 9	Vv. 1–4 Summarium: Der Erfolg der Juden	Vv. 6–10.16 Kämpfe in der Festung Susa/den Provinzen (am 13. Adar) Tötung der Hamansöhne	Vv. 11–15 Verlängerung der Kämpfe in Susa (am 14. Adar) Aufhängen der Hamansöhne
EstLXX Add. F	Deutung des Traumgesichts (Göttliche Errettung der Juden)		

mit Zusatz C Gebete Esters und Mordechais, was die Zentralität der theologischen Deutung des Konflikts weiter betont.

Zudem lassen sich in EstLXX weitere Unterschiede gegenüber der Gewaltdarstellung von EstMT konstatieren. Zum Beispiel findet sich in Add. B ein recht langes Bestätigungsschreiben von Hamans Vernichtungsbeschluss im Namen des persischen Königs. Der Plan zur Vernichtung der Juden nimmt dadurch deutlich mehr Raum ein als in EstMT. Da Add. B zusätzliche, intensivierte Anklagepunkte gegen die Juden anführt, steigert sich die Dramatik der Erzählung nachhaltig. Wie in EstMT stellen Ester und Mordechai jedoch ihren Einfluss am persischen Hof in den Dienst des jüdischen Volkes: Haman wird hingerichtet und es wird ein jüdisches Gegenschreiben aufgesetzt. Dieses wird wie Hamans Erlass durch ein königliches Bestätigungsschreiben (EstLXX Add. E) ergänzt. Darin werden die Juden deutlicher als in EstMT von allen Vorwürfen freigesprochen und vom Großkönig als gerechte und loyale Staatsbürger ausgewiesen. Nach den erfolgreichen Kämpfen der Juden (9,1–16) ist die Gefahr gebannt und die Juden feiern das Purim- bzw. „Phrourai-"Fest (EstLXX 9,26 Φρουραι). In der Gewaltdarstellung von EstLXX 9,1–16 verdienen drei Details Erwähnung, durch die sich EstLXX von EstMT unterscheidet: Erstens wird Hamans Plan um einen Tag nach hinten verlegt. Die Vernichtung der Juden ist nun erst für den 14. Adar geplant. Die Juden kämpfen dennoch (wie in EstMT 9,1–16) am 13. und 14. Adar. Zweitens töten die Juden nicht wie im hebräischen Text 75.000, sondern „nur" 15.000 Feinde. Drittens wird erwähnt, dass die Juden nach den Kämpfen auch Beute genommen hätten (EstLXX 9,10).

1.4.3 EstAT: Die Estererzählung des griechischen Kurztextes

Die Handlung des um etwa 100 Verse kürzeren, zweiten griechischen Esterbuches entspricht über weite Strecken dem Inhalt von EstLXX und EstMT. EstAT kennt wie EstLXX sechs Zusätze, wenngleich diese oft im Detail von EstLXX abweichen. Besonders markant sind nun die Unterschiede, die sich zwischen EstAT und EstMT/EstLXX im hinteren Buchteil ausmachen lassen.

Zum Beispiel gibt es anders als in EstMT/EstLXX 8 kein jüdisches Gegenedikt, das den Juden ihre Verteidigung und Vergeltung gestatten würde. Stattdessen werden das königliche Gegenschreiben (EstAT Add. E, vgl. EstLXX Add. E) sowie ein Brief Mordechais angeführt (7,34–38), wobei letzterer kein Pendant in EstMT/EstLXX hat. In beiden Textabschnitten wird die Anwendung jüdischer Gewalt auffälligerweise nicht erwähnt. In Mordechais Brief ist stattdessen die Rede davon, dass Hamans Edikt mit dessen Tod an Gültigkeit verloren habe, weshalb alle Juden zu Hause bleiben und Gott ein Fest feiern sollen. Das wohl auffälligste Merkmal von EstAT in Bezug auf die Darstellung von Gewalt ist der doppelte Bericht über die Tötung von Judenfeinden im letzten Kapitel von EstAT: Einmal erfolgt diese durch eine sehr kurz beschriebene Strafaktion auf Esters Bitte hin (7,18–21). Dabei wird nicht ausdrücklich erwähnt, dass die Juden selbst gewaltsam gegen ihre Feinde vorgehen. Damit lässt sich diese Passage so lesen, als delegiere Ester die Tötung der Judenfeinde lediglich an den persischen König. Ein weiteres Mal werden Gegner der Juden getötet, als es zu einem offenen Kampf der Juden und ihren Feinden kommt (7,43–46).[51] Hierbei sterben mit 70.100

---

51 Im Schlussteil fehlen zahlreiche Details aus EstMT/EstLXX, wie z. B. die ausführliche Einsetzung des Purimfestes, das in EstAT nur in drei Versen Erwähnung findet (EstAT 7,47–49). Dazu treten Inkohärenzen und textliche Schwierigkeiten, z. B. in Bezug auf die Nennung der Hamansöhne, vgl. dazu Kapitel 2.2.6. Zum Beispiel ist die Zeitstruktur von EstAT problematisch: EstAT 3,7 nennt wie EstMT den 13. Adar als Tag der von Haman geplanten Vernichtung, Add. B 6 hingegen

Tab. 3: Die Gewaltdarstellung von EstAT

EstAT Add. A	Vv. 1–10	V. 11–18
	Traumgesicht Mordechais	Hamans Pläne gegen die Juden
EstAT 3	Vv. 1–4	Vv. 5–13
	Hamans Zorn auf Mordechai	Hamans Absicht zur Vernichtung der Juden
EstAT Add. B	Vv. 1–7	
	Hamans Vernichtungsedikt (im Namen des Königs)	
EstAT 7	Vv. 14–17	Vv. 18–21
	Erhöhung Mordechais und Bitte um Rücknahme des Vernichtungsedikts	Todesstrafe für die Judenfeinde Tötung der Hamansöhne (und vermutl. Hamans)
	Vv. 22–32 (= Add. E)	Vv. 34–38
	Königlicher Erlass	Brief Mordechais
	Vv. 43–46	
	Kämpfe der Juden gegen ihre Feinde	
EstAT Add. F	Deutung des Traumgesichts (Göttliche Errettung der Juden)	

Feinden deutlich mehr Menschen als im Bericht von EstLXX 9,1–16, und auch ein Beutenehmen der Juden bei den Kämpfen wird hier ausdrücklich erwähnt (7,44.46). Es stellt sich unweigerlich die Frage, wie diese Handlungsabfolge und die Eigenheiten von EstAT zu erklären sind und welche Rückschlüsse sich daraus auf die relative Chronologie der drei Estertexte ziehen lassen.

Zur Verszählung: Seit Lagarde verläuft die Verszählung nach EstAT 7,13 (vgl. EstMT/LXX 7,10) ohne Kapitelwechsel fortlaufend. So gibt es im griechischen Kurztext nur ein siebtes, kein achtes, neuntes oder zehntes Kapitel, obwohl einige Abschnitte in EstAT 7 eine Entsprechung zum Inhalt von EstMT/EstLXX 8–10 haben.[52] Auch die Zusätze in EstAT wurden oft mit fortlaufenden Kapitelzahlen gezählt. Zur besseren Vergleichbarkeit werde ich die Zusätze in Analogie zu EstLXX mit Buchstaben und Verszahlen angeben, ansonsten jedoch die im deutschen Sprachraum etablierte Zählung der Göttinger Ausgabe bzw. der Septuaginta Deutsch übernehmen, die nur ein (langes) siebtes Kapitel des Kurztextes kennen.

---

wie EstLXX den 14. Adar. Als Termin der jüdischen Vergeltung kommt nach EstAT Add. E 20 wiederum auch der 14. Adar in den Blick, anders als in EstLXX (13. Adar).

52 Zur Problematik vgl. Hanhart, *Esther*, 129–130.

1.5 Aufbau und Vorgehen der Arbeit

Die folgende Untersuchung besteht aus drei Hauptteilen, die jeweils unterschiedliche methodische Schwerpunkte setzen. Nach der Einleitung folgt mit dem ersten Hauptkapitel die literarhistorische Grundlegung. Dieser Abschnitt (vgl. Kapitel 2) wird nach einem forschungsgeschichtlichen Überblick nach den Ursprüngen, d. h. nach der literarhistorischen Entstehung, der Gewaltdarstellung fragen. Mittels einer erzählanalytisch und literarkritisch ausgerichteten Untersuchung einzelner Episoden möchte ich den Fokus auf die Gewaltthematik nutzen, um einen neuen Blick auf die seit langem in der Esterforschung kontrovers diskutierte Frage zur Entstehungsgeschichte der Erzählung zu werfen. Hier gilt es zum einen, bisherige Modelle zur Bestimmung des literarhistorischen Verhältnisses der masoretischen Textgestalt und dem „Alpha-Text" genannten griechischen Kurztext kritisch zu prüfen (vgl. Kapitel 2.2). Dieser Schritt ist insofern von entscheidender Bedeutung für die Analyse der Gewaltdarstellung der Estererzählung, als eine Mehrheit der Auslegerinnen und Ausleger in Teilen von EstAT Reste einer Erzählfassung vermutet, die älter als EstMT sein soll und die angeblich noch ohne einen Bericht über jüdische Kampfhandlungen endete. Meine Analyse wird dabei zeigen, dass die Eigenheiten der Gewaltdarstellung von EstAT gegen diese Hypothese sprechen. Obwohl ich einige Annahmen der bisherigen Forschung in modifizierter Form aufnehmen werde, erscheint mir die gegenüber EstMT und der längeren griechischen Septuagintafassung in Teilen abgemilderte Form der Schilderung der Tötung der Judenfeinde in EstAT als ein wichtiges Indiz dafür, den Kurztext als jüngsten, und nicht als ältesten der drei Estertexte zu verstehen. Auf dieser Analyse aufbauend werde ich zum anderen die literarische Integrität von EstMT in den Blick nehmen (vgl. Kapitel 2.3), um die ebenfalls weitverbreitete Hypothese zu überprüfen, die Gewaltdarstellung von EstMT 9,1–16 sei das Ergebnis einer Fortschreibung einer älteren Erzählfassung, die zwar das Vernichtungsmotiv, nicht aber den Bericht über die gewaltvolle Vergeltung der Juden enthielt. Meines Erachtens gibt es auch in dieser Frage gute Gründe für eine Neubewertung dieser von einer Forschungsmehrheit geteilten Annahme. Ohne die Hypothese von EstAT als Zeuge einer Estererzählung, die EstMT vorausgeht, spricht wenig für die Abtrennung des Berichts über die gewaltvolle Vernichtung der Judenfeinde (EstMT 9,1–16) vom vorderen Buchteil.

Der zweite und ausführlichste Analyseteil der Arbeit (vgl. Kapitel 3) widmet sich dem Text von EstMT, der somit die vermutlich älteste Form der Gewaltdarstellung enthält. In diesem Kapitel werde ich zunächst auf die erzählerische Einbindung des Vernichtungs- und Vergeltungsmotivs eingehen. Unter anderem wird diese Analyse zeigen, dass die gewaltvolle Bedrohung des jüdischen Volkes sowie das Motiv einer jüdischen Vergeltungsaktion strukturgebende Elemente der hebräischen Estererzählung sind, die durch verschiedene Begründungsmuster vorbereitet und legitimiert werden. Der hintere Buchteil (EstMT 8–9) ist dabei begrifflich und inhaltlich eng mit dem vorderen (EstMT 1–7) verbunden. Das bedeutet für die Interpretation der jüdischen Gewaltanwendung unter anderem, dass diese in weiten Teilen als Umkehr bzw. Imitation der ursprünglichen Bedrohung verstanden werden kann. Damit lässt sich die gewaltsame Tötung der Feinde durch die Juden als Ausdruck einer aus der Erzählperspektive positiv gewerteten Fähigkeit zur souveränen jüdischen Machtausübung interpretieren. Diese machtpolitische Pointe der Gewaltdarstellung von EstMT liegt m. E. deshalb auf einer anderen Ebene als die beiden bisher in der Auslegung dominierenden Deutungsvorschläge, die die jüdischen Aktionen entweder allein als legitime Selbstverteidigung oder als grausamen Racheakt interpretiert haben. Um diese Interpretation zu stützen und um die literarischen Kontexte dieser Gewaltdarstellung zu erhellen, werde ich bei der Analyse von EstMT auch traditionsgeschichtlich arbeiten. Hierbei nehme ich einerseits die in der jüngeren Esterforschung mehrfach geäußerte Vermutung auf, dass EstMT unter dem Einfluss griechischen Bildungsgutes steht. Andererseits werde ich dem in der Forschung bereits seit langem bestehenden Verdacht nachgehen, dass die Gewaltdarstellung von EstMT der hasmonäischen Literatur, insbesondere dem ersten Makkabäerbuch nahesteht.

Die dadurch gewonnenen Einsichten zum traditions- bzw. geistesgeschichtlichen Hintergrund der Gewaltmotivik bieten wichtige Impulse für die bis heute kontrovers diskutierte Frage nach der Datierung des hebräischen Esterbuches (vgl. Kapitel 3.4). Unter Berücksichtigung jüngerer Forschungsbeiträge zur politischen Situation in Jerusalem und Judäa unter der Seleukidenherrschaft, zur makkabäischen Erhebung und zur Etablierung der Hasmonäerherrschaft werde ich darlegen, warum EstMT (als Ganzes) weitaus besser in die Zeit des späten 2. Jahrhunderts v. u. Z. passt, als bislang in der Forschung angenommen wurde. Mit der Verortung der Ursprünge von EstMT im Umfeld des Hasmonäerhofes geht unweigerlich auch eine kritische Neubewertung der Estererzählung als vermeintlich authentische Diasporatradition einher.

Der letzte Hauptteil der Untersuchung (vgl. Kapitel 4) nimmt die früheste Rezeption des Aspekts der Gewalt in den beiden griechischen Esterbüchern in den Blick. Darin werde ich mittels eines Textvergleichs die Veränderungen und Transformationen der Gewaltdarstellungen analysieren, die sich in den jüngeren Texten EstLXX und EstAT beobachten lassen. Diese in der Forschung bisher kaum wahrgenommenen, markanten Differenzen lassen darauf schließen, dass die Gewaltmotivik maßgeblichen Einfluss auf die Um- und Neugestaltung der Erzählung(en) hatte und dass bereits in der ältesten Textüberlieferung um die Darstellung und Bewertung von Gewalt „gerungen" wurde. Deutlich zeigt sich das in EstLXX. Diese Erzählfassung vereint in vorliegender Form unterschiedliche, zum Teil sogar widersprüchliche Darstellungstendenzen, die zwischen einer Begrenzung und Intensivierung von Gewalt schwanken (vgl. Kapitel 4.2). Dabei erweisen sich die in EstLXX versammelten Perspektiven auf Gewalt auch insofern als wichtige Stimmen im schriftgelehrten Diskurs um die Darstellung von Gewalt, als darin gegenüber EstMT neue, sehr wohl jedoch aus anderen alttestamentlichen Traditionen bekannte Motive und Begründungsmuster zur Deutung der gewaltvollen Handlung der Erzählung eingespielt werden. Der jüngere griechische Kurztext, EstAT, steht seinem längeren Schwestertext darin auf den ersten Blick nahe, bei näherer Betrachtung präsentiert sich die Gewaltdarstellung von EstAT jedoch als glatter und homogener. Der wichtigste Unterschied zu EstLXX ist dabei, dass EstAT eine alternative Lösung des gewaltvollen Hauptkonflikts der Erzählung enthält, nach welcher es nicht zu einem Kampf aller Juden gegen ihre Feinde kommt (vgl. Kapitel 4.3). Stattdessen werden die Feinde getötet, ohne dass eine Gewaltanwendung durch jüdische Akteure beschrieben wird. Erst in einem vermutlich sekundären Anhang wird ein Kampfbericht erwähnt.

In jedem Fall bilden die drei ältesten Esterbücher eine in Bezug auf die Darstellung von Gewalt äußerst dynamische und vielgestaltige Textüberlieferung ab, und es stellt sich die Frage, inwiefern dieses Phänomen mit veränderten soziopolitischen Umständen oder möglicherweise auch mit konkreten gewaltvollen Konflikten in Verbindung gebracht werden kann. In der Diskussion möglicher Abfassungs- und Bearbeitungskontexte von EstLXX und EstAT werde ich unter anderem auf die spätere Macht- und Expansionspolitik der Hasmonäerherrscher des 2.–1. Jahrhunderts v. u. Z., die Situation der unter der Ptolemäerherrschaft lebenden Diasporajuden und die gewaltsamen Konflikte zwischen Nichtjuden und Juden in Alexandria in römischer Zeit (38–41 u. Z.) eingehen.

Im Schlussteil werde ich zunächst die Bedeutung der Ergebnisse dieser Arbeit für die bisherige und weitere Forschung diskutieren (vgl. Kapitel 5.1). Im Anschluss gilt es, noch einmal überblickshaft das individuelle Profil der einzelnen Estertexte zu umreißen, die verschiedenen Aussageintentionen ihrer Gewaltdarstellungen vorzustellen und ihre möglichen literarischen und historischen Abfassungskontexte zu benennen (vgl. Kapitel 5.2). In einem abschließenden Rück- und Ausblick werde ich gegenwärtige Ansätze zur Interpretation der Gewalt in den Estererzählungen mit den Ergebnissen meiner Arbeit ins Gespräch bringen und Impulse für die weitere Auslegung entwickeln (vgl. Kapitel 5.3).

2 Literarhistorische Grundlegung: Eine Gewaltgeschichte ohne Gewalt?

2.1 Positionen der literarhistorischen Esterforschung

Die literarhistorische Esterforschung erweist sich trotz der Kürze der Erzählung als ein recht weites und komplexes Feld. Hatte Lewis B. Paton in seinem Kommentar von 1908 noch geurteilt, das hebräische Esterbuch biete „no complicated problems" und seine Einheitlichkeit sei „recognized by all scholars of criticism",[1] hat sich die Forschungslage in den vergangenen Jahrzehnten um ein Vielfaches verkompliziert. Es konkurrieren verschiedene Wachstumsmodelle, die mit mehrstufigen Überarbeitungen und Fortschreibungen rechnen.[2] Auffällig ist, dass besonders im hinteren Buchteil, in dem von den Kämpfen der Juden erzählt wird, mit redaktionellen Bearbeitungen gerechnet wird. In den letzten Jahrzehnten wurde wiederholt die Hypothese verteidigt, die Kampfepisode (sowie der darauf aufbauende Bericht über die Einsetzung des Purimfestes) im neunten Kapitel des hebräischen Esterbuches stelle in Gänze bzw. in Teilen einen sekundären Anhang an eine ältere Erzählfassung dar. Umstritten ist dabei gleichsam auch die Frage, ob diese Vorform der Estererzählung bereits das Motiv der Bedrohung des gesamten jüdischen Volkes durch ein Vernichtungsedikt sowie das des jüdischen Gegenedikts kannte. Die Annahme der Einheitlichkeit der hebräischen Estererzählung ist heute jedenfalls eine Minderheitenposition.[3]

Anhand des folgenden forschungsgeschichtlichen Überblicks zeigt sich, welche große Bedeutung die Verortung der von kollektiver Gewalt erzählenden Passagen in den literarhistorischen Modellen hat. Im Anschluss an diesen Überblick möchte ich den auf die Gewaltthematik gelegten Fokus nutzen, um eine

---

1 Paton, *Esther*, v.

2 Die Arbeit von Wynn, *Contexts*, 121–125 dürfte den höchsten Komplexitätsgrad enthalten. Er geht von einem Wachstumsmodell aus, in dem drei unabhängige Einzelquellen in einem 17-stufigen Redaktionsprozess überarbeitet wurden. Aufgrund des methodisch an vielen Stellen kaum nachvollziehbaren literarkritischen Vorgehens von Wynn werde ich die Studie nicht in meine literarhistorische Analyse, sondern sie nur in Bezug auf die historische Verortung von EstMT, EstLXX und EstAT miteinbeziehen.

3 Vgl. den kurzen Beitrag von Jones, *Appendix* sowie Hornung, *Nature*: „This violent end to the book, it must be concluded, is equally at home as the fitting conclusion for Mordecai and Esther's victory over Haman just as it serves, troubling as it may be, as the honored memory celebrated on the Jewish holiday of Purim." (57)

eigene Perspektive auf die entstehungsgeschichtliche Analyse der Esterüberlieferung zu entwickeln.

Die ersten Ansätze zum Wachstum des Esterbuches wurden noch ohne Blick auf die griechischen Textzeugen allein am hebräischen Text vorgetragen.[4] Als Ausgangspunkt diente eine Spannung, die zwischen zwei Erzählfäden erkannt wurde: einerseits der persönliche Konflikt zwischen Mordechai und Haman, andererseits die Errettung des jüdischen Volkes. Diese Spannung wurde zunächst mit Hilfe eines Quellenmodells erklärt. Wilhelm Erbt und Henry Cazelles gingen davon aus, dass eine ältere Hoferzählung (z. B. eine Mordechaiquelle/-sage) noch nichts von einer Ausweitung der tödlichen Bedrohung (Mordechais) auf das jüdische Volk und deshalb auch noch nichts von einer kriegerischen Gegenaktion der Juden wusste.[5] Diese Elemente seien erst durch die redaktionelle Verbindung dieser älteren Hoferzählung mit einer anderen, am Schicksal des jüdischen Volkes und an der Figur Esters interessierten Quelle in die Erzählung gelangt.

Diese am hebräischen Text erarbeiteten Modelle wurden in weiteren Arbeiten modifiziert.[6] Als bekanntester Vertreter eines Quellenmodells darf L. Wills gelten, der in seiner breit rezipierten Arbeit *The Jew in the Court of the Foreign King: Ancient Jewish Court Legends* (1990) die Entstehung der Estererzählung in Analogie zu den Hoferzählungen des Danielbuches untersucht. Er geht mit Blick auf das Esterbuch wie seine Vorgänger davon aus, dass einst eigenständige Quellen bzw. Hoferzählungen zu einer neuen Gesamtkomposition zusammengestellt wurden.[7] Anders als Erbt oder Cazelles gilt Wills der Vernichtungsplan Hamans als Bestandteil der ältesten Quelle. Wills nimmt an, dass Hamans Schreiben in dieser ältesten Erzählform einfach aufgehoben werden konnte.[8] Ein jüdisches Gegenedikt sowie eine kriegerische Auseinandersetzung zwischen den Juden und ihren Feinden sei deshalb in dieser Fassung nicht nötig gewesen. Erst im Zuge der Umgestaltung der Erzählung in eine Ätiologie des Purimfestes seien diese von weitreichender Gewalt erzählenden Elemente in das Esterbuch gekommen. In Ansätzen bezieht Wills in seiner Rekonstruktion älterer Erzählbestandteile bereits den griechischen Kurztext EstAT mit ein, den er für einen möglichen Zeugen einer älteren Estererzählung hält. Er beruft sich damit auf eine zweite Linie der literarhistorischen Esterforschung.

---

4 Für eine ausführliche Übersicht vgl. z. B. Clines, *Scroll*, 115–138 oder De Troyer, *End*, 15–39.

5 Vgl. Erbt, *Purimsage* oder Cazelles, *Note*.

6 Vgl. den Überblick Kossmann, *Esthernovelle*, 15–18.

7 Vgl. Wills, *Jew*, 153–172 und Wills, *Novel*, 104–115.

8 Vgl. Wills, *Jew*, 168: „All of this is probably lacking in Esth S, where we find no revenge motif at all—the only act is to undo the treachery put into motion by Haman, by having his letters rescinded."

Diese nahm ihren Anfang mit Charles Torrey, der 1942 hinter dem griechischen Kurztext die Übersetzung einer älteren Fassung der Estererzählung vermutete. Damit änderte sich die literarhistorische Beurteilung des Kurztextes nachhaltig. Er galt ihm und anderen von nun an als wichtigster Zeuge älterer Erzählformen, während die Annahme von Einzelquellen an Bedeutung verlor. Torrey sah allerdings die vorliegende Form von EstAT als gewachsene Größe an. Er erkannte das Ende der vermeintlich ältesten Estererzählung in EstAT 7,15–17.[9] Dieser Abschnitt beschreibt die Erhöhung Mordechais sowie dessen Wunsch, den Plan Hamans aufzuheben. Nach Torrey habe die älteste Fassung der Estererzählung somit nicht mit dem Bericht über die Kämpfe der Juden gegen ihre Feinde geendet, sondern allein mit einem heute nicht mehr enthaltenen Bericht über die Rücknahme von Hamans Schreiben. Der Plan Hamans zur Vernichtung der Juden sei hingegen in dieser Erzählfassung erhalten gewesen. Diese Annahme prägte die weitere Esterforschung, die von Torrey die Hypothese erbte, dass der ursprüngliche Abschluss der Erzählung, der das Aufheben von Hamans Edikt schildert, im Laufe der (hebräischen) Textüberlieferung weggefallen sei.[10]

Der wohl einflussreichste Beitrag zur literarhistorischen Verhältnisbestimmung von EstAT und EstMT stammt von David J. A. Clines, der 1984 in *The Esther Scroll: The Story of the Story* die „Geschichte" der Estergeschichte in einem umfassenden Textvergleich untersucht. Clines folgt noch der grundlegenden Annahme eines Quellenmodells und nimmt Beobachtungen von Cazelles in modifizierter Form auf. Er sieht z. B. dessen Annahme, dass nur eine eigenständige Esterquelle vom Plan zur Vernichtung des jüdischen Volkes wusste, bestätigt. Eine (ältere) Mordechaiquelle habe hingegen lediglich vom Aufstieg Mordechais und der Bestrafung Hamans gewusst. Erst die Zusammenstellung von Ester- und Mordechaiquelle sei für die Verbindung beider Motive verantwortlich gewesen. Clines' einflussreiche Studie sucht außerdem Torrey in seiner Annahme zu bestätigen, in EstAT einen wichtigen Zeugen für die Vorgeschichte des hebräischen Esterbuches zu sehen. Weite Teile von EstAT stünden nach Clines nämlich nicht unter Einfluss von EstMT und EstLXX, weshalb der Kurztext als verlässlicher Zeuge zur Rekonstruktion der ältesten Estererzählung gelten könne.[11] Clines versteht EstAT und EstMT dabei als zwei voneinander unabhängige Übersetzungen derselben

---

9 Vgl. Torrey, *Book*, 14–16.
10 Vgl. Cook, *A-Text*, 376, der ebenfalls vermutete, EstAT sei Zeuge einer älteren Form der Estererzählung, die dem Umfang von EstMT 1,1–8,5 entspreche und damit ohne Vergeltung der Juden geendet habe.
11 Vgl. Clines, *Scroll*, 87: „[T]he divergence of AT from LXX is inexplicable except on the assumption that it had no knowledge of the LXX and was not dependent on it in any way."

hebräischen Vorlage („proto-MT"), die im achten Kapitel mit der Aufhebung des Ediktes von Haman geendet habe. Wie Torrey vor ihm geht demnach auch Clines davon aus, dass die Bedrohung des jüdischen Volkes durch die Annullierung von Hamans Edikt abgewendet werden konnte, ohne dass es zum gewaltsamen Konflikt kommt.[12] Erst durch spätere Fortschreibungen sei der Kampfbericht an diese Erzählfassung angehängt worden.

Clines' Abtrennung der Darstellung jüdischer Gewaltanwendung geht dabei mit einer auffälligen Geringschätzung der in seinen Augen brutalen und anstößigen Passage EstMT 9,1–16 einher.[13] Die in seinen Augen sekundären Abschnitte hätten die vorher verhältnismäßig friedliche Erzählung „more bloody"[14] gemacht. Die dadurch entstehende Spannung lasse die Estererzählung als einen „poorly written narrative"[15] erscheinen. Clines vermutet, der die Kampfszenen nachtragende Redaktor hätte die Ausrichtung der älteren, vermeintlich authentischeren Erzählung nicht richtig verstanden:

> It [d. h. EstMT 9,1–16] cannot have served his purpose either as storyteller nor as propagandist to have made this massacre the sequel of the conflicting decrees, and we can only conclude that the author of ch. 9 imperfectly understood the thrust of the plot of chs. 1–8. He [...] lacked the subtlety to imagine a victory that could not be quantified by a body-count.[16]

Hier wird erkennbar, dass die literarkritische Abtrennung des Schlussteils auch mit moralischen Urteilen über die Gewaltdarstellung einhergehen kann.[17] So können hinter Clines' Rekonstruktion einer älteren Estererzählung, die angeblich ohne Kampfszenen auskam, auch apologetische Absichten vermutet werden.

In seiner 1991 veröffentlichten Studie *The Redaction of the Books of Esther* folgt Michael V. Fox der von Clines vorgetragenen Theorie, EstAT und EstMT

---

12 Das Ende dieser Erzählfassung sei in EstAT 7,16–17 zu finden (Clines, *Scroll*, 84). In der älteren Forschung wurde (wie im Cambridge Greek Old Testament) EstLXX Add. A als erstes Kapitel gezählt, wodurch die Kapitelzählung für EstAT erst mit Kap. 8 endet. Diese Zählung, der sich auch Clines anschloss, hat in der Esterforschung mehrmals für Konfusion gesorgt. Clines sieht das Ende der von ihm rekonstruierten, älteren Estererzählung auf Grundlage von EstAT in „8.16", was EstMT 8,5 bzw. EstAT 7,16 entspricht.

13 Vgl. Clines, *Scroll*, 37.

14 Clines, *Scroll*, 161.

15 Clines, *Scroll*, 84.

16 Clines, *Scroll*, 40.

17 Ähnliches vermutet Carruthers, *Esther*, 225: „The scenes of slaughter have caused much disquiet [...]. Perhaps from a desire to relegate them, various critics separate them from the 'core' Esther story, appended they suspect to provide a genealogy for Purim [...]."

bauten auf einer gemeinsamen Vorlage auf.[18] In Bezug auf weitere Vorstufen widerspricht Fox Cazelles und Clines allerdings in der Annahme hypothetischer älterer Einzelquellen. Fox betont, bereits in der ältesten rekonstruierbaren Form der Erzählung seien Vernichtungsplan und jüdische Vergeltung gleichermaßen enthalten gewesen.[19] In seiner Analyse setzt sich Fox primär mit Clines auseinander, der in EstAT 7,16–17 den ursprünglichen Schluss der älteren Estererzählung sah. Die von Clines erkannten Spannungen zu 7,18–33 hält Fox allerdings für unbegründet, da selbst „a single-author narrative may not maintain its excellence from beginning to end."[20] Mit dieser Haltung anerkennt Fox zumindest ebenfalls den spannungsvollen Charakter des Schlussteils von EstAT 7, führt ihn aber auf einen Mangel an Erzählkunst zurück und rechnet ebenfalls mit Textwachstum in diesem Kapitel. Er integriert nur die Vv. 18–21 und 33–38 des siebten Kapitels von EstAT in seine Rekonstruktion der älteren Estererzählung.[21] In diesen Abschnitten wird berichtet, wie Ester die Tötung von Feinden erwirkt (EstAT 7,18–21). Außerdem wird erzählt, wie Mordechai ein Schreiben veröffentlicht, das zwei inhaltliche Schwerpunkte hat. Zum einen solle „ein jeder an seinem Ort bleiben und Gott ein Fest feiern" (7,34), was Fox so deutet, dass nun keine weiteren Kampfhandlungen folgen werden. Zum anderen betont das Schreiben rückblickend, dass Haman hingerichtet wurde (7,35–39), worin Fox einen indirekten Hinweis auf die Annullierung des Edikts erkennt. Die auf diese Sequenz folgenden Abschnitte seien erst durch einen durch die griechische Langfassung beeinflussten Redaktor an den proto-AT angehängt worden. Diese Erweiterung habe sowohl die Darstellung der jüdischen Freude in 7,39–41 als auch die Kampfschilderung der Vv. 43–46 umfasst.[22]

Mit Blick auf den hebräischen Text von EstMT erkennt Fox keine Auffälligkeiten, die einen literarkritischen Eingriff nötig machen. Die Kapitel EstMT 8–9 betrachtet er als Einheit, die sich inhaltlich aus der EstAT und EstMT gemeinsamen Vorlage speist und die bereits das Motiv der Tötung der Judenfeinde (wenngleich nicht durch Kämpfe der Juden) kannte. In anderen Worten: Die Kapitel EstMT 8–10 stellen nach Fox das Ergebnis einer Ausgestaltung von Motiven dar, die bereits in einer Vorlage des Textes angelegt waren. Deshalb sei der Bericht über die Vergeltung der Juden integraler Bestandteil der hebräischen Estererzäh-

---

18 Vgl. Fox, *Redaction*, 17–31. Fox betont, es gebe „little doubt that proto-AT is a translation from a Semitic language." (31).

19 Fox, *Redaction*, 110–111.

20 Vgl. Fox, *Redaction*, 42.

21 Vgl. Fox, *Redaction*, 38–42.

22 Vgl. Fox, *Redaction*, 115.

lung, zugleich aber das Ergebnis einer grundlegenden redaktionellen Neugestaltung einer älteren Vorlage.[23]

Die bisher umfangreichste redaktionsgeschichtliche Studie wurde mit der im Jahr 2000 veröffentlichten Dissertation von Ruth Kossmann vorgelegt.[24] Sie folgt prinzipiell den literarhistorischen Beobachtungen von Clines und Fox und spricht sich für EstAT als den ältesten Textzeugen aus.[25] Sie zieht ihre Rückschlüsse aus der Kürze der Textform und erkennt Brüche, die in den anderen Varianten bereits geglättet wurden. Auch wenn die vorliegende Form des Kurztextes unter dem Einfluss von EstLXX stünde, seien weite Teile von EstAT älter als der Langtext.[26]

Wie zuvor bereits Cazelles oder Clines rekonstruiert Kossmann zunächst Einzelquellen bzw. eigenständige Vorstufen der Estererzählung.[27] Eine erste Verbindung von Ester- und Mordechaiquelle habe z. B. weder den Vernichtungsbeschluss Hamans noch die Vergeltung der Juden enthalten. Zudem sei Mordechai in dieser (paganen) Vorform der Erzählung noch kein Jude gewesen, sondern es „handelte sich um ein nicht näher bestimmtes Volk".[28] Haman habe in Mordechai

---

23 Vgl. Fox, *Redaction*, 109–126. Eine detaillierte redaktionsgeschichtliche Skizze zum Übergang der beiden Kapitel EstMT 8–9 fehlt bei Fox: „Although we cannot know for certain just what R-MT did to the wording of proto-Esther in chs. 1–8, it is clear that it provided him with only vague hints from which to create what became chs. 9–10." (126)

24 Der Vollständigkeit halber seien noch zwei weitere Studien erwähnt: Die Arbeit von Karen H. Jobes (*The Alpha-Text of Esther: Its Character and Relationship to the Masoretic Text*, 1996) versucht mit Hilfe statistischer Methoden, das Übersetzungsprofil von EstAT zu erschließen. Sie kommt zu dem Schluss, EstAT stelle aufgrund seiner gegenüber EstLXX knapperen Erzählweise die ältere der beiden griechischen Esterbücher dar. EstAT sei mit EstMT insofern verwandt, als beide auf einer ähnlichen Vorlage beruhten (vgl. Jobes, *Alpha-text*, 225–226). Damit folgt sie der Hypothese, dass EstAT prinzipiell Rückschlüsse auf ein älteres Textstadium der Estererzählung zulässt. In ihrer Analyse zählt sie sowohl das Vernichtungsmotiv als auch den Bericht über die Tötung der Judenfeinde zum Erzählbestand einer EstAT und EstMT gemeinsamen Vorlage (vgl. Jobes, *Alpha-text*, 202–211). In seiner formkritischen Analyse *The Books of Esther* (1997) folgt Charles H. Dorothy ebenfalls der Annahme einer älteren Estererzählung, die durch Subtraktion im Vergleich von EstMT und EstAT zu gewinnen sei. Auch er geht davon aus, die älteste Estererzählung habe mit der Rücknahme von Hamans tödlichem Plan geendet. Zwar legt Dorothy keine detaillierte Rekonstruktion zu EstAT vor, er sieht allerdings im hebräischen Text von EstMT 8,15–17 den älteren Erzählschluss und vermutet (auch mit Blick auf EstAT 7,18–38), in einer älteren Erzählfassung sei Hamans Edikt zurückgenommen worden, vgl. Dorothy, *Books*, 259–260.336–338. Die Passage EstMT 9,1–18 diene allein der Begründung des Purimfestes und sei „not originally a part of Esther" (338) gewesen.

25 Vgl. Kossmann, *Esthernovelle*, 31.

26 Vgl. Kossmann, *Esthernovelle*, 33.

27 Vgl. Kossmann, *Esthernovelle*, 227–228.

28 Kossmann, *Esthernovelle*, 227.

lediglich einen Rivalen am Hof gesehen und sich an diesem zu rächen gesucht. Damit gehört für Kossmann die gesamte Passage EstMT 3,6–15 (bzw. EstAT 3,5–15), die von Hamans Plan zur Vernichtung des jüdischen Volkes erzählt, sowie der Kampfbericht des neunten Kapitels nicht zum Grundbestand der ältesten Estererzählung. Durch diese Annahme löst sie das Problem der älteren Forschung, die annehmen musste, ein Bericht über die Rücknahme von Hamans Schreiben sei im Laufe der Textüberlieferung weggefallen. Gleichzeitig nimmt Kossmann die Hypothese in Kauf, alle Referenzen auf das jüdische Volk seien sekundäre Zusätze. Kossmann nimmt sodann eine redaktionelle Erweiterung dieser Erzählform an, die in zwei Schritten die Ausweitung des Konflikts auf das jüdische Volk sowie im Anschluss die Vorstellung einer jüdischen Vergeltung in den Text eingetragen habe.[29] Die Vorlage für die Einfügung der Kampfszenen in EstMT 8–9 erkennt Kossmann wie vor ihr bereits Fox im Kurztext von EstAT 7,18–33: „Wir meinen, daß die Bestrafung der Feinde im Proto-A-T. in 7,18–33 vom M-T. aus dem Textzusammenhang herausgenommen und in Kap 9 in einer ausgeweiteten Darstellung des Purimgeschehens wieder eingefügt wurde."[30] Damit hätte die Bestrafung der Feinde, von der EstAT 7,18–21 erzählt, erstmals im hebräischen Text die Form einer aktiven Gegenwehr der Juden angenommen. Die Schilderung eines gewaltsamen Vorgehens der Juden gegen ihre Feinde, die EstAT in 7,43–46 beschreibt, sei wiederum in Kenntnis von EstMT und EstLXX entstanden und sekundär an den griechischen Kurztext angehängt worden.[31]

Aus der Fülle der Kommentarwerke seien exemplarisch zwei jüngere Beiträge erwähnt, die in ihren literarhistorischen Schlussfolgerungen eigene Akzente setzen. Die Kommentierung von Beate Ego (2017) hebt sich von den meisten Einzelstudien dadurch ab, dass die literarkritische Analyse des hebräischen Textes ohne einen Vergleich von EstMT mit EstAT erfolgt.[32] Ego geht im Wesentlichen von einem stufenweisen Wachstum des hebräischen Textes aus.[33] Sie schließt sich dabei der etablierten Annahme an, der Bericht über die kriegerische Vernichtung der Feinde durch die Juden sei einer älteren Erzählfassung zugewachsen. Ego sieht

---

29 Vgl. Kossmann, *Esthernovelle*, 322–375.

30 Kossmann, *Esthernovelle*, 344.

31 Vgl. Kossmann, *Esthernovelle*, 351–353.

32 Ähnlich Haag, *Zeitalter*, 118–125, der ein Wachstum in drei Bearbeitungsstufen annimmt. Haag zählt den Plan zur Vernichtung der Juden (jedoch ohne dessen schriftliche Fixierung) in EstMT 3,1–6.8.11.15b zum Grundbestand der Erzählung. Nach Haag bedeutet die Hinrichtung Hamans jedoch, dass „der Mordplan gegen Mordechai und sein Volk aufgehoben" (124) ist. Das Gegenedikt in EstMT 8,7–11.13a.14 zählt er zur ersten, die Ausführung der Gegenwehr zur zweiten Bearbeitung (EstMT 8,3–6.9.12.13b.17; 9,1–4; 10,3).

33 Vgl. Ego, *Ester*, 40.

diese jedoch nicht – wie z. B. Wills – auf den Konflikt um Haman und Mordechai beschränkt, sondern sie rechnet mit einer älteren „Ester-Rettungserzählung",[34] deren ursprüngliches Ende sie in 8,17 erkennt. Diese Erzählform habe von Beginn an das Motiv des geplanten Genozids am jüdischen Volk gekannt. Wie zahlreiche Auslegerinnen und Ausleger vor ihr vermutet sie jedoch, dass in dieser älteren Erzählfassung ein Schreiben Mordechais existiert habe, das das Edikt Hamans aufgehoben habe.[35] Ein solches Schreiben sei im Zuge der Erweiterung der Erzählung um die Kampfszenen jedoch weggefallen.

Ego sieht EstMT somit in mindestens vier Stufen gewachsen:

1. Eine Ester-Rettungserzählung, die mit der Rücknahme von Hamans Vernichtungsplan endete, aber weder eine Datierung der Edikte noch das Motiv der Furcht und des „Übertritts" von Nichtjuden enthalten hat (EstMT 8,17*).

2. In einer ersten Purimredaktion, die 9,1–10.16–17 umfasst, ist die Vergeltungsepisode an die Erzählung angehängt worden. In diesem Prozess ist auch der vordere Buchteil überarbeitet worden. Unter anderem sind die Vv. 3,7 (Motiv des Loswerfens), 3,12–15 (Datierung des Vernichtungsedikts) sowie 8,11–12 (das Gegenedikt) in den Text gelangt.

3. Eine zweite Purimerweiterung hat mit 9,11–15.18–19 Esters Bitte um das Aufhängen der Hamansöhne und um einen zweiten Kampftag eingeführt.

4. In einer letzten Stufe sind die Purimbriefe in 9,20–28.29–32 ergänzt worden.[36]

Dieses Fortschreibungsmodell geht demnach davon aus, dass der Kampfbericht im neunten Kapitel von EstMT in zwei Stufen an eine ältere Estererzählung angeschlossen wurde.

Eine andere Richtung schlägt Jean-Daniel Macchi in seinem Kommentar ein, der zunächst in französischer (2016), später in englischer (2018) und deutscher

---

34 Ego, *Ester*, 42.
35 Vgl. bereits Ego, *Hellenistic Book*, 301.
36 Das Buchende von EstMT 10,1–3 zählt Ego nicht zu den Erweiterungen (vgl. Ego, *Ester*, 429). In ihrer Analyse erkennt sie jedoch zusätzliche Überarbeitungsspuren in Passagen, die mit Mordechai in Zusammenhang stehen (2,5–7.10.19–20.22; 3,5; 4,1–2; 5,9; 7,9; 8,2b.15a; 9,3b.4; 10,1–3). Diese hält sie mehrheitlich für spätere Zusätze. Im Einzelfall lassen sich jedoch einfachere Erklärungen für diese vermeintlichen Ergänzungen finden. Beispielsweise sieht Ego in Bezug auf 3,5 einen Bruch in der Erzähllogik, da Haman „sieht", wie Mordechai ihm die Proskynese verweigert, obwohl ihn nach 3,4 lediglich die königlichen Diener auf Mordechai aufmerksam gemacht haben. Diese Spannung erweist sich z. B. als völlig unproblematisch, wenn Haman lediglich die Hinweise der Diener überprüft, selbst „sieht" und deshalb mit Zorn reagiert. Bereits in 3,4 berichten die Diener Haman von Mordechais Verweigerung, „um zu sehen" (לראות), ob Mordechais jüdische Herkunft als Grund zur verweigerten Proskynese anerkannt werde. In 5,9 findet sich außerdem eine analoge Konstellation zwischen Hamans „Sehen" und seinem „Zorn".

Sprache erschien (2021).[37] Wie Clines oder Kossmann rekonstruiert auch er eine ältere Estererzählung auf Grundlage von EstAT. Diese Erzählung, die noch keine Kampfszenen enthalten habe, sei die Vorlage von EstMT gewesen. Erst in einem späteren Stadium und in Kenntnis von EstLXX und EstMT sei dieser Kurztext um die entsprechende Gewaltdarstellung erweitert worden.[38] Macchi entwickelt für jedes Kapitel ein detailliertes Modell, das das vermeintlich ältere Erzählgut herausstellt. Die abschließende Notiz der von ihm „Proto-Ester" genannten, ältesten Estererzählung erkennt Macchi in den folgenden Textbestandteilen:

> [15] Und der König rief Mordechai und betraute ihn mit allem, was Haman (gehörte). [16] Und er sagte zu ihm: Was willst du? Und ich will es für dich tun. Und Mordechai sagte: Dass du den Brief des Haman aufhebst. [21bβ] Und es geschah so. [33b] Und der König betraute Mordechai damit, zu schreiben, was er wollte. [34a] Mordechai aber sandte Schriftstücke aus und siegelte mit dem Ring des Königs. (EstAT 7,1–16.21bβ.33b.34a)

Macchi gelingt es durch diese Zusammenstellung verschiedener Textbausteine, einen kohärenten und inhaltlich weitgehend überzeugenden Erzählschluss zusammenzustellen, in welchem Hamans Edikt zur Vernichtung der Juden aufgehoben wird und Mordechai vom König die Erlaubnis erhält, eigene Schreiben auszusenden.[39] Dennoch muss angemerkt werden, dass diese Rekonstruktion ohne zwingenden literarkritischen Befund erfolgt. Die Verknüpfung dieser Halb- und Viertelverse, die im vorliegenden Text nicht aufeinander aufbauen, bleibt sehr spekulativ. Besonders schwer wiegt dabei, dass der von Macchi rekonstruierte Bericht über die erfolgreiche Rücknahme von Hamans Plan von der Verbindung von EstAT 7,16 mit V. 21bβ abhängt. In der überlieferten Form von EstAT folgt die Ausführungsnotiz („und es geschah so") allerdings nicht auf die Bitte Mordechais, das Schreiben Hamans aufzuheben, sondern auf Esters Forderung, in Susa Feinde der Juden aufzuhängen (7,21a). Es bleibt daher fraglich, inwiefern eine solche Rekonstruktion die Beweislast einer „gewaltfreien" Vorstufe der Estererzählung tragen kann.

Ein gänzlich anderes literarhistorisches Entstehungsmodell hat schließlich Kristin De Troyer entwickelt. Sie steht der textgeschichtlichen Priorisierung von EstAT und der darauf aufbauenden Hypothese einer Erzählung, die älter ist als die hebräische Textfassung, grundsätzlich skeptisch gegenüber. In Aufnahme

---

37 In meiner Arbeit beziehe ich mich auf die deutsche Version des Kommentars.
38 Vgl. Macchi, *Ester*, 34.312–317. Proto-Ester umfasst nach Macchi den Textbestand von EstAT 1,1–20; 2,1–18; 3,1–13.15; 4,1–4.6–12; 5,1–2.13–24; 6,1–23; 7,1–16.21bβ.33b.34a.
39 Vgl. bereits Macchi, *Les textes*, 85–86. Im Vergleich zu anderen biblischen Erzählungen mutet der Abschluss dieser hypothetischen Erzählfassung dennoch recht abrupt an.

textkritischer Arbeiten von Robert Hanhart und Emanuel Tov und anhand eines umfangreichen Textvergleichs des Erzählschlusses von EstAT und EstMT/EstLXX entfaltet sie ihre Überzeugung, dass der Kurztext insgesamt als kreative Neugestaltung der Estergeschichte in Abhängigkeit der Septuagintafassung zu verstehen ist.[40] In ihrer im Jahr 2000 veröffentlichten Studie zum Ende von EstAT (*The End of the Alpha-Text of Esther*) interpretiert sie den Schlussteil von EstAT 7,14–41 deshalb als Form einer *rewritten bible*.[41] De Troyer verweist im Vergleich von EstLXX und EstAT unter anderem auf Zusatz E und demonstriert, dass der Kurztext das Material dieses Zusatzes aus der griechischen Langfassung zu kennen und dieses für einen neuen narrativen Kontext anzupassen scheint.[42] Die von ihr in Teilen zugestandene Nähe zwischen EstAT und EstMT verweise nicht auf literarische Abhängigkeit der beiden Texte oder eine ihnen gemeinsame Vorlage, sondern sie sei allein durch EstLXX vermittelt: „It makes no sense, therefore, to conclude a Hebrew *Vorlage* on the basis of the AT's Hebrew appearance."[43] Der in sich einheitliche Kurztext bezeuge deshalb auch keinen älteren Erzählschluss, der ohne einen Bericht über jüdische Kampfhandlungen endete.[44] De Troyer rechnet deshalb im Umkehrschluss sowohl EstMT 3 als auch 8–10 dem genuinen Textbestand der hebräischen Estererzählung zu.[45] Wie auch der Ansatz von Beate Ego hat De Troyers Argumentation den großen Vorteil, dass ihre Arbeit nur mit den vorhandenen Texten argumentiert, ohne hypothetische Vorstufen und verlorengegangene, alternative Erzählschlüsse zu postulieren.

---

40 Tov hatte in Bezug auf EstAT vermutet, der Kurztext „had independent access to a Hebrew (or Aramaic) text which differed from MT and it probably revised the LXX towards that text" (Tov, *Lucianic Text*, 540). Zur Vermutung, EstAT habe Zugang zu einer nicht mehr vorliegenden Textfassung gehabt, vgl. Hanhart, *Esther*, 89. De Troyer geht nicht auf andere Vorläufer als EstLXX ein.

41 In ihrer Studie geht De Troyer nicht auf den übrigen Erzählbestand von EstAT 7,42–46.47–52 ein, der Entsprechungen in EstMT/EstLXX 9 hat bzw. der von weitreichender Gewaltanwendung berichtet. Ich werde diese Passagen in Kapitel 2.2.6 sowie 4.3.2.2 in meine Analyse miteinbeziehen.

42 Vgl. De Troyer, *End*, 351–393.

43 De Troyer, *End*, 397.

44 Vgl. Burns, *Special Purim*, der sich De Troyer anschließt: „The AT synthesizes elements of older versions of Esther (MT, LXX) while imposing upon its composite text a revised rhetorical agenda." (22)

45 Vgl. De Troyer, *End*, 351–393. Ihre Studie umfasst allerdings nur EstMT 8,1–17 sowie die entsprechenden Verse in den griechischen Texten. Inwiefern ihr Ansatz auch auf die beiden hinteren Kapitel übertragen werden kann, bleibt offen. Trotzdem betont sie: „We conclude that the *Vorlage* of the AT was the LXX as it now stands, including the entire chapter 8 (together, in our opinion, with chapters 9 and 10)." (397)

Diese hier nur in Grundzügen umrissenen Zugänge verdeutlichen die Relevanz der Verortung der Gewaltdarstellung(en) für die literarhistorische Forschung zum Esterbuch insgesamt. Eine Mehrheit geht davon aus, dass Hamans Vernichtungsplan ursprünglicher Teil einer eigenständigen Quelle oder zumindest Teil einer älteren Form der Estererzählung war. Auch für die Annahme, dass Mordechais Gegenedikt bzw. zumindest eine nicht mehr erhaltene Notiz über die Rücknahme von Hamans Erlass zum ältesten Erzählgut gehört, findet sich eine Mehrheit. Umstritten ist hingegen, ob die Tötung von Feinden bzw. ein Kampfbericht zum ursprünglichen Erzählbestand gezählt werden kann. Explizit wird diese Annahme nur von De Troyer, und in Ansätzen von Fox bejaht. Die Mehrheit der Auslegerinnen und Ausleger, die EstAT als Zeuge einer älteren Erzählform verstehen, sehen dieses Motiv als sekundäre Ergänzung. Sie erkennen in EstAT Spuren eines Erzählschlusses, nach welchem Hamans Vernichtungsplan einst aufgehoben werden konnte. Und auch das jüngst von Beate Ego allein am hebräischen Text vorgetragene Wachstumsmodell geht davon aus, dass EstMT 8 Spuren eines Erzählschlusses enthält, nach welchem Hamans Edikt rückgängig gemacht werden konnte. Die zentrale Hypothese der literarhistorischen Esterforschung lautet also, dass der Kampfbericht im neunten Kapitel der hebräischen Estererzählung bzw. das Ende von EstAT das Ergebnis einer Ergänzung einer älteren, sozusagen friedlicheren Erzählfassung darstellt. Einige Modelle rechnen sodann mit weiteren Fortschreibungen in Bezug auf die Kampfhandlungen und das Purimfest.[46]

Trotz der im Detail voneinander abweichenden methodischen Zugänge lassen sich dabei drei von allen Auslegerinnen und Auslegern geteilte Grundannahmen ausmachen, die wesentlich mit der Fragerichtung dieser Studie zusammenhängen und die den Aufbau der folgenden literarhistorischen Analyse leiten sollen. Erstens kommt in allen Beiträgen der literarhistorischen Verortung der von den Juden ausgeübten Gewalthandlungen eine zentrale Rolle zu. Zweitens wird dem Verhältnis von griechischem Kurztext und masoretischem Text, insbesondere im Schlussteil von EstAT 7 und EstMT 8–9, besondere Aufmerksamkeit geschenkt. Drittens lässt sich ein Konsens darin erkennen, die griechische Langfassung (von wenigen textkritischen Einzelfällen abgesehen) als eine den Textumfang von EstMT erweiternde, jüngere Überlieferung zu verstehen.

Für die vorliegende Arbeit ergeben sich aus diesen Beobachtungen wiederum drei Konsequenzen:

---

46 Vgl. auch Wahl, *Esther*, 6: „Der *erste Anhang* (9,1–19) berichtet von der Vergeltung der Juden an ihren Feinden." [Hervorhebung im Original]. Auch in der Einleitungsliteratur dominiert diese Annahme, vgl. z. B. Zenger, *Ester*, 383; Haag, *Zeitalter*, 118–123 oder Witte, *Esther*, 486.

1. EstLXX wird als wichtiger Zeuge der frühjüdischen Rezeption der Gewaltdarstellung, nicht aber als relevanter Textzeuge für die Rekonstruktion von möglicherweise älterem Erzählgut in den Blick kommen.
2. EstAT bedarf einer gesonderten Prüfung, insbesondere mit Blick auf die Hypothese einer EstMT vorausgehenden Erzählfassung, die mit der Rücknahme von Hamans Erlass und ohne einen Bericht über jüdische Kämpfe geendet haben soll.
3. Die literarische Integrität von EstMT muss im Anschluss an die Bewertung von EstAT und gegebenenfalls unabhängig von dieser Tradition überprüft werden.

Dabei genügt es nicht, allein die Darstellung der jüdischen Kampfhandlungen zu analysieren. Um die These einer Ausweitung des Konflikts um Mordechai und Haman bzw. die These einer älteren Estererzählung, die ohne Kampfszenen endete, zu prüfen, müssen auch Hamans Plan zur Vernichtung des jüdischen Volkes sowie das Gegenedikt Mordechais bzw. die Darstellung der jüdischen Reaktion auf Hamans Plan miteinbezogen werden. Ein solches Vorgehen ist zwar in seiner Textauswahl selektiv, berücksichtigt aber entscheidende Bausteine der Estererzählung, die in der literarhistorisch ausgerichteten Esterforschung von zentraler Bedeutung sind.

Die besondere Stellung des griechischen Kurztextes in der literarhistorischen Diskussion erfordert es, die Untersuchung von EstAT in der folgenden Analyse voranzustellen. In einem zweiten Teil werde ich die Entstehung der entsprechenden Abschnitte in EstMT untersuchen. Zunächst steht dabei die grundsätzliche Hypothese zur Diskussion, ob, und wenn ja, inwiefern EstAT als Zeuge einer Form der Estererzählung dienen kann, die älter ist als EstMT. Dies beinhaltet die Überprüfung der folgenden wichtigen Fragen: Welche literarhistorischen Schlüsse lassen sich aus der Kürze von EstAT im Vergleich zu EstLXX/EstMT ziehen? Wie lässt sich die in EstAT bezeugte Form von Hamans Vernichtungsplan literarhistorisch einordnen? Lässt sich eine ältere Estererzählung rekonstruieren, in der das Edikt Hamans aufgehoben wurde, so dass die Juden keine Gewalt anwenden mussten? Gibt es Hinweise darauf, dass die Gewaltdarstellung von EstAT unter dem Einfluss von EstMT oder EstLXX steht? Mit der Beantwortung dieser Leitfragen möchte ich eigene Überlegungen zur Entstehung von EstAT anstellen und zeigen, dass sich der Kurztext gerade in Bezug auf die Gewaltpassagen als jüngster der drei Textzeugen erweist. Zwar finden sich in der Tat Anhaltspunkte für die etablierte Annahme, eine Vorform von EstAT habe ohne die Darstellung jüdischer Kampfhandlungen geendet, doch dürfte diese Erzählform bereits jünger sein als EstMT und EstLXX. Den auch in EstAT enthaltenen Bericht über den Kampf der Juden gegen Tausende Feinde (EstAT 7,43–46) halte ich wiederum für

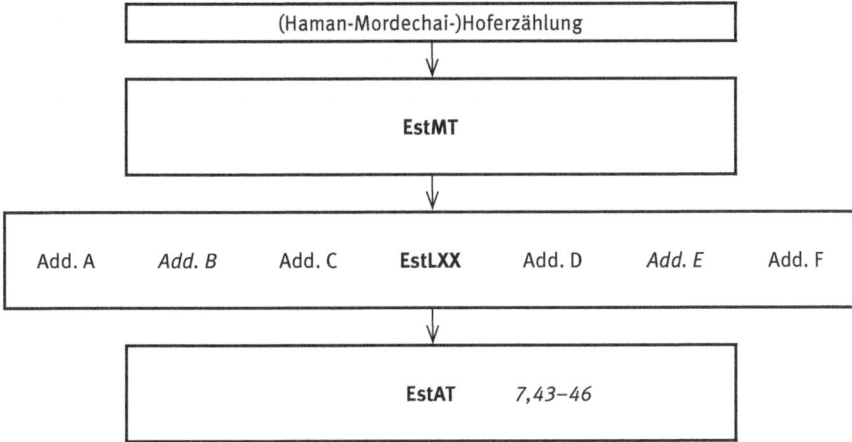

Abb. 1: Vereinfachtes Entstehungsmodell der hebräischen und griechischen Esterbücher

einen noch jüngeren Nachtrag, der innerhalb der griechischen Textüberlieferung an den Kurztext angehängt wurde. Das hier entwickelte literarhistorische Modell wird der späteren Analyse der Gewaltdarstellung von EstMT (Kapitel 3), EstLXX (Kapitel 4.2) und EstAT (Kapitel 4.3) als Grundlage dienen.

2.2 EstAT: Zeuge der ältesten Estererzählung?

2.2.1 Die Überlieferung von EstAT

Die handschriftliche Überlieferung der griechischen Estertexte deutet darauf hin, dass die Langfassung von EstLXX, nicht EstAT, die in der Antike bekanntere Textfassung gewesen sein dürfte. Es haben sich jedenfalls nur fünf mittelalterliche Manuskripte erhalten, die EstAT bezeugen (Hss. 19, 93, 108, 319 und 392).[47] Von der spärlichen handschriftlichen Bezeugung abgesehen finden sich auf EstAT zudem nur wenige sekundäre Referenzen in anderen Werken. Möglich ist, dass Josephus bei seiner Nacherzählung der Estergeschichte (*Ant.* 11,184–296) auf EstAT zurückgriff, da er einzelne Motive zu kennen scheint, die sich nur im Kurztext, jedoch nicht in EstLXX finden.[48] Ferner haben Jean-Claude Haelewyck und

---

47 So schloss Hanhart, *Esther*, 91 aus der schwachen handschriftlichen Bezeugung darauf, dass EstAT „keine sehr weite Verbreitung gefunden haben kann." Etwas optimistischer zeigte sich Jobes, *Alpha-text*, 232–233.
48 Als ein Beispiel sei Esters Rede in *Ant.* 11,242 angeführt: Dort nennt Ester Haman „den Freund"

Kristin De Troyer auf potentielle Berührungspunkte zwischen der Vetus Latina und EstAT hingewiesen.[49] Sichere Rückschlüsse über die Verbreitung der Textform lassen sich aus diesen Indizien jedoch nicht gewinnen. Aus der Tatsache, dass EstAT den hexaplarischen Rezensoren (3. Jh. u. Z.) vorlag, kann immerhin geschlussfolgert werden, dass der Kurztext spätestens in frühchristlicher Zeit entstanden sein dürfte.[50]

Wie oben bereits dargelegt, ist die Verortung von EstAT in der Esterüberlieferung umstritten. Zwei Modelle der Textentstehung werden diskutiert, wobei das zweite deutlich komplexer ist als das erste. Entweder wird EstAT in Gänze als jüngere Rezension von EstLXX verstanden, oder der Kurztext gilt in weiten Teilen als älterer Textzeuge einer „eigenständigen, vom MT unabhängigen hebräischen Vorlage",[51] die erst später an EstMT/EstLXX angeglichen wurde. Beide Modelle gehen also grundsätzlich davon aus, dass beide Texte nicht völlig unabhängig voneinander entstanden sind. Sprachlich und inhaltlich steht EstAT dem Text von EstLXX jedenfalls nahe. An einigen Stellen – insbesondere im Schlussteil, in welchem die Tötung der Judenfeinde erwähnt wird – weicht er jedoch von der Langfassung ab. Außerdem fehlen dem Kurztext einige die jüdische Lebensform betreffende Details wie z. B. ein ausführlicher Bericht über die Einsetzung des Purimfestes (vgl. EstLXX 9,17–31).[52] Beide griechischen Texte kennen zudem die Zusätze, wobei es weniger Unterschiede in diesen Textpassagen zu geben scheint als im „Kerntext" von EstLXX und EstAT. Es ist dabei in der Forschung umstrit-

---

(τοῦ φίλου) des Königs. In EstLXX Add. D 14 fehlt diese Bezeichnung, während EstAT Add. D 14 das Motiv kennt (Αμάν ὁ φίλος σου). Möglicherweise lag Josephus aber auch eine Mischform von EstLXX und EstAT vor oder er bezieht sich auf nicht überlieferte Varianten, vgl. dazu die Annahme eines „narrativen Pools" von Estererzählungen bei Wacker, *Three Faces*, 74 mit Bezug auf Dorothy, *Books*, 357. Zu Josephus' potentiellen Vorlagen vgl. ferner Bickermann, *Notes*, 104; Feldman, *Hellenizations*, 143–144 oder Spilsbury/Seeman, *Antiquities 11*, 52–53.

49 Vgl. z. B. Haelewyck, *Le texte* und De Troyer, *Septuaginta*, 91. Hanhart, *Esther*, 93 führt außerdem einen möglichen Bezug zwischen einer Homilie von Johannes Chrysostomos (4. Jh. u. Z.) und EstAT Add. C 24 auf, der jedoch nicht mehr als die ohnehin bekannte Tatsache bestätigt, dass man in christlichen Kreisen auf die hexaplarische Überlieferung zurückgriff, die beide Textformen kannte.

50 Bereits Hanhart, *Esther*, 93 stellte fest, dass EstAT „in einer dem uns überlieferten Text sehr nahestehenden Form den hexaplarischen Rezensoren bereits vorlag und als Grundlage ihrer Rezensionsarbeit diente", weshalb auch eine lukianische Herkunft des Kurztextes ausgeschlossen werden kann. Zudem spricht schon die Kürze der Textform, die der Tendenz von Textwachstum der Lukian zugesprochenen Rezensionstätigkeit zuwiderläuft, gegen einen lukianischen Ursprung von EstAT. Siehe dazu De Troyer, *Rewriting*, 73–74 oder De Troyer, *Septuaginta*, 100.

51 Tilly, *Einführung*, 95.

52 Vgl. dazu Kapitel 4.3.3.

ten, ob diese Passagen ihren ursprünglichen Ort im Kurztext oder in der Langfassung hatten.[53] Der handschriftliche Befund spricht jedenfalls zusätzlich für
die Nähe von EstLXX und EstAT: *Nur* EstAT bezeugen allein die beiden Minuskel-
handschriften 319 (11. Jh.) und 19 (12. Jh.).[54] Die Manuskripte 93 (13. Jh.) und 108
(13. Jh.) überliefern die Lang- und Kurzfassung gemeinsam bzw. hintereinander
(wobei EstAT dem Langtext EstLXX in der Anordnung vorausgeht). Die vermutlich älteste Handschrift 392 (10. Jh.) bietet eine Mischform beider Textfassungen.
Dies könnte auf frühe Versuche hindeuten, die beiden Fassungen miteinander
zu harmonisieren. Dass EstAT im Laufe der Überlieferung grundsätzlich von der
Textgestalt von EstLXX beeinflusst wurde, ist aufgrund der handschriftlichen
Bezeugung somit möglich, wenn nicht sogar wahrscheinlich.

Im Folgenden werde ich anhand einiger Beispiele Grundannahmen der For-
schungsrichtung diskutieren, die hinter EstAT eine ältere Estererzählung vermutet. Wie ich zeigen möchte, ist es zumindest in Bezug auf die von Gewalt handelnden Passagen in EstAT wenig wahrscheinlich, dass der Text Erzählbestandteile
enthält, die älter sind als EstMT.[55] Die folgenden Ausführungen zu EstAT greifen
dabei zwangsläufig einigen Inhalten vor, die in dieser Arbeit erst später, in der
literarhistorischen und inhaltlichen Analyse von EstMT, diskutiert werden.

2.2.2 Die Kürze von EstAT

Die in verschiedenen Varianten vertretene Annahme, EstAT sei in Teilen Zeuge
einer älteren Form der Estererzählung, „basiert auf den ins Auge springenden
Beobachtungen seiner besonderen Gestalt: Er ist der weitaus kürzeste Text".[56]
Sieht man von den Zusätzen ab, ist der Textumfang von EstAT ungefähr 100 Verse

---

53 Für erstere Annahme votierte z. B. Jobes, *Alpha-text*, 193, während eine u. a. von Clines, *Scroll*,
85–92; Fox, *Redaction*, 16–17; Kottsieper, *Zusätze*, 125–128 und De Troyer, *Rewriting*, 66 vertretene
Mehrheitsposition EstAT auch in den Zusätzen als überarbeitete Form von EstLXX versteht.
54 Zu den Handschriften vgl. Hanhart, *Esther*, 9–16.
55 Meine Analyse der Gewaltdarstellungen und die aus dem Vergleich von EstMT, EstLXX und
EstAT gezogenen literarhistorischen Schlussfolgerungen erlauben keine grundsätzliche Bewertung des Verhältnisses der drei Textzeugen. Es kann z. B. nicht ausgeschlossen werden, dass
sich im vorderen Buchteil von EstAT 1–6 einzelne Lesarten oder längere Passagen finden lassen, in denen der Kurztext EstMT nähersteht als EstLXX, und sich darin womöglich Erzählgut
ausmachen lässt, das älter ist als EstMT/EstLXX. Darauf könnten z. B. einzelne Formulierungen
hindeuten, in denen EstAT mit EstMT gegen EstLXX übereinstimmt (vgl. Wacker, *Three Faces*,
78–79 bzw. Tov, *Lucianic Text*, 540).
56 Kossmann, *Esthernovelle*, 31.

geringer als EstMT und etwa 20 % kürzer als EstLXX.[57] Besonders auffällig ist die Kürze von EstAT in Bezug auf den Schlussteil der Erzählung in EstAT 7,17–49 (// EstMT 8–9). Hier werden die Kampfhandlungen sowie die Einsetzung des Purim- bzw. „Phouraia" genannten Festes verkürzt und mit deutlichen Abweichungen zu EstLXX und EstMT dargestellt. Ich möchte den Blick jedoch zunächst auf den vorderen Buchteil richten.

Auch in den Kapiteln 1–7 erzählt EstAT deutlich knapper als EstMT oder EstLXX.[58] Der Kurztext gibt Passagen wie z. B. die Vorgänge am persischen Hof (EstAT 1) oder Esters Weg zur persischen Königin (EstAT 2) in stark geraffter Form wieder. Dies könnte natürlich darauf hindeuten, dass EstAT eine ältere Form der Estererzählung darstellt, die erst in EstMT/EstLXX ausgeschmückt und erweitert wurde.[59] Dahinter steht die für viele alttestamentliche Traditionen plausibel zu machende Annahme, dass Texte im Verlauf der Überlieferung tendenziell eher wachsen, als dass sie gekürzt werden.[60] Dennoch kann eine solche Erklärung nicht ungeprüft zur Anwendung kommen. Die Auswertung kürzerer Lesarten ist angewiesen auf einen sorgfältigen Vergleich mit bestehenden Seitenzeugen. Besonders in narrativen Texten wie der Estererzählung gilt es zudem, mögliche erzählerische und stilistische Tendenzen zu berücksichtigen. Marie-Theres Wacker erinnert deshalb daran, dass im Falle von EstAT damit gerechnet werden muss, dass „Doppelungen gestrichen und manches andere geglättet"[61] wurde.

Zudem lässt sich in einigen Fällen zeigen, dass EstAT das Material der Zusätze besser in den Erzählverlauf integriert als EstLXX. Das bedeutet, dass sich im „Kerntext" von EstAT Bezüge zu dem Material der Zusätze finden lassen. Der Text von EstAT berücksichtigt das Erzählgut der Zusätze, das in EstLXX für Doppelungen gesorgt hat, und lässt diese aus. In anderen Worten: Das, was in EstLXX im Vergleich zu EstMT als „Zusatz" erscheint, präsentiert sich als integraler Bestandteil von EstAT. Ich möchte hierzu ein Beispiel anführen, indem auch Gewalt – die Erinnerung an die Deportation der Juden unter Nebukadnezzar – eine Rolle spielt. Es geht um die Einführung der Figur Mordechais im zweiten Kapitel von EstAT im Vergleich zu EstLXX/EstMT.

---

57 Vgl. Jobes, *Esther*, 425.
58 Tov, *Lucianic Text*, 544–545.
59 Vgl. z. B. Macchi, *Ester*, 147–150.
60 Vgl. Dorothy, *Books*, 294: „Regarding priority, one has to go with the historic tendency of growth toward both size and smoothness in the absence of compelling reasons to the contrary." Eine kritische Gegenposition wurde jüngst von Pakkala, *God's Word*, 338 vertreten.
61 Wacker, *Three Faces*, 72.

⁵ Es war da ein jüdischer Mann in der Festung Susa und sein Name war Mordechai, Sohn von Jair, Sohn von Schimei, Sohn von Kisch, ein Mann Benjamins. ⁶ Dieser wurde weggeführt aus Jerusalem mit der Wegführung, die weggeführt wurde mit Jechonja, dem König von Juda, der weggeführt wurde von Nebukadnezar, dem König von Babel. (EstMT 2,5–6)

⁵ Und es war da ein jüdischer Mensch in der Stadt Susa, und sein Name war Mardochaios, [Sohn] von Jaïros, [Sohn] von Semeïas, [Sohn] von Kisaias aus dem Stamm Benjamin. ⁶ Er war ein Kriegsgefangener aus Jerusalem, den Nebukadnezar, der König Babylons, gefangen genommen hatte. (EstLXX 2,5–6)

⁵ Und es war da ein jüdischer Mann in der Stadt Susa, dessen Name war Mardochaios, [Sohn] von Jaïros, [Sohn] von Semeïas, [Sohn] von Kisaias aus dem Stamm Benjamin. (EstAT 2,5)

Die Notiz wird in EstAT sichtbar kürzer wiedergegeben als in EstLXX/EstMT. Einen Vers 6 gibt es in EstAT nicht, und beim Vergleich dieser drei Textstellen scheint es, als fehlten dem Kurztext entscheidende Informationen über Mordechais Vergangenheit, insbesondere in Bezug auf die babylonische Deportation aus Jerusalem. Nimmt man nur diese drei Notizen für sich in den Blick, könnte vermutet werden, EstAT böte die älteste Fassung der Notiz, die in EstLXX/EstMT erweitert und ausgeschmückt wurde. Allerdings legen sich andere Rückschlüsse nahe, nimmt man den Anfang von EstAT, Zusatz A, in den Blick. Dort heißt es:

¹ Im zweiten Jahr, als Assveros der Große König war, am ersten [Tag] des Monats Adar-Nisan, das ist der Dystros-Xanthikos, da sah Mordechaios, [Sohn] von Jaïros, Sohn von Semeïas, Sohn von Kisaias aus dem Stamm Benjamin, ein Traumgesicht, ein großer Mensch ² der Kriegsgefangenen, die Nebukadnezar, der König von Babylon, mit Jechonja, dem König von Juda, gefangen genommen hatte. (EstAT Add. A 1–2)

Bereits zu Beginn von EstAT wird Mordechai also als jüdischer Kriegsgefangener vorgestellt. Im Langtext der Septuaginta (EstLXX Add. A 1–2) findet sich an entsprechender Stelle dieselbe Notiz, weshalb Mordechais Vergangenheit in EstLXX insgesamt zweimal beschrieben wird. EstAT lässt die zweite Erwähnung der Notiz nach 2,5 allerdings aus und glättet den Text dadurch.⁶² In diesem Aspekt dürfte die Kürze von EstAT daher für sein späteres Textstadium sprechen.⁶³ Auch in weiteren Fällen in EstAT 1–2, die gegenüber EstLXX/EstMT kürzer erscheinen, ist wahrscheinlich zu machen, dass EstAT seine Vorlage rafft. EstAT neigt unter anderem

---

62 Analoges gilt für die „zweite" Eunuchenverschwörung in EstLXX 2,21–23, die ebenfalls in EstAT ausgelassen wird, wodurch ein geglätteter Text entsteht.
63 Trotz dieser Kürzung bzw. Glättung bleibt die Tatsache bestehen, dass Mordechai auch im Kurztext zweimal vorgestellt wird, was jedoch dem Übergang von der Waschti-Episode zur Einführung Esters geschuldet sein dürfte. Mit EstAT 2,5 beginnt (wie in EstMT/EstLXX) eine neue Szene. Für andere literarhistorische Erklärungsmöglichkeiten vgl. Macchi, *Ester*, 149.

dazu, Details auszulassen, die für den Handlungsfortschritt wenig austragen. So fehlt in EstAT z. B. die Notiz über Esters Waisenstatus bzw. ihre Ehe mit Mordechai (vgl. EstLXX 2,7) oder die Beschreibung der kosmetischen Vorbereitung Esters für den königlichen Harem (vgl. EstLXX 2,12–15). Bereits diese Beobachtungen deuten darauf hin, dass die Kürze von EstAT kein verlässliches Indiz für das vermeintlich hohe Alter der kürzeren Erzählform sein kann. Hinzu kommt, dass sich in EstAT auch Passagen finden, die vom Textumfang länger und vom Inhalt her deutlich ausgearbeiteter sind als EstLXX. Die Notiz EstAT 3,8 bietet hierfür ein gutes Beispiel. Darin trägt Haman seine Vorwürfe und seine Anklagepunkte gegen die Juden vor, um den König von seinem Vernichtungsplan zu überzeugen.

2.2.3 EstAT 3: Hamans Vorwürfe gegen die Juden

Der Kernkonflikt der Estergeschichte entzündet sich bekanntlich daran, dass der Jude Mordechai nicht vor Haman niederfällt, woraufhin dieser beschließt, das Volk Mordechais zu vernichten. Zur Umsetzung seines Planes wendet sich Haman in allen Textfassungen an den persischen König und klagt die Juden an. Diese Anklage ist ein guter Testfall für die Überprüfung der zum Beispiel von Clines oder Macchi vertretenen Annahme, EstAT biete die älteste Variante der im Esterbuch erzählten Bedrohung der Juden.[64] Ich möchte diese Hypothese anhand von EstAT 3,8 exemplarisch überprüfen und darlegen, warum ich EstAT an dieser Stelle als jüngsten, nicht als ältesten Textzeugen verstehe.

Bereits auf den ersten Blick ist in einem Vergleich von EstMT, EstLXX und EstAT erkennbar, dass der griechische Kurztext von 3,8 länger ausfällt als EstLXX/EstMT. Die Anklage Hamans stellt einen der wenigen Fälle dar, in denen EstAT gegenüber EstLXX/EstMT *zusätzliche* Elemente enthält.

> Und Haman sprach zum König Ahasveros: „Es gibt da ein Volk, das lebt verstreut und abgesondert unter den Völkern in allen Provinzen deines Königreiches. Und ihre Gesetze sind von allen Völkern verschieden, und die Gesetze des Königs befolgen sie nicht. Und es ist für den König nicht angemessen, sie ruhen zu lassen. (EstMT 3,8)

> Und er sprach zu König Artaxerxes: „Es gibt ein Volk, das ist verstreut unter den Völkern in deinem gesamten Königreich; ihre Gesetze sind von allen Völkern verschieden und die Gesetze des Königs überhören sie; und es ziemt sich nicht für den König, sie gewähren zu lassen." (EstLXX 3,8)

---

64 Vgl. Macchi, *Ester*, 173–177. Bereits Clines galt EstAT 3,8 als Indikator für die Unabhängigkeit EstAT von EstLXX und damit als Beleg für ein älteres Textstadium, vgl. Clines, *Scroll*, 89–90.

Er sprach: „Es gibt ein verstreutes Volk *in allen Königreichen, ein kriegerisches und ungehorsames Volk*, das andere Gesetze hat, aber deine Gesetze, König, achten sie nicht; *bei allen Völkern sind sie als Übeltäter bekannt* und deine Anordnungen missachten sie, *um deine Ehre hinunterziehen.*" (EstAT 3,8)

In allen drei Varianten führt Haman die Verstreuung der Juden, die Eigenart ihrer Gesetze und ihren angeblichen Ungehorsam gegenüber den königlichen Gesetzen als Vergehen an.[65] EstAT hebt sich jedoch in mehreren Aspekten von EstMT/ EstLXX ab, wodurch der Ton insgesamt feindlicher ausfällt:[66] Die vermeintliche Bedrohung durch die Juden gilt hier überall („in allen Königreichen"), sie ist nicht auf das Herrschaftsgebiet des Perserkönigs beschränkt. Die Juden werden zudem als kriegerische und rebellische Größe (λαὸς πολέμου καὶ ἀπειθής) bezeichnet. Ihr Ruf als „Übeltäter" sei ferner allen Völkern bekannt. Schließlich wird ihre vermeintliche Gesetzlosigkeit ausdrücklich damit erklärt, dass sie versuchten, der Ehre des Königs zu schaden. Dabei fällt auch auf, dass der Konflikt in EstAT durch die durchgehende Anrede des Königs in der 2. Person Singular eine stärkere persönliche Dimension trägt als in EstMT/EstLXX.

Wie lassen sich diese Abweichungen literarhistorisch auswerten? Eine Erklärung könnte lauten, dass sich in EstAT die älteste Version von Hamans Rede gegen die Juden erhalten hat, deren feindlicher Ton in der jüngeren Textüberlieferung von EstLXX und EstMT zurückgenommen wurde. So vermutet Macchi, die gegenüber EstAT vermeintlich jüngere Textgestalt von EstMT 3,8 habe die gesteigerte Form der Anklage in Hamans Rede rückgängig machen wollen.[67] Auch an dieser Stelle halte ich jedoch die umgekehrte Entstehungsrichtung für erheblich wahrscheinlicher.[68] Zum einen neigt der Kurztext insgesamt dazu, Haman als besonders boshaften Charakter zu zeichnen. EstAT betont z. B. zu Beginn der Szene in 3,6 den Zorn Hamans zweimal, nennt sein „böses Herz" (καρδία φαύλη) und lässt ihn „Böses über Israel" (κακὰ περὶ Ισραηλ) sprechen. Diese Elemente haben

---

[65] Das Motiv der „Abgesondertheit" fehlt in EstLXX 3,8. Ob die Notiz in EstMT 3,8 auf einen Abschreibfehler zurückgeht, da die beiden Partizipien „verstreut" (מפזר) und „abgesondert" (ומפרד) einander ähneln, oder ob EstLXX das zweite Partizip als redundant empfand (vgl. Moore, *Additions*, 189), ist schwer zu entscheiden. Meines Erachtens könnte das Fehlen dieses Vorwurfs in EstLXX auch inhaltliche Gründe haben, vgl. dazu Kapitel 4.2.1.2.

[66] Vgl. die Analyse in den Kapiteln 4.3.1.1 und 4.3.1.2.

[67] Vgl. Macchi, *Ester*, 177: „Die protomasoretischen Redaktoren, die dem Reich sehr kritisch gegenüberstehen, haben die schwerwiegendsten Anschuldigungen unterdrückt [...]." Dies sei nach Macchi erfolgt, um Hamans verhältnismäßig „dürftige" Argumentation in EstMT umso grausamer erscheinen zu lassen bzw. um die Kämpfe der Juden in EstMT 8–9 nicht als Bestätigung des Vorwurfs der kriegerischen Natur der Juden verstehen zu können.

[68] Vgl. Kossmann, *Esthernovelle*, 330–331.

keine Entsprechung in EstMT oder EstLXX. In EstAT 3,7 wird zudem erwähnt, dass Haman zum Loswerfen „zu seinen Göttern" (πρὸς τοὺς θεοὺς αὐτοῦ) ging, was ihm zusätzlich den Vorwurf der Viel- bzw. Fremdgötterverehrung einbringt. Es erscheint mir nicht wahrscheinlich, dass diese gesteigerte Form der negativen Charakterisierung Hamans im Laufe der jüngeren Überlieferung (d. h. in EstMT/EstLXX) rückgängig gemacht wurde; die Annahme, dass die Steigerung der Bosheit Hamans – des paradigmatischen Judenfeindes – eine jüngere textliche bzw. inhaltliche Entwicklung darstellt, ist erheblich überzeugender. Zum anderen folgt der Inhalt der Rede in EstAT 3,8 einer bereits in EstLXX wahrnehmbaren Tendenz zur Intensivierung der antijüdischen Vorwürfe. Während EstLXX 3,8 gegenüber dem hebräischen Text keine zusätzlichen Elemente enthält, steigert sich der Ton z. B. deutlich durch EstLXX Add. B.[69] Unter anderem findet sich hierin der in EstMT nicht bezeugte Vorwurf, die Juden seien ein „feindseliges Volk" (EstLXX Add. B 4: δυσμενῆ λαόν τινα), das durch seine fremde Lebensführung im Gegensatz zu allen anderen Völkern stehe (B 5) und deshalb schon immer als feindlich gelte (B 7). Es ist deshalb plausibel anzunehmen, dass EstAT 3,8 den Inhalt dieses Zusatzes kennt und die in EstLXX angelegte Tendenz zur Steigerung der antijüdischen Vorwürfe rezipiert und ausbaut.[70]

Zumindest EstAT 3,8 dürfte deshalb fester Bestandteil einer im Vergleich zu EstMT und EstLXX jüngeren, vermutlich bereits um die Zusätze erweiterten Form der Estererzählung sein.[71] Die Kürze von EstAT ist an dieser Stelle mit einiger Sicherheit kein Hinweis auf die Existenz einer kürzeren und älteren Form der Estergeschichte. Wie der folgende Blick auf den hinteren Buchteil von EstAT zeigt, liegen in Bezug auf die Darstellung der Tötung der Judenfeinde ganz ähnliche Schlüsse nahe.

---

69 Vgl. dazu Kapitel 4.2.1.3.

70 Es lassen sich weitere Anzeichen für die Annahme finden, EstAT 3,8 stünde unter dem Einfluss von EstLXX. So ist z. B. der in EstAT 3,8 verwendete Begriff „Übeltäter" (πονηρός) auch in EstLXX 7,6 bzw. EstAT 7,8 in Bezug auf Haman bezeugt. Dort wird er von Ester als wahrer „Übeltäter" entlarvt. Zudem könnte der Begriff des „kriegerischen Volkes" bzw. „Kriegsvolkes" (λαὸς πολέμου) mit der mehrfachen Erwähnung „kriegerischer" Handlungen der Juden in Beziehung stehen (vgl. EstLXX Add. A 6; Add. C 24; 8,13; 9,16.24).

71 EstAT 3 bietet insgesamt einen glatteren, logischeren Erzählverlauf in Bezug auf die Datierung des Vernichtungsplanes, was zusätzlich für das spätere Entstehungsstadium des Kapitels spricht: In EstAT wirft Haman die Lose zur Bestimmung des Vernichtungstermins (anders als EstMT/EstLXX 3,7) erst *nach* der Notiz über die königliche Genehmigung. (EstAT 3,7 folgt in den Handschriften auf EstAT 3,6.8–11 – die Zählung ist in den meisten Druckausgaben irreführend.)

2.2.4 EstAT 7,14–17; Add. E; 7,34–38: Die Annullierung von Hamans Plan

Der Plan zur Vernichtung der Juden wird in EstAT 3 von Haman ersonnen und durch Add. B, dem von Haman unterzeichneten Edikt, bestätigt. In EstMT, EstLXX und EstAT handelt die weitere Erzählung davon, wie Ester und Mordechai Wege suchen, den Plan der Vernichtung aller Juden zu verhindern. In EstMT/EstLXX gehört der gemeinsame Kampf aller Juden gegen ihre Feinde dabei zum festen Bestandteil der erzählerischen Strategie. Auch in EstAT kämpfen die Juden gegen ihre Feinde und die Söhne Hamans (EstAT 7,43–46), doch ist dieses Element sichtlich schlechter im Erzählkontext verankert. Das liegt einerseits daran, dass in EstAT (7,16–17; Add. E; 7,34–38) die Möglichkeit einer Rücknahme von Hamans Vernichtungsplan entfaltet wird, weshalb der Kampf der Juden als nicht zwingend notwendiges Element erscheint. Andererseits wird auffälligerweise bereits einmal vor dem Kampfbericht von der Tötung von Feinden und den „Kindern Hamans" berichtet (7,18–21). Es liegt hier also eine Doppelung vor. Zur literarhistorischen Interpretation dieser Auffälligkeit möchte ich zunächst der Frage nachgehen, inwiefern die Erzählung von EstAT 7 (anders als EstMT/EstLXX 8–9) davon ausgeht, dass Hamans Vernichtungsplan zurückgenommen werden kann.

Beinahe alle redaktionsgeschichtlich orientierten Studien zur Estererzählung nehmen ihren Ausgangspunkt an der nur im Kurztext aufkommenden Möglichkeit einer Annullierung von Hamans Erlass. Dabei stehen die folgenden drei Erklärungsansätze zur Diskussion: (1.) In Teilen von EstAT 7 könnte sich ein Erzählschluss erhalten haben, der älter ist als EstMT/EstLXX. In dieser Erzählform wäre die Rücknahme von Hamans Edikt möglich gewesen, weshalb eine Tötung der Judenfeinde noch nicht im Blick war. Dabei wird damit gerechnet, dass EstAT 7,14–17 (Torrey, Clines, Wills)[72] bzw. weitere kurze Notizen den Abschluss einer älteren Estererzählung darstellten (Macchi)[73]. Spätere Redaktoren hätten sodann den Bericht über die Rücknahme des Vernichtungsplanes mit dem Hinweis auf die Unveränderlichkeit des königlichen Ediktes ersetzt (vgl. EstMT/EstLXX 8,8), ein jüdisches Gegenedikt eingefügt und schließlich den Bericht über jüdische Kampfhandlungen an diese ältere Estererzählung angehängt. Die Gewaltanwendung durch die Juden wäre deshalb ein sekundäres Motiv. (2.) Ein Alternativvorschlag geht ebenfalls davon aus, dass EstAT 7 einen älteren Erzählschluss bezeugt. Allerdings wird die kurze Passage EstAT 7,18–21 diesem älteren Ende der Estererzäh-

---

72 Vgl. Torrey, *Book*, 14–17; Clines, *Scroll*, 84 und Wills, *Jew*, 168; später auch Bush, *Esther*, 292–294.
73 Vgl. Macchi, *Ester*, 312–321.

lung zugerechnet (Fox, Kossmann)[74], sozusagen als Ergänzung zur bereits erfolgten Aufhebung von Hamans Vernichtungsplan. Damit wäre eine Bestrafung und Tötung von Feinden Bestandteil der ältesten Estererzählung gewesen, während die zweite, ausführliche Beschreibung der Kämpfe EstAT 7,43–46 als späterer Nachtrag eingestuft wird. (3.) Der dritte Erklärungsansatz sieht in EstAT 7 eine einheitliche, jüngere Neufassung von EstLXX (De Troyer)[75]. Dieses Modell geht davon aus, dass EstAT keine vollständige Rücknahme des Vernichtungsbeschlusses kennt, weshalb die Tötung von Feinden sowie weitere Kämpfe der Juden notwendige Bestandteile der Estererzählung von EstAT sind.

Die Bewertung der literarischen Integrität von EstAT 7 hat somit weitreichende Konsequenzen für die Frage nach der Entstehung der Gewaltdarstellung in der Estererzählung insgesamt. Wie ich im Folgenden zeigen möchte, ist es auch in Bezug auf EstAT 7 wichtig, die Gesamtanlage des Kurztextes zu berücksichtigen, um dessen individuellen Charakter in Bezug auf die Gewaltdarstellung zu erkennen.

Ich beginne mit dem Bericht über die Hinrichtung Hamans. Nachdem der König von Ester über den Plan Hamans gegen das jüdische Volk informiert wurde, wird in allen drei Texten Hamans Exekution angeordnet. Ausgeführt wird sie in EstMT/EstLXX 7,10. In EstAT fehlt eine solche Ausführungsnotiz hingegen. EstAT 7,13 berichtet stattdessen lediglich vom Beschluss bzw. vom Vorhaben des Königs zur Hinrichtung Hamans. Außerdem wird erwähnt, wie er Haman den königlichen Ring abnimmt und dass sein Leben „mit diesem besiegelt wurde" (καὶ ἐσφραγίσθη ἐν αὐτῷ ὁ βίος αὐτοῦ). An dieser Stelle zeigt sich beispielhaft, wie EstAT einzelne Motive der Erzählung neu anordnet und damit eine veränderte Perspektive auf die Anwendung tödlicher Gewalt entwickelt: Haman wird in EstAT erst später, auf Esters Befehl hin und zudem zeitgleich mit seinen Kindern, hingerichtet (vgl. 7,18). Auf diese summarische Darstellung werde ich im nächsten Abschnitt zur Passage 7,18–21 eingehen.

Zunächst steht die Behandlung von Hamans Plänen im Vordergrund. EstAT erwähnt dabei sowohl einen reichsweiten Erlass des Königs (Add. E) als auch ein Schreiben Mordechais an sein eigenes Volk (7,34–38). Zunächst überträgt der König jedoch Mordechai den Besitz Hamans.[76] Daraufhin gestattet der König ihm eine Bitte:

---

74 Vgl. Fox, *Redaction*, 38–42 und Kossmann, *Esthernovelle*, 344.
75 Vgl. De Troyer, *End*.
76 Die kurze Passage EstAT 7,14–17 verläuft viel glatter als EstLXX/EstMT 8,1–2, wo der König zunächst Ester mit Hamans Besitz ausstattet und Ester diesen sogleich an Mordechai übergibt. In EstAT erhält Mordechai den Besitz unverzüglich vom König, der außerdem bereits von Esters

¹⁶ καὶ εἶπεν αὐτῷ Τί θέλεις; καὶ ποιήσω σοι. καὶ εἶπε Μαρδοχαῖος Ὅπως ἀνέλῃς τὴν ἐπιστολὴν τοῦ Αμαν. ¹⁷ καὶ ἐνεχείρισεν αὐτῷ ὁ βασιλεὺς τὰ κατὰ τὴν βασιλείαν.

¹⁶ Und er sagte zu ihm: „Was willst du? Und ich werde es für dich tun." Und Mordechai sagte: „Dass du den Brief Hamans aufhebst." ¹⁷ Und der König betraute ihn mit den Angelegenheiten des Königreiches. (EstAT 7,16–17)

Die Bitte Mordechais entspricht im Wesentlichen EstMT/EstLXX 8,3.5, wo allerdings Ester die Bittstellerin ist. Die vermeintliche Antwort des Königs besteht in EstAT darin, Mordechai „die Angelegenheiten des Königreiches" (EstAT 7,17: τὰ κατὰ τὴν βασιλείαν) zu übergeben. Wiederholt wurde vorgeschlagen, in dieser Antwort des Königs das ursprüngliche Ende der ältesten Estererzählung zu sehen, da die Antwort des Königs als Bestätigung von Mordechais Bitte bzw. als Zusicherung des Aufhebens von Hamans Edikt verstanden wurde.[77] Während mir ein Erzählschluss an dieser Stelle zu abrupt erscheint, halte ich die Annahme für plausibel, dass EstAT tatsächlich davon ausgeht, dass Hamans Edikt hier seine Gültigkeit verliert. In EstAT ist an keiner Stelle die Rede von der Unmöglichkeit, die königliche Anordnung aufzuheben.[78] Die gesamte Episode EstMT/EstLXX 8,3–13, worin das Motiv der Unmöglichkeit der Annullierung des Edikts von Haman und von der Notwendigkeit eines jüdischen Gegenediktes enthalten ist, fehlt in EstAT. Dem Aufheben (ἀναιρέω[79]) des Schreibens scheint in EstAT nichts im Wege zu stehen.[80] Der König tut dies allerdings nicht direkt in 7,17, worin zunächst Mordechais späterem Schreiben die nötige Legitimität verliehen wird. EstAT beschreibt stattdessen ein zweistufiges Verfahren, nach welchem zunächst der König (Add. E) und im Anschluss Mordechai (7,34–38) für die Annullierung von Hamans Vernichtungsplan sorgen.

---

und Mordechais Zugehörigkeit zum selben Volk weiß (vgl. De Troyer, *End*, 285 sowie Halvorson-Taylor, *Secrets*, 475–476). Das erklärt auch, warum in EstAT 3 die Notiz über Esters Verschweigen ihrer Volkszugehörigkeit gestrichen hat.

77 Vgl. Cook, *A-Text*, 374 und Clines, *Scroll*, 76. Clines erkennt Inkonsistenzen ab EstAT 7,17 und wertet diese für den sekundären Charakter der Passage aus: „The concluding verses, 8.17–21, 33–52, are a poorly written narrative, almost unintelligible at places, that cannot be attributed to the same author" (Clines, *Scroll*, 84).

78 Vgl. Clines, *Scroll*, 94.

79 Das Verb wird im Griechischen der Septuaginta hauptsächlich im Sinne von „töten/vernichten" verwendet (vgl. EstAT A 12; 3,5; 7,46). De Troyer, *End*, 297 sieht diese Bedeutung auch für EstAT 7,16 angezeigt: „[T]he letters have to be destroyed." (297) Das wäre eine gewisse ironische Verwendung des Verbes an dieser Stelle. LSJ, Art. „ἀναιρέω", 106 führt allerdings auch „to abrogate, to annul" als metaphorische Bedeutung des Verbs an.

80 So auch Fox, *Three Esthers*, 56.

Zusatz E fungiert in EstAT als erster Teil zur Annullierung der Pläne Hamans. Nebst dem, dass darin die Juden von den Vorwürfen Hamans rehabilitiert werden, empfiehlt der persische König seinen Untertanen, „dass ihr gut daran tut, wenn ihr die zuvor von Haman an euch gesandten Schreiben nicht achtet."[81] Damit lässt sich Add. E als integraler Bestandteil der erzählerischen Strategie zur Abwendung von Hamans Vernichtungsplan und als Reaktion des Königs auf die Bitte Mordechais in 7,16 interpretieren:[82] Hamans Plan soll nicht befolgt werden. Dass dieser Zusatz wie z. B. von Jobes vorgeschlagen erst sekundär in EstAT gelangt ist, erscheint mir nicht wahrscheinlich.[83] Wie Kristin De Troyer in Bezug auf die Einbettung von Add. E in den Kurztext überzeugend demonstriert hat, scheint EstAT das Material des Zusatzes aus EstLXX zu übernehmen und es an den Erzählkontext anzupassen.[84] Das zeigt sich bereits mit Blick auf die Anordnung der Schreiben: In EstLXX wiederholt der königliche Brief von Add. E in gewisser Weise das zuvor erlassene Gegenedikt der Juden (EstLXX 8,3–12), das bereits ein „im Namen des Königs" (EstLXX 8,10) verfasstes Schreiben war.[85] In EstAT wird diese Doppelung geglättet. Das königliche Schreiben wird vor das jüdische gestellt, so dass sich beide Briefe als einander ergänzende Dokumente lesen lassen.

Auch die inhaltlichen Differenzen zwischen der Gestalt von Zusatz E im Kurz- und Langtext bestärken die Vermutung, EstAT sei von EstLXX abhängig und um die bessere Integration des Materials bemüht.[86] Ein Beispiel dafür ist die Notiz über die Hinrichtung Hamans in E 18.[87] An der entsprechenden Stelle in EstLXX

---

81 EstAT Add. E 17: καλῶς οὖν ποιήσατε μὴ προσέχοντες τοῖς προαπεσταλεμένοις ὑμῖν ὑπὸ Αμαν γράμμασιν. EstLXX Add. E 17 trifft zwar eine vergleichbare Aussage, ist aber insofern schlechter in den Erzählverlauf integriert, als nach 9,1 trotzdem mehrere „Schriftstücke" zur Ausführung kommen und sich nach 9,2 auch Feinde finden, die die Juden angreifen. Dies könnte darauf hinweisen, dass EstLXX Add. E sekundär in den griechischen Langtext eingefügt wurde. Zu dieser Vermutung siehe die Überlegungen in Kapitel 4.2.3.
82 Zusatz E erfüllt damit eine analoge Funktion wie Zusatz B. War diese Passage eine Reaktion auf Hamans Vorwürfe gegen die Juden durch den in seiner Ehre verletzten König, dient Add. E als Reaktion auf die Bitte Mordechais, nachdem dieser rehabilitiert wurde.
83 Vgl. Jobes, *Alpha-text*, 174–176, die sich dafür ausspricht, dass Add. B und E in EstAT in ihrer ursprünglichen Form vorlägen.
84 Vgl. De Troyer, *End*, 393: „The AT can never have existed without the so-called Add. E." Siehe dazu auch die ausführliche Analyse in: De Troyer, *Letter*.
85 Dass EstAT den königlichen Brief nicht als Zusatz versteht, sondern ihn als authentischen Bestandteil der Erzählung integriert, lässt sich zudem bereits anhand der Einleitung EstAT Add. E 1 („Und er schrieb den folgenden Brief ...") zeigen: Darin ist der König als bereits vorher sprechendes Subjekt (vgl. EstAT 7,21) vorausgesetzt, während EstLXX Add. A 1 neu einsetzt und den Brief als „Abschrift" (ἀντίγραφον) des Schreibens einführt.
86 Vgl. Kottsieper, *Zusätze*, 197–198.
87 Vgl. De Troyer, *End*, 369.

betont der persische König, Haman sei bereits „mit seinem ganzen Haushalt" vor den Toren Susas aufgehängt worden.[88] Diese Notiz steht allerdings in Spannung zum Kerntext der Septuagintafassung, da in EstLXX 7,10 lediglich Haman hingerichtet wurde. Die Tötung seiner Söhne bzw. das Aufhängen von Haman mit seinen Kindern wird erst später, in EstLXX 9,14, erwähnt. EstAT lässt das Motiv des „Haushalts" an entsprechender Stelle aus und ergänzt in E 18 ein καὶ: „Denn *auch* er, der diese Dinge erwirkt hat" sei bereits hingerichtet worden.[89] Diese Glättung in der Handlungsabfolge spricht dafür, EstAT als die spätere Form dieses Verses zu verstehen. Die ergänzte Konjunktion verändert den Inhalt so, dass sich die Notiz nun als Rückverweis auf die zuvor eingeschaltete Episode EstAT 7,18–21 verstehen lässt, worin Haman, seine Kinder, aber auch weitere Feinde getötet und in Susa aufgehängt wurden. Da die Feinde der Juden mitsamt Haman und seinen Nachkommen im Kurztext also bereits *vor* der Verbreitung des königlichen Edikts getötet wurden, erscheint die Anweisung des Königs deutlich plausibler, die Schreiben Hamans von nun an nicht mehr zu achten (Add. E 17). Aus der Sicht von Zusatz E in EstAT hat Hamans Edikt seine Gültigkeit verloren. Im griechischen Kurztext gibt es deshalb auch keinen Aufruf an die Juden, ihre Feinde zu bekämpfen (EstLXX 8,11–12) oder ihre „Gegner zu bekriegen" (EstLXX 8,13: πολεμῆσαι αὐτῶν τοὺς ὑπεναντίους).[90]

Neben Zusatz E liegt mit EstAT 7,34–38, einem Brief Mordechais, ein weiterer Textabschnitt vor, der sich gegen Hamans Erlass richtet. Auch diese Episode erwähnt keine militärischen Gegenmaßnahmen der Juden.[91] Im Gegenteil, eine möglicherweise gewaltvolle Reaktion auf Hamans Plan scheint durch Mordechais Brief geradezu verhindert zu werden. Nach 7,33 wird zunächst das königliche Schreiben (Add. E) in Susa veröffentlicht. Im Anschluss erhält Mordecai die Erlaubnis, „zu schreiben, was er wolle" (γράφειν ὅσα βούλεται).

---

88 EstLXX Add. E 18a: διὰ τὸ αὐτὸν τὸν ταῦτα ἐξεργασάμενον πρὸς ταῖς Σούσων πύλαις ἐσταυρῶσθαι σὺν τῇ πανοικίᾳ („Denn der, der diese Dinge erwirkt hatte, wurde vor den Toren Susas aufgehängt mit seinem Haushalt").

89 EstAT Add. E 18a: διὰ τὸ καὶ αὐτὸν τὸν τὰ τοιαῦτα ἐργασάμενον πρὸς ταῖς Σούσων πύλαις ἐσταυρῶσθαι („Denn *auch* der, der diese Dinge erwirkt hatte, wurde vor den Toren Susas aufgehängt").

90 Zwar enthält Zusatz E 20 einen Hinweis darauf, dass die Juden ihre Gegner abwehren dürfen und dass durch die Juden „beschlossen wurde" (ἐκρίθη), am 14. Adar „zu handeln" (ἄγειν), allerdings lässt sich diese im Aorist formulierte Notiz auch als Rückblick auf die (bereits erfolgte) Tötung von Feinden in EstAT 7,18–21 verstehen. In EstLXX Add. E 20 fehlt auffälligerweise genau dieser Hinweis auf einen solchen Beschluss. Die Handlung von EstLXX lässt sich so verstehen, dass die Juden erst in der Zukunft gegen ihre Feinde vorgehen werden.

91 Vgl. zu diesem Abschnitt De Troyer, *Letter* sowie De Troyer, *Septuaginta*, 110–119.

[34] ἀπέστειλε δὲ Μαρδοχαῖος διὰ γραμμάτων καὶ ἐσφραγίσατο τῷ τοῦ βασιλέως δακτυλίῳ μένειν τὸ ἔθνος αὐτοῦ κατὰ χώρας ἕκαστον αὐτῶν καὶ ἑορτάζειν τῷ θεῷ. [35] ἡ δὲ ἐπιστολή, ἣν ἀπέστειλεν ὁ Μαρδοχαῖος, ἣν ἔχουσα ταῦτα [36] Αμαν ἀπέστειλεν ὑμῖν γράμματα ἔχοντα οὕτως Ἔθνος Ἰουδαίων ἀπειθὲς σπουδάσατε ταχέως ἀναπέμψαι μοι εἰς ἀπώλειαν. [37] ἐγὼ δὲ ὁ Μαρδοχαῖος μηνύω ὑμῖν τὸν ταῦτα ἐργασάμενον πρὸς ταῖς Σούσων πύλαις κεκρεμάσθαι καὶ τὸν οἶκον αὐτοῦ διακεχειρίσθαι· [38] οὗτος γὰρ ἐβούλετο ἀποκτεῖναι ἡμᾶς τῇ τρίτῃ καὶ δεκάτῃ τοῦ μηνός, ὅς ἐστιν Αδαρ.

[34] Und Mordechai sandte durch Schriftstücke und siegelte mit dem Ring des Königs, dass sein Volk, jeder an seinem Ort bleiben und Gott ein Fest feiern solle. [35] Der Brief aber, den Mordechai sandte, enthielt das Folgende: [36] „Haman sandte euch Schriftstücke, die Folgendes enthielten: ‚Beeilt euch, mir das ungehorsame Volk der Juden in Vernichtung zu schicken.‘ [37] Ich aber, Mordechai, lasse euch wissen, dass der, der dieses bewirkt hat, vor den Toren Susas aufgehängt wurde, und dass sein Haus in andere Hände gegeben wurde. [38] Denn dieser wollte uns töten am dreizehnten des Monats, das ist der Adar." (EstAT 7,34–38)

Der Inhalt von Mordechais Schreiben fasst die Ereignisse knapp zusammen: Es erwähnt den Plan Hamans, sein Edikt, seine Exekution sowie die Übergabe seines Besitzes. Sein Plan, so scheint die Aussage von V. 37 zu lauten, ist mit seinem Tod ungültig geworden.[92] EstAT 7,34b gibt deshalb das eigentliche Ziel des Schreibens an: Mordechai möchte, dass alle Mitglieder seines Volkes zu Hause (bzw. wörtlich „an ihren Orten") bleiben und dort „Gott ein Fest feiern". Diese Formulierung ist in der Esterüberlieferung einmalig und scheint auf zwei Aspekte Bezug zu nehmen, die in EstMT/EstLXX ganz zentral mit jüdischer Gewaltanwendung in Verbindung stehen: einerseits auf die Vorstellung, dass alle Juden „in jeder Stadt" (EstMT 8,11: בכל עיר ועיר; EstLXX 8,11: ἐν πάσῃ πόλει) ausziehen, um ihre Feinde zu bekämpfen, andererseits auf das auf die Kämpfe folgende (Purim-)Fest.[93] Könnte diese Notiz, wie z. B. Michael Fox behauptete, älter sein als EstLXX/EstMT oder gar Einblick in die älteste Gestalt des Purimfestes bieten?[94] Diese Erklärung kann kaum überzeu-

---

92 Dies geschieht unter Aufnahme von vorangehendem Erzählgut, vgl. unter anderem die Ähnlichkeit zwischen E 28 (τὸν τὰ τοιαῦτα ἐργασάμενον πρὸς ταῖς Σούσων πύλαις ἐσταυρῶσθαι αὐτῷ) und 7,37 (τὸν ταῦτα ἐργασάμενον πρὸς ταῖς Σούσων πύλαις κεκρεμάσθαι). Die Bezeichnung des jüdischen Volkes als „ungehorsam" (ἀπειθής in 7,36) hat eine einzige Parallele in 3,8. Für weitere derartige Verbindungen vgl. De Troyer, *Letter*, 204–205.
93 Dass mit „seinem Volk" (ἔθνος αὐτοῦ, EstAT 7,34) allein die nichtjüdische, persische Bevölkerung angesprochen sein soll, wie Kottsieper, *Zusätze*, 196 vermutet, erscheint mir wenig überzeugend. Da Mordechai der Verfasser des Schreibens ist, dürfte sich das Personalpronomen auf die Juden beziehen (vgl. EstAT 7,36, wo das jüdische Volk als Ἔθνος Ἰουδαίων bezeichnet wird).
94 Vgl. Fox, *Redaction*, 38–42: „The passages belong to the proto-AT and are not the work of the redactor." (39) Vgl. auch Dorothy, *Books*, 178–180, wonach das Fehlen eines Namens für das Fest ein Argument für dessen hohes Alter darstelle. Der Brief Mordechais wurde in der Literatur nur um Rande diskutiert. Tov z. B. hielt den Brief ebenfalls für älter als Add. E und sah in ihm

gen. Die Anweisung, jeder solle an seinem Ort bleiben, ergibt für sich genommen wenig Sinn. Sie erklärt sich am besten als erzählerische Reaktion auf den aus EstMT/EstLXX 8 bekannten Aufruf Mordechais an alle Juden zum Kampf an allen Orten. Nun, da Haman gestorben ist und der König die Juden unterstützt, besteht keine Notwendigkeit mehr zum Kampf. Auch die Erwähnung Gottes in dem Brief Mordechais spricht gegen die Annahme, hier läge älteres Erzählgut vor. In diesem Fall wäre anzunehmen, spätere Redaktoren (bzw. die Autoren von EstMT) hätten diese theologische Referenz in ihrer Vorlage vorgefunden, diese aber getilgt. In EstMT 8–9 wird Gott jedenfalls weder während der jüdischen Kämpfe noch bei der Einsetzung des Purimfestes erwähnt.

Beide Elemente sprechen deshalb dafür, EstAT an dieser Stelle als jüngere Überarbeitung, als Revision von EstMT/EstLXX mit einer bestimmten Absicht zu verstehen: Mordechais Brief zielt auf eine nichtmilitärische „Lösung" des Konflikts ab. Eine Erwähnung des Versammelns aller Juden zum Kampf gegen Zehntausende Feinde hat hier keinen Platz mehr. Wenn alle Angeschriebenen dort bleiben, wo sie gerade sind, und sie ein Fest feiern, kommt es nicht zum Kampf. Die Annahme, dass sich hier die älteste Form des Erzählschlusses der Estererzählung enthalten hat, kann ich deshalb nicht bestätigen. Viel eher wird in Zusatz E und der Sequenz 7,14–17 die Absicht erkennbar, einen weniger gewaltvollen Ausgang des Konflikts zu entwerfen.[95] Dadurch, dass in manchen Aspekten sogar der Einfluss von EstLXX wahrscheinlich zu machen ist, legt sich an dieser Stelle die Schlussfolgerung nahe, dass EstAT insgesamt nach EstLXX (und somit nach EstMT) entstanden ist. Die Vorstellung, dass Hamans Vernichtungsplan annulliert wurde, dürfte deshalb nicht in die Vor-, sondern in die Nachgeschichte des hebräischen Esterbuches gehören. Diese Beobachtung steht somit auch dem von vielen Auslegerinnen und Auslegern geleisteten Versuch entgegen, eine ältere, „gewaltfreie" Estererzählung auf Grundlage von EstAT zu rekonstruieren.

Obwohl der Hauptkonflikt der Estergeschichte nach Mordechais Brief überwunden scheint, wird in 7,43–46 berichtet, wie die Juden trotzdem gegen Feinde zu Felde ziehen. Wie ich weiter unten darlegen möchte, stellt diese Passage aller-

---

einen Bestandteil der hebräischen Vorlage für EstAT, vgl. Tov, *Lucianic Text*, 12–14. Auch wenn Clines das ursprüngliche Ende der ältesten Estererzählung hinter EstAT 7,17 vermutete, sprach er sich ebenfalls dafür aus, dass der Brief Mordechais älter sei als Add. E (vgl. Clines, *Scroll*, 73–74, ähnlich Haelewyck, *Le texte*, 34).

95 Dies entkräftet das Argument von Fox, *Redaction*, 39, der meinte, es gebe keine Erklärung dafür, warum spätere Autoren die von EstMT/EstLXX abweichende Passage EstAT 7,18–38 geschrieben/erfunden haben könnten: Mit der Einfügung der Idee, Hamans Edikt habe ohne Gegengewalt rückgängig gemacht werden können, liegt ein starker Grund dafür vor, die Passagen als jüngere Umgestaltung der älteren Erzählfassung(en) zu verstehen.

dings mit großer Wahrscheinlichkeit eine spätere Ergänzung dar. Während die ursprüngliche Form von EstAT somit keine großangelegte Vergeltungsaktion der Juden gekannt haben dürfte, findet der Kurztext einen anderen Weg, um die Tötung von Judenfeinden in den Erzählverlauf zu integrieren. Dies wird in EstAT 7,18–21 als begrenzte Strafaktion geschildert.

2.2.5 EstAT 7,18–21: Die Vernichtung der Feinde I: Todesstrafe

Vor den beiden Schreiben, die der persische König und Mordechai aussenden, ist in EstAT 7,18–21 eine kurze Sequenz eingeschaltet, in der Ester um die Hinrichtung von Feinden bittet.[96] Der Abschnitt verdeutlicht einerseits, dass die Vorstellung einer Tötung der Feinde der Juden einen festen Platz im kürzeren griechischen Esterbuch hat. Andererseits wird daran zum wiederholten Male erkennbar, wie kreativ EstAT seine Vorlage umgestaltet und damit die erzählerische Gesamtanlage entscheidend verändert: Da alle Feinde bereits tot sind, sind keine Kämpfe der Juden mehr nötig. Die Vernichtung der Feinde geht auf die Initiative Esters und ihre Interaktion mit dem Perserkönig zurück:

> [18] καὶ εἶπεν Εσθηρ τῷ βασιλεῖ τῇ ἑξῆς Δός μοι κολάσαι τοὺς ἐχθρούς μου φόνῳ. [19] ἐνέτυχε δὲ ἡ βασίλισσα Εσθηρ καὶ κατὰ τῶν τέκνων Αμαν τῷ βασιλεῖ, ὅπως ἀποθάνωσι καὶ αὐτοὶ μετὰ τοῦ πατρὸς αὐτῶν. καὶ εἶπεν ὁ βασιλεύς Γινέσθω. [20] καὶ ἐπάταξε τοὺς ἐχθροὺς εἰς πλῆθος. [21] ἐν δὲ Σούσοις ἀνθωμολογήσατο ὁ βασιλεὺς τῇ βασιλίσσῃ ἀποκτανθῆναι ἄνδρας καὶ εἶπεν Ἰδοὺ δίδωμί σοι τοῦ κρεμάσαι. καὶ ἐγένετο οὕτως.

> [18] Und weiter sagte Ester zum König: „Gestatte mir, meine Feinde mit dem Tod zu bestrafen." [19] Es gelangte aber die Königin Ester auch wegen der Kinder Hamans vor den König, damit auch sie mit ihrem Vater sterben. Und der König sagte: „Es geschehe!" [20] Und man schlug die Feinde in großer Menge. [21] In Susa aber kam der König mit der Königin überein, dass Männer getötet werden, und sagte: „Siehe, ich gestatte dir aufzuhängen." Und es geschah so. (EstAT 7,18–21)

Während Fox oder Kossmann vorschlagen, in dieser Sequenz die Vorlage für die in EstMT 9,1–16 beschriebenen jüdischen Kampfhandlungen zu erkennen,[97] möchte ich im Folgenden darlegen, warum ich in EstAT 7,18–21 nicht die Vorlage, sondern eine spätere Zusammenfassung der Ereignisse aus EstMT/EstLXX 8–9 erkenne.

---

96 Für eine inhaltliche Analyse dieser Sequenz vgl. Kapitel 4.3.2.1.
97 Vgl. Fox, *Redaction*, 38–39.116–119 und Kossmann, *Esthernovelle*, 344–349.

Zunächst fällt auf, dass die Einleitung der Rede Esters (καὶ εἶπεν Εσθηρ τῷ βασιλεῖ τῇ ἑξῆς) etwas unvermittelt erfolgt. Da zuvor Mordechai mit dem König spricht und um die Aufhebung von Hamans Schreiben bittet, wäre eigentlich eine Reaktion des Königs zu erwarten gewesen. Unter der bereits angedeuteten Annahme, dass die Passage in Kenntnis von EstMT/EstLXX 8 (insb. 8,3) entstanden ist, ergibt sich jedoch eine mögliche Erklärung für diesen „suspicious narrative link".[98] EstAT scheint die Abfolge der Ereignisse aus den längeren Erzählfassungen zu imitieren: Auch dort folgte auf die Erhöhung Mordechais ein Auftritt Esters vor dem König, was wiederum dazu führt, dass ein Gegenedikt erlassen wird. Dass Ester in EstAT unmittelbar nach Mordechais Erhöhung vor den König tritt, entspricht also dem Handlungsablauf von EstMT/EstLXX 8,1–3. Dort unterbricht Esters Bitte vor dem König den Erzählfluss in analoger Weise (ותוסף אסתר ותדבר לפני המלך/καὶ προσθεῖσα ἐλάλησεν πρὸς τὸν βασιλέα).[99] Der Anschluss in EstAT 7,18 durch τῇ ἑξῆς („und weiter") ist deshalb kaum ein literarkritisch auszuwertender Bruch. Anders als in EstLXX/EstMT 8,3 bittet Ester in EstAT nun nicht darum, den Plan Hamans abzuwenden. Dies hatte Mordechai bereits in EstAT 7,17 getan. Ester fragt stattdessen den König nach der Möglichkeit, die Feinde mit der Todesstrafe zu bestrafen. Eine ähnliche Szene findet sich in EstMT/EstLXX 9,11–15, wo Ester jedoch die Verlängerung der jüdischen Kämpfe in Susa sowie das Aufhängen der Leichen der Hamansöhne fordert. EstAT dürfte diese Szene zum Vorbild haben und verlagert sie nach vorne. Gleichzeitig synchronisiert der Kurztext die Hinrichtung Hamans mit der seiner Söhne (vgl. 7,19) und erwähnt knapp die Tötung anderer Feinde „in großer Menge" (εἰς πλῆθος in 7,20) sowie das öffentliche Zur-Schau-Stellen der Gegner in Susa (7,21).[100]

In anderen Worten: EstAT 7,18–21 scheint einen ausführlichen Bericht über die Vernichtung und Schändung der Judenfeinde zu kennen und zusammenzufassen (vgl. EstMT/EstLXX 9,1–16). Dies geschieht mittels einer „cut-and-paste"[101] Technik, nach der einzelne Aspekte der längeren Kampfdarstellungen neu angeordnet und zusammengestellt werden. Bei alledem wird die Anwendung tödlicher Gewalt sehr knapp, fast schon beiläufig erwähnt. Am auffälligsten ist daran

---

98 Clines, *Scroll*, 79. Anders argumentierten Fox, *Redaction*, 40 und De Troyer, *End*, 301–302.
99 Für mögliche literarkritische Konsequenzen dieses Übergangs in EstMT vgl. Kapitel 2.3.2.
100 Die Lokalisierung der Szene von EstAT 7,21 „in Susa", die mit einem adversativen δὲ von der vorherigen Sequenz (7,19–20) eindeutig abgegrenzt ist, legt nahe, dass V. 21 eine Form der zusätzlichen Tötung von Feinden in Susa rezipiert, wie sie in EstMT/EstLXX 9,11–15 dargestellt wird. Das Subjekt der Verbform ἐπάταξε ist unbestimmt. Es könnten theoretisch auch Ester oder der König agieren. Aufgrund der „großen Menge" an getöteten Feinden, legt sich im Deutschen jedoch eher ein generisches „man" nahe, das wohl die königlichen Truppen bezeichnen dürfte.
101 De Troyer, *End*, 310.

jedoch, dass die Juden nicht ausdrücklich als Subjekte dieser gewaltsamen Aktionen genannt werden.[102] Diese Beobachtung passt gut zu der Annahme, EstAT habe ursprünglich mit der Rücknahme von Hamans Edikt und ohne einen Bericht über einen offenen Konflikt der Juden mit ihren Feinden geendet.

Die Eigenheiten dieser Gewaltdarstellung machen es somit sehr wahrscheinlich, dass EstAT 7,18–21 nicht die Vorlage für die Vergeltungsepisode aus EstMT/ EstLXX in 9,1–16 war, sondern eine späte, summarische Wiedergabe der darin beschriebenen Ereignisse darstellt. Die Anordnung der Passage EstAT 7,18–21 *vor* den königlichen Brief, der verfügt, die Juden nicht anzugreifen, folgt dabei der erzählerischen Logik des Kurztextes. Die von Ester erwirkte Tötung und öffentliche Schändung von Feinden macht den (erzählinternen) Adressaten des königlichen Schreibens deutlich, dass jeder Angriff auf die Juden tödlich endet. Auch wird mit 7,18–21 die narrative Begründung dafür gegeben, warum Mordechai seinem Volk auftragen kann, zu Hause zu bleiben und ein Fest zu feiern. Feinde der Juden gibt es nicht mehr, nachdem Ester diese töten ließ. Nach Mordechais Brief tritt dieser dann in königlicher Kleidung auf (7,39), während die Vv. 40–42 einen ersten Abschluss markieren:

[40]ἰδόντες δὲ οἱ ἐν Σούσοις ἐχάρησαν. καὶ τοῖς Ἰουδαίοις ἐγένετο φῶς, πότος, κώθων. [41]καὶ πολλοὶ τῶν Ἰουδαίων περιετέμοντο, καὶ οὐδεὶς ἐπανέστη αὐτοῖς· ἐφοβοῦντο γὰρ αὐτούς. [42]Οἱ δὲ ἄρχοντες καὶ οἱ τύραννοι καὶ οἱ σατράπαι καὶ οἱ βασιλικοὶ γραμματεῖς ἐτίμων τοὺς Ἰουδαίους· ὁ γὰρ φόβος Μαρδοχαίου ἐπέπεσεν ἐπ' αὐτούς.

[40]Als die in Susa das sahen, freuten sie sich. Und den Juden entstand Licht, Trinkgelage, Bankett. [41]Und viele der Juden ließen sich beschneiden, und niemand erhob sich gegen sie; denn man fürchtete sie. [42]Die Obersten und die Fürsten und die Satrapen und die königlichen Schreiber ehrten die Juden. Denn die Furcht vor Mordechai war auf sie gefallen. (EstAT 7,40–42)

Hierin kommt die Haupthandlung von EstAT zum Ende.[103] Während sich nach EstLXX 8,17 viele Nichtjuden aus Furcht vor den Juden beschneiden lassen, wird die Beschneidung nach EstAT 7,41 nur von Juden selbst vollzogen.[104] Die Veränderung der Subjekte der Beschneidung gegenüber EstLXX ist ein weiteres starkes Indiz für die Annahme, EstAT sei eine Revision von EstLXX. Auch sie bestätigt die bereits an anderen Stellen ausgemachte Tendenz des zweiten griechischen Ester-

---

102 Zur inhaltlichen Analyse von EstAT 7,18–21 vgl. Kapitel 4.3.2.1.
103 Ähnlich bereits Kossmann, *Esthernovelle*, 351–353.
104 Vgl. dazu weiter Kapitel 4.3.2.1.

buches, die Darstellung jüdischer Gewaltanwendung und ihre für Nichtjuden negativen Konsequenzen zu beschränken.

Vermutlich bildete die Passage EstAT 7,47–52 (vgl. EstLXX 10,1–3) sowie 7,53–59 (vgl. EstLXX Add. F) einen abschließenden Rahmen um die ältere Fassung von EstAT. Auch anhand dieser Episoden lässt sich die Vermutung, dass eine ältere Form von EstAT keine Vergeltung der Juden enthielt, erhärten. Dafür sprechen vor allem die Unterschiede in der Einsetzung der Purimfeier (EstLXX 9,20–28) und der Deutung von Mordechais Traumgesicht (Add. F). So wird in EstAT 7,47–52 der Unterscheidung und Entstehung von zwei Festtagen weitaus weniger Beachtung geschenkt als im Langtext. Da EstAT keine zwei Kampftage kennt, spielt auch die Herleitung eines zweitägigen Festes keine Rolle, und EstAT kann ohne weitere Begründung auf den 14. und 15. Adar als Festtage verweisen (vgl. EstAT 7,47). Außerdem fällt auf, dass das Motiv der „Ruhe vor ihren Feinden" (EstLXX 9,22: ἀνεπαύσαντο οἱ Ἰουδαῖοι ἀπὸ τῶν ἐχθρῶν αὐτῶν) in EstAT fehlt. Die Einsetzung des „Phouraia" genannten Festes in EstAT 7,49 enthält damit anders als EstMT/ EstLXX keine Erinnerung an Kämpfe, die Ruhe gestiftet haben. Eine analoge Tendenz lässt sich in den Abweichungen im Schlussrahmen EstAT 7,53–57 im Vergleich zu EstLXX Add. F erkennen: Gottes Rettungshandeln wird darin weitaus knapper geschildert als in der Langfassung. Der Rahmen von EstAT scheint somit keinen großen, gottgeschenkten Sieg über Tausende Feinde im Blick zu haben.

2.2.6 EstAT 7,43–46: Die Vernichtung der Feinde II: Kämpfe der Juden

Von dieser Perspektive hebt sich die Passage EstAT 7,43–46 deutlich ab. Hier wird nun doch von Kämpfen der Juden gegen Tausende Feinde berichtet, was in Spannung zum Bericht über die bereits erfolgte Bestrafung und Tötung zahlreicher Feinde steht (EstAT 7,81–21). Beide Passagen lassen sich kaum widerspruchsfrei hintereinander lesen. Meines Erachtens ist die einfachste Erklärung für diese Doppelung bzw. Spannung, dass mit EstAT 7,43–46 ein sekundärer Nachtrag vorliegt, der sich am Bericht über die Kampfhandlungen der Juden aus EstMT bzw. EstLXX 9,1–16 orientiert.[105] Der Abschnitt lässt sich als Paraphrase des ausführlichen Kampfberichtes verstehen. Dabei wirkt EstAT 7,43–46 im Vergleich mit EstMT/EstLXX recht bruchstückhaft. Neben inhaltlichen Spannungen gibt es jedoch auch äußere Kriterien, die auf den sekundären Charakter dieser Szene hindeuten. So treten in dieser Passage mehrere textliche Probleme auf, die darauf hinweisen, dass hier (fehlerhaft) aus einer griechischen Vorlage kopiert wurde.

---

105 Vgl. bereits Fox, *Redaction*, 115 oder Kossmann, *Esthernovelle*, 351–353.

[43] καὶ προσέπεσεν ἐν Σούσοις ὀνομασθῆναι Αμαν καὶ τοὺς ἀντικειμένους ἐν πάσῃ βασιλείᾳ. [44] καὶ ἀπέκτεινον ἐν Σούσοις οἱ Ἰουδαῖοι ἄνδρας ἑπτακοσίους, καὶ τόν Φαρσαν καὶ τόν ἀδελφὸν αὐτοῦ καὶ τὸν Φαρνα καὶ τὸν Γαγαφαρδαθα καὶ τὸν Μαρμασαιμα καὶ τὸν Ιζαθουθ καὶ τοὺς δέκα υἱοὺς Αμαν Αμαδάθου τοῦ Βουγαίου τοῦ ἐχθροῦ τῶν Ἰουδαίων, καὶ διήρπασαν πάντα τὰ αὐτῶν. [45] καὶ εἶπεν ὁ βασιλεὺς τῇ Εσθηρ Πῶς σοι οἱ ἐνταῦθα καὶ οἱ ἐν τῇ περιχώρῳ κέχρηνται; [46] καὶ εἶπεν Εσθηρ Δοθήτω τοῖς Ἰουδαίοις οὓς ἐὰν θέλωσιν ἀνελεῖν καὶ διαρπάζειν. καὶ συνεχώρησεν. καὶ ἀπώλεσαν μυριάδας ἑπτὰ καὶ ἑκατὸν ἄνδρας.

[43] Und es traf ein, dass Haman in Susa genannt wurde und die Gegner im gesamten König-reich. [44] Und die Juden töteten in Susa siebenhundert Männer; und den Pharsan und seinen Bruder und den Pharna und den Gagaphardata und den Marmasaima und den Izatout und die zehn Söhne Hamans, [Sohn] des Hamadatos, des Prahlhanses, des Feindes der Juden; und sie plünderten alles, was ihnen gehörte. [45] Und der König sprach zu Ester: „Wie hat man sich für dich hier und in den umliegenden Gebieten verhalten?" [46] Und Ester sprach: „Es werde den Juden, wenn sie wollen, gestattet, [weiter] umzubringen und zu plündern." Und er stimmte zu. Und sie vernichteten 70.100 Männer. (EstAT 7,43–46)

Zunächst werden Haman in Susa und weitere Männer im ganzen Königreich als Gegner genannt, bevor in 7,44 auch die Söhne Hamans erwähnt werden. Im bis-herigen Erzählverlauf waren diese Personengruppen zuletzt in EstAT 7,19–21 im Blick. Dort wurden sie bereits auf Esters Wunsch hin getötet. Die Passage setzt also mit einer inhaltlichen Spannung zum Vorherigen ein. Da die äußere Gestalt von EstAT 7,43 verdächtige Ähnlichkeit mit einem Vers aus der Kampfschilderung der Langfassung aufweist, scheint hier die Abhängigkeit von EstLXX sehr wahr-scheinlich.

EstLXX 9,4   προσέπεσεν γὰρ τὸ πρόσταγμα τοῦ βασιλέως ὀνομασθῆναι ἐν πάσῃ τῇ βασιλείᾳ

EstAT 7,43   καὶ προσέπεσεν ἐν Σούσοις ὀνομασθῆναι Αμαν καὶ τοὺς ἀντικειμένους ἐν πάσῃ βασιλείᾳ

EstAT scheint den Aufbau (am Anfang und am Ende) und das Vokabular aus EstLXX 9,4 zu übernehmen, inhaltlich wird der Vers jedoch umgestaltet: Es handelt sich nicht um ein Schreiben des Königs, sondern die Namen Hamans und weite-rer Feinde sollen hier „genannt" bzw. „bekanntgemacht" (ὀνομασθῆναι) werden.[106] Gegen diese Personen ziehen die Juden in den Kampf. Sie töten siebenhundert Männer, sechs (bzw. fünf) namentlich genannte Personen, und zusätzlich (!) die zehn Söhne Hamans (EstAT 7,44). Diese Eigenart ist vermutlich das Ergebnis

---

106 Vgl. Fox, *Redaction*, 79, der das Verb ὀνομάζω als „byword for disgrace" deutet. Clines, *Scroll*, 82 hält EstAT 7,43 für „virtually unintelligible" und „cryptically expressed."

einer Textverderbnis bzw. einer fehlerhaften Wiedergabe einer griechischen Vorlage.[107] Bereits im Falle des ersten Bruderpaares, „Pharsan und seinen Bruder" (τόν Φαρσαν καὶ τὸν ἀδελφὸν αὐτοῦ in EstAT 7,44), scheint dies sehr wahrscheinlich: Mit einiger Sicherheit liegt hier eine fehlerhafte Wiedergabe des Namens des zweiten Hamansohnes, „Delphon" (vgl. Φαρσαννεσταιν καὶ Δελφων in EstLXX 9,7), vor, was sich in einer in Scriptura continua geschriebenen Handschrift leicht erklären ließe. Auch bei den anderen Namen sind Buchstabenvertauschungen und Abschreibfehler bei der Arbeit mit einer griechischen Vorlage zu vermuten, wenn z. B. aus „und Phardata" (καὶ Φαρδαθα in EstLXX 9,8) in EstAT 7,44 „und den Gagaphardata" (καὶ τὸν Γαγαφαρδαθα) bzw. aus „und Zaboutaios" (καὶ Ζαβουθαῖον in EstLXX 9,8) im Kurztext „und den Izatout" (καὶ τὸν Ιζαθουθ) wird. Da in dieser Aufzählung von 7,44 vier weitere Personenamen weggefallen sind, konnte diese Liste freilich nicht die zehn Söhne Hamans bezeichnen, weshalb offenbar ein καὶ ergänzt wurde und nun eben sechzehn Personen sterben: die sechs namentlich genannten Personen *und* die zehn Söhne Hamans. Auch in Bezug auf die Bezeichnung Hamans als „[Sohn] des Hamadatos, des Bougaios, des Feindes der Juden" (Αμαν Αμαδάθου τοῦ Βουγαίου τοῦ ἐχθροῦ τῶν Ἰουδαίων in EstAT 7,44) kann auf den Einfluss der Langfassung geschlossen werden. Dieser Beiname findet sich nur einmal in EstLXX 9,10, wo er ebenfalls nach der Hinrichtung der Söhne Hamans erwähnt wird.[108]

Ein weiteres Indiz für die Abhängigkeit der Passage von EstLXX ergibt sich aus der Erwähnung des Beutenehmens, von dem EstAT 7,44 berichtet. Dass die Juden bei ihren Kämpfen auch geplündert hätten, wird im hebräischen Text dreimal ausdrücklich verneint (vgl. EstMT 9,10.15.16). Im griechischen Langtext wird hingegen einmal eine Plünderung erwähnt (vgl. EstLXX 9,10). Dort heißt es knapp, die Juden hätten nach den Kämpfen in Susa auch geplündert (καὶ διήρπασαν). Der Kurztext von EstAT 7,44 scheint diese Vorstellung zu kennen und auszubauen, da hier nun „alles, was ihnen gehörte" geplündert wird (διήρπασαν πάντα τὰ αὐτῶν).[109] Von einem Plünderungsverzicht (wie EstMT/EstLXX 9,15.16) weiß EstAT nichts. Im Gegenteil: Ester bittet in EstAT 7,46 sogar explizit darum, dass auch bei weiteren Kämpfen geplündert werden darf, was der König sogleich gestattet. Das gilt schließlich ebenso für die in EstAT 7,46 genannte Zahl der von den Juden getöteten Feinde. Die Juden sollen 70.100 Feinde getötet haben. Gegen-

---

107 So auch die Mehrheit der Auslegerinnen und Ausleger, vgl. z. B. Tov, *Lucianic Text*, 536–537; Clines, *Scroll*, 82; Fox, *Redaction*, 83 oder Jobes, *Alpha-text*, 158–159.

108 Vgl. EstLXX 9,10: Αμαν Αμαδαθου Βουγαίου τοῦ ἐχθροῦ τῶν Ιουδαίων.

109 Zur Deutung dieses Vorgangs vgl. Kapitel 4.3.2.2.

über den 15.000, die EstLXX 9,16 liest, liegt hier also eine deutliche Steigerung vor.[110]

Insgesamt ergibt sich ein deutliches Bild: Die Sequenz EstAT 7,43–46 steht in Spannung zu 7,18–42 und ist von auffallend vielen textlichen Problemen geprägt. Sie dürfte wohl ein sekundärer Zusatz sein. Der Inhalt führt zu einer nachträglichen Intensivierung der Darstellung von Gewalt in EstAT. Erstmalig wird im Kurztext ein Kampf jüdischer Akteure gegen die Feinde beschrieben. Vermutlich wurde diese Passage aus einem anderen Text in EstAT hineinkopiert. Denkbar wäre zum Beispiel, dass dies aus archivarischem Interesse oder mit der Absicht zur späteren „Harmonisierung" von EstAT mit EstLXX geschah. Letzteres ist mit Blick auf den handschriftlichen Befund zu EstAT ohnehin sehr wahrscheinlich, da beide Traditionen mehrfach zusammen überliefert wurden.

2.2.7 Literarhistorische Synthese zu EstAT

Die hier vorgetragene Analyse von EstAT ist von großer Bedeutung für die Frage nach der literarhistorischen Verortung der Motive der Vernichtung und der Vergeltung in der Esterüberlieferung sowie für eine relative Chronologie der drei Esterbücher von EstMT, EstLXX und EstAT. Es hat sich gezeigt, dass die Darstellung der Bedrohung der Juden durch Hamans Plan in ihrer jüngsten Gestalt im griechischen Kurztext vorliegt, da EstAT 3 die Septuagintafassung vorauszusetzen und deren Tendenz zur Intensivierung der antijüdischen Vorwürfe Hamans auszubauen scheint. Die in der Forschung weitverbreitete Annahme, das letzte Kapitel des Kurztextes, EstAT 7, enthalte einen älteren Erzählschluss, konnte in meiner Analyse nicht bestätigt werden. Im Gegenteil erweist sich das siebte Kapitel über weite Strecken als kreative, gegenüber EstLXX jüngere Neufassung der Estergeschichte. Als solche bietet sie einen alternativen Abschluss der Handlung, in welchem es nicht zu einem großangelegten Kampf aller Juden im Perserreich gegen ihre Feinde kommt: Königin Ester bittet den persischen König um die tödliche Bestrafung der Feinde (EstAT 7,18–21), bevor der persische König (Add. E) und Mordechai (7,34–38) in zwei Schreiben die Gültigkeit von Hamans Vernichtungsplan annullieren, wobei Mordechai sogar ausdrücklich empfiehlt,

---

110 Diese Zahlenangabe ist das einzige Element in der Kampfszene von EstAT 7,43–46, durch das der Kurztext der hebräischen Erzählfassung nähersteht als der griechischen Langfassung. Dies könnte mit der Bekanntheit der hohen Opferzahl (75.000) aus EstMT 9,16 erklärt werden. Aufgrund der vorangehenden textlichen Probleme kann allerdings auch ein weiterer Kopistenfehler nicht ausgeschlossen werden.

dass ein jeder „an seinem Ort" bleiben solle. Die Passage, die dennoch Kämpfe der Juden gegen Tausende Feinde beschreibt (7,43–46), ist ein textlich problematischer, wohl jüngerer Anhang, der vermutlich EstLXX 9,1–16 zur Voraussetzung hat. Inhaltlich steht die Passage in sichtbarer Spannung zum Ton der vorangehenden Erzählung von EstAT.

Die Suche nach einem älteren, gewaltfreien Ende der Estergeschichte anhand von EstAT ist somit vergeblich. Der griechische Kurztext lässt sich zumindest in Bezug auf die Darstellung der Bedrohung durch Hamans Vernichtungsplan und den Schlussteil von EstAT 7 besser als Überarbeitung und Neugestaltung verstehen, die auf der längeren Septuagintafassung aufbaut.[111] Wenngleich weitere Arbeiten zum grundsätzlichen Verhältnis von EstAT, EstLXX und EstMT – insbesondere im Hinblick auf den vorderen Buchteil von EstAT 1–6 – nötig sind, um die These von EstAT als *rewritten bible* weiter zu plausibilieren, lässt sich im Hinblick auf die von kollektiver Gewalt erzählenden Passagen wahrscheinlich machen, dass EstAT kein „Alpha-", sondern eher ein „Gamma-Text" ist.

Aufgrund dieser literarhistorischen Grundentscheidung werde ich EstAT in meiner inhaltlichen Analyse als dritten und letzten Textzeugen nach EstMT und EstLXX behandeln. Die folgende Untersuchung der literarischen Integrität der hebräischen Estererzählung kann ferner ohne Berücksichtigung von EstAT erfolgen.

2.3 EstMT: Die älteste Estererzählung

Fällt EstAT zur Rekonstruktion älterer Vorstufen der Estererzählung aus, stellt sich die Frage nach der Einheitlichkeit von EstMT, insbesondere in Bezug auf die Gewaltdarstellungen. Wie bereits erwähnt, wurde die literarische Integrität von EstMT aufgrund der etablierten Annahme des hohen Alters von EstAT selten (allein) am hebräischen Text überprüft. Zwei literarkritische Beobachtungen zu EstMT wurden in der bisherigen Auslegung als Hinweise auf mögliches Textwachstum interpretiert. Erstens lässt sich im hebräischen Esterbuch eine grundlegende Spannung feststellen zwischen den Motiven des individuellen Konflikts der beiden Figuren Haman und Mordechai einerseits und der kollektiven Ausweitung des Konflikts auf das jüdische Volk andererseits. Diese Spannung wurde seit Cazelles mit der Annahme erklärt, zwei ursprünglich eigenständige Quellen

---

111 In Bezug auf das (nur in griechischer Sprache überlieferte) Tobitbuch hat sich eine ähnliche Einschätzung der kürzeren Erzählgestalt bereits in der Forschung etabliert: Die Mehrheit der Auslegerinnen und Ausleger hält die kürzere Textfassung (G^I) für eine jüngere, geglättete und gekürzte Fassung der längeren Textform (G^{II}), vgl. Ego, *Tobit*, 875–876.

seien miteinander verbunden worden.[112] Zweitens wurden die Kampfhandlungen im neunten Kapitel als sekundäre Fortschreibungen einer älteren Estererzählung eingestuft, deren Ende in EstMT 8 vermutet wurde.[113]

Beide Annahmen sind für die literarhistorische Verortung und die Interpretation der Gewaltpassagen relevant. Sie stellen wichtige Anfragen: Lässt sich Hamans Plan zur Vernichtung aller Juden aus EstMT einer eigenen Quelle zuschreiben? Kannte die ältere Estererzählung nur einen Konflikt zwischen Haman und Mordechai? Gab es einst eine Form der Estergeschichte, die bereits nach dem Erlass eines jüdischen Gegenschreibens in EstMT 8 endete? Ist die Vorstellung, die Juden hätten Tausende Feinde getötet, ursprünglicher Teil von EstMT oder ein sekundärer Zusatz?

In der folgenden Analyse werde ich zur Überprüfung dieser Fragen vor allem das dritte, achte und neunte Kapitel von EstMT in den Blick nehmen. Ich beginne mit EstMT 3 und möchte darlegen, wie Hamans Plan, das jüdische Volk zu vernichten, in die Erzählung eingebettet ist.

2.3.1 EstMT 3–5: Der Konflikt Hamans mit Mordechai und der Plan zur Vernichtung der Juden

Das dritte Kapitel der hebräischen Estererzählung führt deren Hauptkonflikt ein: Weil der Jude Mordechai nicht wie die anderen Hofangestellten vor dem ranghöchsten Beamten Haman niederfällt, beschließt dieser die Vernichtung aller Juden. Das Kapitel lässt sich grob in drei Teile gliedern: EstMT 3,1–5 berichtet von Mordechais Weigerung, vor Haman niederzufallen, was dessen Zorn provoziert. EstMT 3,6–11 legt dar, wie Haman den König von seinem Plan gegen die Juden überzeugt. Und in EstMT 3,12–15 wird davon erzählt, wie das Edikt zur Vernichtung der Juden abgefasst und verbreitet wird. Gibt es in diesem Kapitel Spuren einer älteren Erzählung oder Quelle, die nur von einem Konflikt zwischen Mordechai und Haman wusste? Ich halte diese Annahme für wenig überzeugend. Das Kapitel weist keine größeren literarkritischen Bruchstellen auf, und die Bedrohung der Juden durch Vernichtung ist das handlungsleitende Motiv, das die folgende Handlung der Estererzählung prägt.

---

112 Vgl. u. a. Cazelles, *Note*; Bardtke, *Esther*, 248–252; Ringgren, *Esther*, 374–376; Clines, *Scroll*, 115–121 und Wills, *Jew*, 153–172. Kritisch: Fox, *Redaction*, 87–99; Bush, *Esther*, 280 und Ego, *Ester*, 45–46.

113 Vgl. u. a. Clines, *Scroll*, 64; Dorothy, *Books*, 195; Kossmann, *Esthernovelle*, 342; Wahl, *Esther*, 6 und Ego, *Ester*, 41–42.

Zunächst sei der Blick auf EstMT 3,6 gerichtet. Hier wird erstmals beschrieben, dass Haman nicht nur Mordechai, sondern dessen ganzes Volk töten lassen möchte.

ויבז בעיניו לשלח יד במרדכי לבדו כי הגידו לו את עם מרדכי ויבקש המן להשמיד את כל היהודים
אשר בכל מלכות אחשורוש עם מרדכי:

Und er verachtete es in seinen Augen, die Hand an Mordechai allein auszustrecken, denn man hatte ihm das Volk Mordechais mitgeteilt. Und so suchte Haman, alle Juden, die im Königreich des Ahasveros waren, das Volk Mordechais, zu vernichten. (EstMT 3,6).[114]

Dieser Vers ist fest in der Erzählstruktur verankert. Nach EstMT 3,4 hatte Mordechai die anderen Hofbeamten über seine Zugehörigkeit zum jüdischen Volk informiert und diese als Grund für seine Weigerung angegeben. Hierauf rekurriert V. 6. Da Haman von Mordechais ethnischer Zugehörigkeit weiß, beschließt er, das ganze jüdische Volk töten zu lassen. Auch wenn auffällig ist, dass der Vers ausdrücklich erwähnt, dass Haman eine individuelle Strafe Mordechais ablehnt, weist aus literarkritischer Sicht zunächst nichts darauf hin, dass der Vers in einer älteren Form lediglich erwähnte, dass Haman plante, seine Hand allein gegen Mordechai auszustrecken.[115] Der weitere Erzählverlauf setzt die Ausweitung des Planes zur Vernichtung aller Juden zwingend voraus. So kennt das vierte Kapitel den Plan Hamans, „die Juden zu vernichten" (ביהודיים לאבדם in 4,7), und es erzählt von der Gefahr, dass es Ester wie „allen Juden" (מכל היהודים in 4,13) ergehen könnte. Auch Esters Treffen mit dem König (5,1–8; 7,1–10) sowie das gesamte achte und neunte Kapitel haben die kollektive Dimension der Bedrohung zur notwendigen Voraussetzung.

Dennoch gibt die auffällige Betonung der Ablehnung einer Individualstrafe in 3,6 Anlass dazu, die seit langem in der Esterforschung kursierende Vermutung zu überprüfen, die kollektive Dimension in Hamans Plan sei gegenüber einem älteren Erzählkern, der nur von einem Konflikt zwischen den beiden Hofbeamten Haman und Mordechai wusste, sekundär.[116] Der Gedanke der Ausweitung von Hamans Plan von Mordechai auf dessen ganzes Volk scheint aus Sicht von 3,6 jedenfalls ungewöhnlich und erklärungsbedürftig. Weiter bestärkt wird diese

---

114 Für die Lesart des masoretischen Textes von עם מרדכי als Apposition vgl. Ego, *Ester*, 191.
115 So allerdings Kossmann, *Esthernovelle*, 211. Kossmann argumentiert jedoch mit der Annahme einer Vorstufe von EstAT, die älter sei als EstMT, und setzt dort die (literarkritisch unbegründete) Tilgung der entscheidenden Phrase „und sein ganzes Volk" (EstAT 3,5: καὶ πάντα τὸν λαὸν αὐτοῦ) voraus.
116 Vgl. bereits Erbt, *Purimsage*, 37–42.

Auffälligkeit mit Blick auf den Textbereich von EstMT 5,9–14; 6,1–14.[117] In diesen Abschnitten fehlen nämlich jegliche Referenzen auf den Plan einer Vernichtung aller Juden, während die Mordabsicht Hamans sich allein auf Mordechai zu beschränken scheint. Hinzu kommt, dass sich subtile Unterschiede in der Darstellung des zunächst interpersonalen Konflikts zwischen Haman und Mordechai in EstMT 3 und 5 ausmachen lassen. Zum Beispiel unterscheidet sich das Vokabular in der Beschreibung des Verhaltens Mordechais gegenüber Haman:

וירא המן כי אין מרדכי כרע ומשתחוה לו וימלא המן חמה

Und Haman sah, dass sich *Mordechai nicht vor ihm verbeugte und niederwarf*. Da wurde Haman von Zorn erfüllt. (EstMT 3,5, vgl. 3,2)

וכראות המן את מרדכי בשער המלך ולא קם ולא זע ממנו וימלא המן על מרדכי חמה

Und als Haman Mordechai im Tor des Königs sah, und dass *er nicht aufstand und nicht vor ihm zitterte*, da wurde Haman wegen Mordechai von Zorn erfüllt. (EstMT 5,9b)

Beide Verse beschreiben, wie Mordechai Haman die Ehrerbietung verweigert und wie der Hofbeamte daraufhin in Zorn verfällt.[118] Die abweichende hebräische Terminologie ist dabei leicht ersichtlich: In 3,5 wird in zwei Verben das ausbleibende „Niederfallen" beschrieben (כרע und חוה), während in 5,9b hingegen vom „Aufstehen" und „Zittern" (קום und זוע) gesprochen wird. Außerdem scheint Haman in 5,9b neben Mordechais Ehrverweigerung auch daran Anstoß zu nehmen, dass Mordechai im „Tor des Königs" (בשער המלך) ist, während dies in EstMT 3 nicht als Problem erwähnt wird. In 5,9b fehlt wiederum ein Hinweis auf die ethnische Dimension in Hamans Reaktion. Es scheint keine Rolle zu spielen, dass Mordechai ein Jude ist.[119]

Zudem hebt sich die gesamte Episode 5,9b–6,14 vom Makrokontext der Erzählung ab. Sie erzählt vom Plan Hamans, seiner Frau und seiner Freunde, Mordechai an einem Holz aufzuhängen. Dieser Plan schlägt fehl, und Haman muss Mordechai ehren (6,10–11). Dieser Handlungsabfolge fehlt jedweder Hinweis auf

---

117 Vgl. dazu die grundsätzlichen Überlegungen bei Wills, *Jew*, 153–181.

118 Bereits EstLXX 5,9 lässt die zweite Erwähnung von Mordechais Ehrverweigerung aus und sucht offenbar den Text dadurch zu glätten.

119 Dies wird erst in 5,13 in der von Hamans Frau vorgetragenen Deutung der Ereignisse erwähnt. Die dort verwendete Formulierung des Nichtgenügens (אין in Verbindung mit שוה) hat eine Parallele in der Rede Hamans zur Vernichtung aller Juden in 3,8, was darauf hindeuten könnte, 5,13 entstamme einer späteren Überarbeitung der Erzählung, die bereits den kollektiven Konflikt kennt.

den in der vorliegenden Form von EstMT bereits getroffenen Plan, alle Juden zu vernichten.[120] Das lässt die literarhistorische Vermutung zu, die Episode in EstMT 5–7 sei nicht gleichursprünglich mit EstMT 3 und dem dort beschriebenen Konflikt zwischen Haman, Mordechai und dem gesamten jüdischen Volk. Ich halte es deshalb in der Tat für denkbar, dass EstMT 5,9–6,14 bzw. das Gros der Kapitel 5–7 Teil eines älteren Erzählkerns bzw. einer Mordechai-Haman-Erzählung darstellt. Diese Vorform der Estererzählung wusste vermutlich nur von einem Konflikt am Hof zwischen Mordechai und Haman.[121] Sie dürfte zumindest eine kurze Einführung Mordechais (EstMT 2,4a) sowie den Bericht über den durch ihn aufgedeckten Mordkomplott am persischen Großkönig (2,21–23 ohne Hinweis auf Ester) enthalten haben. Nach seiner Erhöhung (3,1) verlässt Haman den Hof frohen Mutes, er gerät jedoch in Zorn über Mordechai, als dieser nicht vor ihm aufsteht (5,9). Zu Hause ersinnt er mit seinen Freunden und seiner Frau den Plan, Mordechai töten zu lassen (5,10–11.14). Der König erinnert sich jedoch in jener Nacht an Mordechais einstige Loyalität (6,1–2), weshalb er beschließt, ihn ausgerechnet durch Haman ehren zu lassen (6,3–11). Harbona, ein anderer Hofbeamter, informiert den König daraufhin darüber, dass Haman vorhatte, seinen „Retter" Mordechai aufhängen zu lassen. Unverzüglich ordnet der Regent deshalb die Exekution Hamans an; eben an dem Holz, das eigentlich für Mordechai bestimmt war (7,9–10). Eine historiographische Notiz wie die in EstMT 10,1–3 – in der die Errettung des Volkes der Juden ebenfalls nicht erwähnt wird – könnte als Abschluss einer solchen Erzählung fungiert haben.

Eine solche Hoferzählung dürfte ein weisheitliches Muster entfaltet haben, wonach der Hochmütige „in seine eigene Grube" fällt (Prov 26,27), während die weise und loyale Figur erhöht wird. Die Annahme der Eigenständigkeit eines solchen Erzählkerns ist insofern wahrscheinlich, als sich die entsprechenden

---

120 Auch der von Haman zur Legitimation des Vernichtungsplanes herangezogene Vorwurf der vermeintlichen Gesetzlosigkeit aller Juden findet in EstMT 5–7 keine Erwähnung (vgl. Wahl, *Esther*, 101). Weitere Auffälligkeiten lassen sich aufzählen: Z. B. wird in EstMT 2,19–21 in kurzem Abstand zweifach erwähnt, dass Mordechai „im Tor des Königs" saß. In 2,19–20 soll Mordechai offenbar (im Tor) Zeuge dafür sein, dass Ester seiner Anweisung folgt, ihre Volkszugehörigkeit zu verheimlichen. Ein weiterer Handlungsfortschritt ergibt sich aus dieser Sequenz nicht. Unmittelbar darauf wird zu Beginn der sog. „Eunuchenverschwörung" (2,21–23) erneut erwähnt, dass Mordechai „in jenen Tagen" im Tor des Königs saß. Ich halte es für wahrscheinlich, dass lediglich die zweite Passage zum genuinen Erzählbestand gehörte (vgl. Wills, *Jew*, 162). Sie ist die Voraussetzung für Hamans Zorn in 5,9, wobei erneut erwähnt wird, dass Mordechai im Tor des Königs sitzt. Schließlich steht die Ehrung Mordechais in 6,10–11 durch den König in gewisser Spannung zu 8,1–2, wo erneut von einer Erhöhung Mordechais die Rede ist.
121 Vgl. Lebram, *Purimfest*, 214–216 sowie Clines, *Scroll*, 123 und Wills, *Jew*, 248–267 für alternative Rekonstruktionen einer Mordechai-Quelle.

Abschnitte vergleichsweise leicht als zusammenhängende Handlungsfolge lesen lassen. Sie sind auch ohne die Perspektive von kollektiven, gegen das Volk der Juden gerichteten Pläne gut verständlich. Eine in sich abgeschlossene, lediglich auf Ester und die Bedrohung ihres Volkes konzentrierte „Erzählquelle", die nicht auf dem Konflikt zwischen Haman und Mordechai aufbaut, lässt sich hingegen nicht ausmachen.[122] All das legt die Vermutung nahe, dass Hamans Plan zur Vernichtung des gesamten jüdischen Volkes ein gegenüber einer älteren Erzählform sekundäres Motiv darstellt.[123] Bis auf die beiden im Folgenden vorzustellenden Ausnahmen gehe ich dabei davon aus, dass die masoretische Gestalt des dritten Kapitels der Estererzählung eine jüngere, aber einheitliche Passage darstellt, die die Ausweitung des Konflikts zwischen Mordechai und Haman auf das jüdische Volk voraussetzt.

Die erste Stelle betrifft keinen literarkritischen, sondern einen textkritischen bzw. traditionsgeschichtlichen Aspekt, nämlich die genealogische Verortung Hamans. Dieser wird in EstMT 3,1 als „Haman, Sohn des Hammedata, des Agagiters" eingeführt (המן בן המדתא האגגי). Insgesamt fünfmal wird Haman in EstMT als Agagiter bezeichnet (3,1.10; 8,3.5; 9,24). Für die Interpretation des gewaltvollen Konflikts der Estererzählung spielt diese Notiz eine zentrale Rolle: Die hinter dieser Zuschreibung zu erkennende Referenz auf Agag, der nach 1 Sam 15 König der Amalekiter war, weckt Erinnerungen an die Tradition von Amalek als „Erzfeind" Israels (vgl. besonders Ex 17; Num 24,7; Dtn 25,17.19; 1 Sam 15). Die jeweils doppelte Erwähnung des Namens Agags in den beiden Kapiteln EstMT 3 und 8,

---

122 Das spricht gegen Vorschläge, die in den auf Ester und dem jüdischen Volk fokussierten Textbestandteilen den ursprünglichen Erzählbestand sehen, vgl. Lebram, *Purimfest*, 211–216 und in Ansätzen Ego, *Ester*, 47–49.

123 Es lässt sich somit vermuten, dass das Motiv der Ehrverweigerung Mordechais vor Haman aus EstMT 5,9 in das dritte Kapitel übernommen und der Plan Hamans kollektiviert wurde. Die Annahme, ein interpersoneller Konflikt sei sekundär um eine kollektive Dimension ausgeweitet worden, kann die Doppelung des Motivs der Ehrverweigerung bzw. die unterschiedliche Perspektive in den Plänen Hamans hinreichend erklären. Für die umgekehrte Annahme der späteren Einfügung des Planes Hamans (allein) gegen Mordechai fehlen hingegen überzeugende Gründe. Auch die Gleichursprünglichkeit beider Passagen ist mehr als fraglich. Wenn Haman nach EstMT 3 über Mordechai in Zorn gerät und deshalb plante, alle Juden mit ihm umzubringen, warum sollte Haman in Kapitel 5 erneut in Zorn geraten, diesmal aber nur Mordechai töten wollen? Das betrifft auch den Einzelfall des Vergleichs von EstMT 3,2.5 mit 5,9. Die hierzu vorgetragenen Erklärungsversuche sind wenig überzeugend. Zum Beispiel wurde vorgeschlagen, EstMT 5,9 beschreibe mit anderem Vokabular die „gesteigerte" Form der Weigerung Mordechais, auch nur prinzipiell für Haman aufzustehen oder ihn zu fürchten, vgl. z. B. Bardtke, *Esther*, 340–341 oder Bush, *Esther*, 417–418. Auch Wahl, *Esther* nimmt an, Haman sei lediglich zum „zweiten Mal erzürnt" (132).

in denen das Vernichtungs- sowie das Gegenedikt beschlossen werden, sowie das Summarium in 9,24 lassen Haman als paradigmatischen Feind der Juden erscheinen.[124]

Die mit dem Namen Agag einhergehende Vorstellung von Feindschaft ist allerdings vermutlich das Produkt einer späteren Bearbeitung des hebräischen Textes. Das gewichtigste Argument für diese Annahme ist der griechischen Überlieferung zu entnehmen: Weder EstLXX noch EstAT wissen um Hamans agagitische Abstammung. Dort wird Haman an entsprechender Stelle Βουγαῖος genannt,[125] was sich im Deutschen am besten mit „Prahlhans" wiedergeben lässt.[126] Es stellt sich unweigerlich die Frage, warum die griechische Überlieferung die Anspielung auf die Feindschaft Agags bzw. Amaleks nicht übernommen und durch den Beinamen „Prahlhans" ersetzt haben sollte. Sollten die griechischen Estertexte die traditionsgeschichtliche Erklärung für Hamans Handeln etwa übersehen oder gar bewusst ausgelassen haben?[127] Beides ist wenig wahrscheinlich.

Die plausibelste und einfachste Erklärung für die Unterschiede zwischen Hamans Abstammung in der hebräischen und griechischen Esterüberlieferung hat Jean-Daniel Macchi vorgetragen. Er schlägt vor, in der griechischen Variante des Beinamens Hamans die gegenüber EstMT ältere Lesart zu erkennen. Er merkt dazu an, dass sich die Bezeichnung Βουγαῖος kaum aus einer hebräischen Vorlage ableiten lässt, die ursprünglich „Agagiter" gelesen habe.[128] Er vermutet stattdessen hinter Βουγαῖος die Übersetzung eines Derivats von גאה („stolz/hochmütig sein");[129] die ursprüngliche Form von Hamans Beinamen habe הגאי, „der Stolze" bzw. „Hochmütige", gelautet. Erst nach der Übersetzung ins Griechische, also innerhalb der hebräischen Überlieferung sei der Konsonantenbestand von

---

124 Bereits bei Josephus, *Ant.* 11,209 wird Haman als „ein geborener Amalekiter" bezeichnet, und auch in den Targumim wird er mit Amalek in Verbindung gebracht, vgl. Ego, *Targum*, 40–42.

125 EstLXX 3,1 (vgl. A 17; 8,12, 9,10) kennt wie der hebräische Text Haman als Sohn eines „Hamadatos" bzw. „Hammedata" (Αμαν Αμαδάθου Βουγαῖον). An anderen Stellen fehlt seine genealogische Verortung in Gänze (vgl. EstLXX 8,5), lediglich in 8,12 wird er als „Makedone" eingeführt.

126 Vgl. LSJ, Art. „βουγάϊος", 324 mit der Übersetzung „bully, braggart" (vgl. auch die Übersetzung in der Septuaginta Deutsch mit „Prahlhans"). Diese Deutung des Beinamens Hamans erscheint mir erheblich plausibler als der von Jobes, *Alpha-text*, 124–128 eingebrachte Vorschlag, hinter „Bougaios" eine Anspielung an den Namen „Bagoas" bzw. „Bagoses" zu erkennen. Diese Figur war nach Josephus ein persischer General, der u. a. in einen Komplott um das Hohepriesteramt verwickelt war (*Ant.* 11,297–301) und versucht haben soll, König Artaxerxes III. zu ermorden.

127 So Kossmann, *Esthernovelle*, 362–363.

128 Andere Herleitungen des griechischen Eigennamens bringen mehr Probleme mit sich, als sie zu lösen versuchen. Vgl. dazu die Übersicht bei Macchi, *Haman*, 205–207.

129 Vgl. Macchi, *Ester*, 159–162 sowie ausführlich Macchi, *Haman*. Vialle, *Analyse*, 286–289 nahm Macchis Vorschlag auf.

הגאי zu האגגי (vgl. EstMT 3,1) geändert worden. Macchi vermutet aufgrund der Ähnlichkeit der beiden Wörter einen Abschreibfehler hinter dieser Änderung.[130] Ich halte allerdings auch einen bewussten Eingriff in den Konsonantentext für denkbar. Die Bezeichnung Hamans als „Agagiter" trägt nämlich einen auf der Erzähloberfläche kaum auszumachenden Grund für den Hass Hamans auf das gesamte Volk der Juden nach. Durch einen kleinen Eingriff in den Konsonantenbestand des hebräischen Textes wird Haman zu einem Nachkommen Agags, des Königs des Volkes der Amalekiter (1 Sam 15,8). Da dieses Volk nach 1 Sam 15 von Saul und den Israeliten getötet wurde, hätte Haman als später Nachfahre der Amalekiter – „Agagiter" gibt es im Alten Testament sonst nirgends – allen Grund, sich am Volk der Juden zu rächen.

Mit dieser Textänderung lässt sich Hamans Plan also vor dem traditionsgeschichtlichen Hintergrund der Feindschaft Israels mit Amalek lesen. Dem ursprünglichen Konsonantenbestand zufolge dürfte Haman hingegen ein Hochmütiger gewesen sein, dem sein Tun nach weisheitlicher Tradition vergolten wird. Diese Annahme fügt sich gut in die literarhistorische Vermutung, ein älterer Erzählkern habe lediglich von einem weisheitlich ausgerichteten Konflikt der beiden Hofbeamten gewusst, den der gerechte und loyale Mordechai für sich entscheidet. Auch in der um den kollektiven Konflikt erweiterten Form der Estererzählung wäre Haman jedoch noch kein Agagiter gewesen. Erst nach der Übersetzung der Erzählung ins Griechische dürfte Hamans neue Abstammung als Form einer Paradigmatisierung des Konflikts zwischen den Juden und Haman in den Text gelangt sein. Wie ich weiter unten darlegen werde, spielt der Konflikt Israels mit Amalek jedenfalls in vorliegender Form von EstMT keine tragende Rolle für den gewaltsamen Konflikt der hebräischen Estererzählung, was weiter für den sekundären Charakter dieses Beinamens spricht.[131]

Eine zweite Besonderheit des dritten Kapitels liegt mit EstMT 3,7 vor. Der Vers beschreibt die Auslosung des Vernichtungstermins.

בחדש הראשון הוא חדש ניסן בשנת שתים עשרה למלך אחשורוש הפיל פור הוא הגורל לפני המן
מיום ליום ומחדש לחדש שנים עשר הוא חדש אדר:

> Im ersten Monat, das ist der Monat Nisan, im zwölften Jahr des Königs Ahasveros, warf man vor Haman das Pur, das ist das Los, Tag für Tag und Monat für Monat; zwölf, das ist der Monat Adar. (EstMT 3,7)

---

130 Vgl. Macchi, *Haman*, 209.
131 Siehe Kapitel 3.2.3.3.

Wie oft erkannt wurde, fehlt diesem Vers eine genaue Datums- bzw. Tagesangabe.[132] Er eignet sich deshalb kaum zur Vorbereitung von EstMT 3,13, wo die geplante Vernichtung der Juden am 13. Adar erwähnt wird. Zudem unterbricht EstMT 3,7 den Erzählzusammenhang zwischen Hamans Beschluss (3,6) und seiner Rede vor dem König (3,8). Der Losentscheid findet statt, bevor Haman überhaupt die königliche Genehmigung zur Tötung aller Juden erhalten hat.[133] Der Vers wird deshalb zu Recht in nahezu allen Studien als Glosse eingestuft.[134] Ihm wird die Funktion zugeschrieben, dem Festnamen „Purim" eine hebräische Ätiologie zu verschaffen bzw. diese bereits im dritten Kapitel einzutragen, indem das vor Haman geworfene Los als „Pur" identifiziert wird. Der Vers dürfte auf einer Stufe mit EstMT 9,24 liegen bzw. diese Notiz voraussetzen, da dort ebenfalls ein Loswerfen erwähnt wird.

Von Hamans agagitischer Abstammung und der Glosse EstMT 3,7 abgesehen, macht das dritte Kapitel der hebräischen Estererzählung einen in sich geschlossenen Eindruck. Die Kapitel 4–7 erzählen anschließend von Hamans Niedergang und davon, wie Ester und Mordechai seine Hinrichtung erwirken können. Erst mit EstMT 8 erscheint eine neue Perspektive zur Bewältigung der Krise: Die Juden erhalten vom persischen König die Erlaubnis, für das Überleben ihres Volkes kämpfen zu dürfen.

2.3.2 EstMT 8: Die Erhöhung Mordechais und das jüdische Gegenedikt

Dem achten Kapitel der hebräischen Estererzählung kommt eine entscheidende Scharnierfunktion zu. Der Vernichtungsplan Hamans ist weiter in Kraft, die Juden suchen einen Weg aus der Situation. Ein Gegenedikt ermöglicht es ihnen,

---

132 Zur textkritischen Diskussion vgl. Ego, *Ester*, 191 und Macchi, *Ester*, 156. Der Vorschlag der BHQ, lediglich לחדש zu ergänzen, ist zwar möglich, aber eher unwahrscheinlich: Nach dem Werfen des Loses „von Monat zu Monat" und „von Tag zu Tag" ist tendenziell eher zu erwarten, dass auch eine Tagesangabe folgt.
133 Die griechischen Versionen scheinen das Problem erkannt zu haben und bieten eigene „Lösungen": EstLXX 3,7 komponiert für die Szene eine eigene Einleitung mit καὶ ἐποίησεν ψήφισμα („und er machte einen Beschluss"). Dadurch wird das Loswerfen besser in den Kontext eingebunden. EstAT 3 hingegen stellt die Abfolge der Ereignisse um, wodurch 3,7 erst nach 3,10 erscheint, was den Text ebenfalls glättet, da Haman nun erst nach der Erlaubnis des Königs den Termin bestimmt.
134 Vgl. z. B. Dorothy, *Books*, 321; Fox, *Redaction*, 140 Meinhold, *Esther*, 13 oder Ego, *Ester*, 42. Macchi, *Ester*, 174 geht davon aus, dass in einer vormasoretischen Textform der 13. *Nisan* (vgl. EstAT 3,7, wo allerdings vom „Adar-Nisan" die Rede ist) von Haman gelost wurde. Lediglich Bardtke, *Esther*, 243–244 zählt EstMT 3,7 zum Grundbestand von EstMT 3.

sich gegen mögliche Feinde zur Wehr zu setzen und diese zu töten. Damit blickt das achte Kapitel der hebräischen Estererzählung bereits auf das neunte Kapitel voraus, worin vom Kampf der Juden gegen ihre Feinde erzählt wird. Dennoch vermuten zahlreiche Auslegerinnen und Ausleger, EstMT 9,1–16 sei gegenüber 8,1–17 ein späterer Anhang.[135] Als Grund wird vor allem angeführt, dass mit EstMT 8,17 ein harmonischer Abschluss und mit 9,1 ein unerwarteter Neueinsatz vorliege. Hinzu kommt der Seitenblick auf EstAT 7 als vermeintlicher Zeuge einer älteren Erzählfassung, der das in EstMT 8,8 entfaltete Motiv der Unaufhebbarkeit von Hamans Vernichtungsbeschluss noch nicht kannte. So wird damit gerechnet, dass Hamans Edikt in einer älteren Form von EstMT 8 (wie in EstAT) annulliert werden konnte, weshalb mit der Erhöhung Mordechais in EstMT 8,15–17 der ursprüngliche Abschluss der Estererzählung vorliege. Da der griechische Kurztext von EstAT 7 nach meiner Analyse von EstLXX 8–9 abhängt und somit kein Zeuge einer Erzählfassung sein kann, die älter ist als EstMT, muss die literarhistorische Untersuchung von EstMT 8–9 allein auf Grundlage des hebräischen Textes geleistet werden. Es ist dabei zum einen zu prüfen, wie sich das achte zum neunten Kapitel verhält. Zum anderen muss geklärt werden, ob sich im achten Kapitel noch Spuren eines älteren Erzählschlusses ausmachen lassen, nach welchem der Konflikt ohne einen Kampf der Juden gegen ihre Feinde bzw. mit der Rücknahme von Hamans Edikt aufgelöst werden konnte.

Bereits die ersten Verse von EstMT 8 sind auffällig. Die Regelung des „Nachlasses" von Haman in EstMT 8,1–2 verläuft wenig flüssig.

בְּיּוֹם הַהוּא נָתַן הַמֶּלֶךְ אֲחַשְׁוֵרוֹשׁ לְאֶסְתֵּר הַמַּלְכָּה אֶת בֵּית הָמָן צֹרֵר הַיְּהוּדִיִּים וּמָרְדֳּכַי בָּא לִפְנֵי
הַמֶּלֶךְ כִּי הִגִּידָה אֶסְתֵּר מַה הוּא לָהּ: ²וַיָּסַר הַמֶּלֶךְ אֶת טַבַּעְתּוֹ אֲשֶׁר הֶעֱבִיר מֵהָמָן וַיִּתְּנָהּ לְמָרְדֳּכָי
וַתָּשֶׂם אֶסְתֵּר אֶת מָרְדֳּכַי עַל בֵּית הָמָן:

> [1]An jenem Tag übergab der König Ahasveros der Königin Ester das Haus Hamans, des Bedrängers der Juden. Und Mordechai kam vor den König, denn Ester hatte ihm mitgeteilt, was er für sie war. [2]Und der König zog seinen Siegelring ab, den er Haman weggenommen hatte, und übergab ihn Mordechai. Und Ester setzte Mordechai über das Haus Hamans ein. (EstMT 8,1–2)

Nachdem sich Ester erfolgreich in EstMT 7 für die Aufdeckung der Pläne Hamans – und indirekt für dessen Hinrichtung – eingesetzt hatte, folgt in 8,1–2 eine recht komplizierte Abfolge von Handlungen, die den Besitz Hamans im Blick hat. Zunächst erhält Ester vom König das Haus Hamans, daraufhin kann Mor-

---

135 Vgl. Clines, *Scroll*, 64; Dorothy, *Books*, 195; Kossmann, *Esthernovelle*, 342; Wahl, *Esther*, 175; Ego, *Ester*, 41 oder jüngst Mapfeka, *Diaspora*, 16.

dechai vor den König kommen, weil Ester diesen über ihre Verwandtschaft mit Mordechai informiert hatte. Dort angekommen erhält Mordechai den Siegelring vom König, den dieser von Haman genommen hatte. Abschließend wird Mordechai von Ester mit dem Besitz Hamans betraut. Diese Handlungsfolge erscheint auf den ersten Blick sperrig. Sie ist vermutlich nicht aus einem Guss. Vor allem die Rolle Esters scheint sehr funktional. Dass sie den König über ihr Verhältnis zu Mordechai informieren muss, um ihm den Weg an den Hof zu ermöglichen, steht zudem in gewisser Spannung zu EstMT 6,10, wo der König sehr wohl wusste, dass er „Mordechai den Juden" (למרדכי היהודי) ehren ließ. Unter der Annahme, EstMT ging einst eine Erzählfassung voraus, die allein auf Mordechai und seine Erhöhung fokussiert war, lässt sich vermuten, dass Ester sekundär als Handelnde in diese Passage kam. In der älteren Textgestalt dürfte die Erhöhung Mordechais allein auf den persischen König zurückgegangen sein. Auch der Verweis auf Mordechais jüdische Identität – ein zentrales Element zur Ausweitung des Planes Hamans in EstMT 3– dürfte nicht zur älteren Form der Estererzählung gehören. So lässt sich die Spannung zwischen EstMT 6,10 und 8,2 plausibel erklären.

Zusätzlich zu diesen Beobachtungen fällt ein problematischer Übergang von EstMT 8,2 zu V. 3 auf. Während zu erwarten wäre, dass Mordechai die neu erhaltene Autorität zum Wohl der Juden nutzt, folgt mit 8,3 recht unvermittelt eine Rede Esters.[136] Diese wird mit ותוסף („und sie fuhr fort") eingeleitet, wodurch ein Bruch entsteht. Das Verb führt eine neue, zusätzliche Aktion Esters ein.[137] „Ester fuhr fort, vor dem König zu sprechen" (ותוסף אסתר ותדבר לפני המלך), obwohl sie zuvor gar nicht (wie zuletzt in 7,3–6) mit dem König gesprochen hatte. Dieser Bruch fällt mit einer thematischen Verbindung zwischen EstMT 8,1–2.15 zusammen: Nach der Veröffentlichung des jüdischen Gegenedikts geht Mordechai in 8,15 von seinem Platz „vor dem König" (ומרדכי יצא מלפני המלך) heraus, wohin er nach 8,1bα (מרדכי בא לפני המלך) gekommen war. Hintereinander gelesen ergibt sich eine weitaus flüssigere Handlungsabfolge, als sie im vorliegenden Text gegeben ist:

> *Und Mordechai kam vor den König,* [...] und der König zog seinen Siegelring ab, den er Haman weggenommen hatte, und übergab ihn Mordechai. [...] Und *Mordechai ging hinaus vor dem König* in königlichem Gewand – Purpurblau und Weiß – mit einer großen Krone aus Gold und mit einem Mantel aus Byssus und Purpurrot. (EstMT 8,1–2.15a*)

---

136 Vgl. bereits Paton, *Esther*, 269: „It is hard to see why this was necessary, now that Mordecai was grand vizier and could bring all matters before the king."

137 Vgl. Kossmann, *Esthernovelle*, 313 und Wills, *Jew*, 181. Anders: De Troyer, *End*, 100 und Macchi, *Ester*, 262.

Wie verhalten sich diese Beobachtungen zu der im vorangehenden Kapitel aufgestellten Vermutung der Existenz einer älteren, nicht auf die Vernichtung der
Juden angelegten Vorform der Erzählung? Meines Erachtens können die Vv.
8,1–2.15a* noch zu dieser Hoferzählung gezählt werden, die im Anschluss an die
Hinrichtung Hamans von der Erhöhung Mordechais erzählen.[138] Dagegen verstehe ich die Passage 8,3–14 als sekundäre Ergänzung, die ein jüdisches Gegenedikt einführt und damit zugleich die Kämpfe in 9,1–16 vorbereitet. Die etwas
sperrige Passage der Übergabe des Besitzes Hamans durch Ester in 8,1–2 könnte
dann auch die Funktion haben, Esters Rolle zu verstärken, um ihren Einsatz für
ein Gegenschreiben (8,3–8) sowie ihre Fähigkeit zur Interaktion mit dem persischen König in Kapitel 9 vorzubereiten (9,11–15; 29–32). In jedem Fall scheint mir
unwahrscheinlich anzunehmen, dass eine ältere Erzählung ihr abruptes Ende mit
der Notiz über Hamans Hinrichtung gefunden hat. Es ist in Analogie zu anderen
Aufstiegs- und Hoferzählungen im Alten Testament (vgl. z. B. Gen 41,41–45; Dan
2,48–49; 3,30; 5,29) zu vermuten, dass eine wie auch immer geartete Erhöhung
Mordechais erwähnt wird. Eine solche liegt in EstMT 8 in den beiden Teilen 8,1–2*
und 15a vor und könnte womöglich zusammen mit 10,1–3 den Abschluss einer
älteren Hoferzählung gebildet haben.[139]

Die darauffolgende Passage EstMT 8,3–17 setzt den Plan Hamans zur Vernichtung der Juden (3,8–15) eindeutig voraus. Es finden sich mehrere Bezüge
zwischen den Passagen, und auch strukturell sind beide Episoden analog auf-
gebaut.[140] Im Vergleich zum Bericht von Hamans Plan aus dem dritten Kapitel
kommt dem Abschnitt 8,9–14 ein deutliches Achtergewicht zu. Neben kleineren Variationen werden mehrere die Juden als Adressaten betreffende Details
wie z. B. deren „Schrift und Sprache" (8,9: וכלשונם ככתבם) hinzugefügt. Zudem
weisen einige Elemente, allen voran der Plan der Juden, sich zu versammeln, alle
Angreifer „auszurotten, zu töten und zu vernichten" (ולאבד ולהרג להשמיד in 8,11,
vgl. 3,13) und „sich an ihren Feinden zu rächen" (מאיביהם להנקם in 8,13), eindeutig auf den Kampfbericht im neunten Kapitel voraus. Die Passage fungiert also als
Scharnier zum neunten Kapitel. Es führt unter Bezugnahme auf die Terminolo-

---

138 Ähnlich bereits Haag, *Zeitalter*, 123–124.
139 Über den literarhistorischen Ort von EstMT 10,1–3 ist schwer zu urteilen. Alle Optionen werden diskutiert. Festzuhalten ist jedenfalls, dass sich bis auf die umgekehrte Reihenfolge „der
Könige der Meder und Perser" (10,2bβ im Vergleich mit 1,3.14.18.19) kaum literarkritische Gründe
für den sekundären Charakter der Passage anführen lassen. Vgl. Ego, *Ester*, 423–424. Wills, *Jew*,
170.179, hält 10,1–3 für den ursprünglichen Abschluss einer Mordechai-Quelle. Die bedrohliche
Situation des jüdischen Volkes, die zuvor für ihr Überleben kämpfen mussten, ist hier jedenfalls
nicht im Blick.
140 Vgl. zur Übersicht Ego, *Ester*, 348–353.

gie von Hamans Vernichtungsplan die Absicht zur kollektiven Verteidigung und Vergeltung der Juden ein. EstMT 9 ist dadurch inhaltlich eng an Kapitel 8 rückgebunden, was bereits auf den ersten Blick gegen die in der Auslegung etablierte Hypothese spricht, die Estererzählung habe ohne einen Kampfbericht geendet. Lässt sich die Vermutung, die Darstellung der Kampfhandlungen in Kapitel 9 sei ein späterer Zusatz, dann überhaupt halten?[141] Der Blick auf den letzten Vers des achten Kapitels wird zeigen, dass diese Vermutung wenig für sich hat.

2.3.3 EstMT 8,17: Abschluss einer älteren Estererzählung?

EstMT 8,17 wurde in literarhistorisch ausgerichteten Arbeiten mehrfach als Schlussvers einer vermeintlich älteren Form der Estererzählung interpretiert. Diese hätte zwar ein Gegenedikt erwähnt, zur Ausübung der jüdischen Vergeltung wäre es aber nie gekommen. In EstMT 8,15–17 liegt der Fokus zunächst auf Mordechai:

15 וּמָרְדֳּכַי יָצָא מִלִּפְנֵי הַמֶּלֶךְ בִּלְבוּשׁ מַלְכוּת תְּכֵלֶת וָחוּר וַעֲטֶרֶת זָהָב גְּדוֹלָה וְתַכְרִיךְ בּוּץ וְאַרְגָּמָן וְהָעִיר שׁוּשָׁן צָהֲלָה וְשָׂמֵחָה: 16 לַיְּהוּדִים הָיְתָה אוֹרָה וְשִׂמְחָה וְשָׂשֹׂן וִיקָר: 17 וּבְכָל מְדִינָה וּמְדִינָה וּבְכָל עִיר וָעִיר מְקוֹם אֲשֶׁר דְּבַר הַמֶּלֶךְ וְדָתוֹ מַגִּיעַ שִׂמְחָה וְשָׂשֹׂן לַיְּהוּדִים מִשְׁתֶּה וְיוֹם טוֹב וְרַבִּים מֵעַמֵּי הָאָרֶץ מִתְיַהֲדִים כִּי נָפַל פַּחַד הַיְּהוּדִים עֲלֵיהֶם:

> [15] Und Mordechai ging hinaus vor dem König in königlichem Gewand – Purpurblau und Weiß – mit einer großen Krone aus Gold und mit einem Mantel aus Byssus und Purpurrot. Die Stadt Susa aber jauchzte und freute sich. [16] Für die Juden war Licht und Freude, Jubel und Ansehen. [17] Und in jeder einzelnen Provinz und in jeder einzelnen Stadt, an jedem Ort, wo das Wort des Königs und sein Gesetz veröffentlicht wurden, war Freude und Jubel für die Juden, ein Festmahl und ein Festtag. Und viele von den Völkern des Landes verhielten sich wie Juden,[142] denn die Furcht vor den Juden war auf sie gefallen. (EstMT 8,15–17)

Diese Passage markiert zweifellos einen gewissen Abschluss. Mordechai wird erhöht, die Juden freuen sich. Clines und andere vermuteten deshalb, die Sequenz 8,15–17 sei „expressly designed as the conclusion to the tale."[143] Die drei Verse

---

141 Vgl. z. B. jüngst Mapfeka, *Diaspora*, 17: „The massacre that constitute Esther 9 are so unnecessary and have no justifiable link to the core of the story."
142 Zur Übersetzung von מתיהדים vgl. Kapitel 3.3.1.3.
143 Clines, *Scroll*, 64. Ego, *Ester*, 41 modifiziert diese Annahme, indem sie zum möglichen älteren Bestand von 8,17 ergänzt: „[…] vielleicht noch ohne das Proselytenmotiv und die Vorstellung vom ‚Schrecken'" (42), wobei sie nach masoretischer Verszählung lediglich 8,17a als Schlussvers ansieht.

werden dementsprechend als die die Erzählung abschließende Notiz behandelt, während zu 9,1 Brüche vorlägen.

Meines Erachtens gilt es hier jedoch zu differenzieren: Die Schilderung der Reaktion auf Mordechais Auftreten in den Vv. 15–16 lässt sich in der Tat plausibel als Abschluss eines Mordechai-Erzählfadens lesen.[144] V. 17 eignet sich dazu jedoch kaum. Er scheint andere Funktionen zu haben. Der Vers steht einerseits in gewisser Spannung zum Vorangehenden und weist andererseits deutlich über das achte Kapitel voraus.

Zur Abgrenzung nach vorne: Herrschte bereits in V. 16 jüdische „Freude und Jubel" (שִׂמְחָה וְשָׂשֹׂן), wiederholt sich das Motiv auffälligerweise in V. 17 mit identischem Objekt (לַיְּהוּדִים). Der erste Versteil 17a ist zudem durch das Motiv des „Gesetzes" (דת) an die (womöglich sekundär eingeschaltete) Szene vom Erlass des jüdischen Gegenschreibens in 8,9–14 rückgebunden, welches als „Gesetz" in allen Provinzen veröffentlicht wurde (vgl. 8,13).[145] Nach hinten fungiert 8,17 gleichsam als Überleitung zum neunten Kapitel. Das Motiv des „Festtages" (יוֹם טוֹב) in EstMT 8,17a scheint bereits die Einsetzung des Purimfestes (יוֹם טוֹב in 9,19a.22a) im neunten Kapitel vorzubereiten. Auch findet sich das Motiv des „Festmahls" (מִשְׁתֶּה) neben 8,17 prominent in der Schilderung der Purimfeier in 9,17–19.22.[146] Die deutlichste inhaltliche Verbindung zwischen beiden Kapiteln entsteht jedoch durch das Motiv der „Furcht vor den Juden" (פַּחַד הַיְּהוּדִים). Diese Vorstellung steht zunächst in Spannung zum Vorangehenden, lag der Fokus von 8,15–17a doch auf einem rundum glücklichen Zustand. Schon Helmer Ringgren stellte mit Blick auf diesen Übergang fest: „Die Stimmung im Volke wechselt schnell."[147] Durch die Erwähnung der Furcht, die die Völker befällt, entsteht in 8,17 ein emotionaler Kontrast zur Freude unter den Juden. Clines wertete dies als literarkritischen Bruch zwischen 8,17 und 9,1 aus: Ein in 9,1 ansetzender Redaktor habe mit nur mäßigem Erfolg und unter Wiederaufnahme des Begriffs פחד versucht, an 8,17 anzuschließen.[148] Einziges Argument hierfür ist allerdings seine Behauptung, das in 9,2 und 9,3 erneut erwähnte Motiv פחד würde im neunten Kapitel eine andere Bedeutung haben als im achten. So drücke die Wendung

---

144 EstMT 8,15b steht der Reaktion der Stadt Susa auf den Vernichtungsbeschluss in 3,15 nahe, weshalb 8,15b mit 3,15 gleichursprünglich sein dürfte.

145 Die Erwähnung der Freude in allen Provinzen in EstMT 8,17 erinnert zudem an 8,9.13 (sowie an 9,28), die Erwähnung der „Städte" (וּבְכָל עִיר וָעִיר) an 8,11. Der Blick auf die „Völker" (עַמֵּי הָאָרֶץ) in 8,17b steht schließlich in Nähe zu 8,13 (vgl. 8,9.11).

146 Vgl. EstMT 3,15; 4,3. Vgl. dazu Clines, *Scroll*, 299; Fox, *Redaction*, 58; Loader, *Ester*, 246 und Wills, *Jew*, 163.

147 Ringgren, *Esther*, 140.

148 Vgl. Clines, *Scroll*, 40–42.

in 8,17 eine Form religiöser Ehrfurcht oder Bewunderung aus („religious awe"), während dasselbe Nomen in 9,2.3 die militärisch konnotierte Angst vor der jüdischen Überlegenheit bezeichne.[149] Die von Clines als „Konversion" (מתיהדים) interpretierte Handlung der Völker in 8,17 sei deshalb nicht aus Angst, sondern aus Bewunderung geschehen. Beide Annahmen lassen sich jedoch kaum halten. Der Begriff פחד erscheint dreimal hintereinander in identischer Funktion. Er bildet unterschiedliche Aspekte der Auswirkung der sich abzeichnenden jüdischen Überlegenheit auf Nichtjuden ab.[150] Ich verstehe den Begriff deshalb als ein das achte und neunte Kapitel verbindendes Element. V. 17 „hat offenbar die Ausführungen des folgenden Abschnitts (vgl. 9,1–4) im Blick".[151] Er ist als kompositioneller Brückenvers zum neunten Kapitel einzustufen.

Diese Beobachtungen sprechen zusätzlich gegen die in der Forschung etablierte Vermutung, die Kampfszenen des neunten Kapitels als sekundäre Fortschreibungen einzustufen. EstMT 8,1–17 dürften kaum den ursprünglichen Abschluss einer älteren Estererzählung darstellen. Es ist zwar gut möglich, dass eine ältere Hoferzählung mit einem Bericht über Mordechais Erhöhung und der frohen jüdischen Reaktion darauf endete; dass diese Version der Geschichte jedoch bereits die Motive des Gegenschreibens (8,3–14) oder der Furcht vor den Juden (8,17) enthielt, ist wenig wahrscheinlich. In vorliegender Form von EstMT verlangt die im Gegenedikt enthaltene Ankündigung einer jüdischen Vergeltung zwingend eine Fortsetzung. EstMT 8,17 beschreibt in vorliegender Form den Kontrast zwischen der Siegessicherheit der Juden und die Furcht der Völker vor dem anstehenden Kampf. EstMT 8 dürfte somit das Ergebnis einer umfassenden redaktionellen Überarbeitung einer älteren Hoferzählung darstellen, die von einem inhärenten Zusammenhang zwischen der Bedrohung des jüdischen Volkes und einem kollektiven Gegenschlag ausgeht.

2.3.4 EstMT 9,1–16: Die Kampfszenen

Im neunten Kapitel wird sodann erzählt, wie die Juden ihre Feinde in zweitägigen Kampfhandlungen vernichtend schlagen (EstMT 9,1–16) und anschließend

---

149 Vgl. Clines, *Scroll*, 40.
150 Dass die Furcht hier mit Mordechai in Verbindung steht, ist auffällig, nimmt aber das Motiv von Mordechais Größe aus 8,15–17 wieder auf. Die an Mordechais Größe interessierte Notiz 9,3b dürfte deshalb – anders als 9,4 – zum Kernbestand der Erzählung zählen; anders Ego, *Ester*, 48.
151 Haag, *Zeitalter*, 121. Vgl. ferner Fox, *Redaction*, 112 Loader, *Ester*, 215 und Ruiz-Ortiz, *Dynamics*, 196–197.

das Purimfest feiern (9,17–32).[152] Die Kampfszenen lassen sich in drei Abschnitte untergliedern:

9,1–5   Summarische Notiz über den Erfolg der Juden
9,6–10.16   Kämpfe in der Festung Susa und in den Provinzen am 13. Adar
9,11–15   Kämpfe in der Stadt Susa am 14. Adar

Wie bereits mehrfach erwähnt, sieht eine Forschungsmehrheit in EstMT 9 einen sekundären Anhang zu einer mit 8,17 endenden, weniger gewaltvollen Version der Estererzählung.[153] Die Hauptargumente dafür sind das Postulat von EstAT als Zeuge einer EstMT vorausgehenden Erzählfassung, die angeblich ohne jüdische Vergeltung endete, die vermeintliche Funktion von EstMT 8,17 als Abschluss einer älteren Erzählung sowie inhaltliche Spannungen zwischen EstMT 8 und 9. Nach der Überprüfung der ersten beiden Argumente bleibt nun noch der Übergang der beiden Kapitel zu untersuchen.

ובשנים עשר חדש הוא חדש אדר בשלושה עשר יום בו אשר הגיע דבר המלך ודתו להעשות ביום [1]
אשר שברו איבי היהודים לשלוט בהם ונהפוך הוא אשר ישלטו היהודים המה בשנאיהם: [2] נקהלו
היהודים בעריהם בכל מדינות המלך אחשורוש לשלח יד במבקשי רעתם ואיש לא עמד לפניהם כי
נפל פחדם על כל העמים: [3] וכל שרי המדינות והאחשדרפנים והפחות ועשי המלאכה אשר למלך
מנשאים את היהודים כי נפל פחד מרדכי עליהם: [4] כי גדול מרדכי בבית המלך ושמעו הולך בכל
המדינות כי האיש מרדכי הולך וגדול: [5] ויכו היהודים בכל איביהם מכת חרב והרג ואבדן ויעשו
בשנאיהם כרצונם: [6] ובשושן הבירה הרגו היהודים ואבד חמש מאות איש: [7] ואת פרשנדתא ואת
דלפון ואת אספתא: [8] ואת פורתא ואת אדליא ואת ארידתא: [9] ואת פרמשתא ואת אריסי ואת ארדי
ואת ויזתא: [10] עשרת בני המן בן המדתא צרר היהודים הרגו ובבזה לא שלחו את ידם: [11] ביום ההוא
בא מספר ההרוגים בשושן הבירה לפני המלך: [12] ויאמר המלך לאסתר המלכה בשושן הבירה הרגו
היהודים ואבד חמש מאות איש ואת עשרת בני המן בשאר מדינות המלך מה עשו ומה שאלתך
וינתן לך ומה בקשתך עוד ותעש: [13] ותאמר אסתר אם על המלך טוב ינתן גם מחר ליהודים אשר
בשושן לעשות כדת היום ואת עשרת בני המן יתלו על העץ: [14] ויאמר המלך להעשות כן ותנתן דת
בשושן ואת עשרת בני המן תלו: [15] ויקהלו היהודיים אשר בשושן גם ביום ארבעה עשר לחדש אדר
ויהרגו בשושן שלש מאות איש ובבזה לא שלחו את ידם: [16] ושאר היהודים אשר במדינות המלך
נקהלו ועמד על נפשם ונוח מאיביהם והרג בשנאיהם חמשה ושבעים אלף ובבזה לא שלחו את ידם:

> [1] Und im zwölften Monat, das ist der Monat Adar, an dessen dreizehnten Tag, an dem das Wort des Königs und sein Gesetz zur Ausführung kam, an dem Tag, an dem die Feinde der Juden hofften, sie zu überwältigen, da wandte sich dies, so dass sie, die Juden, ihre Hasser überwältigten. [2] Es versammelten sich die Juden in ihren Städten in allen Provinzen des Königs Ahasveros, um die Hand nach denen auszustrecken, die ihnen Böses suchten. Aber

---

152 Zur Analyse dieser Episode vgl. Kapitel 3.3.2.3.
153 Für den sekundären Charakter der gesamten Passage vgl. z. B. Levenson, *Esther*, 34 oder Wahl, *Esther*, 185–187. Mehrstufige Fortschreibungen nehmen z. B. Fried, *Ur-Text*, 55–56; Haag, *Zeitalter*, 123; Wahl, *Esther*, 6; Pakkala, *God's Word*, 348; Ego, *Ester*, 42 und Macchi, *Ester*, 321 an.

nicht einer bestand vor ihnen, denn die Furcht vor ihnen war auf alle Völker gefallen. ³ Und alle Obersten der Provinzen und die Satrapen und die Statthalter und diejenigen, die für den König Arbeit verrichten, unterstützten die Juden, denn die Furcht vor Mordechai war auf sie gefallen. ⁴ Denn groß war Mordechai im Haus des Königs und sein Ruf ging durch alle Provinzen; ja, der Mann Mordechai wurde immer größer. ⁵ Und die Juden schlugen alle ihre Feinde; Schwertschlag, Töten und Vernichtung. Und sie handelten an ihren Hassern nach ihrem Belieben. ⁶ Und in der Festung Susa töteten und vernichteten die Juden fünf-hundert Mann. ⁷ Und Parschandata und Dalfon und Aspata ⁸ und Porata und Adalja und Aridata ⁹ und Parmaschta und Arisai und Aridai und Wajesata, ¹⁰ die zehn Söhne Hamans, des Sohnes Hammedatas, des Bedrängers der Juden, töteten sie. Aber nach Plündergut streckten sie ihre Hand nicht aus. ¹¹ An jenem Tag kam die Anzahl der in der Festung Susa Getöteten vor den König. ¹² Da sprach der König zur Königin Ester: „In der Festung Susa haben die Juden getötet und fünfhundert Mann und zehn Söhne Hamans vernichtet. In den restlichen Provinzen des Königs, was haben sie [dort] getan? Und was ist deine Bitte? Und sie werde dir gegeben. Und was ist noch dein Wunsch? Und er werde dir erfüllt." ¹³ Da sprach Ester: „Wenn es dem König recht ist, werde auch morgen den Juden, die in Susa sind, gestattet, nach dem heutigen Gesetz zu handeln. Die zehn Söhne Hamans aber hänge man an dem Holz auf." ¹⁴ Da sprach der König, dass es so getan werde. Und man erließ ein Gesetz in Susa. Und die zehn Söhne Hamans hängte man auf. ¹⁵ Da versammelten sich die Juden, die in Susa waren, auch am vierzehnten Tag des Monats Adar. Und sie töteten in Susa dreihundert Mann, aber nach Plündergut streckten sie ihre Hand nicht aus. ¹⁶ Die restlichen Juden aber, die in den Provinzen des Königs waren, versammelten sich und standen für ihr Leben ein. Und sie ruhten vor ihren Feinden. Und sie töteten von ihren Hassern 75.000. Aber nach Plündergut streckten sie ihre Hand nicht aus. (EstMT 9,1–16)

Inhaltlich schließt die Passage EstMT 9,1–16 konsequent an das Vorherige an. Zudem werden mehrere Motive aus dem jüdischen Gegenedikt aus 8,11–13 wieder-aufgegriffen. Unter anderem zählen dazu die Nomen איב, דת und פחד, die Verben קהל, הרג, אבד (Nif.) und עמד sowie natürlich die Erwähnung des 13. Adar. EstMT 9,1–16 versteht sich zweifellos als Ausführung des zuvor veröffentlichten Gegen-edikts. In inhaltlicher und terminologischer Hinsicht besteht deshalb kein Anlass dazu, den Zusammenhang von EstMT 8 und 9 in Frage zu stellen. Richtig ist, dass der Erzählstil mit dem Einsatz von EstMT 9,1 wechselt.¹⁵⁴ Dies muss jedoch nicht für den sekundären Charakter der Szene sprechen, sondern das kann auch als erzählerisches bzw. dramaturgisches Element erklärt werden, denn mit 9,1–16 wird etwas im Handlungsverlauf von EstMT Neues beschrieben.¹⁵⁵ Erstmals tritt

---

154 Vgl. für eine Übersicht Vialle, *Analyse*, 56.
155 Allein die Notiz über den Ruhm und die Größe Mordechais in EstMT 9,4 fällt aus dem Erzähl-verlauf heraus. Der doppelte כי-Satz unterbricht den Fokus auf die Ausübung der jüdischen Ver-geltung und erklärt nachklappend zu 9,4 den außergewöhnlichen Umstand, dass alle persischen Eliten Mordechai fürchten und die Juden unterstützen. Möglicherweise ist dieser Vers sekundär in den Abschnitt gelangt. Dieser Verdacht könnte durch das Fehlen der Notiz in EstLXX bestärkt werden. EstMT 9,4 könnte mit der Absicht nachgetragen worden sein, den „Mann Mordechai"

das Volk der Juden als gemeinsam handelndes Subjekt auf, und die zuvor eingeführten Edikte treten nun in Kraft. Anders als es zu erwarten gewesen wäre, können die Juden ihre Gegner ohne Gegenwehr und ohne eigene Verluste vernichtend schlagen. Insofern drückt sich in dem Stilwechsel die Überzeugung aus, dass die Juden zu großer Macht gekommen sind und sie ihr Schicksal nunmehr selbst in der Hand haben. Der formale Wechsel mag ferner mit der ätiologischen Funktion der Passage erklärt werden, die ihren Höhepunkt in der Einsetzung des Purimfestes hat. Das neunte Kapitel erweist sich somit als kohärente Fortführung von EstMT 1–8.

Darüber hinaus präsentiert sich das neunte Kapitel als einheitlich. Eine literarkritische Abtrennung der Verse 9,11–15, die einen zweiten Kampftag schildern, ist unnötig.[156] Das Motiv der Doppelung, das sich hier erkennen lässt, ist ein fester Bestandteil der erzählerischen Gesamtanlage der hebräischen Estererzählung, die mit zwei Festen beginnt (1,2–4.5–8), im Mittelteil von zwei Festen weiß (5,1–8; 7,1–9) und konsequenterweise mit zwei Kampf- und Festtagen endet.[157] Ohne einen zweiten Kampftag kann es kein zweitägiges Purimfest geben.

(האיש מרדכי) an den „Mann Mose" (האיש משה) als paradigmatische Retterfigur anzugleichen. Vgl. Ex 11,3; 31,1.23; Num 12,3. Zur Parallelität Mordechais mit Mose vgl. Ruiz-Ortiz, *Dynamics*, 212 mit Bezug auf Gerleman, *Esther*, 11–23.

156 So jedoch z. B. Ego, *Ester*, 42, die hier eine „2. Purimerweiterung" ausmacht. Für die Einheitlichkeit der Passage votieren u. a. Bardtke, *Esther*, 396; Fox, *Redaction*, 110; Dommershausen, *Esther*, 119; Ruiz-Ortiz, *Dynamics*, 191 oder Ziemer, *Kritik*, 439. Vermeintliche „Spannungen" im Übergang von EstMT 9,10 zu 11 lassen sich jedenfalls auch ohne literarkritischen Eingriff erklären. Die Anordnung der Sequenz während der Beschreibung der ersten Kämpfe ist zunächst der örtlichen Abfolge der Ereignisse geschuldet. Nachdem zuvor in 9,6–10 in der Festung Susa gekämpft wurde, erfährt der König an seinem Wohnort von den Opferzahlen und tritt dort an Ester heran, um über das weitere Vorgehen zu beraten. Esters in 9,13 geäußerte Bitte, die Erlaubnis zum Kampf „in Susa" (בשושן) auf den nächsten Tag auszuweiten, bedeutet eine räumliche Erweiterung auf die *Stadt* Susa. Wie die Verse 4,8.16 zeigen, kann mit בשושן („Susa") auch die Stadt als Wohnort der Bevölkerung bezeichnet werden, vgl. Wahl, *Esther*, 186. Das erklärt die alternierende Wortwahl an dieser Stelle hinreichend. Die königliche Haltung als Unterstützer der Juden verwundert nach dem bereits zuvor einsetzenden Sinneswandel des Königs ebenfalls nicht mehr (vgl. EstMT 7–8). Ein weiteres Argument gegen die Annahme, 9,11–15 sei eine sekundäre Einfügung, ergibt sich mit Blick auf den weiteren Erzählverlauf: In 9,16–32 finden sich keine Hinweise auf eine alternative, möglicherweise ältere Fortsetzung der Erzählung, die nur einen Kampf- bzw. Festtag kannte. Dort ist durchweg von zwei Purimtagen die Rede.

157 Zum Festmahl als strukturgebendes Merkmal von EstMT vgl. Berg, *Motifs*, 31–33.106–113; Levenson, *Esther*, 5–6; Berman, *Two Days* und Macchi, *Ester*, 56. Über das mögliche Wachstum der Passage EstMT 9,20–28.29–32 ist schwer zu urteilen. Möglicherweise ist bereits 9,20 und der darin enthaltene Aufruf Mordechais, dass alle Juden den 14. *und* den 15. Adar als Purimtage feiern sollen, in der Absicht verfasst, die zwei unterschiedlichen Festtage miteinander zu harmonisie-

2.3.5 Literarhistorische Synthese zu EstMT

Die literarhistorische Analyse von EstMT macht deutlich, dass sich EstMT 8 und 9 nicht vom vorderen Buchteil abtrennen lassen. Die beiden Motive der Bedrohung des jüdischen Volkes durch Vernichtung sowie die jüdische Verteidigung und Vergeltung sind gleichursprüngliche, feste Bestandteile der hebräischen Estererzählung.

Als mögliche Vorstufe der masoretischen Erzählung kann allerdings eine Hoferzählung vermutet werden, in der das Schicksal des jüdischen Volkes in seiner Gesamtheit noch keine Rolle gespielt hat. Ein solcher Erzählkern lässt sich hinter dem persönlichen Konflikt zwischen Mordechai und Haman (2,5–6.21-23; 5,9-14; 6) vermuten, der sich in der vorliegenden Form von EstMT vom Rest der Erzählung abhebt und als eigenständiger Handlungsstrang gelesen werden kann. Möglicherweise endete eine solche Vorform mit der Hinrichtung Hamans sowie der Erhöhung Mordechais (7,7-10; 8,1–2.15a*; 10,1-3). Über das Alter dieser Hoferzählung lassen sich nur Vermutungen anstellen. Sowohl eine spätperserzeitliche oder eine frühhellenistische Abfassungszeit wäre denkbar.

Sollte die Annahme eines älteren Erzählkerns zutreffen, wäre EstMT jedenfalls das Ergebnis einer umfassenden Neugestaltung einer älteren Vorlage: Unter anderem wurde das Motiv der Weigerung Mordechais, vor Haman niederzufallen, ausgebaut und als Präzedenzfall gedeutet. Hamans Zorn gilt nun nicht allein dem Hofangestellten, sondern dem Volk Mordechais, den Juden. Dadurch wurde die Vorstellung einer Bedrohung jüdischen Lebens durch Gewalt massiv intensiviert und universalisiert. Nicht nur am persischen Hof, sondern überall, wo Juden leben, ist ihre Existenz bedroht. Im Zuge der ätiologischen Ausrichtung der Erzählung erfährt Hamans Plan auch eine exakte Datierung. Der 13. Adar wird zum Kerndatum der hebräischen Estererzählung: Der Tag der geplanten Vernichtung der Juden entspricht nun dem Tag der Vernichtung der Judenfeinde. Die wiederholt vorgetragene Annahme, die jüdischen Kampfhandlungen im neunten Kapitel der hebräischen Estererzählung seien gegenüber der Bedrohung durch Hamans Plan ein jüngerer Anhang, lässt sich nicht erhärten: Eine Estererzählung *mit* EstMT 3, aber *ohne* die Kapitel acht und neun hat es vermutlich nie gegeben. Es ist schon aus erzähltechnischen Gründen sehr unwahrscheinlich, dass die Erzählung einst mit dem Erlass eines Gegenediktes, aber ohne dessen Ausfüh-

---

ren bzw. synchronisieren, vgl. z. B. Meinhold, *Esther*, 89 oder Clines, *Esther*, 325. Die in 9,20–32 wahrnehmbare Redundanz könnte ferner gegen die Einheitlichkeit der Purimschreiben sprechen. Allerdings ist diese Annahme mit Blick auf die ätiologische, die bestehende Purimpraxis erklärende Ausrichtung der Episode nicht zwingend, vgl. Ziemer, *Kritik*, 439, Anm. 437.

rung endete.[158] Der Aufruf zur Vergeltung gegen das von Haman Geplante verlangt eine Fortsetzung.

Dieses Entstehungsmodell zu EstMT weist eine gewisse Ähnlichkeit mit entstehungsgeschichtlichen Modellen auf, die zum Danielbuch entwickelt wurden.[159] Auch im Falle dieser Tradition kann davon ausgegangen werden, dass am Anfang der Überlieferung Erzählungen von jüdischen Einzelfiguren am fremden Hof standen (Dan 1–6).[160] Wie EstMT sind auch die Hoferzählungen des Danielbuches nachträglich erweitert worden, wodurch das Buch insgesamt eine neue Struktur erhielt. Zumindest ist es sehr wahrscheinlich, dass der hintere Buchteil Dan 7 bzw. 8–12 jünger ist als die Kapitel 1–6.[161] Die Visionen und apokalyptischen Gesichte weisen zwar redaktionelle Verbindungen zu Dan 1–6 auf, unterscheiden sich aber der Form und dem Inhalt nach sichtlich vom vorderen Buchteil.[162] Natürlich ist EstMT dem Genre nach von Dan 7–12 grundverschieden. Während in EstMT in historiographisch anmutender Fiktion vom militärischen Erfolg der Juden über die Feinde erzählt wird, finden sich in Dan 7–12 räumliche und zeitliche Dimensionen überschreitende Visionen. Es lässt sich jedoch in beiden Traditionen eine grundsätzlich vergleichbare Entwicklung erkennen: Beide Bücher haben ihre Ursprünge in Erzählungen über Gefahren und Chancen jüdischer Existenz am fremden Hof. In ihren literarhistorisch späteren Buchteilen und Ergänzungen geraten sodann allerdings Konflikte in den Blick, die eine kollektive und stärker gewaltvolle Dimension mit sich bringen. Der hier vorgeschlagene Wachstumsprozess von EstMT gewinnt durch die Analogie mit der Danielüberlieferung an Plausibilität. Zugleich treten gerade in Bezug auf die unterschiedliche Bewertung jüdischer Gewaltanwendung auch markante Unterschiede ans Licht. Während Texte wie Dan 11,14–15.34 die Vorstellung einer jüdischen Beteiligung an Kämpfen zugunsten einer Hoffnung auf göttliches Eingreifen und Wirken in der Geschichte ablehnen und letztlich als erfolglos darstellen, betont das hebräische Esterbuch die Notwendigkeit eines gewaltsamen jüdischen Vorgehens. Das verweist bereits darauf, dass mit EstMT eine ganz eigene Stimme im Gewaltdiskurs der jüdischen Literatur wahrnehmbar wird (vgl. dazu auch die Überlegungen in Kapitel 5.2.1).

---

158 So jüngst treffend Ziemer, *Kritik*, 439: „Ein Esterbuch ohne Kap. 9, also ohne Einsetzung des Purimfestes, wäre darum ein Torso ohne Sitz im Leben [...]."
159 Für einen solchen Vergleich vgl. Wills, *Jew*, 1–23.
160 In ihrer weisheitlichen Prägung stehen sie dem Kern der Estererzählung wie auch der Joseferzählung (Gen 37–50) oder den Achiqarerzählungen nahe. Auch teilt das Danielbuch mit EstMT verschiedene Motive, wie z. B. die Erhöhung der Hauptfiguren (EstMT 8,1–2.15–16; Dan 5,29) oder die Bedeutung des persischen Gesetzes (EstMT 1,19; 8,8; Dan 6,9).
161 Zum mehrstufigen Wachstum von Dan 7–12 vgl. Kratz, *Visions*. Zur Möglichkeit, Dan 7 als Teil einer Dan 2–7 umfassenden Einheit zu sehen, vgl. Albertz, *Setting*, 178–179.
162 Vgl. Kratz, *Visions*, 95–98 zu Bezügen zwischen Dan 1–6 und 7.

2.4 Rück- und Ausblick

Die Verortung der Episoden, die von kollektiver Gewalt bzw. von Hamans Plan zur Vernichtung des jüdischen Volkes und von der kriegerischen Abwendung dieses Planes erzählen, spielt eine Schlüsselrolle in der bisherigen literar- und redaktionskritischen Forschung zum Esterbuch in hebräischer und griechischer Textgestalt. Die literarhistorische Fokussierung auf die Gewaltdarstellungen der Estererzählungen bietet somit einen vielversprechenden Zugang zur Neubewertung von Grundannahmen der historisch-kritischen Esterforschung. Meine Analyse hat sich vor allem kritisch mit der Mehrheitsposition auseinandergesetzt, die dafür votiert, die Kampfszenen am Ende der Erzählung als sekundäre, vermeintlich weniger authentische Zusätze zu verstehen. Es hat sich dabei gezeigt, dass beide Elemente der Gewaltdarstellung – die Bedrohung des jüdischen Volkes sowie die kriegerische Abwendung der Gefahr – in literarhistorischer und textpragmatischer Hinsicht integrale Bestandteile der ältesten, hebräischen Estererzählung darstellen. In dieser Hinsicht ist die These einer „gewaltfreien" Vorstufe der Estererzählung ebenso aufzugeben wie der damit einhergehende Versuch, dem Esterbuch das vermeintlich anstößige Element der Darstellung einer gewaltvollen jüdischen Vergeltungs- und Verteidigungsaktion zu nehmen. Während sich das von mir vorgetragene Modell in Bezug auf diese Schlussfolgerung deutlich von bisherigen Zugängen unterscheidet, lassen sich durch einen Fokus auf die Gewaltdarstellungen andere Annahmen der Auslegung in modifizierter Form aufnehmen und präzisieren.

Das betrifft zunächst die Frage nach einer möglichen Vorstufe der Erzählung. Meine Untersuchung kommt hier zu ähnlichen Schlüssen wie die bisherige Forschung: In ihren Ursprüngen dürfte die Estererzählung eine auf den individuellen Konflikt zwischen den beiden Hofbeamten Mordechai und Haman konzentrierte Erzählung gewesen sein. Bei der Lektüre des hebräischen Esterbuches fällt nämlich auf, dass sich ein Erzählfaden vom Rest des Textes abheben lässt, der nur von einem interpersonalen Konflikt zwischen Haman und Mordechai, aber noch nicht von der Bedrohung des gesamten jüdischen Volkes und dementsprechend auch nicht von der kriegerischen Vergeltung aller Juden (und vom Purimfest) handelte. In dieser Hinsicht erweist sich die kollektive Dimension des gewaltvollen Konflikts tatsächlich als ein sekundäres Element gegenüber einer älteren Hoferzählung. Dies betrifft jedoch nicht allein den Bericht über die jüdischen Kämpfe in EstMT 8–9, sondern auch das Motiv des Genozidplans in EstMT 3 sowie andere Teile der Erzählung. Zum Beispiel dürfte auch das erste Kapitel, das von der Bestrafung der persischen Königin Waschti erzählt, noch nicht Bestandteil der Mordechai-Haman-Erzählung gewesen sein. Offensichtlich wurde sie der Erzählung erst im Zuge der Umgestaltung der älteren Hoferzählung in eine am Schicksal des jüdischen Volkes interessierte Novelle vorangestellt. Ich werde deshalb in meiner Analyse auch der Frage nachgehen, welchen Beitrag EstMT 1 zum Verständnis der kollektiven Dimension bzw. der Ausweitung der Pläne Hamans zur Bestrafung des gesamten jüdischen Volkes leistet (Kapitel 3.2.1).

Meine Analyse hat außerdem gezeigt, dass die von Clines und anderen im achten Kapitel des hebräischen Esterbuches erkannten Spannungen in der Tat darauf hinweisen, dass besonders in diesem Abschnitt redaktionelle Überarbeitungen wahrscheinlich zu machen sind. Zwischen Mordechais Erhöhung in EstMT 8,1–2 und 8,15–16 wurde ein Bericht über die Verbreitung eines jüdischen Gegenedikts eingetragen, das Hamans Erlass aus EstMT 3 entgegenstellt wird und welches die Juden zur „Vergeltung" (נקם in EstMT 8,13) an ihren Feinden aufruft. Durch diesen Eingriff wird das neunte Kapitel, das vom Kampf der Juden gegen ihre Gegner und von der Einsetzung des Purimfestes erzählt, an den vorderen Buchteil angebunden. Die Ankündigung der Vergeltung und Verteidigung der Juden erfordert eine Umsetzung. Allerdings dürfte der letzte Vers des achten Kapitels, EstMT 8,17, anders als mehrheitlich angenommen nicht den Abschluss einer älteren Form der Erzählung dargestellt haben. Dieser Vers ist Bestandteil der umfassenden Überarbeitung der älteren Hoferzählung; er hat – insbesondere mit Blick auf das Motiv der „Furcht" (vgl. EstMT 9,2.3) – bereits die Kampfszenen im Blick und fungiert in vorliegender Form von EstMT als Scharnier zwischen EstMT 1–8 und 9,1–16.

Ferner bestätigen meine Beobachtungen Aspekte der bisherigen Forschung in Bezug auf das Verhältnis der Gewaltdarstellungen von EstMT und EstAT. Der z. B. von Fox, Kossmann und Macchi vorgelegten Interpretation des siebten Kapitels des Kurztextes ist in zwei Elementen zuzustimmen. Erstens steht dieses Kapitel dem Inhalt von EstMT/EstLXX grundsätzlich nahe. Zweitens weicht es jedoch in einem entscheidenden Aspekt von der Handlung der beiden Seitenzeugen ab: Anders als im Fall von EstMT/EstLXX 8 fehlt dem Kurztext die Vorstellung, Hamans Plan zur Vernichtung aller Juden sei unaufhebbar. Das siebte Kapitel von EstAT geht davon aus, dass Hamans Edikt erfolgreich annulliert werden kann. Das hat wiederum weitreichende Folgen in Bezug auf den Abschluss der Erzählung: Ester bittet den König darum, die Feinde der Juden mit dem Tod zu bestrafen. Eine kollektive jüdische Vergeltungs- und Verteidigungsaktion ist nun nicht mehr notwendig. Diese Darstellung halte ich jedoch (contra Fox/Kossmann) nicht für die Vorlage von EstMT/EstLXX. Vielmehr zeigt insbesondere die Episode EstAT 7,18–42 Berührungspunkte mit Material aus dem achten und neunten Kapitel der Langfassung von EstLXX. Deshalb dürfte die Sequenz des Kurztextes das Ergebnis einer späteren Überarbeitung sein, die EstLXX 8–9 rezipiert und so einen Erzählschluss ohne jüdische Beteiligung an der Tötung der Judenfeinde entwirft. So lässt sich die Nähe der Schlussteile von EstAT und EstMT/EstLXX am besten mit den Überlegungen von De Troyer zu EstAT 7,14–41 verbinden: Grundsätzlich ist EstAT eine Neufassung auf der Grundlage von EstLXX. Damit teile ich die von vielen Auslegerinnen und Auslegern vertretene Annahme, eine Vorform von EstAT habe ohne einen Bericht über eine militärische Konfrontation zwischen den Juden und ihren Feinden geendet. Diese Form der Erzählung verorte ich jedoch nicht in die Vor-, sondern in die Nachgeschichte des hebräischen Esterbuches. Und auch diese Erzählfassung und ihre Gewaltdarstellung wurde redaktionell überarbeitet und ergänzt. Während in EstAT 7,18–21 Ester den persischen Großkönig um die Bestrafung der Feinde bittet und Mordechai in 7,33–38 das jüdische Volk darüber informiert, dass die Gefahr gebannt ist, erzählt die Passage 7,43–46 nun doch vom großen Kampf der Juden gegen Zehntausende Feinde. Diese Sequenz steht demnach in Spannung zum Vorangehenden und war deshalb kaum ein ursprünglicher Bestandteil des Kurztextes. Der Kurztext vereint somit interessanterweise zwei inhaltlich entgegengesetzte Tendenzen: Die Absicht späterer Überlieferer zur *Begrenzung* sowie zur *Intensivierung* der Darstellung der kriegerischen Vergeltung der Juden gegen ihre Feinde. Damit hat meine Analyse aufgezeigt, dass EstAT weiterhin ein fester Platz in der Esterforschung gebührt: Nicht als literarhistorisch relevanter Zeuge einer „gewaltfreien" Erzählung, die älter ist als das hebräische und septuagintagriechische Esterbuch, sondern als Hinweis auf eine äußerst dynamische Diskussion bzw. Rezeption der Gewaltdarstellung in der späteren Überlieferung.

In vorliegender Form gehen somit die drei Estererzählungen EstMT, EstLXX und EstAT davon aus, dass ein Kampf der Juden gegen ihre Feinde notwendig ist, um die außergewöhnliche Bedrohung ihres Volkes abzuwenden. Diesen Zusammenhang gilt es in der folgenden textpragmatischen, traditionsgeschichtlichen und historischen Analyse der Gewaltmotivik des hebräischen Esterbuches zu berücksichtigen.

3 EstMT: Von Vernichtung und Vergeltung

3.1 Einleitende Bemerkungen zur Gewaltdarstellung von EstMT

Gewalt ist das zentrale Thema der Handlung der hebräischen Estererzählung. Wie in der vorangehenden literarhistorischen Untersuchung deutlich geworden ist, können die beiden eng aufeinander bezogenen Perspektiven der Bedrohung des jüdischen Volkes durch Hamans Vernichtungsplan und der Abwendung dieser Gefahr durch Esters und Mordechais Intervention am Hof bzw. durch den Kampf des jüdischen Volkes nicht mittels literarkritischer Eingriffe voneinander getrennt werden. Die Dynamik von Vernichtung und Vergeltung bzw. von Gewalt und Gegengewalt ist ein integraler Bestandteil und ein strukturgebendes Element des hebräischen Esterbuches.

Zur Bezeichnung dieser Struktur hat sich der englische Ausdruck *reversal plot* etabliert. Die Handlung, der *plot*, der Estergeschichte beschreibt ein großes *reversal*, eine spiegelhafte Umkehr der Verhältnisse, die die Wende des Schicksals des jüdischen Volkes nachzeichnet. Dieser Begriff kann sich auf eine im hebräischen Text selbst vorgenommene Deutung der Ereignisse berufen. Nach EstMT 9,1.22 wird die im Kampf erreichte Abwendung von Hamans Vernichtungsplan als „Wende" (הפך) des jüdischen Schicksals beschrieben.[1] Bereits nach der Veröffentlichung von Hamans Vernichtungsedikt im dritten Kapitel (3,13–15) wird diese Wende eingeleitet. Auf Mordechais Wunsch hin soll sich Ester vor dem König für ihr Volk einsetzen (4,8). Durch ihr geschicktes Agieren kann sie Haman als Übeltäter überführen (7,6). Ester und Mordechai erhalten sodann vom König die Erlaubnis, Hamans Erlass ein jüdisches Schreiben entgegenzusetzen (8,8). Wie einst Haman verfasst somit auch Mordechai ein Edikt, das zur Anwendung tödlicher Gewalt aufruft. Das jüdische Gegenedikt gestattet es den Juden, sich gegen mögliche Angreifer zu verteidigen, dasselbe Maß an Gewalt auszuüben, das einst gegen sie geplant war, und an ihren Feinden Vergeltung zu üben (8,10–12). Die Vernichtung der Judenfeinde, von der die Verse 9,1–16 erzählen, entspricht somit spiegelbildlich der geplanten Vernichtung der Juden.

Wenngleich der Begriff *reversal plot* die erzählerische Gesamtanlage von EstMT treffend benennt, finden sich auch strukturelle Analogien zwischen Buchteilen, die parallel statt in spiegelbildlicher Umkehrung erzählen.[2] Das erste

---

1 Vgl. z. B. Loader, *Ester*, 207; Winitzer, *Reversal*, 170–181 oder Ego, *Ester*, 16–24.
2 Zur strukturellen Parallelität von EstMT vgl. Fox, *Character*, 157 sowie die graphische Übersicht des Models bei Levenson, *Esther*, 5.

Kapitel von EstMT ist hierfür ein Beispiel. Wie ich unten darlegen werde (vgl. Kapitel 3.2.2), bereitet die „Waschti-Episode" die kollektive Bedrohung der Juden durch Hamans Vernichtungsplan auf struktureller bzw. ideologischer Ebene vor. Außerdem schlägt das erste Kapitel der Erzählung durch das Motiv des Festes bereits eine Brücke zum Ende der Erzählung, wo der glückliche Zustand nach dem erfolgreichen Kampf in den Blick gerät. Insofern weist die hebräische Estererzählung insgesamt eine kunstvolle Komposition auf, in dessen Mitte die Abwendung des Plans zur Vernichtung der Juden steht.

Wie oben (1.4) angedeutet, liegt allerdings bisher keine umfassende historisch-kritische Untersuchung der Gewaltthematik vor. Mit Blick auf bestehende Auslegungsmodelle in Kommentaren und Einzelbeiträgen fällt zudem auf, dass diese oft apologetische Tendenzen aufweisen bzw. dass versucht wird, die Gewaltdarstellung interpretatorisch zu entschärfen. In Anbetracht der eingangs skizzierten problematischen Rezeptionsgeschichte und des Unbehagens insbesondere seitens der christlichen Exegese verwundert dies kaum. Deshalb ist es auch nicht abwegig anzunehmen, dass bereits die literarhistorische Hypothese einer späteren Ansetzung der Kampfszenen von EstMT 9,1–16 von einem (unterbewussten) Streben danach beeinflusst ist, der Erzählung dieses „schwierige" Element zu nehmen.

Ähnliches lässt sich auch in Bezug auf andere Deutungsmuster der jüngeren Auslegung vermuten. So sprechen sich z. B. mehrere Exegetinnen und Exegeten mit Nachdruck dafür aus, dass das gewaltsame Vorgehen der Juden nicht als eine brutale Racheaktion, sondern als ein ausschließlich defensiv ausgerichteter, legitimer Verteidigungskampf zu verstehen sei.[3] Dabei wird unter anderem auf das Motiv des Einstehens „für das eigene Leben" (על נפשם) in Mordechais Edikt (8,11) oder auf den Verzicht auf Plünderungen während der Kämpfe verwiesen (9,10.15.16). Andere Elemente der Darstellung – wie z. B. die Notiz, die Juden hätten an ihren Feinden „nach ihrem Belieben" (כרצונם in 9,3) gehandelt, oder die öffentliche Schändung der Leichen der Hamansöhne (9,14) – finden in dieser Interpretation hingegen wenig Beachtung. Eine alternative, ebenfalls weitverbreitete Interpretation verweist auf Hamans agagitischen Beinamen und deutet die Gewalt in der Estererzählung rein metaphorisch, indem sie als Abbild des in Ex 17 und 1 Sam 15 begründeten Konflikts zwischen Israel und Amalek interpretiert wird (vgl. dazu Kapitel 3.2.3.3 und 3.3.2.2.2). Hamans Plan zur Vernichtung der Juden erkläre sich mit seiner amalekitischen Abstammung und seiner Feindschaft gegen Israel. Der Kampf der Juden in EstMT 9 symbolisiere

---

3 Vgl. z. B. Gevaryahu, *Esther*; Wacker, *Gewalt*, 616; Achenbach, *Vertilgen*, 309; Kissling, *Self-Defense*, 105–116 oder Miller, *Jews*, 26–31.

hingegen die Hoffnung auf das Ende der Feindschaft der Amalekiter.[4] Eine gänzlich anders gelagerte Deutung der Kampfszenen betont, in EstMT 9,1–16 werde hyperbolisch und letztlich ironisch erzählt, weshalb das Dargestellte nicht ernst zu nehmen sei. Nach Stan Goldman würde der Tenor der Erzählung missverstanden, würde man z. B. die Ironie in Bezug auf die hohe Zahl der von den Juden getöteten Gegnern übersehen.[5] Die Vorstellung, die Juden könnten ihre Gegner mit denselben Mitteln schlagen, die nach EstMT 3 einst gegen sie geplant waren, hält er für ein Moment der Ironie und Absurdität. Für eine ähnliche Interpretation spricht sich Adele Berlin aus, die vorschlägt, die Kampfszenen des neunten Kapitels als Klimax der karnevalesken Gesamtanlage der Erzählung zu verstehen. Der Plan zur Vernichtung der Juden werde in EstMT 9,1–16 auf ironische Art und Weise ins völlige Gegenteil verkehrt. Nur auf den ersten Blick erscheine die Passage als brutal. „But it is all in fun; nothing here is real."[6]

Die jüngere Exegese ist also sichtlich darum bemüht, das Esterbuch und seine Gewaltdarstellung vom Vorwurf der Brutalität freizusprechen. Ich werde im Laufe meiner Analyse auf einzelne Aspekte dieser Deutungsvorschläge eingehen und in einem abschließenden Rück- und Ausblick fragen, wie sich die Ergebnisse meiner Untersuchung zu den bestehenden Interpretationsmodellen verhalten (vgl. Kapitel 5.3). Dabei scheint es mir grundsätzlich wichtig, die Gewaltdarstellung der Estererzählung in ihrer Abfassungssituation zu verorten und ernst zu nehmen, ohne sie von vornherein als moralisches oder hermeneutisches Problem wahrzunehmen. Dazu bedarf es einer textpragmatischen und traditionsgeschichtlichen Analyse des Vernichtungsmotivs (vgl. Kapitel 3.2) und der Darstellung der jüdischen Reaktion auf diese Bedrohung in EstMT 8–9 (vgl. Kapitel 3.3) sowie der historischen Verortung dieser beiden Perspektiven (vgl. Kapitel 3.4).

Die folgenden Unterkapitel dieser Arbeit widmen sich zunächst dem Vernichtungsmotiv, das in der bisherigen Forschung kaum eigens untersucht wurde.[7] In einem traditionsgeschichtlich ausgerichteten Arbeitsschritt treten zunächst die Spezifika des Vernichtungsmotivs im Vergleich mit anderen alttestamentlichen Vorstellungen ans Licht. Im Anschluss daran werde ich die Stellung und Funktion des Motivs in EstMT 1–3 untersuchen und fragen, welche Elemente in der

---

4 Vgl. jüngst z. B. Calduch-Benages, *War*, 129–130 oder Ruiz-Ortiz, *Dynamics*, 216.
5 Vgl. Goldman, *Ironies*, 21, der die Opferzahlen für „historically unbelievable but ironically believable" hält.
6 Berlin, *Esther*, 81.
7 So untersucht z. B. Ruiz-Ortiz in seiner 2017 veröffentlichten Studie zu den „Dynamics of Violence and Revenge in the Hebrew Book of Esther" lediglich EstMT 2,21–23; 7,1–10 und 9,1–19, ohne auf Hamans Vernichtungsplan einzugehen.

Erzählung zur Begründung und Plausibilisierung dieser drastischen Gewaltform beitragen. Ich werde unter anderem darlegen, dass bereits das erste Kapitel der Estererzählung einen wichtigen narrativen Beitrag zur Vorbereitung von Hamans Vernichtungsplan leistet. Anschließend kommt sowohl der im Zorn getroffene Plan Hamans zur Vernichtung aller Juden als auch das von ihm im Namen des Großreiches erlassene Edikt in den Blick. In beiden Abschnitten werde ich nach vergleichbaren literarischen Traditionen innerhalb und außerhalb der hebräischen Bibel suchen, die zur Verortung des Vernichtungsmotivs beitragen können. Dabei wird deutlich, dass es keine einfache Antwort auf die Frage nach der Herkunft dieser Vorstellung gibt. Die in der bisherigen Auslegung vorgetragenen Erklärungsmuster wie z. B. die verbreitete Annahme, Hamans Plan stelle eine Form der traditionsgeschichtlichen Reaktivierung des Konflikts zwischen Amalek und Israel dar, können die Entstehung des Genozidmotivs nicht hinreichend erklären. Stattdessen erscheint diese außergewöhnliche Vorstellung als das Ergebnis einer assoziativen traditionsgeschichtlichen bzw. geistesgeschichtlichen Verschränkung unterschiedlicher Denkformen und Begründungsmuster zur Legitimierung von Gewalt. Dabei bestärkt sich die in der Einleitung vorgetragene Vermutung (vgl. Kapitel 1.3.3), dass die Estererzählung in der hellenistischen Zeit entstanden ist.

Für eine erste Annäherung werde ich im folgenden Abschnitt fragen, wie sich EstMT zu der an anderen Orten im Alten Testament bezeugten Vorstellung einer Vernichtung ganzer Völker verhält und welche Vorschläge zur Herleitung des Motivs in der bisherigen Forschung eingebracht wurden.

3.2 Die Bedrohung der Juden nach EstMT 3

3.2.1 Das Vernichtungsmotiv aus traditionsgeschichtlicher und historischer Perspektive

Die Vorstellung einer Vernichtung ganzer Menschen- und Volksgruppen wird in verschiedenen alttestamentlichen Traditionen erwähnt. Wie bereits ein kursorischer Überblick zeigt, hebt sich die im Esterbuch beschriebene Bedrohung der Juden durch Vernichtung allerdings in mehrfacher Hinsicht von anderen Gewaltdarstellungen ab. Zunächst zu Hamans Plan: Als Haman sieht, dass Mordechai ihm die Proskynese verweigert, gerät er in Zorn (EstMT 3,5). Als er sodann von den anderen Hofbeamten über die Volkszugehörigkeit Mordechais in Kenntnis gesetzt wird, fasst er unverzüglich den Plan, alle Juden zu töten.

ויבז בעיניו לשלח יד במרדכי לבדו כי הגידו לו את עם מרדכי ויבקש המן להשמיד את כל היהודים
אשר בכל מלכות אחשורוש עם מרדכי:

Und er verachtete es in seinen Augen, die Hand an Mordechai allein auszustrecken, denn man hatte ihm das Volk Mordechais mitgeteilt. Und so suchte Haman, alle Juden, die im Königreich des Ahasveros waren, das Volk Mordechais, zu vernichten. (EstMT 3,6)

Eine rationale Erklärung für Hamans Absicht zur Vernichtung (שמד Hif.) der Juden wird hier nicht geboten. Sein Plan erscheint als eine spontane, im Zorn getroffene Reaktion. Sie mutet überzogen, wenn nicht sogar wahnsinnig an. Erst nach seinem Beschluss, in EstMT 3,8, führt Haman vor dem persischen König (auf Stereotypisierungen und Verleumdungen basierende) Gründe für seinen Plan an. Da der König seinem Plan zustimmt, kann Haman ein Edikt verbreiten, das anordnet, alle im Perserreich lebenden Juden an einem bestimmten Tag zu töten. Sein Plan zielt somit auf die systematische Vernichtung der Juden ab und wird mit konkreten Vorwürfen gegen das jüdische Volk verbunden. Damit erscheint seine Vernichtungsabsicht nicht nur als persönlicher Racheplan, sondern auch als Form einer staatlich organisierten Strafaktion gegen eine vermeintlich gefährliche ethnische Gruppe. Wie verhält sich diese Vorstellung nun zu anderen alttestamentlichen Texten, in denen eine Vernichtung ganzer Völker erwähnt wird?

Das wohl prominenteste Beispiel des Motivs der Völkervernichtung begegnet in den Landnahmetraditionen.[8] So verspricht Gott im Buch Exodus (Ex 23,23) seinem Volk auf dem Weg ins gelobte Land, die dort ansässigen kanaanäischen Völker „auszutilgen" (כחד Hif.).[9] Als Bestandteil des deuteronomistischen Konzepts der Bannweihe (חרם) ist die völlige Vernichtung dieser Völker Ausdruck des göttlichen Willens, sein Volk vor der Verunreinigung durch den Kontakt mit anderen Göttern und Kulten reinzuhalten (Dtn 7; 20).[10] Auch wenn somit die Tötung dieser Völker nicht der primäre Gehalt dieser Texte ist, nimmt das Motiv der Vernichtung nichtisraelitischer Kulte und Bevölkerungsgruppen darin eine prominente Stellung ein.[11] Bei der Eroberung Jerichos (Jos 6) und Ais (Jos 8) wird zum Beispiel explizit von der Tötung aller Bewohner der Städte berichtet, und

---

8 Vgl. z. B. Kelley, *Genocide*, 29–42 und Hofreiter, *Making Sense*, 3–9 für zwei jüngere Vertreter, die diese Vorstellung unter Berufung auf die Genozid-Definition der Vereinten Nationen als Handlung mit genozidaler Absicht verstehen. Nach Artikel 2 der UN-Charta gilt als Genozid, wenn die „Absicht, eine nationale, ethnische, rassische oder religiöse Gruppe ganz oder teilweise" zu zerstören, vorliegt.

9 In anderen Traditionen wird mehrfach auf dieses Versprechen rekurriert (Dtn 9,3; 31,3–4; 2 Kön 21,9; 1 Chr 5,25; 2 Chr 33,9).

10 Vgl. zur Übersicht Dietrich, *Bann*.

11 Vgl. zur Diskussion z. B. Crouch, *War*, 174–189 oder Zehnder, *Annihilation*.

auch im Fall der einst von Israel besiegten Amoriter (Num 21,1–26) wird die göttliche Vernichtung der gesamten Volksgruppe erwähnt (vgl. Jos 24,8; Am 2,9).[12] Die Vorstellung einer Vernichtung ganzer Volksgruppen ist also prinzipiell in der alttestamentlichen Literatur bezeugt.

Allerdings geht es weder in Hamans Plan noch in der Darstellung der jüdischen Kämpfe gegen ihre Feinde um eine Bannweihe. Der Begriff חרם wird an keiner Stelle erwähnt. Auch erscheint zunächst das jüdische Volk, nicht fremde Völker als Ziel des Vernichtungsplanes. Doch selbst solche alttestamentlichen Traditionen, in denen das Gottesvolk als mögliches Opfer von Vernichtung in den Blick gerät, eignen sich kaum als Vorlage für EstMT 3.[13] Es finden sich Texte, in denen Gott beschließt, sein eigenes Volk für seine Sünden zu bestrafen und zu vertilgen (vgl. z. B. Ex 32,10; 33,3.5; 2 Kön 24,2; Am 9,8).[14] Ebenso können unbestimmte Feinde gegen Israel auftreten, um es zu vernichten (vgl. z. B. Ps 83,5). In diesen Texten bleibt diese Bedrohung allerdings relativ unspezifisch und fungiert ausdrücklich als Metapher für das göttliche Strafhandeln. Der im Zorn getroffene Plan zur Tötung aller Juden sowie die Systematik der Bedrohung durch eine durch das Großreich sanktionierte, auf konkreten Anklagepunkten beruhende Vernichtungsaktion aus EstMT 3 ist in der hebräischen Bibel ohne Analogie.

In der Esterforschung wurde diese traditionsgeschichtliche Sonderstellung des Motivs kaum thematisiert. Ebenso wurden die literarischen Kontexte der für EstMT 3 prägenden Korrelation der Elemente der Ehrverweigerung, des Zorns, des Vorwurfs der Gesetzlosigkeit und der Abfassung eines reichsweit gültigen Edikts zur kollektiven Todesstrafe nie gesondert untersucht.[15] Am häufigsten wurde auf die Amalek-Tradition, insbesondere auf 1 Sam 15 als Referenztext verwiesen.[16] Haman, dessen agagitische Abstammung als Hinweis auf seine amale-

---

12 In eine ähnliche Richtung weist die Vorstellung von Vernichtung ganzer Völker als göttliches Strafhandeln (vgl. z. B. Jer 48,42; Ez 25,7.13; Sach 12,9) oder die theologische Bewährungsprobe Sauls, von dem die vollständige Vernichtung der Amalekiter gefordert wird (1 Sam 15, vgl. Dtn 25,17–29).

13 Vgl. für eine Übersicht über biblische Texte, die weitreichende Bedrohungsszenarien entfalten, Oeming, *Historicity*, 358–362. Oeming führt neben dem Esterbuch auch die Exoduserzählung, das Tobit-, Judit- und Danielbuch, die Psalmen sowie die Bücher 1.–3. Makkabäer als Beispiele von Erzählungen über „anti-Jewish ‚pogroms‘" (357) an.

14 Vgl. zu Ex 32 die Studie von Kugler, *God*, die die Furcht vor Vernichtung zwar für „one of the strongest components in Jewish myth and Jewish identity" (11) hält, die Estererzählung jedoch nicht erwähnt. Mit Bezug auf Esther vgl. die Aussage von Kalimi, *Furcht*, 344, der unter Bezugnahme auf Texte wie Gen 22; Ex 1 und Ps 83; 124 unter den „Israeliten eine schon fast traumatische Angst vor ihrer vollkommenen Auslöschung" erkennt.

15 Zu diesem grundsätzlichen Problem vgl. Ego, *Ester*, 61.

16 Vgl. zur Übersicht Ego, *Ester*, 24–25.

kitische Herkunft gedeutet wird, soll durch die Vernichtung der Juden versucht haben, späte Rache für die Bannvollstreckung der Israeliten an den Amalekitern unter König Saul zu nehmen. Wie ich weiter unten darlegen werde, halte ich diese traditionsgeschichtliche Herleitung von Hamans Plan aus mehreren Gründen für nicht überzeugend (vgl. Kapitel 3.2.4.3). Außerdem dürfte Hamans agagitische Abstammung eine sekundäre Ergänzung darstellen, die erst nach der griechischen Übersetzung der Estererzählung vorgenommen wurde (vgl. Kapitel 2.3.1).

Ein weiterer Deutungsvorschlag versteht Hamans Plan als Aktualisierung der tödlichen Bedrohung der Israeliten in Ägypten, die in der Exoduserzählung entfaltet wird.[17] In der Tat gibt zwischen der Exodus- und der Estererzählung einige motivische Parallelen. Zum Beispiel stellen sowohl der Pharao als auch Haman Figuren mit schier unbegrenzter Macht dar, die die gewaltsame Tötung der Mitglieder einer in der Fremde lebenden Volksgruppe beabsichtigen.[18] Nach Ex 1 plante der König Ägyptens nach der Versklavung auch die Tötung der israelitischen (männlichen) Neugeborenen, was langfristig das Ende der Existenz der Israeliten in Ägypten bedeuten würde (Ex 1,8–22). Hamans Plan zur systematischen und vollständigen Tötung aller Juden an einem Tag ließe sich im Vergleich mit Ex 1 somit als gesteigerte Form der Bedrohung des Gottesvolkes verstehen. Die Eigenheiten von EstMT 3 – die verweigerte Proskynese Mordechais, der Zorn Hamans, die Vorwürfe gegen die Juden – können allerdings kaum aus der Exoduserzählung hergeleitet werden. Die Ähnlichkeiten zwischen beiden Erzählungen sind insgesamt zu unspezifisch, um EstMT 3 als bewusste Anspielung auf die Exodustradition zu deuten.

Enger scheinen mir die parallelen Handlungsmuster, die sich in den Hoferzählungen des Danielbuches finden lassen (Dan 1–6):[19] Nach Dan 2 plante der erzürnte König Nebukadnezar einst, „alle Weisen Babels umzubringen" (Dan 2,12), zu denen auch Daniel und seine Freunde gezählt wurden, da niemand seine Träume zu erraten und zu deuten vermochte. Nach Dan 3 gerieten nur die Juden in Konflikt mit dem König, da sie sich weigern, sich vor einem goldenen Bild des Königs niederzuwerfen, und deshalb in den Feuerofen geworfen werden. Eine weitere zu EstMT analoge Vorstellung liegt mit der bekannten Erzählung von Daniel in der Löwengrube (Dan 6) vor, die zur Zeit des Perserkönigs Dareios spielt. Darin wird erzählt, wie eine Gruppe persischer Beamter Daniel in Konflikt mit dem Reichsrecht (Dan 6,5–10) brachte, weshalb er den Löwen vorgeworfen

---

17 Vgl. z. B. Loader, *Ester*, 220–221, Gerleman, *Studien* oder Achenbach, *Vertilgen*, 289.
18 Zu anderen möglichen Bezügen zur Exoduserzählung vgl. Macchi, *Ester*, 63–64.82–83.
19 Zu grundlegenden Parallelen zwischen der Ester- und Danielüberlieferung vgl. z. B. Humphreys, *Life-Style*; Wills, *Jew* oder Macchi, *Ester*, 64–65.

wurde. Bekanntlich überlebte Daniel die vermeintliche Todesstrafe dank göttlicher Rettung. Der einsichtige König soll die Männer, die Daniel in die Grube geworfen hatten, mitsamt ihren Kindern und Frauen den Löwen vorgeworfen haben (Dan 6,25). In den Daniellegenden lassen sich somit mehrere Begründungsmuster zur Anwendung tödlicher Gewalt ausmachen, die auch in der Estererzählung anzutreffen sind. Vertreter der Großreiche können beinahe beliebig über die Anwendung tödlicher Gewalt verfügen. Dazu genügt es, dass unerfüllbar scheinende Anforderungen nicht erfüllt werden (Dan 2) oder dass das Übertreten von Anordnungen den Zorn der Mächtigen erregt (Dan 3; 6). Dan 2 und Dan 6 bezeugen die Vorstellung einer Kollektivstrafe, die in Dan 6 sogar Frauen und Kinder betrifft (vgl. EstMT 3,13; 8,11). In Dan 3 wird schließlich wie bei Mordechai in EstMT 3 die jüdische Verweigerung der Proskynese zum Auslöser der tödlichen Gefahren.

Diese Ähnlichkeiten weisen jedoch ebenfalls kaum auf eine literarische Abhängigkeit zwischen beiden Traditionen hin, sondern sie sind vermutlich Teil eines gemeinsamen Motivschatzes.[20] Im Lichte der Danielüberlieferung erscheint die Korrelation zwischen Hamans Zorn und seiner Absicht, den Juden aufgrund seiner Tat töten zu lassen, dennoch als bekanntes Muster. Der entscheidende Unterschied zwischen der hebräischen Estererzählung und den Daniellegenden ist allerdings, dass in EstMT *alle* Juden, nicht nur Einzelfiguren, bedroht sind. Ich halte es aufgrund dieser Steigerung der Bedrohung in EstMT gegenüber Dan 1–6 für tendenziell wahrscheinlich, dass die Estererzählung jünger ist als Dan 1–6 und sie das Motiv einer tödlichen Bedrohung in der Fremde gezielt ausbaut und kollektiviert.

Neben traditionsgeschichtlichen Vergleichen wurde in der Auslegung zudem auf mögliche historische Hintergründe des Vernichtungsmotivs verwiesen. Hier wurde vor allem über den möglichen Einfluss konkreter gewaltvoller Erfahrungen der jüdischen Diaspora in Persien oder in Ägypten spekuliert.[21] Da es allerdings weder aus persischer noch aus ptolemäischer Zeit verlässliche Hinweise auf gewaltvolle Angriffe auf jüdische Gruppen gibt, bleibt die Belastbarkeit dieser Vorschläge unsicher.[22] Weitreichende Konflikte jüdischer Gruppen mit staatlichen Größen werden erst wieder in hellenistischer Zeit, im Kontext der sogenann-

---

20 Vgl. z. B. Wahl, *Esther*, 25 oder Macchi, *Ester*, 64.

21 Vgl. Ego, *Ester*, 62.203–205 oder Macchi, *Ester*, 46–47.

22 Zur Diskussion der Ereignisse auf Elephantine vgl. Cuffari, *Judenfeindschaft*, 112–117. Die Erzählung von 3 Makk, die ebenfalls von einer pogromartigen Bedrohung der Juden berichtet, spielt zwar im 3. Jahrhundert, könnte jedoch erst in römischer Zeit entstanden sein, vgl. z. B. Croy, *3 Maccabees*, xiii; Modrzejewski, *Livre*, 123 oder Honigman, *History*, 137–141.

ten Makkabäerzeit (2. Jh. v. u. Z.) greifbar, als die Seleukiden militärisch gegen jüdische Gruppen vorgingen bzw. es nach biblischer Darstellung von 1–2 Makk unter König Antiochus IV. Epiphanes zur jüdischen „Religionsverfolgung" durch die Griechen kam. Ich werde der Möglichkeit einer makkabäerzeitlichen Datierung der Estererzählung im Rahmen der traditionsgeschichtlichen Analyse (vgl. Kapitel 3.2.4.4) sowie der historischen Verortung des Vernichtungsmotivs (vgl. Kapitel 3.4) weiter nachgehen.

An dieser Stelle genügt es festzuhalten, dass das in EstMT 3 entfaltete Vernichtungsmotiv im hebräischen Alten Testament ohne wirkliche Analogie ist und dass sich keine verlässlichen Anhaltspunkte für eine historische Verortung dieses Motivs in die Perserzeit oder die frühe hellenistische Epoche ergeben. So bleibt zunächst der Blick auf den hebräischen Text von EstMT 3 selbst. Hamans Entschluss, das gesamte jüdische Volk für Mordechais Ehrverweigerung zu bestrafen, mutet für heutige Leserinnen und Leser zunächst irrational und unerklärlich an. In der folgenden Analyse werde ich darlegen, warum Hamans Absicht zur Vernichtung aller Juden dennoch einer gewissen Logik folgt. Dazu werde ich zum einen auf textimmanente Elemente innerhalb von EstMT eingehen, die seinen Plan in narrativer Hinsicht plausibilisieren. Zum anderen werde ich auf andere literarische Traditionen eingehen, in denen Zorn und Ehrverletzungen wie im Fall von EstMT 3 als Begründungsmuster zur Legitimation von kollektiver Gewalt fungieren.

Zunächst sei der Blick jedoch auf EstMT 1 gerichtet. Bereits im ersten Kapitel des hebräischen Esterbuches wird nämlich deutlich, dass Kollektivstrafen in der politischen Welt der Erzählung ein Mittel zur Ahndung bestimmter Vergehen und zur Sicherung von Macht und Ansehen darstellen können. So leistet bereits das Eröffnungskapitel, das auf den ersten Blick nicht mit Hamans Plan oder dem jüdischen Volk in Verbindung zu stehen scheint, einen entscheidenden Beitrag zur Plausibilisierung des gewaltsamen Hauptkonflikts der Erzählung.

3.2.2 Kollektivstrafen: EstMT 1 als Vorbereitung von EstMT 3

Das erste Kapitel der hebräischen Estererzählung erzählt von einem Zwischenfall, der sich während eines Festes am Hof des persischen Königs ereignet. Königin Waschti, die Ehefrau von Ahasveros, weigert sich, bei einem Festmahl vor ihrem Mann und seinen Gästen zu erscheinen. Daraufhin verhandeln die Berater des Königs mit dem Regenten über ein angemessenes Strafmaß. Zunächst hat diese Szene weder etwas mit kollektiver Gewalt noch dem jüdischen Volk zu tun. Der Abschnitt legt dennoch das Fundament für das Verständnis von EstMT 3: In dem politischen System, das die hebräische Estererzählung beschreibt, erreichen individuelle Taten und Fragen nach Macht und Ehre schnell eine kollektive Dimension.[23] Die existenzielle Gefährdung der Juden wird so bereits durch EstMT 1 in inhaltlicher und struktureller Hinsicht vorbereitet. Unter der literarhistorischen Annahme, dass EstMT eine Erzählform vorausging, die lediglich von einem interpersonalen Konflikt Mordechais mit Haman wusste, tritt die erzähltechnische Funktion dieser (vermutlich mit EstMT 3 gleichursprünglichen) Passage besonders deutlich ans Licht. Bereits die Exposition von EstMT verdeutlicht, weshalb Mordechais Weigerung, vor Haman niederzufallen, auch die Bestrafung aller Juden nach sich ziehen kann. Ohne dass Gewaltausübung auch nur erwähnt wird, führt EstMT 1 ein Begründungsmuster zur Legitimation der Vernichtung der Juden ein. Auf welche Weise geschieht diese Vorbereitung?

Der persische König sieht sich durch die Weigerung seiner Frau, vor ihm und seinen Gästen zu erscheinen, in seiner Ehre verletzt. Er gerät in Zorn (1,12) und wendet sich zur Beratung an seine Weisen und Gesetzeskundigen (1,13), um den Fall nach dem „Gesetz" (דת) überprüfen zu lassen (1,15). Er könne es nicht hinnehmen, dass sein Wille missachtet werde. Aus dem Beratergremium antwortet der Hofbeamte Memuchan. Er sieht im Handeln Waschtis ein grundsätzliches Problem und überführt den Fall so in einen kollektiven Konflikt. Er führt in seinem Ratschlag aus, die Königin habe sich „nicht allein am König" (לא על המלך לבדו in 1,16), sondern an allen persischen Beamten und an allen Völkern vergangen. Potentiell könnten alle Frauen handeln wie Waschti, was unkontrollierbare Konsequenzen nach sich ziehen würde, da so allen Männern „Verachtung" (להבזות) entgegengebracht würde. Dies könnte zu weiterer „Verachtung und Zorn" (בזיון וקצף) unter den persischen Eliten führen.

Memuchan erkennt in der individuellen Ehrverletzung also eine mögliche Bedrohung der bestehenden Staats- und Gesellschaftsordnung, die es unbedingt abzuwenden gilt. Als Problemlösung wird ein unwiderrufliches Gesetz mit dem Inhalt erlassen, Waschti dürfe nicht mehr vor den König kommen. Das so statuierte Exempel solle allen Frauen als Warnung gelten, ihre Männer zu achten und zu ehren (1,20). Der Vorschlag findet die Zustimmung des Königs und der anwesenden Berater. Ergänzend lässt der Regent ein an alle Völker adressiertes Schreiben verbreiten, wonach alle Männer in ihrem Haus „herrschen" sollen (שׂרר in 1,21).[24]

---

23 Vgl. bereits Paton, *Esther*, 205 oder Levenson, *Esther*, 49–53. Zur Gesamtstruktur vgl. exemplarisch die Analyse von Vialle, *La problématique*, 573–574.

24 Vgl. für diese Interpretation Macchi, *Ester*, 117 mit Verweis auf EstMT 3,14b und 8,13b, wo eine vergleichbare „Deutung" der Veröffentlichung von Gesetzen vorliegt.

Wenngleich diese Szene vordergründig wie eine eheliche Lappalie am Königshof erscheint und sicherlich auch ironische und herrschaftskritische Züge trägt, werden darin Grundannahmen entfaltet, die für das Ganze der Erzählung tragend sind.[25] Zunächst spielen emotionale Aspekte wie die verletzte Ehre, der Zorn des Königs sowie die Gefahr der „Verachtung" eine wichtige Rolle. Ehrverletzungen erscheinen als potentielle Bedrohung der bestehenden Ordnung und Hierarchie. Zur Straffindung beraten Hofbeamte den König. Dieser Prozess hat weitreichende Auswirkungen für alle Bewohnerinnen und Bewohner des Königreiches. Das entscheidende Mittel zur Machtausübung ist dabei das Gesetz mit seiner unumstößlichen und universalen Geltung.[26] Wie Thomas Schaack in Bezug auf dieses Motiv treffend betont, kommt „dieser staatlichen Funktion etwas Ritualhaftes und Bezwingendes"[27] zu. Diese Überzeugung stellt eine wichtige Voraussetzung für die Vorgänge des dritten Kapitels dar.

Nachdem Ester im zweiten Kapitel zur neuen Königin wurde und Mordechai dem König durch die Vereitelung eines geplanten Attentates seine Loyalität erwiesen hatte, kommt es zu einem weiteren folgenschweren Zwischenfall am Hof: Alle Hofangestellten verehren den neu als höchsten Beamten eingesetzten Haman mit Kniefall. Nur der Jude Mordechai verweigert ihm die Proskynese. Als Haman dies sieht, fasst er von Zorn erfüllt den spontanen Beschluss, alle im Königreich lebenden Juden zu töten. Eine individuelle Bestrafung „verachtet" er (בזה in 3,6). Im Motiv der „Verachtung" lässt sich eine erste Parallele zur Waschti-Episode erkennen: Haman zeigt hier genau die Emotion, die Memuchan einst unter den Frauen des Königreiches verhindern wollte (vgl. בזה in 1,17 bzw. בזיון in 1,18). Seine emotionale Reaktion hat im Lichte von EstMT 1 einen ironischen, beinahe lächerlichen Beiklang. Die weiteren Parallelen zum ersten Kapitel liegen auf der Hand: Mordechai verstößt nach 3,3 wie Waschti gegen ein Wort des Königs, nicht aber gegen das Gesetz. Dieses Detail wird in den vor dem König erwähnten Vorwürfen gegen die Juden noch wichtig werden (3,8). Die Weigerung Mordechais provoziert Hamans Zorn (3,5), so wie der König zuvor über Waschti zürnte. Vor allem aber überführt Haman eine individuelle, die Ehre eines Einzelnen verletzende Tat in einen kollektiven Konflikt von höchster politischer Bedeutung, wie dies zuvor bereits Memuchan tat.[28] Der Entschluss, alle Juden für Mordechais Tat zu bestrafen, erscheint vom ersten Kapitel her gelesen als konsequent. Beide Passagen

---

25 Vgl. zur Interpretation dieser Vorgänge z. B. Clines, *Scroll*, 33 oder Macchi, *Ester*, 112.
26 Zur Bekanntheit des persischen Apparats zur schnellen und effizienten Verbreitung von Gesetzen vgl. Ego, *Ester*, 152–153 mit weiteren Quellen.
27 Schaack, *Ungeduld*, 171.
28 Vgl. Levenson, *Esther*, 71.

teilen die Vorstellung eines beinahe zwanghaften Strebens des Staatsapparates nach kollektiver Bestrafung zur Sicherung von Macht und Hierarchie.

Die in der Waschti-Episode deutlich erkennbare Problematisierung der Vorgänge am Hof gilt auch für EstMT 3. Dabei wirkt Hamans spontan getroffener Plan zur Tötung des gesamten Volkes im Vergleich zu den in EstMT 1 getroffenen, regulativen Maßnahmen als besonders grausam. Hinzu treten weitere Unterschiede zwischen beiden Kapiteln, durch die die Vorgänge in EstMT 3 noch stärker problematisiert werden. Zunächst ist die Figurenkonstellation grundlegend anders: Nicht der König ist in seiner Ehre verletzt, sondern ein einzelner Hofbeamter. Im weiteren Verlauf „berät" dieser gekränkte Beamte den König und nicht andersherum. Ein weiteres Beratergremium fehlt. Die Erzählung macht außerdem deutlich, dass Haman den König manipuliert und für seine eigenen Zwecke benutzt. Anders als im Falle Memuchans hat Haman den Beschluss zur Tötung der Juden ja bereits getroffen, bevor er vor den König tritt. Außerdem wird zusätzlich eine ethnische Dimension eingeführt. Haman geht davon aus, dass alle Juden aufgrund ihrer Volkszugehörigkeit handeln würden wie Mordechai.[29] Damit werden auch solche Mitglieder des Volkes zum Ziel der tödlichen Absicht Hamans, für die ausgeschlossen werden kann, dass sie absichtlich gegen das Wort des Königs verstoßen würden oder am Hof die Ehre Hamans verletzen könnten (z. B. Kinder).

Das erste Kapitel der hebräischen Estererzählung leistet dennoch einen wichtigen Beitrag zur narrativen Vorbereitung von Hamans Vernichtungsplan. In EstMT 1 werden die grundlegenden strukturellen, politischen und kulturellen Überzeugungen vorgestellt, die die Ausweitung von Hamans Konflikt mit Mordechai auf das gesamte jüdische Volk plausibilisieren. Dabei ist daran zu erinnern, dass dieses Bild vom persischen Hof – von seiner Exotik und seinem Luxus hin zu seiner politischen Struktur und Verwaltung – kein Abbild von Vorgängen am Achämenidenhof, sondern ein von griechischen Vorstellungen geprägtes Konstrukt darstellt (vgl. Kapitel 1.3.3).

In den folgenden Kapiteln werde ich an einigen Beispielen demonstrieren, dass auch das dritte Kapitel der Estererzählung griechisches Bildungsgut rezipieren dürfte. Das gilt z. B. in Bezug auf die Figurendarstellung Hamans, die zunächst jedoch auf Vorstellungen aufbaut, die aus der alttestamentlichen Weisheitsliteratur bekannt sind.

---

29 Vgl. Macchi, *Book*, 119.

3.2.3 Hamans Charakter und seine Reaktion (EstMT 3,1–7)

3.2.3.1 Haman, der hochmütige und zornige Frevler

Haman wird in EstMT durchweg negativ charakterisiert. Das beginnt bereits mit der Einführung seiner Figur in 3,1 und der Bezeichnung als „Hochmütiger" bzw. „Prahlhans", der gegenüber der Lesart „Agagiter" der Vorzug zu geben ist (vgl. Kapitel 2.3.1; 3.2.3.3). Eine solche Qualifizierung Hamans fügt sich gut in den auch an anderen Stellen von weisheitlichen Vorstellungen geprägten Hintergrund von EstMT.[30] Seine Figur wird in verschiedener Hinsicht als antiweisheitlich gezeichnet.[31] Beinahe alle seiner in der Erzählung erkennbaren Wesenszüge bzw. Handlungen werden in der Weisheitsliteratur kritisiert bzw. lassen sich dort als Negativbeispiele finden. Nachdem Haman vom König „groß" gemacht wurde (3,1), steht er über den anderen Hofbeamten. Er handelt nicht rational, sondern lässt sich von Stolz und Zorn leiten (vgl. z. B. Prov 12,15–16; 29,8).[32] Diese emotionale Charakterisierung macht ihn „typical of a biblical fool".[33] Er erwägt sofort Gewalt als Mittel, was nach weisheitlichem Denken mehrfach verurteilt wird.[34] Er hat große finanzielle Ressourcen (3,9) und sucht materiellen Gewinn in der Beschlagnahmung des jüdischen Besitzes (3,11–13; vgl. Prov 1,13). Mehrfach wird zudem berichtet, dass er Alkohol trinkt (3,15; 5,5; 7,1), was die Weisheitsliteratur ebenfalls zu kritisieren weiß (vgl. z. B. Prov 20,1; 23,20.30–32). Das Prahlen mit seinem Reichtum und seinen vielen Söhnen (5,11) sowie sein Plan, ein völlig überdimensioniertes Holz zur Hinrichtung Mordechais aufzustellen (5,14), lassen sich als weitere Anzeichen für Hamans Hybris auswerten.[35]

Dem stolzen und zum Scheitern verurteilten Frevler steht Mordechai als paradigmatischer, aufrichtiger und letztlich erfolgreicher Weiser entgegen. Eine

---

30 Vgl. Niditch, *Success* bzw. Niditch, *War*, 121. Bereits seine Einsetzung als höchster Hofbeamter steht im Widerspruch zur erwartbaren Erhöhung Mordechais, nachdem dieser zuvor den König gerettet hatte. Der Tun-Ergehen-Zusammenhang scheint an dieser Stelle „völlig außer Kraft gesetzt", wie Ego, *Ester*, 211 anmerkt.

31 Vgl. Talmon, *Wisdom*, 433–448. Ferner Lebram, *Purimfest*, 213–214, mit dem Hinweis auf den Kurztext von Tob 14,10, wo ein „Haman" als ein Gegenspieler von „Achiacharos" (vermutl. „Achiqar") erscheint: „Haman ist also nicht auf die Esthergeschichte beschränkt, sondern der typische Feind des frommen Weisen. Diese Rolle entstammt nicht dem Estherbuch. Die in Tob. xiv 10 betonte persönliche Rivalität ist aus älterer Überlieferung."

32 Zur Übersicht der Funktion des Zorns in alttestamentlichen Hoferzählungen vgl. Chan, *Ira*.

33 Levenson, *Esther*, 68.

34 Vgl. z. B. Ps 11,5; 73,6; Prov 1,11; 3,31; 4,17.

35 Zum Motiv des extrem großen Holzes vgl. die Anmerkungen bei Ego, *Ester*, 296–297. Vgl. Loader, *Ester*, 241 zum weisheitlichen Zusammenhang zwischen Hochmut und Erniedrigung (z. B. Prov 18,12; 21,24; 29,23).

solche Gegenüberstellung Hamans und Mordechais dürfte vermutlich bereits dem älteren Kern der Estererzählung vorgelegen haben. Hamans Tod an dem für Mordechai aufgestellten Holz bildet die weisheitliche Überzeugung ab, dass Hochmut vor dem Fall kommt (Prov 16,18). Dass dieses Interpretationsmuster allerdings auch die vorliegende Form der Estererzählung prägt, wird beispielhaft an EstMT 9,25 erkennbar. Dort wird Hamans Plan nach weisheitlichem Muster gedeutet: Sein „böser Plan, den er gegen die Juden geplant hatte, sollte auf seinen Kopf zurückkehren" (ישוב מחשבתו הרעה אשר חשב על היהודים על ראשו). Nach der Logik eines Zusammenhangs von Tun und Ergehen trifft die von Haman erwogene Gewalttat letztlich ihn selbst. Diese Notiz mag an Ps 17,7 erinnern, wo den Feind des Psalmbeters seine gerechte Strafe trifft: „Unheil kehrt auf seinen Kopf zurück, und auf seinen Scheitel kommt seine Gewalttat hinab" (ישוב עמלו בראשו ועל קדקדו חמסו ירד). Hamans Plan kann also als Ausdruck seines frevlerischen Charakters verstanden werden. Sein Tod erscheint hingegen als gerechte Strafe. Wenngleich die Absicht, ein ganzes Volk zu töten, in der Weisheitsliteratur nicht belegt ist, trägt sowohl Hamans Gewaltbereitschaft als auch das Ausmaß der von ihm geplanten Gewalttat zu seiner antiweisheitlichen Charakterisierung bei. In diese Richtung weist auch der knappe Erzählerkommentar in 3,6, welcher die Ausweitung von Hamans Plan mit dessen „Verachtung" einer individuellen Strafe erklärt. Das Motiv kann geradezu als ein Gegenkonzept zu weisheitlichem, rationalem Handeln verstanden werden (vgl. z. B. Ps 15,4; 22,7; Prov 14,2; 15,20; 19,16; Koh 9,16).[36]

Mit Blick auf diese Figurendarstellung Hamans wird somit ein weiterer Aspekt der erzählerischen Strategie zur Begründung und Bewertung seines Planes erkennbar. EstMT nutzt weisheitliche Denkmuster, um Hamans Plan eindeutig negativ zu qualifizieren. Der in weisheitlichem Denken angelegte Zusammenhang zwischen frevlerischem Handeln und Gewalttat erfährt jedoch in der Estererzählung eine entscheidende Transformation. Hamans Zorn richtet sich nicht nur gegen Mordechai, sondern gegen dessen Volk. Eine solche Vorstellung lässt sich nicht auf weisheitliche Traditionen zurückführen. Im folgenden Abschnitt möchte ich aufzeigen, dass das Motiv des Zorns als Reaktion auf Ehrverletzungen allerdings in der griechischen Literatur als ein entscheidender „Katalysator" zur Ausweitung tödlicher Konflikte fungieren konnte.

---

36 Der hebräische Begriff בזה ist auch an anderen Belegstellen eindeutig negativ konnotiert (vgl. z. B. Gen 25,34; Num 15,31; Dan 11,21; Neh 2,19; 1 Chr 15,29; 2 Chr 36,16).

3.2.3.2 Von Zorn und Vernichtung in griechischer Literatur

Wie der Historiker und klassische Philologe David Konstan anhand verschiedener griechischer Traditionen zeigen kann, ist Zorn ein entscheidender Teilaspekt zur Motivation bzw. Legitimierung der auch in der nichtbiblischen Literatur eher selten bezeugten Absicht, ganze Menschengruppen zu töten.[37] Konstan legt dar, dass Emotionen wie Zorn, Wut oder Hass bereits seit der Ilias tödliche Gewalt gegen Menschengruppen wie z. B. die am Kriegsgeschehen unbeteiligte Zivilbevölkerung auslösen und begründen konnten. Diese Emotionen seien stets die Folge von vorausgehenden Ehrverletzungen.

Das mag sowohl der berühmte Zorn des Achilles als auch das Beispiel des durch Pares entehrten Menelaos verdeutlichen, dem Homer den Wunsch nachsagt, die Trojaner sollten kollektiv – „mit Frauen und Kindern" (γυναιξί τε καὶ τεκέεσσιν in *Il.* 4,162) – mit dem Tod für die ihm zugefügte Ehrverletzung bezahlen.[38] In diesen Fällen richtet sich die tödliche Absicht also nicht gegen ethnisch gefasste Gruppen, sondern gegen die Bewohnerinnen und Bewohner befeindeter Städte, die als Kollektiv für die Taten Einzelner mitbestraft werden.

Ähnlich verhält es sich mit Konstans Verweisen auf Darstellungen in historiographischen Traditionen von Thukydides oder Polybios über die (geplante) Tötung aller Bewohnerinnen und Bewohner der Städte Mytilene, Mantinea oder Karthago, die allesamt auf den Zorn einzelner Figuren zurückgeführt werden.[39] Konstan schlussfolgert deshalb: „the primary motive, alleged for such extreme forms of punishment is anger."[40] Er verweist dabei auf das aristotelische Verständnis von Zorn, wonach die Emotion ein „Trachten nach offenkundiger Vergeltung wegen offenkundig erfolgter Geringschätzung" auslöse.[41] In Hamans Reaktion und seiner Vergeltungs- und Vernichtungsabsicht zeigt sich ein ähnlicher Motivzusammenhang. Eine demütigende Erfahrung erweckt Hamans Zorn und lässt in ihm den Wunsch nach Rache und der Tötung aller Juden entstehen. Nach Konstans Einschätzung sei der im griechischen Denken bezeugte Zusammenhang zwischen Zorn und gewaltvoller Vergeltung dabei weitaus weniger grausam und irrational, als er modernen Leserinnen und Lesern erscheinen mag. Im Gegenteil, er weist darauf hin, dass der Wunsch nach Rache eine hinreichende, kognitive und moralische Legitimation für die Tötung ganzer Menschengruppen darstell-

---

37 Vgl. Konstan, *Anger* und Konstan, *Mass Exterminations*.
38 Vgl. Konstan, *Anger*, 173–174.
39 Vgl. Konstan, *Anger*, 175–180.
40 Konstan, *Mass Exterminations*, 31.
41 Ohnehin habe es in der griechischen Antike keine moralischen Vorbehalte gegen solche extremen Formen der Gewalt gegeben, vgl. Konstan, *Anger*, 180. Zur griechischen Vorstellung von Rache vgl. McHardy, *Revenge* oder Descharmes, *Rächer*.

te.[42] Ferner betont Konstan, dass in griechischen Texten auch die mit Zorn verwandten Gefühle Hass und Feindschaft eine wichtige Rolle zur Legitimation der Tötung ganzer Personengruppen spielen konnten.[43] Wie ich im nächsten Kapitel zeigen werde, wird auch Haman eine Feindschaft gegen die Juden nachgesagt.

Zunächst gilt es zu resümieren, dass Hamans im Zorn getroffener Entschluss zur Tötung des jüdischen Volkes zwar nur schwer mit anderen alttestamentlichen Traditionen in Beziehung gesetzt werden kann, seine Reaktion jedoch vor dem Hintergrund griechischer Vorstellungen als grundlegend nachvollziehbar erscheint. Diese Beobachtung fügt sich gut zu der bereits von verschiedenen Auslegerinnen und Auslegern erkannten Nähe von EstMT zur griechischen Historiographie und der Verortung der Estererzählung in hellenistische Zeit (vgl. Kapitel 1.4.3), in der die Verbreitung und Rezeption griechischer Literatur in jüdischen Schreiberkreisen wahrscheinlich zu machen ist. Somit lässt sich nicht nur Mordechais Ehrverweigerung, sondern auch Hamans Reaktion plausibel mit griechischen Vorstellungen in Beziehung setzen. Anders als in der griechischen Literatur wird Hamans Zorn in EstMT jedoch eindeutig negativ bewertet. Insofern ließe sich von einer kritischen Adaption des Motivs sprechen.

3.2.3.3 Haman, der Judenfeind – Haman, der Agagiter?

Die negative Bewertung Hamans schlägt sich in EstMT auch in seinen Beinamen nieder. Er wird als „Bedränger der Juden" (3,10; 8,1), als „Bedränger und Feind" (7,6) oder als „Feind der Juden" (9,24) charakterisiert. Diese Haltung ist allerdings nicht das Ergebnis des Konflikts mit Mordechai. Unmittelbar nachdem die anderen Hofangestellten Haman über „das Volk Mordechais" informiert haben (3,6aβ: כי הגידו לו את עם מרדכי), fasst er den Entschluss zur Vernichtung des Volkes; seine judenfeindliche Haltung scheint also bereits vorher bestanden zu haben.[44] Hamans Plan zur Tötung aller Juden wird somit zwar durch eine Ehrverletzung ausgelöst, sie bringt aber eine grundsätzliche Feindschaft ans Licht.

Auch in diesem Aspekt unterscheidet sich die Estererzählung von anderen alttestamentlichen Traditionen. Die Vorstellung einer Feindschaft gegenüber dem jüdischen Volk an sich findet sich in der hebräischen Bibel sonst nirgends.

---

42 Vgl. Konstan, *Anger*, 187.

43 Vgl. Konstan, *Anger*, 181–184 sowie Konstan, *Mass Exterminations*, 32–34.

44 Die Motivik von Bedrängern und Feinden (איב/צר) ist in verschiedenen alttestamentlichen Traditionen ein etablierter literarischer Topos, der oft in Verbindung mit gewalttätiger Intention erscheint. Besonders pointiert kommt dieses Muster im Psalter vor (vgl. z. B. Ps 3,2; 13,5; 27,2.12), darin oft in Verbindung mit der Hoffnung auf die Vernichtung des Feindes bzw. der in Gruppen auftretenden Feinde (vgl. z. B. Ps 44,6.8; 78,66; 81,15; 106,11; 108,14).

Ebenso hebt sich EstMT in diesem Aspekt von anderen antiken Traditionen ab. Wie der Althistoriker Hans van Wees betont, spielen ethnische Kategorien in antiken Texten, in denen die Vernichtung ganzer Menschengruppen erwähnt wird, zumeist keine Rolle.[45] Dem Erzähler von EstMT scheint jedoch eindeutig an der Betonung des Zusammenhangs zwischen Hamans Plan und der jüdischen Identität Mordechais gelegen. Auch wenn Mordechais Weigerung nicht ausdrücklich mit der Tora oder einer bestimmten religiösen Praxis erklärt wird, kann seine Antwort an die Hofbeamten, er sei ein Jude, als eine Form des „Bekenntnisses" zu seiner jüdischen Herkunft verstanden werden.[46]

Hamans Feindschaft wird – wie bereits in Kapitel 2.3.1 ausgeführt – in EstMT dadurch traditionsgeschichtlich „unterfüttert", dass ihm trotz seines persisch anmutenden Eigennamens eine agagitische Abstammung zugeschrieben wird.[47] Da Agag nach 1 Sam 15 der Name des Königs der Amalekiter gewesen sein soll, können in vorliegender Textgestalt Anklänge an die Tradition der Erzfeindschaft der Amalekiter und dem Volk Israel erkannt werden. In der bisherigen Auslegung diente diese intertextuelle Referenz meist als Generalschlüssel zur Interpretation des gewaltvollen Konflikts der Estererzählung. Im Aufeinandertreffen Mordechais und Hamans werde, so der einheitliche Tenor der bisherigen Forschung, der tödliche Konflikt zwischen Amalek und Israel reaktiviert. Der Jude Mordechai verkörpere als Nachfahre Kischs (2,5) das Haus Sauls, des ersten Königs Israels, der einst gegen das Volk der Amalekiter und deren König Agag kämpfte.[48] Die Tötung der Söhne Hamans und der anderen Judenfeinde in EstMT 9,1–16 verdeutliche sodann die Vernichtung Amaleks.[49] Ein solches Interpretationsmuster ist mit Blick auf den vorliegenden masoretischen Text natürlich denkbar und konnte sich bereits in der antiken Rezeption der Estergeschichte erfolgreich etablieren.[50] Das liegt m. E. jedoch nicht daran, dass die Amalek-Tradition von inte-

---

45 Vgl. van Wees, *Genocide (2016)*, 32: „Ethnic or racial motivations for genocide, so prominent in the modern world, never seem to feature in our sources." Vgl. Achenbach, *Genocide*, 99 oder Ego, *Ester*, 214–215, die Hamans Feindschaft in der „nationalen und religiösen Identität Mordechais" begründe sieht.

46 Die meisten Auslegerinnen und Ausleger erkennen hierin eine Anspielung auf die Toragebote, vgl. z. B. Loader, *Ester*, 242–243; Kossmann, *Esthernovelle*, 300–301 und Wahl, *Esther*, 100.

47 Zur Herkunft des Namens Haman vgl. die Überlegungen von Wahl, *Sprache*, 42 und Wechsler, *Novellae*, 135, Anm. 131.

48 Vgl. Calduch-Benages, *War*, 129–130, die exemplarisch für die vielen Interpretationsmodelle stehen mag, die in Hamans Handeln einen eindeutigen Bezug auf die Amalek-Tradition sehen.

49 Vgl. Ruiz-Ortiz, *Dynamics*, 216: „With the death of Haman's ten children, the Agagite's seed vanishes and the Jewish revenge on Amalek is utterly fulfilled."

50 Zur Amalek-Tradition bei Josephus siehe Kneebone, *Dilemmas*, 64–65. Vgl. Silverstein, *Veiling Esther*, 25–28 zur späteren jüdischen und islamischen Rezeption dieser Darstellung.

graler Bedeutung für den in EstMT dargestellten Konflikt wäre. Vielmehr stellt die Bezeichnung Hamans als Agagiter die einzige inneralttestamentliche Referenz dar, die dazu beiträgt, die auf der Textoberfläche kaum erklärbare Feindschaft Hamans und seinen Plan zur Tötung aller Juden vor dem Hintergrund anderer alttestamentlicher Traditionen zu plausibilisieren.

Wie in Kapitel 2.3.1 dargestellt dürfte die Amalek-Referenz jedoch eine sekundäre Eintragung in den hebräischen Text sein. Die beiden griechischen Esterbücher wissen nichts von Haman, dem Agagiter. Und auch Mordechai wird in EstLXX/EstAT nicht eindeutig mit der Linie Sauls in Verbindung gebracht.[51] Außerdem gibt es in der gesamten griechischen Esterüberlieferung keine Anspielungen an die Amalek-Tradition. Das ist umso bemerkenswerter, als dass EstLXX und ganz besonders die Zusätze ein sehr dichtes intertextuelles, mit Anklängen an alttestamentliche Gewaltdarstellungen versehenes Netz um die Estererzählung spannen und damit offenbar den Konflikt traditionsgeschichtlich neu zu deuten versuchen.[52] Es fehlen deshalb überzeugende Gründe für die Annahme, die Übersetzer und Redaktoren der griechischen Esterbücher hätten ausgerechnet den entscheidenden traditionsgeschichtlichen Bezug zur Deutung des Konflikts aus EstMT übersehen oder ausgelassen.

Noch schwerer wiegt, dass es auch in EstMT keine motivischen oder terminologischen Berührungspunkte mit der Amalek-Tradition (z. B. Ex 17,8–16; Num 24; Dtn 25; 1 Sam 15) gibt, die über Hamans Beinamen hinausgehen würden. Der Begriff „Agagiter" erinnert zweifellos an den amalekitischen König Agag.[53] Diese Figur erscheint jedoch nur einmal im Alten Testament, in 1 Sam 15; ein Volk der „Agagiter" gibt es nicht. In 1 Sam 15 wird bekanntlich Sauls Anspruch auf das Königtum verworfen, weil er dem Befehl Gottes bzw. Samuels zur Vollstreckung des Banns an den Amalekitern nicht folgt. Die Bannvollstreckung fordert

---

51 Vgl. Macchi, *Ester*, 132, Anm. 130 mit Verweis auf die Namen der Vorväter Mordechais in EstLXX 2,5, die sich nicht mit der üblichen Schreibweise von Sauls Vorfahren im griechischen Alten Testament decken.

52 Vgl. die Analyse in den Kapiteln 4.3.1 und 4.3.2.

53 Vgl. Macchi, *Ester*, 163. Möchte man Hamans Plan vor dem Hintergrund der Amalek-Tradition erklären, ließe sich auch auf die erste Erwähnung Amaleks in Ex 17 verweisen. Dort greift Amalek die Israeliten auf ihrem Weg durch die Wüste an. Von einer ethnisch motivierten Feindschaft Amaleks gegen Israel ist hier allerdings nichts zu hören. Von Mose ergeht sodann das Diktum, JHWH habe „Krieg mit Amalek von Generation zu Generation" (Ex 17,14), und in Dtn 25,19 wird dazu aufgerufen, man solle die „Erinnerung an Amalek" für immer auslöschen. In EstMT 3 finden sich allerdings keine begrifflichen oder motivischen Bezüge, die eine Verbindung mit diesen Vorstellungen nahelegen würden. Weder Mordechais Ehrverweigerung noch Hamans Vernichtungsplan wird mit Amalek in Verbindung gebracht.

die vollständige Vernichtung des fremden Lebens und Besitzes, doch Saul soll den amalekitischen König und das besonders wertvolle Vieh am Leben gelassen haben (1 Sam 15,8–9). Der erste König Israels scheitert deshalb an Gottes Auftrag und erweist sich als schlechter Regent. Dass EstMT 3 auf diese gescheiterte theologische Bewährungsprobe anspielt, scheint mir wenig wahrscheinlich. Dafür spräche allenfalls, dass beide Erzählungen durch das Motiv der Tötung einer Volksgruppe verbunden sind, und es ist gut möglich, dass hierin der entscheidende Auslöser für die „Agagitisierung" Hamans liegt. Da sich jedoch von Hamans Beinamen abgesehen keine anderen Anspielungen an 1 Sam 15 finden lassen, sind einer solchen intertextuellen Deutung der Gewaltdarstellung von EstMT enge Grenzen gesetzt. Die in 1 Sam 15 zentrale Vorstellung des Banns ist in EstMT nicht von Belang.[54] An keiner Stelle werden die Gegner der Juden in der Estererzählung mit Agag bzw. den Amalekitern in Verbindung gebracht.[55] Ausgerechnet in der Notiz über die Tötung der Hamansöhne (9,10), den vermeintlichen Nachkommen des Agagiters, fehlt Hamans agagitischer Beiname. Es bleibt deshalb zu konstatieren, dass die Amalek-Tradition für die Deutung der Gewaltdarstellung nicht von tragender Bedeutung ist.[56]

Der sekundäre Verweis auf Agag stellt allerdings einen ersten Hinweis darauf dar, dass die Gewaltdarstellung der Estererzählung bzw. besonders die Begründung von Hamans Vernichtungsplan im Laufe der Überlieferung textlichen Veränderungen unterworfen war. Damit wird nicht erst in den griechischen Esterbüchern, sondern bereits innerhalb der hebräischen Überlieferung erkennbar, dass spätere Bearbeiter versuchten, die extreme Form der Bedrohung des jüdischen Volkes neu zu deuten und Anklänge an bekannte Gewaltdarstellungen zu evozieren.

---

54 Das Vergehen Sauls und der Israeliten besteht nach 1 Sam 15,9 darin, dass sie neben dem König auch das wertvolle Vieh am Leben lassen und dieses nicht vernichten, wie es die Bannweihe verlangt hätte. Wäre EstMT 9,1–16 daran gelegen, die gescheiterte Bannvollstreckung nachholen zu lassen bzw. Sauls Fehler zu korrigieren, wäre eine Notiz über die erfolgte Bannweihe, d. h. die vollständige Vernichtung der Feinde und ihres Besitzes durch die Juden, zu erwarten. Im Kampfbericht wird allerdings dreimal betont, die Juden hätten ihre Hand nicht nach dem Besitz ihrer Feinde ausgestreckt (9,10.15.16). Anders z. B. Butting, *Buchstaben*, 81: „Ohne dass das Kriegsgesetz des Bannes im Buch Esther genannt wird, manifestiert sich im Verzicht auf die Beute die bleibende, auch und gerade nach dem Sieg geltende Unterscheidung von Israel und Amalek."
55 Vgl. Fox, *Character*, 224.
56 Vgl. Tanner, *Amalek*, 359: „Es fehlt im Buch Esther selber jeglicher Hinweis darauf, die Estergeschichte in der Tradition des Kampfes gegen Amalek zu verstehen." Ego, *Ester*, 206 schließt sich diesem Votum an.

3.2.4 Der Erlass des Vernichtungsedikts (EstMT 3,8–15)

3.2.4.1 Die Anklage gegen die Juden (EstMT 3,8–9)

Nachdem Haman per Losentscheid den Zeitpunkt der Vernichtung der Juden bestimmt hat (3,7), wendet er sich in seiner Funktion als Berater an den König, um ihn über eine vermeintlich staatsfeindliche Größe zu informieren. Der Konflikt mit Mordechai um die Proskynese, Hamans verletzter Stolz und seine Feindschaft finden in dieser Szene keine Erwähnung mehr. Die Anwendung tödlicher Gewalt gewinnt hier eine neue Dimension. Sie wird zur staatlich sanktionierten Maßnahme. So zielt Hamans Rede vor dem persischen Großkönig in EstMT 3,8–9 darauf ab, die Genehmigung dafür zu erhalten, mit den Mitteln des Großreiches gegen das jüdische Volk vorzugehen.

‎8ויאמר המן למלך אחשורוש ישנו עם אחד מפזר ומפרד בין העמים בכל מדינות מלכותך ודתיהם
‎שנות מכל עם ואת דתי המלך אינם עשים ולמלך אין שוה להניחם: ‎9אם על המלך טוב יכתב לאבדם
‎ועשרת אלפים ככר כסף אשקול על ידי עשי המלאכה להביא אל גנזי המלך:

> [8] Und Haman sprach zu König Ahasveros: „Es gibt da ein Volk, das lebt verstreut und abgesondert unter den Völkern in allen Provinzen deines Königreiches. Und ihre Gesetze sind von allen Völkern verschieden, und die Gesetze des Königs befolgen sie nicht. Und es ist für den König nicht angemessen, sie ruhen zu lassen. [9] Wenn es für den König gut erscheint, werde geschrieben, sie zu vernichten. Und ich werde zehntausend Silbertalente abwiegen in die Hände der königlichen Angestellten, um sie in die Schatzkammer des Königs bringen zu lassen." (EstMT 3,8–9)

Die Passage folgt inhaltlich der negativen Qualifizierung Hamans. In seiner Rede verbinden sich Halbwahrheiten mit falschen Behauptungen über das jüdische Volk.[57] Wie oft erkannt wurde, nennt Haman in seiner Rede den Namen des von ihm angeklagten Volkes nicht, so dass der König im Unklaren darüber bleibt, dass ausgerechnet das Volk seiner Frau bzw. seines Lebensretters getötet werden soll.[58] Haman spricht stattdessen von „einem Volk" (עם אחד), was sich sowohl als Hinweis auf die Homogenität der Gruppe als auch auf ihre Bedeutungslosigkeit verstehen lässt.[59] Er verschweigt zudem den wahren Auslöser des Konflikts und entwirft stattdessen ein weitreichendes Bedrohungsszenario. Unter allen Völkern sei ein verstreut und abgesondert lebendes Volk zu finden, das nur seine eigenen Gesetze achte. Der letztgenannte Vorwurf ist allerdings insofern falsch, als sich

---

57 Vgl. zum Inhalt der Rede den Beitrag von Fleishman, *Ahasuerus* sowie die Ausführungen bei Ego, *Ester*, 218–221.
58 Vgl. Macchi, *Ester*, 167.
59 Vgl. Clines, *Esther*, 294.

aus Mordechais Verhalten kaum auf eine generelle Gesetzlosigkeit des jüdischen Volkes schließen lässt. Die Gesetze der Juden bzw. das Übertreten eines königlichen Gesetzes waren im Falle der verweigerten Proskynese zudem gar nicht von Belang. Es lag lediglich ein königliches „Gebot" (EstMT 3,3: מצות המלך) vor, das die Verbeugung vor Haman anordnete. Die Behauptung, dass alle Juden die königlichen Gesetze missachten würden, ist deshalb eine von Mordechais Aktion her nicht ableitbare Generalisierung. Gleiches gilt für die Behauptung, die Juden hätten von allen anderen Völkern abweichende Gesetze. Schon die Tatsache, dass Mordechai als Jude bis zum Konflikt mit Haman ohne Probleme am persischen Hof arbeiten konnte, spricht gegen diesen Vorwurf. Am Ende seiner Rede scheint Haman den König zudem mit einem großen finanziellen Angebot von seinem Vorhaben überzeugen zu wollen, was zu der Charakterisierung als „prahlerisch" passen würde.[60] Durch diese Elemente wird Hamans Argumentation eindeutig negativ bewertet. Die Tötung der Juden erscheint als Ergebnis von Hamans Verallgemeinerungen, mit denen er den König manipuliert.

Die Juden erscheinen in dieser Episode gleichzeitig als Opfer einer persönlichen Intrige, als Objekte von Verleumdung und Stereotypisierung sowie – aus Sicht Hamans bzw. des Perserkönigs – als zu tötende Staatsfeinde. Neben der extremen Form der Bestrafung ist vor allem die Begründung des Planes auffällig. Der Vorwurf, das gesamte jüdische Volk sei eine sonderbare und gesetzlose Größe, geht deutlich über die z. B. in den Danielerzählungen überlieferten Konflikte jüdischer Einzelfiguren mit dem fremden Staat hinaus.[61] Diese außergewöhnliche Korrelation der ethnischen Stereotypisierung und Verurteilung einerseits und der durch ein Großreich dekretierten Absicht zur Vernichtung der gesamten Volksgruppe andererseits ist eine Eigenart der Estererzählung. In Ansätzen lassen sich für beide Elemente jedoch auch in anderen literarischen Traditionen vergleichbare Vorstellungen finden.

---

60 In der Auslegung ist umstritten, ob Haman die „zehntausend Talente Silber" (EstMT 3,9) selbst zahlt oder ob er diese Summe dem König als Profit aus der Plünderung des jüdischen Besitzes verspricht. Macchi spricht sich mit Verweis auf parallele Wendungen in 1 Sam 18,12 und Esr 8,26.33 für erstere Option aus. Darauf deutet auch Esters Rede vor dem König in EstMT 7,4 hin. Dort führt sie an, sie und ihr Volk seien von Haman „verkauft" (נמכרנו) worden.

61 Anders Ego, *Ester*, 201, die vermutet, von Dan 1–6 ausgehend sei es „inhaltlich nur noch ein kleiner Schritt zur prinzipiellen Unmöglichkeit der Koexistenz des jüdischen Volkes mit der Weltmacht, wie sie im Esterbuch erscheint."

3.2.4.2 Jüdische Partikularität

Die Rede Hamans vor dem König bietet eine im Alten Testament einzigartige, von jüdischen Schreibern formulierte Außensicht auf die Juden und ihre Lebensform. In der kurzen Sequenz werden ihre vermeintliche Abgesondertheit, die Partikularität ihrer Gesetze sowie ihre angebliche Gesetzlosigkeit als Argumente angeführt, um ihre Vernichtung zu legitimieren. Obwohl diese Behauptungen im weiteren Erzählverlauf relativiert bzw. widerlegt werden, macht das dritte Kapitel deutlich, dass eine solche Form der Verleumdung und ethnischen Stereotypisierung das Potential besitzt, extreme Formen der Gewalt gegen Juden auszulösen. Während sich im Alten Testament keine vergleichbaren Positionen finden, lassen sich in außerbiblischen Quellen ähnliche Ressentiments vernehmen.[62]

So wurde in der jüngeren Esterforschung wiederholt darauf hingewiesen, dass sich Hamans Anklagepunkte mit Aussagen paganer Autoren in Beziehung setzen lassen, die meist im Kontext des antiken Antijudaismus diskutiert werden.[63] Der vermeintlich älteste Beleg stammt von dem griechischen Autor Hekataios von Abdera (spätes 4. bzw. frühes 3. Jh. v. u. Z.), der vor allem für seine Darstellung der Geschichte Ägyptens bekannt ist. Ihm wird ein bei Diodor (1. Jh. v. u. Z.) überlieferter Exkurs über das jüdische Volk zugeschrieben, der umrahmt ist von einer Erzählung darüber, wie einst fremde Volksgruppen während einer Pest aus Ägypten vertrieben worden seien, unter anderem, da sie von den Ägyptern abweichende Traditionen pflegten (*Bib. Hist.* 40,3,1). Die meisten Vertriebenen seien nach Griechenland gezogen. Eine große Volksgruppe sei allerdings

---

62 Die Vorstellung einer Abgrenzung des israelitisch-judäischen bzw. jüdischen Volkes von den anderen Völkern ist in Ansätzen natürlich bereits in der alttestamentlichen Überlieferung angelegt. Sie ist Teil eines komplexen und vielgestaltigen Identitätsbildungsprozesses, bei dem besonders kultische Praktiken (Speise- und Reinheitsgebote, Beschneidung etc.) zur Abgrenzung nach außen und zur Versicherung der eigenen Identität eine Rolle spielen, vgl. z. B. Olyan, *Rites*, 63–90; Kessler, *Identität* oder Berkowitz, *Difference*, 1–40. Bekannt ist z. B. das Diktum des nicht-israelitischen Sehers Bileam beim Anblick des Volkes Israel: „Siehe, ein Volk, das alleine lebt und sich nicht zu den Völkern zählt!" (Num 23,9b) In späterer Zeit kennt der Aristeasbrief die mosaischen Gesetze als eine Art Schutzwall, der vor Vermischung mit anderen Völkern schützen soll (*Arist.* 139). Auch Josephus weiß davon, dass Juden sich aktiv durch ihre „Absonderung" (ἀμιξία) von anderen Völkern zu unterscheiden suchen, vgl. *Ant.* 13,247. In *Ant.* 13,245 rekurriert Josephus sogar auf den letztlich aufgegebenen, an die Estererzählung erinnernden Plan einiger Berater des seleukidischen Königs Antiochus VII., das Volk der Juden wegen ihrer Abgesondertheit (τῆς διαίτης ἀμιξίαν) töten zu lassen.

63 Vgl. jüngst Ego, *Ester*, 200–203 und Macchi, *Ester*, 168. Bei Stern, *Authors*, sind die in anderen Werken enthaltenen Referenzen auf Hekataios auf den Seiten 27–44, die auf Manetho auf den Seiten 62–65 versammelt. Für eine jüngere Diskussion des Materials vgl. Bloch, *Vorstellungen*, 29–41; Berthelot, *Hecateus*; Bar-Kochva, *Image*, 90–135.247–249 oder Kratz, *Greek Historians*, 268–274.

unter Führung eines gewissen Mose nach Judäa ausgewandert und habe in Jerusalem einen Tempel errichtet. Dieses Volk habe sich auf Initiative ihres Anführers hin „eine Art misanthropische und ungastliche Lebensführung" (ἀπάνθρωπός τινα καὶ μισόξενος βίον in *Bib. Hist.* 40,3,4) angeeignet.[64] Hekataios gilt in der Forschung deshalb als ältester Vertreter für die Überzeugung, die Juden lebten seit jeher in Abgrenzung von anderen Menschen.[65] In jüngerer Zeit sind allerdings an der Authentizität sowie an dem vermeintlich hohen Alter des Berichts von Hekataios Zweifel aufgekommen. So vermutet Reinhard G. Kratz, dass die polemischen Äußerungen einer anderen Quelle entstammen oder dass sie womöglich auf Diodor selbst zurückgehen.[66] In diesem Fall würden sie bereits eine römische Sicht auf die Juden widerspiegeln. Grundsätzlich spricht jedoch nichts gegen die Annahme, dass bereits in hellenistischer Zeit derartige Vorwürfe gegen die Juden aufgekommen sind und dass sich besonders der Vorwurf der Partikularität der jüdischen Lebensführung zu einem Stereotyp entwickeln konnte.[67]

Wie Katell Berthelot aufgezeigt hat, lässt sich der Ursprung des Misanthropie-Motivs, das Hekataios zugeschrieben wird, im hellenistischen Diskurs um die von allen Mitgliedern einer Stadtgemeinde erwartete Teilnahme am öffentlichen Leben finden. Wer sich der sozialen, öffentlichen Interaktion entzog, galt als Misanthrop.[68] Hekataios bzw. Diodor vergleicht nun den jüdischen Lebenswandel mit dieser Einstellung. Dieser Vergleich wird nun nicht mit einem allgemeinen schlechten oder menschenfeindlichen Charakter der Juden, sondern mit einer bestimmten Form der Lebensführung begründet, die wiederum auf Mose zurückgeführt wird. Es ist deshalb anzunehmen, dass die vermeintliche Eigenartigkeit der Juden mit ihren Bräuchen und Gesetzen erklärt wurde, durch die sie sich im hellenistischen Umfeld von anderen Volksgruppen unterschieden.[69]

---

64 Vgl. Berthelot, *Philantrôpia*, 72–77 zur Übersetzung des nur äußerst selten bezeugten Ausdrucks μισόξενος als Gegenstück zu φιλόξενος. Deshalb dürfte das Wort nicht als „fremdenfeindlich" zu übersetzen sein. Vgl. ferner Collins, *Anti-Semitism*, 95. Anders z. B. Bloch, *Vorstellungen*, 31, der hier „recht asoziale und fremdenfeindliche Lebensweise" übersetzt.

65 Zur Bewertung von Hekataios vgl. z. B. Gruen, *Heritage*, 54; Moyer, *Egypt*, 94–101 oder Collins, *Invention*, 134–135.

66 Vgl. Kratz, *Greek Historians*, 270–274.

67 Vgl. Moore, *Identity*, 142–144. Moore demonstriert, dass das Phänomen ethnischer Stereotypisierung seit Herodot ein verbreitetes Motiv griechischer Ethnographie war, das sich mitnichten nur gegen Juden richtete. So wurden vormals auch die Ägypter durch Hekataios als andersartige und ungastliche Volksgruppe charakterisiert (*Bib. Hist.* 1,67.8–11). Aufgrund der Nähe dieser Darstellung zum Judenexkurs ist möglich, dass Hekataios seine Sichtweise auf die Ägypter auf die Juden übertrug, vgl. Gager, *Origins*, 42–43 sowie Moore, *Identity*, 257.

68 Vgl. Berthelot, *Hecateus*.

69 Diese Charakterisierung der Juden erinnert an die Spartaner, denen ebenfalls Abgrenzung,

Dafür spricht auch ein weiterer Bericht, der Hekataios von anderer Hand als Diodor zugeschrieben wird. So überliefert Josephus (*C. Ap.* 1,191), Hekataios bewundere das jüdische Volk dafür, „wie wir uns zu unseren Gesetzen verhalten – dass es uns lieber ist, alles (Erdenkliche) zu ertragen, um diese nicht zu übertreten".[70] Das Besondere am jüdischen Volk sei demnach die strikte Einhaltung der eigenen Gesetze.

In Hamans Anklage in EstMT 3,8–9 begegnet also eine Sichtweise auf das jüdische Volk, die ähnlich auch außerhalb der biblischen Literatur anzutreffen ist und die erstmals in hellenistischer Zeit greifbar wird: Pagane Autoren behaupten, die Juden hätten eigenartige Gesetze und lebten in Abgrenzung zu anderen Menschen. Das Besondere an der Estererzählung ist nun, dass diese Einschätzung zur Staatssache wird und den mächtigsten Vertretern des Großreiches als Grund dient, mit tödlicher Gewalt gegen das jüdische Volk vorzugehen. In den beiden folgenden Abschnitten möchte ich aufzeigen, dass sich auch diese Vorstellung plausibel in die hellenistische Zeit verorten und mit griechischen Texten in Beziehung setzen lässt.

3.2.4.3 Imperiale Vernichtungsabsicht (EstMT 3,13)

Haman überzeugt den persischen König mit seiner Rede von der Notwendigkeit zur Vernichtung der angeklagten Volksgruppe. Wie die Berater im Kontext der Waschti-Episode schlägt auch Haman vor, mit einem schriftlichen Erlass gegen die vermeintliche Gefahr vorzugehen. Da der Herrscher nicht weiß, von wem Haman eigentlich spricht und dass die Vorwürfe unzutreffend sind, stimmt der König dem Vorschlag bedingungslos zu (3,10–11).[71] Haman lässt die königlichen Schreiber rufen und diktiert ein an alle Verwaltungsbeamten im Perserreich adressiertes, „im Namen des Königs" (3,12: בשם המלך) erlassenes und mit dem königlichen Siegelring versehenes Schreiben.

---

eigenartige Lebensführung, militärische Stärke sowie die Partikularität ihrer Gesetze nachgesagt wurden. Vgl. Berthelot, *Hecateus*, mit weiterer Literatur in den Fußnoten 33–34. Die assoziative Verbindung zwischen Juden und Spartanern dürfte dabei durchaus im Interesse jüdischer Autoren der hellenistischen Zeit gelegen haben: 1 Makk 12,21 führt z. B. ein fiktionales Dokument an, nach dem Abraham der gemeinsame Stammvater beider Völker sei (vgl. auch die Notiz bei Josephus in *Ant.* 13,164–179.) Für die weite Diskussion der jüdisch-spartanischen Affiliation siehe beispielhaft Gruen, *Affiliation*.

70 Zitiert nach Josephus, *Ursprünglichkeit*, 137.

71 Vgl. Wahl, *Esther*, 98 und Grossman, *Esther*, 98–100. Zur insgesamt ambivalenten Figurenzeichnung des persischen Königs in EstMT vgl. Bellmann, *Theologie*, 65–68.

ונשלוח ספרים ביד הרצים אל כל מדינות המלך להשמיד להרג ולאבד את כל היהודים מנער ועד זקן
טף ונשים ביום אחד בשלושה עשר לחדש שנים עשר הוא חדש אדר ושללם לבוז:

> Und es wurden durch Eilboten Briefe gesandt in alle Provinzen des Königs, um auszurotten, zu töten und zu vernichten alle Juden, vom Jungen bis zum Alten, Kinder und Frauen, an einem Tag, am dreizehnten des zwölften Monats, das ist der Monat Adar, und ihre Beute zu plündern. (EstMT 3,13)

In kaum zu überbietender Drastik kommt in diesem Erlass die staatlich sanktionierte Absicht zur vollständigen und systematischen Vernichtung des jüdischen Volkes zur Sprache. Neben der im Alten Testament einmaligen, pleonastischen Verbindung der drei jeweils für sich bereits mit weitreichender Gewaltausübung verbundenen Verben שמד, הרג und אבד geschieht dies durch die ausdrückliche Absicht, auch alle nicht wehrfähigen Mitglieder des Volkes töten zu lassen.[72] Hinzu kommt die Festlegung der Tötung auf einen einzigen Tag (יום אחד) sowie die Absicht zur Plünderung des jüdischen Besitzes.[73] Da das Schreiben nach 3,14 „allen Völkern bekanntgemacht" wird (גלוי לכל העמים), scheinen prinzipiell alle Bewohner des Perserreiches dazu aufgerufen, diesem Edikt Folge zu leisten.

Für die Interpretation dieser extremen Gewaltvorstellung ist zunächst wichtig zu betonen, dass es keine literarischen Überlieferungen über Pläne des persischen Großreiches gibt, ganze Volksgruppen zu vernichten. Natürlich finden sich im altorientalischen Kulturraum grundsätzlich viele Berichte über das harte Vorgehen von Großreichen, die z. B. rebellierende Vasallenstaaten mit äußerst gewaltvollen Mitteln bestraften. Die Perser waren sicherlich keine Ausnahme in dieser Hinsicht.[74] Doch zumindest mit Blick auf das Herrschergeschlecht der Achämeniden, zu denen Xerxes I. (bzw. der „Ahasveros" genannte König aus EstMT) zählte, fällt auf, dass deren Gewaltdarstellungen wie z. B. in der Behistun-Inschrift weniger drastisch anmuten als die der zuvor herrschenden Assyrer oder Babylonier.[75] In Bezug auf Verwaltung ihres Großreiches sagt man den Achämeniden sogar nach, sie seien ihren „Untertanen im Hinblick auf ihre Gepflogenheiten

---

72 Für eine Übersicht der anderen Belegstellen und ihrer Bedeutung vgl. Ruiz-Ortiz, *Dynamics*, 73–79. Mit Michel, *Gott*, 27, der „Anhang, Tross" als Übersetzung für טף vorschlägt, ist zu betonen, dass dieser Begriff nicht nur Kinder, sondern all diejenigen beschreibt, die nicht marsch- bzw. wehrfähig sind. Zu möglichen intertextuellen Bezügen vgl. Achenbach, *Vertilgen*, 303–304.
73 Die Erwähnung eines „einzigen Tages" drückt im Alten Testament mehrfach die besondere Schicksalhaftigkeit von Ereignissen aus, vgl. z. B. 1 Sam 2,34; 1 Kön 20,29; Jes 10,17; 47,9; 66,8; Sach 3,9; 2 Chr 28,6.
74 Vgl. zur Übersicht Waters, *Xerxes*.
75 Vgl. Tulpin, *War*, 39.

und Bräuche mit einer gewissen Toleranz"[76] entgegengetreten. Maria Brosius hält die Vorstellung einer gegen das jüdische Volk gerichteten, achämenidischen Vernichtungskampagne deshalb für ein rein fiktionales Motiv ohne Anhaltspunkte in literarischen oder historischen Quellen: „Again, this episode is solely for the storyline to work."[77] Das in EstMT 3 geschilderte Vorgehen fügt sich außerdem nicht gut ein in das, was andere biblische Traditionen über die Perser zu berichten wissen. Texte wie Dan 1–6, Deuterojesaja (Jes 40–55) oder die Bücher Esra und Nehemia zeichnen bekanntlich ein weitgehend harmonisches Bild der Perserherrschaft.[78] Dass das hebräische Esterbuch zumindest in Bezug auf das Vernichtungsmotiv von dieser Tendenz abweicht, könnte ein weiteres Indiz für den Einfluss griechischen Bildungsgutes darstellen. Das griechische Perserbild war jedenfalls deutlich dunkler gefärbt als das der alttestamentlichen Literatur. Nach den Perserkriegen stilisierten die griechischen Geschichtsschreiber (insb. Xenophon und Herodot) die Herrschaft der Perser zu einem Gegenbild zur aus ihrer Sicht freien und gerechten Lebensform der Griechen. Die Perser galten ihnen hingegen als unzivilisiert, barbarisch und grausam.[79]

Wenngleich es in der griechischen Geschichtsschreibung keine Berichte über persische Vernichtungskampagnen gibt, galt den Griechen selbst die tödliche Bestrafung ganzer Menschengruppen grundsätzlich als legitime Handlungsoption von Großreichen. Nach Analyse des Althistorikers Hans van Wees können zum Beispiel die Traditionen über die athenischen Strafkampagnen gegen die Stadtstaaten von Mytilene oder Melos als Beispiele von Gewalttaten gelten, die ein nahezu genozidales Ausmaß erreichten.[80] Nach der Überlieferung von Thukydides galt es den Athenern z. B. als Grund, die komplette Bevölkerung der spartanischen Kolonie Melos (416/5 v. u. Z.) töten zu lassen, da die Melier sich nicht

---

76 Vgl. Ego, *Ester*, 58.

77 Brosius, *Fact*, 198.

78 Vgl. zur Übersicht Eckhardt, *Memories*, 252–255.259–260. Natürlich finden sich auch spannungsvolle Momente in der zumeist positiven Darstellung: In Esr 4 wird z. B. vom Widerstand der Samaritaner gegen den Jerusalemer Tempelbau berichtet. Mit einem Brief an den persischen König soll es den Samaritanern gelungen sein, den Tempelbau zu stoppen. König Ahasveros soll sogar verfügt haben, das Bauvorhaben „mit Waffengewalt" (Esr 4,23) zu stoppen. Auch wenn sich für die Datierung des Esrabuches bzw. dieses Konflikts wohl ebenfalls eine hellenistische Abfassungszeit nahelegt (jüngst z. B. Heckl, *Neuanfang*, 400–409), mag dieser Bericht verdeutlichen, dass die literarische Erinnerung an die Perserherrschaft durchaus ambivalente Töne zulässt.

79 Nach Frei/Koch, *Reichsidee*, 138 zeichneten die griechischen Autoren den persischen König dabei als „orientalischen Despoten".

80 Vgl. van Wees, *Genocide (2010) in the Ancient World* bzw. van Wees, *Genocide (2016)*. Für die mytilenische Debatte vgl. Thukydides 3,37–48, für den Melierdialog vgl. Thukydides 5,84–116.

der athenischen Hegemonie beugen, sondern Neutralität wahren wollten.[81] Die Athener sahen in dieser Haltung des eigentlich unbedeutenden und ungefährlichen Inselstaates einen nicht hinnehmbaren Affront, weshalb sie dessen völlige Zerstörung anordneten. In den von Thukydides im Melierdialog überlieferten Aussagen der athenischen Politiker wird diese Form der Bestrafung deshalb als legitimes und souveränes Vorgehen des Großreiches beschrieben. Obwohl sich kein Vorteil durch die Zerstörung der Kolonie ergab und obwohl das Vergehen der Melier keine militärische Bedrohung für die Athener bedeutete, galt das harte Eingreifen als Ausdruck einer notwendigen, gerechten Strafe, die helfen sollte, das Ansehen des Großreiches zu wahren.

Van Wees hat in seiner Analyse weitere mögliche Vergehen als Auslöser solcher militärischen Strafgerichte gruppiert und analysiert.[82] Allen Szenarien sei gemeinsam, dass nie eine akute Bedrohung von der zu bestrafenden Gruppierung ausging. Stattdessen zeige sich, dass die Vernichtungsabsicht vor allem den symbolpolitischen Interessen von Großreichen entsprang, die ihren Machtanspruch gefährdet sahen.[83] Während die Bekanntheit dieser literarischen Traditionen in hellenistischer Zeit in der Forschung kontrovers diskutiert wird, wird doch eines deutlich:[84] Das scheinbar unbegrenzte Gewaltpotential von Großreichen bzw. deren Anwendung tödlicher Gewalt gegen ganze Menschengruppen war in der griechischen Kultur bekannt. Den griechischen Geschichtsschreibern zufolge war es sogar denkbar, dass ganze Bevölkerungsgruppen zum Opfer tödlicher Strafaktionen werden konnten. Und dies vor allem deshalb, weil es die Ehre und die Machtansprüche eines Großreiches zu wahren und zu sichern galt.

Damit zeigt sich darin ein mit EstMT 3 vergleichbares Begründungs- und Handlungsmuster: Die Vernichtung der eigentlich unbedeutenden und in militärischer Hinsicht ungefährlichen Volksgruppe der Juden erscheint nach EstMT 3 nicht zuletzt deshalb als nötig, da die Existenz des jüdischen Volkes die Macht und Ehre des Königs bzw. des Großreiches in Frage stellt. So gipfelt Hamans Rede in der Aussage, der Regent könne das Fortbestehen des angeklagten Volkes nicht tolerieren. Es sei „für den König nicht angemessen, sie ruhen zu lassen"

---

81 Für eine Diskussion vgl. Will, *Untergang*, 95–113.
82 Vgl. van Wees, *Genocide (2010)*, 253–255 bzw. van Wees, *Genocide (2016)*, 30–32.
83 Nach van Wees, *Genocide (2010)*, 256, war „[I]ntentional genocide [...] legitimate, according to ancient sources, when a community had committed a serious offence which called for the ultimate punishment." Er bezeichnet diese Form der Bestrafung als „conspicuous desctruction" (240), als „sichtbare" bzw. „symbolische Zerstörung."
84 Vgl. für eine inhaltliche Diskussion z. B. Scardino, *Gestaltung*, 477–483 oder Will, *Herodot*, 226–227. Zur Verbreitung vgl. Hornblower, *Reception* sowie etwas optimistischer Winiarczyk, *Diagoras*, 53: „The actions of the Athenias were condemned throughout Greece [...]."

(3,8bβ: ולמלך אין שוה להניחם).[85] Wie in der griechischen Literatur erscheint die tödliche Bestrafung der Juden also letztlich deshalb als legitim, da ihre Lebensführung aus Sicht der Herrschenden einen nicht zu tolerierenden Angriff auf den Machtanspruch des Großreiches darstellt.

3.2.4.4 Gewalt und Vernichtung in 1 Makk

Das dritte Kapitel des hebräischen Esterbuches weist somit nicht nur, wie die bisherige Forschung bereits anhand bestimmter Klischees über die Perserzeit wie der Darstellung des Verwaltungs- und Postsystems oder des Motivs der Proskynese aufgezeigt hat, Berührungspunkte mit griechischen Vorstellungen auf. Auch das Vernichtungsmotiv sowie die erzählerische Begründung dieser Absicht lässt sich grundsätzlich mit griechischem Bildungsgut in Verbindung bringen, was der Annahme einer hellenistischen Abfassung dieses Kapitels weiteres Gewicht verleiht. Im Folgenden werde ich zeigen, dass sich diese Vermutung mit Blick auf eine weitere Gewaltdarstellung aus dem griechischen Alten Testament erhärten lässt: Im ersten Makkabäerbuch wird wie im Esterbuch von Konflikten der Juden mit einem Großreich erzählt. Das aus einer hebräischen Vorlage übersetzte, historiographisch angelegte Werk berichtet unter anderem von den Erfolgen der „Makkabäer" genannten, jüdischen Gruppierung gegen das griechische Herrschergeschlecht der Seleukiden, das nach dem Tod Alexanders des Großen (323 v. u. Z.) im 3. und 2. Jahrhundert weite Teile des ehemaligen Perserreiches übernahm. In Ansätzen begegnet darin auch die Vorstellung, das jüdische Volk sei von Vernichtung bedroht. Damit ist die Gewaltdarstellung von 1 Makk diejenige alttestamentliche Tradition, die dem Bedrohungsszenario von EstMT 3 am nächsten steht.

Bereits der Beginn von 1 Makk weckt Erinnerungen an die Estererzählung. Die Handlung nimmt ihren Ausgangspunkt an einem tödlichen Konflikt zwischen dem jüdischen Volk und dem seleukidischen Großreich, den 1 Makk auf eine „Diastase zwischen Reichsrecht und jüdischem Recht"[86] zurückführt (vgl. 1 Makk 1,11–15.41–53). So werden im ersten Kapitel gewaltvolle Maßnahmen des seleukidischen Königs Antiochus IV. beschrieben, die sich gegen die jüdischen Gesetze gerichtet haben sollen, weil diese nicht mit den gültigen Gesetzen vereinbar gewesen seien. Antiochus wird darin nachgesagt, er habe per Edikt verfügt, alle Völker sollen „zu einem Volk werden" (εἶναι πάντας εἰς λαὸν ἕνα in 1 Makk

---

85 Das Motiv der „Ruhe" (נוח) verbindet Hamans Plan mit dem späteren Erfolg der Juden: Bei ihren Kämpfen erreichen sie „Ruhe" vor ihren Feinden (vgl. EstMT 9,16–18.22), vgl. Levenson, *Esther*, 71 oder Macchi, *Ester*, 169.
86 Achenbach, *Vertilgen*, 312.

1,41) und jeder solle seine „Gesetze" (νόμιμα) aufgeben (1 Makk 1,43).[87] Das Ziel dieser Aktion sei gewesen, dass sich alle Völker – insbesondere das jüdische Volk – der griechischen Lebensweise anschließen. Wer sich diesem Erlass widersetzte, soll getötet worden sein. In drastischen Worten beschreibt 1 Makk 1,51–64, wie die Seleukiden die gesetzestreuen Juden verfolgt, massakriert und selbst Kleinkinder grausam hingerichtet haben sollen.

Hinter dieser brutalen Maßnahme tritt eine zentrale Überzeugung der Darstellung von 1 Makk ans Licht: Alle Juden, die ihren eigenen Gesetzen anhängen, werden verfolgt und getötet.[88] Zwar werden diese Vorgänge nicht ausdrücklich als Vernichtungsabsicht gedeutet, 1 Makk 1 teilt dennoch – wie bereits von verschiedenen Auslegerinnen und Auslegern erkannt – verschiedene Motive mit dem in EstMT 3 entfalteten Konflikt:[89] Das vordergründige Interesse des Königs ist in beiden Erzählungen die Machtsicherung des Großreiches. In beiden Darstellungen entzündet sich der gewaltvolle Konflikt daran, dass die Juden eigene, mit dem Großreich angeblich unvereinbare Gesetze befolgen würden. Diese Abweichung wird vom Regenten nicht toleriert, weshalb ein schriftlicher Erlass im ganzen Reich erlassen wird. In EstMT 3 stimmt der persische König dem von seinem höchsten Beamten getroffenen Vernichtungsplan zu, in 1 Makk verordnet der griechische Regent selbst die Verfolgung und massenhafte Hinrichtungen von Juden. Anders als im Esterbuch bleibt den Juden in 1 Makk allerdings die Möglichkeit, sich den griechischen Bräuchen zu unterwerfen, um der tödlichen Gefahr zu entgehen.

Diese Maßnahmen der Seleukiden sollen sich nach den Worten des makkabäischen Gründungsvaters Mattatias in gleicher Weise gegen den jüdischen Kult sowie gegen die Existenz des jüdischen Volkes an sich gerichtet haben. Ihm wird die folgende Klage in den Mund gelegt: „Wehe mir! Warum wurde ich geboren, um die Zerstörung meines Volkes und die Zerstörung der heiligen Stadt zu sehen?" (1 Makk 2,7a).[90] Es deutet sich hierin an, dass die im deutschen Sprachraum verbreitete Bezeichnung der seleukidischen Maßnahmen als „Religionsverfolgung" zu kurz greift. Im darauffolgenden Kapitel, in dem erstmals Judas Makkabäus, ein Sohn von Mattatias, auftritt, wird den Seleukiden sodann ausdrücklich die

---

87 Zu möglichen Bezügen zu Dan 3 vgl. Goldstein, *1 Maccabees*, 120. Dass das Schreiben alle historische Plausibilität gegen sich hat, ist weitgehender Konsens, vgl. bereits Gruen, *Hellenism*, 251–252 sowie jüngst Bernhardt, *Revolution*, 238–245.

88 Zu den parallelen Vorgängen in 2 Makk 4–5 vgl. Doran, *Persecution*.

89 Vgl. Schaack, *Ungeduld*, 170; Kossmann, *Esthernovelle*, 360 und Macchi, *Le droit*, 100–101.

90 καὶ εἶπεν Οἴμμοι, ἵνα τί τοῦτο ἐγεννήθην ἰδεῖν τὸ σύντριμμα τοῦ λαοῦ μου καὶ τὸ σύντριμμα τῆς ἁγίας πόλεως.

Absicht zur Vernichtung der Juden unterstellt. Judas schwört seine Anhänger mit folgenden Worten zum Kampf gegen die Griechen ein:

> [20] αὐτοὶ ἔρχονται ἐφ' ἡμᾶς ἐν πλήθει ὕβρεως καὶ ἀνομίας τοῦ ἐξᾶραι ἡμᾶς καὶ τὰς γυναῖκας ἡμῶν καὶ τὰ τέκνα ἡμῶν τοῦ σκυλεῦσαι ἡμᾶς. [21] ἡμεῖς δὲ πολεμοῦμεν περὶ τῶν ψυχῶν ἡμῶν καὶ τῶν νομίμων ἡμῶν.

> [20] „Sie kommen gegen uns in großer Hybris und Gesetzlosigkeit, um uns und unsere Frauen und Kinder zu vernichten und um uns auszuplündern. [21] Wir aber führen Krieg für unsere Leben und für unsere Gesetze." (1 Makk 3,20–21)

Den Seleukiden wird hierin nachgesagt, sie seien hochmütig und gesetzlos und sie planten, das jüdische Volk mitsamt Frauen und Kindern zu töten und auszuplündern. Dies motiviert Judas und seine Anhänger zum „Krieg" gegen die Angreifer, der als Kampf um das eigene Leben und für die eigenen Gesetze dargestellt wird. Die Bedrohung ist in dieser Darstellung also ein entscheidender Aspekt, der die makkabäischen Kämpfe gegen die Seleukiden legitimiert.[91] Das Motiv erscheint im Anschluss mehrfach in ähnlicher Typik und in vergleichbarer rhetorischer Funktion. Als die Seleukiden unter General Lysias ein großes Heer aufbieten, erkennen Judas und seine Brüder z. B. die Absicht der Griechen zur „Zerstörung und Vernichtung" des jüdischen Volkes (ποιῆσαι τῷ λαῷ εἰς ἀπώλειαν καὶ συντέλειαν in 1 Makk 3,42, vgl. 3,43.52.58), weshalb sie den bewaffneten Kampf gegen die Seleukiden beschließen. In besonders prägnanter Form erscheint das Motiv der Vernichtung ferner im Zusammenhang mit dem Auftreten des seleukidischen Generals Nikanor in 1 Makk 7. Diesem wird – in gewisser Analogie zu Haman – nachgesagt, er sei von hochmütigem und frevlerischem Charakter gewesen (insb. 1 Makk 7,34–35) und er habe „Israel gehasst und angefeindet" (μισοῦντα καὶ ἐχθραίνοντα τῷ Ισραηλ). Auch sei Nikanor vom Seleukidenkönig geschickt worden, „um das Volk zu vernichten" (καὶ ἐνετείλατο αὐτῷ ἐξᾶραι τὸν λαόν in 1 Makk 7,26).[92] Doch nicht nur die Seleukiden, auch die umliegenden Völker wenden sich in der Erzählung von 1 Makk gegen die Juden. Als sie

---

91 Das Motiv der „Frauen und Kinder" erscheint mehrfach in 1 Makk als Ausdruck feindlicher Aggression (vgl. 1 Makk 1,32.60–61; 2,38; 5,13; 13,6).
92 In der Nikanor-Episode wecken mehrere Motive Assoziationen an EstMT 9: Zum Beispiel erinnert das öffentliche Zur-Schau-Stellen der abgeschlagenen Körperteile Nikanors in 1 Makk 7,47; 2 Makk 15,32–35 an die Schändung der Hamansöhne in EstMT 9,13–14. Die Einsetzung eines Festtags (1 Makk 7,48; 2 Makk 15,36) steht der Einsetzung des Purimfestes nahe (vgl. EstMT 9,16–19). Vor allem ist auffällig, dass das Datum des Kampfes zwischen den Makkabäern und dem Heer Nikanors, der 13. Adar, mit dem Datum von Hamans Vernichtungsplan bzw. dem jüdischen Sieg in EstMT 9 übereinstimmt. Vgl. dazu Kapitel 3.3.2.3.

davon erfahren, dass die Makkabäer den Tempel in Jerusalem wiedereingeweiht haben, planen sie ebenfalls, „das Geschlecht Jakobs, das in ihrer Mitte lebte, zu vernichten" (ἐβουλεύσαντο τοῦ ἆραι τὸ γένος Ιακωβ τοὺς ὄντας ἐν μέσῳ αὐτῶν in 1 Makk 5,2).[93] Und auch im ostjordanischen Gilead sehen sich die Juden von Vernichtung bedroht (vgl. 1 Makk 5,9–10.27).

Ein vergleichbares Szenario wird im Zuge der Wahl Simons zum Anführer der Makkabäer bzw. der Juden entworfen. Bevor dieser zum Anführer Israels eingesetzt wird, wird berichtet, dass die umliegenden Völker planten, das jüdische Volk zu vernichten „und ihr Andenken unter den Menschen zu vertilgen" (καὶ ἐξάρωμεν ἐξ ἀνθρώπων τὸ μνημόσυνον αὐτῶν in 1 Makk 12,53). Simon hört ferner davon, dass auch der Seleukide Tryphon sein Volk auslöschen will (1 Makk 13,1). In Anbetracht dieser Bedrohung braucht das jüdische Volk einen kampfbereiten Anführer: Die Antrittsrede Simons in 1 Makk 13,3–6 inszeniert ihn als Retter seines Volkes. Zum wiederholten Male kommt darin die existenzielle Bedrohung des jüdischen Volkes in den Blick:

πλὴν ἐκδικήσω περὶ τοῦ ἔθνους μου καὶ περὶ τῶν ἁγίων καὶ περὶ τῶν γυναικῶν καὶ τέκνων ὑμῶν, ὅτι συνήχθησαν πάντα τὰ ἔθνη ἐκτρῖψαι ἡμᾶς ἔχθρας χάριν.

„Doch ich werde Vergeltung üben für mein Volk und für das Heiligtum und für eure Frauen und Kinder, denn alle Völker haben sich zusammengetan, um uns der Feindschaft willen zu vernichten." (1 Makk 13,6)

Dieser kurze Ausblick auf 1 Makk macht deutlich, dass das Vernichtungsmotiv der Estererzählung seine engste Parallele nicht im hebräischen, sondern im griechischen Alten Testament hat. Das ebenfalls in hellenistischer Zeit abgefasste erste Makkabäerbuch erzählt von mehreren Vernichtungsversuchen durch die Seleukiden, aber auch durch andere Völker. Das Besondere ist nun, dass diese Angriffe nach der Darstellung von 1 Makk dazu führen, dass sich die Juden hinter ihre Anführer stellen, sie sich versammeln, sie gemeinsam gegen ihre Feinde kämpfen und sie diese erfolgreich besiegen können. Somit steht die Vorstellung der Vernichtung des jüdischen Volkes in 1 Makk dem Esterbuch nicht nur motivisch nahe, sondern ihr kommt auch eine vergleichbare narrative Funktion zu: Die drohende Vernichtung aller Juden begründet und legitimiert die gewaltvolle jüdische Reaktion. Wie die Makkabäer gegen die Seleukiden und andere Völker

---

93 Das Motiv einer Bedrohung durch die „Völker ringsum" ist zwar ein gängiges alttestamentliches Motiv (vgl. Dtn 25,19; 1 Sam 14,47–48; Neh 4,1–2), dass dieses mit der Absicht zur Vernichtung verbunden wird, ist jedoch eine Eigenheit von 1 Makk. Zum traditionsgeschichtlichen Hintergrund von 1 Makk 5 siehe Berthelot, *War*, 78–79.

einen Kampf ums Überleben führen, so versammeln sich die persischen Juden in EstMT 9,1–16 zum Kampf gegen Zehntausende Feinde, die Hamans Vernichtungsbeschluss umsetzen wollen. Diese Beobachtung spricht einerseits weiter gegen literarkritische Zugänge, die EstMT 9,1–16 als sekundäre Zusätze einstufen wollen. Die Darstellung eines jüdischen Kampfes gegen eine geplante Vernichtungsaktion scheint ein literarisches Muster zu sein. Andererseits erlaubt diese Ähnlichkeit zwischen 1 Makk und EstMT die Vermutung, beide Werke würden einem ähnlichen intellektuellen Milieu entstammen und womöglich auf dieselben historischen Umstände Bezug nehmen. Diese Vermutung wird sich durch die Analyse der Gewaltdarstellung von EstMT 8–9 sowie durch die historische Kontextualisierung der hebräischen Estererzählung erhärten.

3.2.5 Synthese zu EstMT 3

Die vorangehende Analyse hat aufgezeigt, dass das Motiv der geplanten Vernichtung des jüdischen Volkes eine Sonderstellung innerhalb der Gewaltdarstellungen der hebräischen Bibel einnimmt. An keiner anderen Stelle kommt die Vorstellung einer völligen Vernichtung jüdischer Existenz so eindeutig und drastisch zur Sprache. In masoretischer Textform evoziert Hamans „agagitische" Abstammung zwar ferne Anklänge an 1 Sam 15 und damit an die Erzfeindschaft zwischen Israel und Amalek, doch dürfte diese genealogische Notiz einen sekundären Zusatz darstellen. Zudem lässt sich Hamans im Zorn getroffene Absicht zur Vernichtung des gesamten jüdischen Volkes nicht als Reaktivierung dieses Konflikts erklären. Vielmehr scheint EstMT unterschiedliche, innerhalb wie außerhalb der hebräischen Bibel entwickelte Begründungszusammenhänge und -muster einzuspielen, die nur in ihrer Korrelation dazu beitragen, dass die eigentlich unerklärliche, existenzielle Bedrohungslage des jüdischen Volkes denkbar bzw. vorstellbar wird. Dabei spielt die literarische, kulturelle und historische Welt der hellenistischen Zeit eine entscheidende Rolle.

Das gilt zunächst für das Eröffnungskapitel von EstMT 1, das auf den ersten Blick nicht mit Gewalt in Verbindung steht. Die Erzählung von der Verweigerung Waschtis und ihrer Bestrafung bereitet subtil das dritte Kapitel vor: Im politischen System der Estererzählung können individuelle Ehrverletzungen kollektive Strafen nach sich ziehen. Der von griechischen Vorstellungen bzw. Stereotypen geprägte Perserhof der Estererzählung wird so zum Schauplatz der Bedrohung des gesamten jüdischen Volkes. Innerhalb des dritten Kapitels wird Hamans Plan zunächst mit dessen Hochmut und seinem Zorn begründet. Vor dem Hintergrund alttestamentlichen Weisheitsdenkens kann Haman als mustergültiger Vertreter eines hochmütigen, stolzen und gewaltbereiten Frevlers gelten. Sein Plan zur Ver-

nichtung einer ganzen Volksgruppe aufgrund einer individuellen Ehrverweigerung geht jedoch deutlich über die weisheitliche Kritik an frevlerischem Handeln
hinaus. Von der griechischen Literatur her gelesen scheint diese Absicht besser
verständlich: Die Verbindung aus Hamans Zorn, seinem Rachewunsch und
seinem Plan, als Vertreter eines Großreiches den individuellen Affront gegen die
imperialen Ansprüche in einer kollektiven Straf- bzw. Tötungsaktion zu ahnden,
erscheint als ein Muster, das sich auch in verschiedenen griechischen Traditionen finden lässt. Das lässt sich kaum mit der Annahme literarischer Abhängigkeit
zwischen einem bestimmten griechischen Text und der Estererzählung erklären,
sondern damit, dass die Autoren von EstMT grundsätzlich mit griechischem Bildungsgut vertraut waren.

In die Zeit griechischer Vorherrschaft weist schließlich auch die engste Par-
allele des Vernichtungsmotivs von EstMT 3 innerhalb der jüdischen Literatur,
im ersten Makkabäerbuch. Wie meine Analyse gezeigt hat, nimmt das in der
Auslegung oft „Religionsverfolgung" genannte Vorgehen der Seleukiden in der
Darstellung von 1 Makk Züge einer gegen das jüdische Volk an sich gerichteten
Vernichtungsaktion an. Doch nicht nur den Griechen, sondern auch anderen
Völkern wird in der Darstellung von 1 Makk nachgesagt, sie planten, die Juden zu
vernichten. Wie im Esterbuch kann diese existenzielle Bedrohung nur dadurch
abgewendet werden, dass die Juden sich versammeln und ihre Feinde im Kampf
zurückschlagen. In dieser Nähe der beiden Traditionen deutet sich somit die
Möglichkeit an, die hebräische Estererzählung als eine literarische Reaktion auf
die gewaltvollen Ereignisse der Makkabäerzeit zu verstehen. Eine Eigenheit der
Estererzählung bleibt jedoch die Vorstellung eines systematischen und sozusagen globalen Vernichtungsplanes: Während in 1 Makk diejenigen Juden in und
um Jerusalem von tödlicher Gewalt bedroht sind, werden in EstMT ausnahms-
los alle Mitglieder des im gesamten (persischen) Weltreich lebenden jüdischen
Volkes zu Opfern der Vernichtungskampagne.

Mit dieser Perspektive erreicht die alttestamentliche Darstellung jüdischer
Existenz unter persischer Herrschaft einen Tiefpunkt. Die in EstMT 3 gezeichnete
Perspektive unterscheidet sich deutlich von dem sonst so wohlwollenden Bild der
Perserzeit. Da die Estererzählung mit ihrem skeptischen Blick auf die Vorgänge
am Perserhof dem griechischen Perserbild nahesteht, ist auch an dieser Stelle
mit dem Einfluss griechischer Vorstellungen zu rechnen. Dennoch gibt es in der
Estererzählung Raum für Zwischentöne. Trotz des grausamen Vernichtungsplanes und des skeptischen Blickes auf die Vorgänge am Perserhof lässt sich eine
gewisse Zurückhaltung davor erkennen, „die Perser" im Allgemeinen zu Feinden
der Juden zu stilisieren. In der Welt von EstMT kann die Jüdin Ester immerhin
persische Königin werden, und Mordechai arbeitet problemlos mit anderen Angestellten gemeinsam am persischen Hof. Der Vernichtungsplan geht allein auf den

Judenfeind Haman zurück. Er wird zwar vom persischen König unterzeichnet, doch Haman scheint seine Gründe dafür zu haben, den Namen der Juden in seiner Anklage zu verschweigen. Aus seinem Edikt geht ferner nicht eindeutig hervor, dass das persische Heer mit der Vernichtung der Juden beauftragt ist. In EstMT 3,14 werden neben Verwaltungsbeamten „alle Völker" (לכל העמים) als Adressaten des Schreibens angeführt. Zumindest in der empathischen Reaktion der Bevölkerung Susas nach der Veröffentlichung des Vernichtungsedikts in EstMT 3,15 – „die Stadt Susa aber war schockiert" (והעיר שושן נבוכה) – deutet sich an, dass die Erzählung keine grundsätzliche bzw. spezifisch „persische" Judenfeindschaft voraussetzt.[94]

Somit entwerfen die ersten Kapitel der hebräischen Estererzählung eine auffällig ambivalente Perspektive auf die Perserherrschaft. Dies bestärkt den Eindruck, dass diese Darstellung nicht als Spiegelbild einer Konfliktsituation der persischen Diasporajuden zu verstehen ist. Vielmehr legt sich nahe, dass die historische Fiktion von EstMT die persische Bühne dazu nutzt, um über Fragen nach Gefahren und Chancen jüdischer Existenz unter der Herrschaft eines Großreiches nachzudenken, die vermutlich andere historische Umstände zur Voraussetzung haben.

Für den weiteren Handlungsverlauf bleibt durch die ambivalente Schilderung der jüdischen Situation jedenfalls die Hoffnung bestehen, dass die große Bedrohung abgewendet werden kann. Besonders die in EstMT 3,8 von Haman gegen die Juden vorgetragenen Anklagepunkte eröffnen erzählerische Möglichkeiten zu ihrer Rehabilitierung und Rettung. Zwar tritt das jüdische Volk im weiteren Handlungsverlauf von EstMT 4–8 kaum als kollektiv handelnde Größe auf, jedoch deutet schon das gemeinsame Fasten aller Juden im Anschluss an die Veröffentlichung von Hamans Beschluss darauf hin (vgl. 4,3.16), dass sie trotz ihrer verstreuten Existenz potentiell als Einheit handeln können.[95] Diese Fähigkeit wird es ihnen erlauben, im Kampf gemeinsam gegen diejenigen vorzugehen, die Hamans Edikt befolgen. Auch der Vorwurf der Abgesondertheit wird im weiteren Erzählverlauf zurückgewiesen. Der hintere Buchteil lässt keinen Zweifel daran, dass Ester und Mordechai zur politischen Interaktion mit dem Großreich fähig sind. Der Vorwurf der Missachtung königlicher Gesetze wird sich schließlich in dem von Mordechai erlassenen Gegenedikt als „Gesetz" (8,13, 9,1) als unzutref-

---

94 Vgl. Ego, *Ester*, 229 oder Macchi, *Ester*, 173.

95 Zum Motiv vgl. Ego, *Ester*, 233–239. Wie die Belege 1 Sam 7,6 oder 2 Chr 20,3 verdeutlichen, kann ein Fasten „auch vor einem Entscheidungskampf" (Knauf, *1 Könige 1–14*, 444) einberufen werden, weshalb sich das Motiv durchaus mit den Kämpfen aus dem neunten Kapitel in Beziehung setzen lässt.

fend erweisen. Es zeichnet sich somit ab, dass die Wende des jüdischen Schicksals deshalb gelingt, da die Juden aus der vermeintlichen Ohnmacht heraustreten und ihre Gegner mit denselben Waffen schlagen können.

3.3 Die Vergeltung der Juden nach EstMT 8–9

Mit der Hinrichtung Hamans in EstMT 7,10 an dem einst für Mordechai aufgestellten Holz können Ester und Mordechai den Urheber des Vernichtungsplanes, nicht aber die Gültigkeit des Erlasses beseitigen. In den Kapiteln 8–9 wird deshalb die jüdische Strategie zur Abwendung von Hamans Plan aus EstMT 3 entfaltet. Diese besteht aus zwei Stufen: der politischen Interaktion Esters und Mordechais mit dem Perserhof und dem anschließenden Kampf des jüdischen Volkes gegen seine Feinde. Die folgenden Unterkapitel widmen sich mit einer textpragmatisch und traditionsgeschichtlich ausgerichteten Analyse verschiedenen Elementen dieser Strategie.

Ich werde zunächst den politischen Rahmen skizzieren, der den jüdischen Machtzuwachs und damit den Erlass eines Gegenschreibens möglich macht (vgl. Kapitel 3.3.1.1). Im Anschluss gilt es, den Inhalt dieses Edikts zu untersuchen, das sowohl jüdische Absicht zur Verteidigung als auch zur Vergeltung nennt (vgl. Kapitel 3.3.1.2). Außerdem werde ich darlegen, welche erzählerische Funktion dem Motiv der „Furcht" der Völker in EstMT 8,17 zukommt (vgl. Kapitel 3.3.1.3). Während die bisherige Forschung bereits auf mögliche traditionsgeschichtliche Bezüge innerhalb der hebräischen Bibel hingewiesen hat, möchte ich aufzeigen, dass die Motivik von EstMT 8 markante Berührungspunkte mit dem ersten Makkabäerbuch aufweist. Das gilt insbesondere für die motivische Verbindung von erfolgreicher jüdischer Diplomatie und militärischer Macht. Dieser Verdacht lässt sich in Bezug auf den Kampfbericht und die Einsetzung von Purim als Siegesfeier im neunten Kapitel weiter erhärten (vgl. insbesondere Kapitel 3.3.2.3). Infolge der sich bereits in EstMT 8 abzeichnenden Macht und Überlegenheit der Juden erscheint ihr Vorgehen am 13. und 14. Adar nicht als ein knapp gewonnener Kampf ums Überleben, sondern als ein souverän geführter Vergeltungsschlag, bei dem die Judenfeinde vernichtend geschlagen werden. Dieser Ausblick sowie die Nähe zur Literatur der Makkabäerzeit legt die Grundlage für die historische Verortung der hebräischen Estererzählung und ihrer Gewaltdarstellung in Kapitel 3.4.

3.3.1 Das Gegenedikt (EstMT 8)

In EstMT 8 wird davon erzählt, wie Mordechai in ein neues politisches Amt gehoben wird, wie dem Vernichtungsedikt Hamans ein jüdisches Schreiben entgegengestellt wird und wie die Reaktion auf die Veröffentlichung dieses Erlasses unter der jüdischen und nichtjüdischen Bevölkerung ausfällt. Diese drei Aspekte sind für das Verständnis der jüdischen Gewaltausübung in 9,1–16 von entscheidender Bedeutung.

1. Der politische Rahmen (EstMT 8,1–10.15–16). Die königliche Erlaubnis an die Juden, mit Waffengewalt gegen Hamans Edikt und gegen mögliche Feinde vorzugehen, ist das Ergebnis der politischen Interaktion von Ester und Mordechai mit dem persischen Hof. Dieser Aspekt soll den Machtzuwachs der Juden im Großreich und die Legitimität der jüdischen Gewaltanwendung verdeutlichen. Das erschwert zugleich die Interpretation der Kämpfe als Form des gewaltsamen „Widerstands" gegen das bestehende Herrschaftssystem.

3,1:	Hamans Machtposition	8,1–2:	Mordechais/Esters Machtposition
3,8–9:	Hamans Rede vor dem König	8,3–6:	Esters Rede vor dem König
3,10–11:	Zustimmung des Königs	8,7–8:	Zustimmung des Königs
3,12:	Abfassung des Vernichtungsedikts	8,9–10:	Abfassung des Gegenedikts
3,13–14:	Inhalt und Aussendung	8,11–14:	Inhalt und Aussendung
3,15:	Reaktionen auf das Vernichtungsedikt	8,15b.17:	Reaktionen auf das Gegenedikt
4,3:	Trauer der Juden	8,16:	Freude der Juden

2. Der Inhalt des Gegenedikts (EstMT 8,11–13). Das von Mordechai verfasste Gegenedikt gibt die Zielrichtung der jüdischen Aktionen vor. Dies geschieht unter wörtlicher Aufnahme der Terminologie von Hamans Vernichtungsschreiben aus 3,13: Die Juden dürfen dieselben gewaltvollen Mittel anwenden, die einst gegen sie geplant waren. Anders als in der jüngeren Auslegung vorgeschlagen, lässt sich die Ausrichtung des Gegenschreibens deshalb nicht auf den (durchaus wichtigen) Aspekt der Selbstverteidigung reduzieren. Nach 8,11–13 stellen Vergeltung und Verteidigung keine miteinander unvereinbaren Alternativen dar.

3. Furcht als Auswirkung des Gegenedikts (EstMT 8,17). Bereits vor dem Aufeinandertreffen der Juden und ihren Feinden wird mit der „Furcht" (פחד), die die „Völker des Landes" befällt, eine erste Auswirkung des Gegenedikts beschrieben: Eine große Gruppe von Nichtjuden „verhält sich wie Juden" (מתיהדים). Im Gegensatz zur weitverbreiteten Annahme, das Hapaxlegomenon מתיהדים bezeichne einen religiös motivierten Vorgang wie z. B. eine Konversion, möchte ich eine alternative Deutung vorschlagen. Aus Furcht vor der militärischen Überlegenheit der Juden wechseln viele Nichtjuden die Seite, scheiden als potentielle Gegner der Juden am 13. Adar aus und imitieren das Verhalten der Juden.

Das achte Kapitel des hebräischen Esterbuches entfaltet eine wichtige machtpolitische Pointe: Die Juden erweisen sich als geschickte politische Akteure, die auf höchster Ebene mit dem imperialen Herrscher verhandeln und die Macht des Großreiches zum Wohl des jüdischen Volkes lenken können. Diese Perspektive stellt die Weichen für die Interpretation der jüdischen Kampfhandlungen in EstMT 9,1–16. Anders als oft vorgeschlagen, stellen die Kämpfe der Juden gegen ihre Feinde keine Form des gewaltsamen Widerstandes *gegen* das angeblich dysfunktionale und feindlich gesinnte, imperiale Herrschaftssystem dar;[96] sie sind das Ergebnis der Interaktion der Juden *mit* dem Hof. Von dieser Einsicht ausgehend schlage ich vor, den Erzählverlauf der Kapitel 8–9 als Ausdruck eines machtpolitischen „Adaptionsprozesses" zu verstehen: In den beiden Kapiteln spiegelt sich – ganz besonders mit Blick auf die Fähigkeit zur Ausübung kollektiver Gewalt als Ausdruck von Macht – die Überzeugung wider, dass die Juden in der Lage sind, entscheidende Aspekte imperialer Herrschaft zu adaptieren und für die eigenen Zwecke zu nutzen. Sie agieren letztlich selbst wie ein Großreich: Sie nutzen das imperiale Postsystem zur Verbreitung eines reichsweit gültigen Edikts, sie rüsten sich zu einem bestimmten Zeitpunkt an allen Orten zum Kampf und töten in einer großangelegten militärischen Aktion Zehntausende Feinde im gesamten Perserreich. Das gelingt auf souveräne Art und Weise, so dass die Gegner ihnen nichts entgegensetzen können. Die folgende Analyse des achten Kapitels hat die Vorbereitung dieses militärischen Erfolgs durch Ester und Mordechai am Perserhof zum Gegenstand.

3.3.1.1 Der politische Rahmen

3.3.1.1.1 Der Weg zum Gegenedikt (EstMT 8,1–10)

Das achte Kapitel steht in enger struktureller Beziehung zum dritten.[97] Wesentliche Inhalte werden wiederaufgenommen, inhaltlich jedoch umgekehrt: Esters und Mordechais Interaktion mit dem König steht in einem spiegelbildlichen Verhältnis zu Hamans Vorgehen, um seinen Plan zur Vernichtung der Juden durchzusetzen.

In EstMT 8 stehen Ester und Mordechai als persische Königin und als Berater vor dem König, der im hinteren Buchteil zunehmend zum Unterstützer der jüdischen Sache wird. Zunächst wird Mordechai das Haus Hamans (8,1) und sodann der königliche Siegelring übertragen (8,2a: ויסר המלך את טבעתו אשר העביר מהמן ויתנה למרדכי). Dieses Motiv hat eine Parallele in 3,10, als Haman ebendieses Machtsymbol zur Legitimierung seines Edikts erhalten hatte (ויסר המלך את טבעתו מעל ידו ויתנה להמן). Es deutet sich damit zu Beginn des achten Kapitels an, dass

---

96 So z. B. Craig, *Reading*; Berlin, *Storytelling*; Sharp, *Irony*, 65–81; Green, *Power* oder Macchi, *Denial*.

97 Vgl. Ego, *Ester*, 342, Anm. 347 mit weiterer Literatur.

auch Mordechai ein Schreiben aufsetzen wird. Ermöglicht wird dies jedoch erst durch Esters Interaktion mit dem König (8,3–6).[98]

Die Sequenz EstMT 8,3–6 setzt damit ein, dass Ester vor dem Herrscher niederfällt, weint und um Erbarmen fleht (8,3). Ihre Rede in 8,5 beginnt sie mit einer auffälligen, vierfachen Wohlgefälligkeitsformel: „Wenn es gut ist für den König, und wenn ich Gnade vor ihm gefunden habe, und wenn die Sache dem König recht ist und ich gut erscheine in seinen Augen […].“ (אם על המלך טוב ואם מצאתי חן לפניו וכשר הדבר לפני המלך וטובה אני בעיניו). Ihre Demut und Niedrigkeit werden durch diese Elemente überdeutlich herausgestellt. Diese Charakterisierung erfüllt offenbar den Zweck, ihre Figur in Kontrast zu Haman zu setzen, der als impulsiv, hochmütig und zornig dargestellt wurde. Damit können nicht nur in Mordechais, sondern auch in Esters Figurendarstellung weisheitliche Züge erkannt werden. Im weisheitlichen Denken gilt Demut bekanntlich als Gegenstück zu Hochmut.[99] Dazu passt auch der Inhalt ihrer Rede: Indem Ester darum bittet, das von Haman geplante „Böse“ (רעת) und dessen „Plan“ (מחשבתו) abzuwenden (8,3), werden Assoziationen an zwei in der Weisheitsliteratur negativ besetzte Motive eingespielt.[100] Haman erscheint somit wie bereits im dritten Kapitel als Frevler.[101] Es gibt allerdings auch Gemeinsamkeiten zwischen Haman und Ester in der Art der Interaktion mit dem persischen König. Wie Haman appelliert auch sie in ihrer Rede an die Ehre und das Selbstverständnis der Herrschenden: Als Königin und Jüdin könne sie der Umsetzung von Hamans Plan nicht tatenlos zusehen (8,6). Das Ansehen des Regenten würde Schaden nehmen, würde ihrem Volk im Namen des Königs Unrecht geschehen. Diese Argumentation nimmt Hamans Votum auf, es zieme sich nicht für den König, das ungehorsame Volk am Leben zu lassen (3,8), wendet es aber in jüdischem Interesse um. Wie auch Haman verlangt Ester deshalb nach einem königlichen Erlass. Sie bittet in 8,5bα darum, dessen Schreiben schriftlich umzukehren (יכתב להשיב את הספרים מחשבת המן).

Hamans Edikt kann im politischen System der Erzählung allerdings nicht einfach aufgehoben werden. Stattdessen überträgt der König den Juden die nötige Handlungskompetenz, um ein Gegenedikt zu erlassen. Im ersten Teil der königlichen Antwort auf Esters Bitte drückt sich zunächst sein Wohlwollen den Juden gegenüber aus: Er habe Ester das Haus Hamans geschenkt und diesen exe-

---

98 Zur politischen Funktion der Figur Esters vgl. Bellmann, *Theologie*, 76–81.
99 Vgl. z. B. Prov 29,23 nach der Elberfelder-Übersetzung (2006): „Der Hochmut eines Menschen erniedrigt ihn; der Demütige aber erlangt Ehre.“
100 Vgl. z. B. Prov 16,30 nach der Elberfelder-Übersetzung (2006): „Wer seine Augen zukneift, tut es, um Falschheit zu ersinnen (לחשב); wer seine Lippen zusammenkneift, hat das Böse (רעה) schon fertig.“
101 Vgl. Loader, *Ester*, 266 und Niditch, *War*, 121–122.

kutieren lassen, „da er seine Hand gegen die Juden ausgestreckt hatte" (8,7bβ:
על אשר שלח ידו ביהודיים). Diese Begründung unterscheidet sich von der königlichen Haltung im Kontext der Überführung Hamans als Übeltäter im Kapitel zuvor (vgl. 7,8). Dort hatte er die Hinrichtung Hamans als Strafe für einen vermeintlich gewaltvollen Annäherungsversuch an Ester angeordnet.[102] Die Figur des Königs übernimmt in 8,7 also die von Ester vertretene Perspektive der Gefährdung des gesamten jüdischen Volkes. Seine den Juden wohlwollende Haltung ist deshalb kein Ausdruck von Unentschlossenheit oder Schwäche, sondern eher ein Hinweis auf seine Überzeugung und seinen Willen zur aktiven Unterstützung der Juden.[103] Im zweiten Teil der Antwort gestattet er Ester und Mordechai, ein jüdisches Gegenedikt im Namen des Königs zu verfassen.

ואתם כתבו על היהודים כטוב בעיניכם בשם המלך וחתמו בטבעת המלך כי כתב אשר נכתב בשם
המלך ונחתום בטבעת המלך אין להשיב:

> Ihr aber schreibt bezüglich der Juden, wie es gut in euren Augen ist, im Namen des Königs und siegelt mit dem Siegelring des Königs. Denn ein Schreiben, das im Namen des Königs geschrieben und mit dem Siegelring des Königs gesiegelt ist, kann man nicht widerrufen. (EstMT 8,8)[104]

Wie einst Haman schreiben durfte, wie es „gut in seinen Augen" war (3,10: כטוב
בעיניך), erhalten nun die Juden offenbar dieselbe Freiheit (כטוב בעיניכם). In der Auslegung ist allerdings umstritten, worauf sich die königliche Antwort im letzten Versteil bezieht. Sollte diese Notiz das jüdische Schreiben im Blick haben und implizieren, dass ihr Edikt durch das königliche Siegel „nicht widerrufen" werden kann (אין להשיב), würde die Autorisierung der Juden durch den König bestärkt. Alternativ lässt sich die Notiz allerdings auch auf das einst mit dem königlichen Siegelring versehene Edikt Hamans beziehen.[105] In diesem Fall würde stärker

---

102 Vgl. Macchi, *Ester*, 265.
103 Anders z. B. Loader, *Ester*, 267: „Die Darstellung des törichten Königs findet hiermit ihren Abschluß."
104 Zur aktivischen Übersetzung von אין להשיב siehe Holmstedt/Screnock, *Esther*, 217.
105 Vgl. zur Diskussion Ego, *Ester*, 346–347. Der wörtliche Bezug zwischen Esters Bitte um das Aufheben des Schreibens von Haman (8,5: להשיב את הספרים) und der Negation des Königs (8,8: אין להשיב) könnte als Hinweis auf die Unmöglichkeit der Rücknahme des einmal geschriebenen Erlasses von Haman ausgewertet werden, so Wills, *Jew*, 168–169 mit Bezug auf Dan 6,9.13. Vgl. dazu Schaack, *Ungeduld*, 222–256. Die alternative Interpretation vertritt z. B. Kratz, *Translatio imperii*, 241–253, der vermutet, das jüdische Gesetz werde hier als Bestandteil des persischen Rechts anerkannt. Mit der Interpretation dieses Verses hängt die intensiv diskutierte Frage nach dem Motiv der Unabänderlichkeit der persischen Gesetze zusammen, vgl. dazu Clines, *Reading*,

die Unfähigkeit des Königs betont, den Juden zu helfen.[106] Die beiden Optionen schließen einander jedoch nicht aus. Im unmittelbaren Kontext steht die Antwort des Königs zweifellos in Beziehung zu Esters Anfrage (8,5: להשיב את הספרים). Der König kann das Edikt Hamans nicht für ungültig erklären.[107] Er verneint Esters Anfrage in diesem Punkt. Stattdessen überträgt er den Juden die Autorität zum Verfassen eines eigenen, in gleicher Weise legitimierten Schreibens. So schlussfolgert Beate Ego: „Das neue Edikt annulliert das alte nicht, sondern setzt ein deutliches Gegengewicht zu diesem und kreiert somit neue Spannung für den Fortgang des Geschehens."[108] Diese Interpretation passt zu der in den Kapiteln 8–9 insgesamt erkennbaren Tendenz, den König zunehmend als eine den Juden wohlwollende Figur zu zeichnen.[109]

Durch diesen Vorgang verschieben sich die Machtverhältnisse nachhaltig zugunsten der Juden. Das zeigt sich nicht nur in der königlichen Unterstützung oder in der auffällig gehäuften Erwähnung der „Juden" in dieser Passage, sondern auch in einzelnen Varianten im Vergleich zum dritten Kapitel. Unter anderem unterscheiden sich die Art und Weise, wie das jüdische Edikt verfasst und verbreitet wird. So wird den königlichen Schreibern das diktiert, „was Mordechai befahl" (8,9: ויכתב ככל אשר צוה מרדכי). Nach 8,10 „schreibt" (ויכתב), „siegelt" (ויחתם) und „sendet" (וישלח) Mordechai das jüdische Schreiben sogar selbst. Nach 3,12 wurde ebenfalls geschrieben, „was Haman befahl" (ויכתב ככל אשר צוה המן), die weiteren Verbformen sind jedoch allesamt passivisch formuliert: Es „wurde geschrieben und gesiegelt" (נכתב ונחתם) und nach 3,13 „wurden Briefe gesendet" (ונשלוח ספרים).[110] Diese Variationen sollen vermutlich anzeigen, dass Mordechai souveräner als Haman agiert. Um alle Juden zu erreichen, wird das Edikt zudem zusätzlich „an die Juden in ihrer Schrift und Sprache" (8,9: ואל היהודים ככתבם וכלשונם) verbreitet. Auch wird die Versandgeschwindigkeit des jüdischen Edikts gegenüber dem Schreiben Hamans betont, indem nur im Falle

---

35; Achenbach, *Genocide*, 104 und Ego, *Ester*, 346.

106 So Macchi, *Denial*, 265 sowie Macchi, *Ester*, 266.

107 Verschiedentlich wurde allerdings vermutet, Hamans Edikt werde de facto aufgehoben, vgl. Wahl, *Esther*, 11: „Auf Esthers erneutes Bitten hin hebt ein durch Eilboten in die Provinzen gesandtes königliches Dekret das geplante Pogrom auf." Ähnlich De Troyer, *End*, 130–133 und Achenbach, *Genocide*, 104. Dagegen spricht jedoch schon die Tatsache, dass nach 9,1 zahlreiche Feinde auftreten, die das am 13. Adar gültige Gesetz, d. h. Hamans Erlass, umsetzen wollen.

108 Vgl. Ego, *Ester*, 346.

109 Das Bild vom König als Unterstützer der Juden wiederholt sich in 9,11–14, als er ihnen einen zweiten Kampftag erlaubt, sowie in 9,25, wo dem König deren alleinige Rettung zugesprochen wird, vgl. Macchi, *Ester*, 299.

110 Vgl. Loader, *Ester*, 256; Harvey, *Morality*, 51 und Ego, *Ester*, 349.

des jüdischen Schreibens die offenbar besonders schnellen, berittenen Boten des persischen Postsystems eingesetzt werden (8,10.14).[111] Die Beauftragung der Reiter verweist somit nicht nur auf die Dramatik der Ereignisse, sondern auch auf die besondere Unterstützung der Juden durch die Machtmittel des Großreiches. Diese Unterschiede der Machtverhältnisse in der Darstellung des dritten und des achten Kapitels bringen zum Ausdruck, dass die jüdische Reaktion auf Hamans Plan nicht als eine bloße Imitation, sondern auch als eine Überbietung des Vorherigen verstanden werden will. Ester und Mordechai erweisen sich Haman gegenüber als überlegen. Sie sind die besseren, loyaleren und aufrichtigeren Berater des Königs.[112] Indem sie mit dem Herrscher interagieren und dessen Legitimation zum Erlass eines Gegenedikts zur Abwendung des drohenden Unrechts erhalten, werden zudem zwei der Anklagepunkte Hamans widerlegt: Die Juden leben nicht in Absonderung von ihrer Umgebung. Ester und Mordechai versinnbildlichen die Vorstellung einer gelingenden, aktiven jüdischen Interaktion mit dem fremden Staat. Auch sind ihre Absichten nicht unvereinbar mit dem Reichsrecht. Das von Mordechai aufgesetzte Schreiben, das den Juden die Anwendung tödlicher Gewalt gestattet, wird als „Gesetz" verbreitet (8,13; vgl. 9,1: דת) und trägt ausdrücklich die königliche Autorisierung.[113] Diese außergewöhnliche Fusion der Interessen der Juden und des persischen Großreiches wird im Anschluss an die Verbreitung von Mordechais Schreiben in seinem Empfang in Susa in 8,15–16 gefeiert. Diese kurze Sequenz, die die zweite Hälfte der politischen Rahmenhandlung des achten Kapitels darstellt, werde ich im Folgenden in den Blick nehmen.

3.3.1.1.2 Mordechais Macht (EstMT 8,15–16)
Nachdem das jüdische Schreiben im ganzen Reich verbreitet wurde, tritt Mordechai vor die Bewohnerschaft Susas. Durch sein öffentliches Auftreten wird seine bereits in EstMT 8,1–2 angedeutete Machtposition auch außerhalb des königlichen Palastbereiches erkennbar. Seine Erhöhung ist nun vollständig. Er tritt in königlicher Kleidung auf und wird als ranghöchster persischer Beamter gefeiert. Gleichzeitig nimmt er als Autor des jüdischen Gegenedikts die Rolle eines Anführers seines Volkes ein, was den Juden allen Grund zur Freude gibt.[114]

---

111 Vgl. dazu Ego, *Ester*, 351 bzw. Macchi, *Ester*, 269, der die Notiz allerdings als Glosse einstuft.
112 Vgl. treffend Ruiz-Ortiz, *Dynamics*, 191: Die Juden seien ein „independent people under the guidance of cunning leaders who manoeuvre the royal powers for the preservation of all the Jews."
113 Vgl. Fox, *Character*, 215.
114 Ego, *Ester*, 354 erkennt im Jubel der Juden unter Verweis auf die vergleichbare Motivik in Jes

ומרדכי יצא מלפני המלך בלבוש מלכות תכלת וחור ועטרת זהב גדולה ותכריך בוץ וארגמן והעיר ¹⁵
שושן צהלה ושמחה: ¹⁶ ליהודים היתה אורה ושמחה וששן ויקר:

¹⁵ Und Mordechai ging hinaus von dem König in königlichem Gewand – Purpurblau und
Weiß – mit einer großen Krone aus Gold und mit einem Mantel aus Byssus und Purpurrot.
Die Stadt Susa aber jauchzte und freute sich. ¹⁶ Für die Juden war Licht und Freude, Jubel
und Ansehen. (EstMT 8,15–16)

An dieser Darstellung fallen drei Aspekte auf: die freudige Reaktion der Bevölkerung Susas, die wertvollen Materialien, die Mordechai trägt, und schließlich
die doppelte „Amtsfunktion", die er als Hofbeamter und Anführer seines Volkes
übernimmt. Diese Elemente bestärken den Eindruck, dem achten Kapitel liege
daran, das Bild einer gelingenden Interaktion der Juden mit dem Großreich zu
entwerfen.

In der Reaktion der Bevölkerung Susas in 8,15 drückt sich zunächst die Vorstellung aus, dass der jüdische Machtzuwachs auch von Nichtjuden positiv aufgenommen wird.[115] Einerseits bezieht sich der Jubel im Kontext von 8,15 zweifellos
auf Mordechais Erhöhung, der aus dem Königspalast heraus vor die Stadtbevölkerung tritt: Die „Stadt Susa" (העיר שושן), d. h. die gesamte, jüdische wie nichtjüdische Bewohnerschaft, jubelt dem neuen ranghöchsten Hofbeamten des
Perserreiches zu. Andererseits lässt sich der Jubel auch als Reaktion der Stadtbevölkerung auf das Edikt Mordechais interpretieren. Dies legt die analoge Funktion der „Stadt Susa" in 3,15 und 8,15 nahe: Am Ende des dritten Kapitels zeigte
sich die Stadtbevölkerung schockiert über Hamans Beschluss zur Vernichtung
der Juden, in 8,15 jubelt diese Gruppe nun nach der Veröffentlichung von Mordechais Gegenschreiben. In diesem Aspekt manifestiert sich die bereits im dritten
Kapitel angedeutete Überzeugung, dass nicht alle Nichtjuden den Juden feindlich
gegenüberstehen.[116] Im Machtzentrum des persischen Großreiches, Susa, wird
der Aufstieg des Juden Mordechai am Hof sowie sein Aufruf, die Judenfeinde zu
bekämpfen, positiv aufgenommen.

Die zweite Besonderheit von V. 15 liegt in der Beschreibung der Kleidung
und Insignien, die Mordechai als Ausdruck seiner Erhöhung trägt. Die Materialien seiner Gewänder und seiner Kopfbedeckung – Purpur, Byssus, Leinen und
Gold – sind an sich schon sehr wertvoll. Dass Mordechais Tracht alle diese Mate-

---

51,3.11; Jer 7,34; 16,9; 33,11; Sach 8,19 beinahe „messianische Obertöne" in EstMT 8,15.
115 Vgl. Talmon, *Wisdom*, 448, der hier auf ein weiteres weisheitliches Motiv verweist: „Beim
Wohl der Gerechten frohlockt die Stadt, und beim Untergang der Gottlosen ist Jubel." (Prov 11,10
nach der Elberfelder-Übersetzung [2006])
116 Vgl. Clines, *Esther*, 318 oder Wacker, *Gewalt*, 616.

rialien vereint, hebt den besonderen Charakter seiner Position hervor. Innerhalb von EstMT unterscheidet sich Mordechais Erscheinungsbild sowohl von 4,1, als er Sack und Asche trug, als auch von seiner Ehrung durch Haman, der ihn mit königlichem „Gewand und Pferd" (6,11: את הלבוש ואת הסוס) durch die Stadt führte. Durch die in 8,15 geschilderte Tracht scheint Mordechai nun selbst wie ein König gekleidet zu sein.[117] Dafür spricht zum einen, dass in der alttestamentlichen Literatur vor allem königliche Figuren eine „Krone" bzw. ein „Diadem" (עטרת) tragen. Durch seinen Kopfschmuck lässt sich Mordechai intertextuell zum Beispiel mit David (2 Sam 12,30; 1 Chr 20,2) und Salomo (Hld 3,11) in Verbindung bringen.[118] Zum anderen liegen die Anklänge in Mordechais Erscheinen an königliche Figuren durch Wortverbindungen zwischen dem ersten und dem achten Kapitel von EstMT begründet: Seine Kleidung besteht aus denselben Materialien, mit denen der luxuriöse königliche Palastgarten ausgestattet ist (1,6).[119] Mordechais Auftreten versinnbildlicht somit die Vorstellung, dass er durch den Erlass seines Gegenedikts zu einem mächtigen Repräsentanten des Großreiches geworden ist.

Damit hängt die dritte Besonderheit zusammen: Mordechai ist nach 8,15–16 sowohl vollwertiges Mitglied des fremden Hofes als auch der politisch-militärische Anführer des jüdischen Volkes. Diese außergewöhnliche Doppelfunktion erlaubt wichtige Rückschlüsse auf die mögliche Herkunft dieser Vorstellung. Wie oft erkannt wurde, weist die Darstellung Mordechais verschiedene Ähnlichkeiten mit den Berichten über die Erhöhung Josefs (Gen 41,42) und Daniels (Dan 5,7.16.29) auf.[120] Beide Figuren werden ebenfalls von fremden Herrschern erhöht. Auch sie erhalten Purpur und Gold als Ausdruck von Rang und Ehre. Allerdings hebt sich die Darstellung von Mordechais Investitur insofern von diesen beiden Traditionen ab, als sie Mordechai ein aktives politisches bzw. militärisches Handeln zum Wohle seines ganzen Volkes zuspricht.[121] Eine vergleichbare Darstellung lässt

---

117 Vgl. Ego, *Ester*, 352.

118 Vgl. ferner Ps 21,4; Ez 16,12; Sach 6,11; Sir 45,12. Vgl. zu den königlichen Assoziationen in Mordechais Auftritt u. a. Berg, *Motifs*, 62–64; Siebert-Hommes, *Symbolic Function*; Ego, *Ester*, 352 oder Bellmann, *Theologie*, 75. Zu möglichen Anklängen an die Figur des Mose vgl. Dommershausen, *Esther*, 128; Wechsler, *Connection*, 321–327 und Whitters, *Observations*, 278.

119 Vgl. Loader, *Ester*, 268.

120 Für eine Übersicht vgl. Berlin, *Esther*, 79 und Ego, *Ester*, 352–353. Grossman, *Analogies*, 397–398 diskutiert Probleme dieses Vergleichs.

121 Die Einsetzung Daniels als hoher Beamter (vgl. Dan 5,29; 6,29) ist vor allem das Ergebnis seiner gottgegebenen Fähigkeiten, durch die er sich von seinen babylonischen und persischen Konkurrenten abhebt. An keiner Stelle wird erzählt, dass Daniel nach seiner Erhöhung eine aktive politische Rolle am fremden Hof übernommen hätte. Anders als Daniel agiert Josef nach seinem

sich nur im ersten Makkabäerbuch finden, auf das ich bereits für eine traditionsgeschichtliche Kontextualisierung des Vernichtungsmotivs eingegangen bin. So
findet sich in 1 Makk 10 eine Passage, in der Jonatan, der Bruder und Nachfolger
von Judas Makkabäus, von einem fremden Herrscher erhöht und gleichzeitig als
Anführer des jüdischen Volkes bestätigt wird. Der seleukidische König Alexander
Balas (um 150 v. u. Z.) richtet folgende Worte an den Makkabäer:

> [18] Βασιλεὺς Ἀλέξανδρος τῷ ἀδελφῷ Ιωναθαν χαίρειν. [19] ἀκηκόαμεν περὶ σοῦ ὅτι ἀνὴρ
> δυνατὸς ἰσχύι καὶ ἐπιτήδειος εἶ τοῦ εἶναι ἡμῶν φίλος. [20] καὶ νῦν καθεστάκαμέν σε σήμερον
> ἀρχιερέα τοῦ ἔθνους σου καὶ φίλον βασιλέως καλεῖσθαί σε (καὶ ἀπέστειλεν αὐτῷ πορφύραν
> καὶ στέφανον χρυσοῦν) καὶ φρονεῖν τὰ ἡμῶν καὶ συντηρεῖν φιλίας πρὸς ἡμᾶς.

> [18] König Alexander an seinen Bruder Jonatan, Grüße! [19] Wir haben gehört, dass du ein mäch-
> tiger Mann von Stärke und würdig bist, unser Freund zu sein. [20] Und nun setzen wir dich
> heute zum Hohenpriester deines Volkes ein und du wirst „Freund des Königs" genannt
> (und er sandte ihm Purpurkleid und Goldkrone), um das Unsere zu bedenken und um die
> Freundschaft zu uns zu bewahren. (1 Makk 10,18–20)

Jonatan wird dieser Passage zufolge von einem fremden König als Hoherpriester
seines Volkes und als „Freund des Königs" eingesetzt. Diese positive Darstellung
des Kontakts zwischen einem makkabäischen Anführer und dem seleukidischen
König mag insofern verwundern, als die Seleukiden in 1 Makk – wie mit Blick auf
das Vernichtungsmotiv deutlich wurde – über weite Strecken als Bedrohung für
die Juden charakterisiert wurden. In der Einsetzung Jonatans durch den Seleukidenkönig tritt jedoch eine andere Nuance in der Bewertung imperialer Herrschaft
ans Licht: Hier wird das erzählerische Interesse erkennbar, einen jüdischen
Anführer als einen von den griechischen Herrschern anerkannten politischen
Akteur zu zeichnen. Diese Darstellung lässt sich mit der Einsetzung Mordechais
in Beziehung setzen.

Wie bereits von mehreren Auslegerinnen und Auslegern erkannt, lassen sich
verschiedene Vergleichspunkte zwischen der Darstellung Mordechais in EstMT
8,15 und 1 Makk 10,18–20 ausmachen.[122] Unter anderem stellt Jonatan die einzige
biblische Figur neben Mordechai dar, die von einem fremden Herrscher ein
„Purpurkleid" (πορφύραν) und eine „Goldkrone" (στέφανον χρυσοῦν) verliehen
bekommt. Da die entsprechende Notiz in 1 Makk 10,20 den Satzfluss sichtlich

---

Aufstieg in Ägypten immerhin als Verwalter mit ökonomischer Weitsicht und bereitet das Land
auf eine Hungersnot vor. Diese weise Planung hat allerdings nicht primär das eigene Volk im
Blick: In der Hungersnot kommt „die ganze Welt" (Gen 41,57: וכל הארץ) für Korn nach Ägypten.
122 Vgl. Lebram, *Purimfest*, 221; Levenson, *Esther*, 116; Tilly, *1 Makkabäer*, 214 und Ego, *Ester*, 67,
353. Zu den historischen Umständen dieses Kontakts vgl. Bernhardt, *Revolution*, 345–364.

unterbricht, könnte der Text nachträglich überarbeitet worden sein.[123] Denkbar ist, dass der Erzähler von 1 Makk hier ein authentisches seleukidisches Dokument zitiert und dieses kommentiert, um die Machtstellung Jonatans zu betonen. Nicht auszuschließen ist, dass diese Ergänzung zudem mit der Absicht geschah, die Einsetzungsberichte Mordechais und Jonatans einander anzugleichen. In jedem Fall stehen sich beide Figuren auch dadurch nahe, dass sie ein doppeltes Amt ausüben. Als „Freund des Königs" – eine ehrenvolle Bezeichnung etablierter Mitglieder des hellenistischen Hofes – wird Jonatan wie Mordechai vom Herrscher des Großreiches in den imperialen Machtapparat integriert.[124] Als Hoherpriester seines Volkes wird er zugleich vom König in seinem Anspruch bestätigt, die kultische und politische Leitung seines Volkes zu übernehmen.[125] Wie in der Estererzählung steht diese „Erhöhung" in Verbindung mit einer militärischen Absicht. Jonatan, der dem seleukidischen König offenbar aufgrund seiner militärischen Fertigkeiten als „mächtiger Mann" (1 Makk 10,19: ἀνὴρ δυνατὸς) galt, soll unmittelbar nach seiner Einsetzung jüdische Truppen ausgehoben und Waffen hergestellt haben (1 Makk 10,21).[126] Im weiteren Handlungsverlauf berichtet 1 Makk 10, dass Jonatan vom griechischen König sogar zum „Strategen und zum Provinzverwalter" (1 Makk 10,65: στρατηγὸν καὶ μεριδάρχην) ernannt worden sein soll. In Bezug auf die Legitimierung jüdischer militärischer Aktivitäten durch die Autorisierung eines Großreiches nehmen beide Texte damit eine auffallend ähnliche Position ein.

Wenngleich diese Beobachtungen allein keine Rückschlüsse auf eine mögliche Verwandtschaft beider Traditionen zulassen, ist der seleukidische Brief an Jonatan ein wichtiges Beispiel dafür, dass fremde Mächte in der Geschichtsdarstellung von 1 Makk nicht ausschließlich bzw. nicht per se als Bedrohung wahrgenommen werden. Das Großreich kann den Juden zwar sehr gefährlich werden, unter veränderten politischen Voraussetzungen bietet es aber sehr wohl Chancen

---

123 Vgl. Goldstein, *1 Maccabees*, 400.

124 Vgl. zum Begriff Strootman, *Courts*, 117–121. Für die Interpretation der Szene vgl. Eckhardt, *Administration*, 76.

125 Zur Diskussion des hasmonäischen Hohenpriesteramtes vgl. Eckhardt, *Ethnos*, 166–183. Möglicherweise können die „priesterlichen" Untertöne in Mordechais Auftreten in EstMT 8,15 als Versuch gewertet werden, ihn als Repräsentanten eines „weltlichen Priestertums" (Loader, *Ester*, 268) zu zeichnen. Vgl. auch Ego, *Ester*, 67.

126 Später in 1 Makk 10 zieht Jonatan auf königliche Anweisung hin in seinem Purpurgewand in der ägyptischen Stadt Ptolemaïs los, um seine politischen Gegner abzuschrecken. Als diese ihn erblicken, ergreifen sie die Flucht (1 Makk 10,64), während Jonatan „mit Frieden und Freude" nach Jerusalem zurückkehrt (1 Makk 10,65). Eine vergleichbare Dynamik setzt auch Mordechais Auftreten in Gang (vgl. EstMT 8,16–9,4).

für die Juden, ihre eigene Macht auszubauen. Wie in mehreren anderen Episoden in 1 Makk deutlich wird, ist die Fähigkeit zur diplomatischen und politischen Interaktion mit anderen Machthabern deshalb eine ebenso wichtige Qualität der makkabäischen bzw. hasmonäischen Anführer wie ihre militärische Kompetenz.[127] Insbesondere im hinteren Buchteil (1 Makk 10–15) verkörpern die jüdischen Führungsfiguren geschickte und erfolgreiche politische Akteure, die auf Augenhöhe mit Großreichen interagieren.[128] In dieser ambivalenten und dynamischen Konzeptualisierung imperialer Macht stehen sich 1 Makk und EstMT besonders nahe. Beide Erzählungen teilen die Vorstellung, dass das jüdische Volk Anführer braucht, die ihre Strategien je nach politischer Lage anpassen können. Die Integration in imperiale Machtstrukturen bedeutet dabei keine Aufgabe der eigenen Ansprüche, sondern ermöglicht vielmehr deren Sicherung.

In diesem kurzen Exkurs deutet sich eine wichtige Einsicht für die historische Kontextualisierung der hebräischen Estererzählung an (vgl. Kapitel 3.4). Sie betrifft das in der bisherigen Forschung etablierte, immer wieder *gegen* eine Spätdatierung der hebräischen Estererzählung in die Hasmonäerzeit in Anschlag gebrachte Argument, die in EstMT entfaltete positive Würdigung von jüdischer Interaktion mit dem Großreich sei nicht mit der vermeintlich herrschaftskritischen Darstellung der hasmonäischen Literatur vereinbar.[129] Eine solche Interpretation stellt m. E. jedoch eine Vereinfachung der komplexen und oft ambivalenten Bewertung imperialer Macht in 1 Makk (sowie 2 Makk) dar. Sowohl die Estererzählung als auch das erste Makkabäerbuch wissen um das extreme Gewaltpotential von Fremdherrschaft. Die Seleukiden werden in 1 Makk dabei – anders als die Perser im Esterbuch – als zu bekämpfende Feinde gezeichnet. Auch erfolgt die diplomatische Interaktion mit ihnen aus politischem Kalkül, und sie erfolgt nur temporär. Dennoch teilt 1 Makk mit EstMT die Überzeugung, dass eine kriegerische Auseinandersetzung nicht die einzige Handlungsoption der Juden darstellt. In beiden Erzählungen begegnet die Vorstellung, dass jüdische Eliten sich erfolgreich in bestehende Machtstrukturen integrieren können. Die Macht

---

127 Vgl. Bezold, *Violence*, 58–60. In 1 Makk 11,20–37 schließt Jonatan ferner mit Demetrios II. ein Bündnis und erhält die Zusage, seleukidische Truppen würden Jerusalem beschützen (1 Makk 11,42). In 1 Makk 11,57–64 bestätigt Antiochus VI. Jonatan in seinem Amt, beschenkt ihn und kämpft mit ihm Seite an Seite. Nach Bündnisschlüssen mit Rom und Sparta (1 Makk 12,1–23, vgl. 1 Makk 8) kämpft Jonatan ausdrücklich für Demetrios II (1 Makk 12,24–38). Jonatans Nachfolger Simon paktiert ebenfalls mit Demetrios II. (1 Makk 13,31–42), erneuert die Bündnisse mit Rom und Sparta (1 Makk 14,16–24) und wird dann für kurze Zeit Partner von Antiochus VII., dem Sohn des Demetrios (1 Makk 15,1–14.25–37). Zu Simons Einsetzung vgl. Schenker, *Einsetzung*.
128 Vgl. Shatzman, *Jews*, 248–251.
129 Vgl. Ego, *Ester*, 59, Anm. 207 mit Verweis auf ähnliche Position.

des Großreiches kann zum Wohl des jüdischen Volkes beeinflusst und eingesetzt werden. Wie das Beispiel Jonatans in 1 Makk 10 verdeutlicht, ist sogar denkbar, dass die eigene Gewaltausübung im Einklang mit dem Großreich erfolgt. Eine analoge Vorstellung begegnet in Mordechais Gegenedikt, auf das ich im Folgenden eingehen werde.

3.3.1.2 Der Inhalt des Gegenedikts: Verteidigung und Vergeltung (EstMT 8,11–13)

3.3.1.2.1 Verteidigung

Siebzig Tage nach Hamans Edikt sendet Mordechai Briefe an die Juden und an alle Verwaltungsbeamten des persischen Reiches.[130] Ihr Inhalt lautet wie folgt:

‏אשר נתן המלך ליהודים אשר בכל עיר ועיר להקהל ולעמד על נפשם להשמיד ולהרג ולאבד את‎ [11]
‏כל חיל עם ומדינה הצרים אתם טף ונשים ושללם לבוז‏: [12] ‏ביום אחד בכל מדינות המלך אחשורוש‎
‏בשלושה עשר לחדש שנים עשר הוא חדש אדר‏: [13] ‏פתשגן הכתב להנתן דת בכל מדינה ומדינה לכל‎
‏העמים ולהיות היהודיים עתודים הזה להנקם מאיביהם‏:

[Mordechai sandte Briefe aus,] [11] nach denen der König den Juden erlaubte, sich in jeder einzelnen Stadt zu versammeln und für ihr Leben einzustehen, um auszurotten, zu töten und zu vernichten jede Macht von Volk und Provinz, die sie anfeinden würde, mitsamt Kindern und Frauen, und ihre Beute zu plündern. [12] An einem Tag in allen Provinzen des Königs Ahasveros, am dreizehnten des zwölften Monats, das ist der Adar. [13] Eine Abschrift des Schreibens war als Gesetz zu erlassen in jeder einzelnen Provinz, um bekannt zu werden allen Völkern, damit die Juden bereit seien an diesem Tag, Vergeltung an ihren Feinden zu üben. (EstMT 8,11–13)

Der Inhalt des Gegenedikts bildet die Verständnisgrundlage der folgenden Kampfhandlungen. Der Erlass umschreibt den legislativen Rahmen der jüdischen Aktionen und erlaubt erste Rückschlüsse auf die Ausrichtung der Gewaltanwendung. Die Deutung der kurzen Passage ist in der Forschung allerdings umstritten. Das liegt vor allem an einer inhaltlichen Ambivalenz. Es deutet sich an, was auch für die Kampfszenen in 9,1–16 gilt: Da die jüdischen Aktionen als Reaktion auf Hamans Edikt geschildert werden, erscheint Gewalt zunächst als eher defensiv ausgerichtetes Mittel. Zugleich finden sich jedoch auch Elemente, die deutlich über eine Interpretation als reine Verteidigungsmaßnahme hinausweisen. Zunächst zur defensiven Ausrichtung.

---

130 Wie Loader, *Ester*, 267; Haag, *Zeitalter*, 125 und Macchi, *Ester*, 268–269 anmerken, lassen sich die siebzig Tage als zahlensymbolische Referenz auf eine Zeit besonderer Bedrängnis verstehen (vgl. die Dauer des siebzigjährigen Exils bzw. der siebzig Wochen in Jer 25,11–12; 29,10; Sach 1,12; 7,5; Dan 9,2.24–27).

Mordechais Schreiben ist dem Erlass Hamans nachgestaltet. Die Gemeinsamkeiten mit 3,12–14 liegen auf der Hand. Auch das jüdische Edikt trägt die königliche Autorisierung, es besitzt in allen Gebieten des persischen Reiches Gültigkeit, es gestattet die weitreichende Anwendung tödlicher Gewalt und es wird „allen Völkern" als am 13. Adar in Kraft tretendes Gesetz erlassen. Im Detail finden sich allerdings wichtige Unterschiede zwischen beiden Dokumenten. Zunächst richtet sich Mordechais Schreiben primär an die Juden (8,9.11.13). Sie erscheinen nach dem gemeinsamen Fasten im vierten Kapitel erstmals wieder als handelndes Kollektiv. Ferner wird anders als in Hamans Schreiben zu Beginn des jüdischen Edikts die königliche Legitimation der jüdischen Aktionen herausgestellt (נתן המלך ליהודים). Zudem enthält Mordechais Erlass Elemente, durch die die Absicht und Zielrichtung der jüdischen Gewaltanwendung näher bestimmt werden als in Hamans Edikt.

Hier sind zunächst solche Aspekte zu nennen, die zu einer defensiven Ausrichtung des jüdischen Planes beitragen: Den Juden ist erlaubt, „für ihr Leben einzustehen" (ולעמד על נפשם), um gegen jede (bewaffnete) „Macht" (חיל) zu kämpfen, die sie anfeinden würde (8,11).[131] Diese defensiv ausgerichteten Elemente in Mordechais Erlass erklären sich mit Blick auf die erzählerische Logik und die sich darin widerspiegelnde jüdische Perspektive: Da Hamans Edikt nach wie vor Gültigkeit besitzt, sind am 13. Adar alle dazu aufgerufen, die Juden anzugreifen und zu töten. In 8,11–13 werden die Gruppen der Angreifer recht unspezifisch als „Macht" (חיל), „Angreifer" (הצרים) und „Feinde" (איבים) bezeichnet. Das Lexem חיל kann neben „Macht" mitunter auch „Heer" bedeuten, weshalb mit der Gruppe (עם ומדינה כל חיל) sowohl staatlich organisierte als auch freie bewaffnete Gruppen der Provinzen gemeint sein könnten.[132] Da in 9,1–16 allerdings weder ein Heer noch Soldaten erwähnt werden, dürfte חיל eher bewaffnete Gegnergruppen im weitesten Sinne und nicht spezifisch persische Truppen bezeichnen. Damit erfüllen die Gegner der Juden eine mit Haman vergleichbare textpragmatische, nahezu metaphorische Funktion. Sie verkörpern das Prinzip tödlicher Feindschaft und fungieren als kollektives Pendant zur Figur Hamans. Sie wollen die Juden angreifen, kommen aber selbst zu Fall. Wohl nicht zufällig erinnert die Bezeichnung הצרים („Angreifer") in 8,11 dabei an Haman, den צרר („Bedränger") von 3,10. Darin lässt sich zum einen dasselbe weisheitliche Muster ausmachen, das bereits in Bezug auf Hamans Hochmut und seinen Fall zur Anwendung kam.[133]

---

131 Zum Vokabular des Edikts und seinem traditionsgeschichtlichen Hintergrund vgl. Macchi, *Ester*, 269–270.
132 Vgl. Achenbach, *Vertilgen*, 307.
133 Vgl. Meinhold, *Esther*, 101.

Zum anderen erinnert dieser Topos an die relativ offene Konzeptualisierung von Feindschaft, die zum Beispiel in den Feindespsalmen zur Verwendung kommt.[134] Das Gegenschreiben Mordechais lässt jedenfalls offen, wie sich die Gruppe der Judenfeinde zusammensetzt. Sie werden nicht durch ihre ethnische Zugehörigkeit, z. B. als Nichtjuden oder als Perser, sondern allein durch ihre potentiell feindliche Haltung den Juden gegenüber definiert.[135]

Zwei weitere Elemente sind zu nennen, die sich nur in Mordechais Erlass finden. Zum einen erhalten die Juden die Erlaubnis, sich in allen Städten zu versammeln (קהל). Sie sind dazu aufgerufen, sich überall zum Kampf zu rüsten.[136] Auf dieses Motiv wird viermal im anschließenden Kampfbericht rekurriert (9,2.15.16.18). Obwohl sie eigentlich nicht über ein stehendes Heer verfügen, können die Juden also an mehreren Orten gleichzeitig wehrhafte Einheiten bilden. Zum anderen erhalten die Juden die Erlaubnis, „für ihr Leben einzustehen" (ולעמד על נפשם). Diese defensive Absicht wird in der summarischen Notiz 9,16 wiederholt, so dass die Vv. 8,11; 9,16 einen interpretatorischen Rahmen um Kampfhandlungen abstecken. Es gibt angesichts der geplanten Vernichtung aller Juden keine Alternative zur Verteidigung mit Waffengewalt. Wie bereits angedeutet, stellt dieses erzählerische Begründungsmuster zur Legitimation tödlicher Gewalt ein Element dar, das die Estererzählung mit der narrativen Struktur des ersten Makkabäerbuches teilt.[137]

In 1 Makk hat das Motiv der Bedrohung des jüdischen Volkes durch Vernichtung eine zentrale erzählerische Funktion. Die makkabäische Erhebung wird als notwendige Reaktion auf diese Bedrohung, als Verteidigungskampf, beschrieben. Die narrative Situation ist also mit der in EstMT dargestellten vergleichbar. Das jüdische Volk *muss* zu den Waffen greifen, um zu überleben. Eine solche Überzeugung wird mehrfach in Reden der makkabäischen Anführer im ersten Makkabäerbuch greifbar. So motiviert Judas Makkabäus seine Anhänger in 1 Makk 3,21 zum Kampf gegen das übermächtig anmutende Heer der Seleukiden mit dem Aufruf, die Juden müssten gemeinsam „für unsere Leben und unsere

---

134 Vgl. Hartenstein, *Feind*, 20–21 sowie Neuber, *Affirmation*, 51–56.

135 Vgl. bereits Fox, *Redaction*, 111. Anders z. B. Bardtke, *Esther*, 248, der davon spricht, dass in EstMT die „Niedermetzelung von Tausenden von Persern" beschrieben werde, oder Ruiz-Ortiz, *Dynamics*, 214–215, der davon ausgeht, dass „Jews" gegen „Persians" kämpften.

136 Das Lexem קהל bezeichnet eine (auch) militärisch schlagkräftige Gruppe, vgl. Num 22,4; Ri 20,2; 21,5.8; 1 Sam 17,47; Jer 50,9; Ez 16,40; 23,24; 32,3; 38,7. Vgl. insbesondere Ez 17,17; 38,4.15, wo das Wort in einem militärisch konnotierten Kontext neben חיל in einem Begriffspaar erscheint.

137 Auch das zweite Makkabäerbuch kennt eine solche Dynamik, weshalb Bernhardt, *Revolution*, 57 mit Blick auf die Rhetorik von 2 Makk betont: „[d]as wesentliche Handlungsmotiv ist durchgehend Selbstverteidigung [...]."

Gesetze kämpfen" (πολεμοῦμεν περὶ τῶν ψυχῶν ἡμῶν καὶ τῶν νομίμων ἡμῶν).[138] Mit ähnlicher Rhetorik fordert Jonatan nach 1 Makk 9,44 seine Mitstreiter auf, „für unsere Leben zu kämpfen" (πολεμήσωμεν περὶ τῶν ψυχῶν ἡμῶν). Auch Simon, dem letzten großen Anführer und Vater von Johannes Hyrkan, wird in seiner „Antrittsrede" in 1 Makk 13,5–6 die Absicht in den Mund gelegt, sich im Kampf um das Überleben seines Volkes zu engagieren. Da alle Völker die Juden zu vernichten beabsichtigen, sucht Simon die Unterstützung seines Volkes zum Verteidigungskampf. Das Volk bestätigt Simon deshalb als neuen Anführer und bittet ihn darum, „unseren Kampf zu kämpfen" (1 Makk 13,9: πολέμησον τὸν πόλεμον ἡμῶν). In diesen Reden spiegelt sich somit die mit EstMT vergleichbare erzählerische Überzeugung wider, der Einsatz militärischer Gewalt sei aufgrund der außergewöhnlichen, existenziellen Bedrohung des jüdischen Volkes nötig und zugleich legitim. In Simons Ansprache wird zudem ein weiteres Motiv erwähnt, das eine Parallele in der Gewaltdarstellung der Estererzählung hat. Simon möchte nicht nur zur Verteidigung, sondern auch zur Vergeltung in den Kampf ziehen. In martialischer Rhetorik verspricht Simon in 1 Makk 13,6, er werde „Vergeltung üben für mein Volk und für das Heiligtum und für eure Frauen und Kinder" (ἐκδικήσω περὶ τοῦ ἔθνους μου καὶ περὶ τῶν ἁγίων καὶ περὶ τῶν γυναικῶν καὶ τέκνων ὑμῶν).[139]

3.3.1.2.2 Vergeltung

Auch Mordechais Edikt erwähnt nicht nur die Notwendigkeit zur Verteidigung, sondern es kommt darin auch die Absicht zur Sprache, alle Juden sollten bereit sein, am 13. Adar „Vergeltung an ihren Feinden zu üben" (EstMT 8,13: להנקם מאיביהם). In diesem Punkt unterscheidet sich das jüdische Schreiben von Hamans Erlass, in dem ein solches Element verständlicherweise fehlte.[140] Das Motiv der Rache bzw. Vergeltung hat in der Rezeption der Gewaltdarstellung der Estererzählung wesentlich dazu beigetragen, dass den jüdischen Aktionen Brutalität und niedere Absichten unterstellt wurden.[141] Auf den ersten Blick scheint dieses Element jedenfalls in gewisser Spannung zur Darstellung der jüdischen

---

138 Wenig später beraten sich die makkabäischen Anführer untereinander und beschließen den Kampf „für unser Volk und unser Heiligtum" (1 Makk 3,43b: καὶ πολεμήσωμεν περὶ τοῦ λαοῦ ἡμῶν καὶ τῶν ἁγίων). Vgl. den Inhalt des Gebets in 1 Makk 3,58.
139 Zur Interpretation des Motivzusammenhangs von Rache und Ehre in 1 Makk vgl. Mendels, *Honor*.
140 Vgl. EstMT 3,13b, wo das Vernichtungsedikt an alle Völker veröffentlicht wird, „um für diesen Tag bereit zu sein" (להיות עתדים ליום הזה).
141 Zur Rezeption des Rachemotivs vgl. Horowitz, *Reckless Rites*, 23–45. Ferner Miller, *Three Versions*, 43–47 für eine Zusammenstellung verschiedener Positionen.

Kämpfe als nötige Selbstverteidigung zu stehen.[142] Im Folgenden werde ich die Funktion des Vergeltungsmotivs innerhalb von EstMT beleuchten und dabei auch auf die alttestamentliche Vorstellung von Vergeltung (נקם) eingehen. Dabei wird deutlich, dass die jüdischen Aktionen nicht als Ausdruck von blinder Rachgier, sondern als Form der gerechten Vergeltung zu verstehen sind, die allerdings die Tötung der Gegner verlangt.

In EstMT 8,13 verdeutlicht die Verwendung von נקם, dass die jüdischen Aktionen als eine spiegelbildliche Reaktion auf Hamans Vernichtungsplan zu verstehen sind. Hierfür lohnt erneut der Blick auf das dritte Kapitel und auf die Begründungszusammenhänge für Hamans Vernichtungsplan: Obwohl dort der Begriff „Vergeltung" nicht explizit verwendet wurde, war diese Vorstellung bereits im vorderen Buchteil ein gewaltlegitimierendes Motiv. Hamans Plan zur Vernichtung der Juden war von der Absicht geleitet, Vergeltung an Mordechais Verhalten zu üben.[143] Mit Blick auf die bereits mehrfach erwähnte, spiegelbildliche Umkehr der vorherigen Verhältnisse verwundert es daher nicht, dass diese Vorstellung nun auch in Mordechais Schreiben Erwähnung findet. Auch in der Zielrichtung der Gewaltanwendung stehen sich beide Abschnitte nahe: Haman überzeugte den König von der Notwendigkeit, das Volk der Juden für ihren vermeintlichen Ungehorsam zu bestrafen, Mordechais Edikt zielt wiederum darauf ab, diejenigen zur Rechenschaft zu ziehen, die Hamans Plan Folge leisten wollen.[144] Insofern hat Mordechais Aufruf zur Vergeltung die konkrete Absicht, die Feinde der Juden mit tödlicher Gewalt zu bestrafen.

Ein solches Verständnis von נקם als Ausdruck einer legitimen Bestrafung von Unrecht ist fest im alttestamentlichen Denken verankert. Vergeltung ist dabei grundsätzlich weniger negativ konnotiert als im deutschen Sprachgebrauch, weshalb sich in den meisten Fällen – und mit Blick auf die von antijüdischen Vorurteilen belastete Rezeptionsgeschichte der Estererzählung ganz besonders – nahelegt, von „Vergeltung", nicht von „Rache" zu sprechen.[145] In vielen alttestamentlichen Texten geht der Wunsch nach Vergeltung auf die Absicht zurück, Gerechtigkeit zu wahren oder wiederherzustellen. Selten kann auch das Heim-

---

142 Vgl. Pakkala, *God's Word*, 336; Calduch-Benages, *War*, 138 oder Macchi, *Ester*, 270: „Im Unterschied zu dem, was 8,11 vorschlug, erscheint das Vorgehen der Juden hier nicht streng defensiv, sondern klingt rachedurstig."

143 Vgl. Clines, *Scroll*, 42; Calduch-Benages, *War*, 130 und Ruiz-Ortiz, *Dynamics*, 83.

144 Vgl. Ruiz-Ortiz, *Dynamics*, 82–83 mit Verweis auf Lemaire, *Vengeance*, 23.

145 Zum Problem vgl. z. B. Dietrich, *Rache*, 450–453 oder Kató, *Rache*, 113.118–119. Dietrich vermutet dennoch, die Prominenz des Vergeltungsmotivs in der hebräischen Bibel könnte „ein Indiz für ein insgesamt verfehltes ethisches Normensystem des alten Israel" (465) sein. Vgl. für eine stärker juridische Herleitung: Janowski, *Gott*, 109–113.

zahlen von vorangegangenem Unrecht in den Blick kommen. In jedem Fall ist Vergeltung nicht nur legitim, sondern meist sogar notwendig, um Unrecht zu ahnden.[146] In Ermangelung menschlicher Rächer wird im Alten Testament häufig Gott als solcher beschrieben, der z. B. im Moselied in Dtn 32 in der Funktion eines Kriegers und Richters erscheint, der Vergeltung (נקם) an „Gegnern" (לְצָרָיו) und „Hassern" (וְלִמְשַׂנְאַי) übt (vgl. Dtn 32,41 sowie die Vv. 35.43). נקם kann also als Ausdruck einer gerechten, aber durchaus gewaltvollen, sogar kriegerischen Bestrafung einer Gruppe von Feinden fungieren. Dieser Vorstellung steht EstMT 8–9 mitunter deshalb nahe, da hier die Feinde der Juden ebenfalls nur in generischen Begriffen – als „Hasser" (שֹׂנְאֵים), „Feinde" (איבים) und „Gegner" (הצרים) – in den Blick kommen.

In jedem Fall kann die Verwendung von נקם in Mordechais Gegenedikt vor dem Hintergrund alttestamentlicher Vorstellungen als ein weiteres Element der Betonung der Rechtmäßigkeit der jüdischen Absichten interpretiert werden.[147] Es geht nicht um niedere Absichten oder gar um Rachsucht. Mordechai ruft alle Juden dazu auf, ihre Feinde zur Rechenschaft zu ziehen und alle Angreifer unter Einsatz derselben militärischen Mittel zu töten, die einst von Haman gegen die Juden geplant waren.[148] Für eine solche Deutung von נקם als retributive Strafe für geplantes Unrecht sprechen auch die Entsprechungen zwischen Hamans und Mordechais Edikten, auf die ich im Folgenden eingehen werde.

Neben den bisher erwähnten Unterschieden finden sich insbesondere in der Beschreibung von Gewalthandlungen Entsprechungen zwischen beiden Schreiben. Wie die Verwendung von נקם haben auch diese Elemente in der Auslegungsgeschichte moralische Bedenken hervorgerufen. Es ist allerdings wenig wahrscheinlich, dass EstMT die Vorstellung einer jüdischen Gewaltanwendung als problematisch erachtet. Der inhaltliche Schwerpunkt liegt auf der Darstellung des jüdischen Machtzuwachses, da die Juden nun in der Lage sind, ihre Feinde mit denselben Mitteln zu schlagen. So beabsichtigten die Juden nach 8,11 wie zuvor ihre Feinde (vgl. 3,13), im Kampf „auszurotten, zu töten und zu vernichten" (לְהַשְׁמִיד לַהֲרֹג וּלְאַבֵּד) und die Beute ihrer Gegner zu plündern (וּשְׁלָלָם לָבוֹז). Die Juden dürfen dasselbe Maß an Gewalt ausüben, das Haman zur Vernichtung der

---

146 Problematisiert wird diese Absicht nur dann, wenn sie Ausdruck von Willkür und Selbstgerechtigkeit ist und – wie das prominente Beispiel der siebenundsiebzigfachen Rache Lamechs verdeutlicht (Gen 4,24) – auf die unverhältnismäßige Revanche abzielt. Vgl. dazu Kató, *Rache*, 124–125 mit Verweis auf Jer 20,10; Klgl 3,60 und 1 Sam 14,24.
147 Vgl. Meinhold, *Esther*, 76–77; Fox, *Character*, 1001–1101 und Calduch-Benages, *War*, 137.
148 Die Gestalt von EstLXX bestärkt dieses Verständnis und vereindeutigt den Aufruf zur Vergeltung: Nach EstLXX 8,13 sollen sich die Juden bereithalten, „ihre Feinde zu bekriegen" (πολεμῆσαι αὐτῶν τοὺς ὑπεναντίους).

Juden geplant hatte.[149] In der Auslegung von 8,11 wurde dies oft als Gegensatz zur defensiven Ausrichtung des Gegenedikts empfunden. Besonders deutlich wird das exegetische Ringen um das Verständnis dieses Schreibens an der Diskussion um die syntaktische und inhaltliche Verortung der Gruppe der „Kinder und Frauen" (טף ונשים).[150]

Infolge exegetischer Versuche, den ausschließlich defensiven Charakter der jüdischen Gewaltausübung in der Erzählung nachzuweisen, wurde wiederholt eine alternative Übersetzung vorgeschlagen: Frauen und Kinder seien nicht Ziele der jüdischen Kampfhandlungen, sondern zählten zu den potentiellen (jüdischen) Opfern der Angriffe durch die Judenfeinde. Diese Wiedergabe scheint mir jedoch wenig überzeugend. Mit Blick auf Mordechais Gegenschreiben, das als spiegelbildliche Umkehr von Hamans Vernichtungsplan angelegt ist, ist es wahrscheinlicher, die Kinder und Frauen als mögliche Opfer der jüdischen Kampfhandlungen zu verstehen.

Die syntaktische Verortung der Gruppe der טף ונשים ist eine *crux interpretum*. In Hamans Vernichtungsbeschluss gehören die טף ונשים zweifellos zu den jüdischen Opfern der von Haman geplanten Vernichtungsaktion (EstMT 3,13), in 8,11 ist die Zuordnung des asyndetisch angeschlossenen Begriffspaares hingegen nicht eindeutig.[151]

Die Ambivalenz ergibt sich daraus, dass in EstMT 8,11 (anders als in 3,13) zwischen den Verben mit Tötungsabsicht und dem Objekt („alle Juden" bzw. „jede Macht") noch die Apposition הצרים אתם steht, die die טף ונשים als weitere Bezugsgruppe einführt. Zwei syntaktische Möglichkeiten sind hier abzuwägen: Steht die Gruppe der טף ונשים als eigene Apposition a) zum Subjekt der Angreifer הצרים oder b) zum Objekt, das sich durch das Personalsuffix in אתם ausdrückt? Nach Variante a) wären „Kinder und Frauen" zu den Feinden der Juden zu zählen. Wie in der oben gewählten Übersetzung dürften die Juden Vergeltung üben, indem sie auch die nicht kampffähigen Mitglieder ihrer Feinde töten. Diese Option wurde in der Auslegung meist als Ausdruck der Brutalität des jüdischen Vergeltungsplanes verstanden.[152] Andere sahen darin jedoch ein weiteres Element der gerechten Strafe, die die Juden an ihren Feinden vollstrecken.[153] Nach Option b) wären „Kinder und Frauen" Teil der Opfergruppe der Juden. Diese in jüngerer

---

149 Vgl. Meinhold, *Esther*, 76–77; Loader, *Ester*, 257; Wacker, *Gewalt*; Wahl, *Esther*, 167 und Ego, *Ester*, 350–351.

150 Für eine jüngere Diskussion vgl. Harvey, *Morality*, 53–55.

151 Der Vorschlag von Haupt, *Critical Notes*, 159, es handle sich bei der Wendung טף ונשים ושללם לבוז um einen glossierenden Nachtrag, ist in Anbetracht der strukturellen Parallelität von 8,11 mit 3,13 wenig überzeugend.

152 Vgl. die Referenzen, auf die Kessler, *Juden*, 344 verweist. Kessler selbst spricht sich deshalb dezidiert für Option b) aus.

153 So z. B. Meinhold, *Esther*, 76; Levenson, *Esther*, 110–111 oder Wahl, *Esther*, 167–168. Ähnlich vermutet Achenbach, *Vertilgen*, 307, es handle sich hierbei um die vorsorgliche juristische Absicherung gegen „Regressforderungen" für den Fall, dass bei den Kämpfen auch Frauen und Kinder sterben.

Zeit wiederholt vertretene Übersetzung sieht darin die Opferperspektive sowie die eher defensive Ausrichtung der jüdischen Aktionen betont.[154]

Aus syntaktischer Sicht sind beide Optionen möglich. Da טף ונשים weder durch ein Suffix (z. B. טפם ונשיהם) an אתם noch durch ein explikatives Waw (וטף ונשים) eindeutig an הצרים rückgebunden ist, wird der Auslegung vonseiten der hebräischen Grammatik wenig Hilfe zuteil.[155] Ähnliches gilt für die griechische Überlieferung, da EstLXX in 8,11 die Gruppe der Frauen und Kinder weder in Hamans noch in Mordechais Schreiben erwähnt.[156] Die masoretische Punktation deutet immerhin durch einen Tifcha in אתם prinzipiell eine Trennung zwischen הצרים אתם und טף ונשים an.[157] Auch wenn die Punktation gegenüber dem Konsonantenbestand sekundär ist, hatten die Masoreten offenbar keine Bedenken, Kinder und Frauen als Apposition zu הצרים und damit als potentielle Opfer der von den Juden getöteten Feinde zu verstehen. Vom Kontext her sind ebenfalls beide Varianten denkbar.

Möchte man die jüdische Gegengewalt allein als defensiven Akt verstehen, bleibt allerdings erklärungsbedürftig, warum die in 3,13 belegte Opfergruppe der מנער ועד זקן („vom Jungen bis zum Alten") im Gegenedikt nicht auch übernommen wurde. Dafür gibt es keine überzeugenden Gründe. Folgt man hingegen Variante a) und bezieht טף ונשים auf die Gruppe der Angreifer, lässt sich schlüssig erklären, warum מנער ועד זקן fehlt: Zwar darf der „Tross" der Gegner von den Juden in Mitleidenschaft gezogen werden, ihre Kampfhandlungen zielen jedoch nicht explizit auf eine systematische und vollständige Tötung aller Menschen unabhängig ihres Alters ab. Deshalb erscheint es mir dem erzählerischen Gefälle von EstMT 3–8 folgend eher wahrscheinlich, „Kinder und Frauen" als potentielle Opfergruppe der jüdischen Vergeltungsaktion zu verstehen.

Mordechais Schreiben entspricht in weiten Teilen Hamans Erlass und zielt auf eine talionische Bestrafung der Gegner, einschließlich ihrer Familienmitglieder, ab. Wenngleich eine solche Übersetzung modernen Leserinnen und Lesern anstößig erscheinen mag, wird die Tötung von am Kampf- bzw. Kriegsgeschehen Unbeteiligter in alttestamentlichen Gewaltdarstellungen nie

---

154 Vgl. Gordis, *Studies*, 49–53; Kessler, *Juden*; Elßner, *Übersetzung* und jüngst Ego, *Ester*, 339–340. Hauptargument Egos ist der Vergleich mit 3,13, „wo ebenfalls nach Verwendung der gleichen Infinitive auf die Nota acc. und dem Objekt eine Apposition erfolgt." (340). Die Beobachtung ist richtig. Da es aber in 8,11 zwei Nota accusativi gibt, ist diese Variante eben nicht eindeutig.
155 Vgl. Fox, *Character*, 284. Ähnlich Jer 40,3; 41,16; Ez 9,6 wo אנשים bzw. weitere Objekte vorangestellt sind. Vgl. das von De Troyer, *End*, 152 diskutierte Beispiel Dtn 3,6, wo die Wendung „Kinder und Frauen" zwar in Apposition zum Objekt „jede Stadt" steht, hier aber zuvor durch מתם ergänzt und durch den bestimmten Artikel determiniert ist. Eindeutig ist die Zuordnung in Ri 21,10, wo „Kinder und Frauen" durch ein explikatives Waw als Apposition zu den anzugreifenden „Bewohnern Jabeschs" zu zählen sind.
156 Lediglich im königlichen Brief, EstLXX Add. B 6, erscheint das Motiv. Die Ambivalenz des hebräischen Textes wird durch das Fehlen der „Kinder und Frauen" in EstLXX 3 und 8 jedenfalls gar nicht erst aufgeworfen. Nur in einer Randnotiz des Codex Sinaiticus findet sich eine Teil-Ergänzung um dessen, was EstMT 8,11 überliefert. Der Nachtrag entspricht dabei der hexaplarischen Ergänzung nach dem hebräischen Text und übersetzt diesen wörtlich: „Wie er ihnen anordnete, [...] diejenigen, die sich gegen sie stellen, zu behandeln wie sie wollten, die sie bedrängten, Kleinkinder und Frauen, und ihre Beute als Plündergut." (ους θλιβοντας αυτους νηπια και γυναικας και τα σκυλα αυτων εις προνομην), vgl. Hanhart, *Esther*, 188.
157 Anders Gordis, *Studies*, 51, Anm. 51 und Kessler, *Juden*, 339–340.

problematisiert. Dass eine vollständige „Spiegelstrafe", die auch Frauen und Kinder mitein-schließt, als erzählerisches Muster fungieren kann, mag die Erzählung von Daniel in der Löwen-grube exemplarisch belegen (Dan 6). Nachdem Daniel gerettet worden ist, werden auch die an den Plänen, Daniel den Löwen vorzuwerfen, unbeteiligten „Kinder und Frauen" (aram. בניהון ונשיהון) der Gegner als Strafe in die Löwengrube geworfen und getötet (Dan 6,25).[158] Wenngleich in EstMT 9,1–16 keine Kinder und Frauen erwähnt werden, findet sich zumindest mit der Tötung und öffentlichen Schändung der Söhne Hamans die Vorstellung einer kollektiven Bestrafung der Gegnerschaft bzw. der Nachkommen des Übeltäters (vgl. Kapitel 3.3.2.2.2).

Das im Gegenedikt entfaltete Motiv einer gewaltvollen Vergeltung des jüdi-schen Volkes ist somit integraler Bestandteil der Schicksalswende, von der das Esterbuch erzählt. Dass Mordechais Schreiben die gewaltvollen Absichten aus Hamans Erlass aufnimmt und umwendet, ist ein weiteres Moment in der *reversal-*Struktur der Erzählung: Wie Hamans persönliches Schicksal einst an dem riesi-gen Galgen endete, den er für Mordechai errichtet hatte, so werden die Feinde der Juden unter Einsatz derselben gewaltvollen Mittel getötet, die zur Vernichtung der Juden bestimmt waren. Mordechais Edikt enthält dabei allerdings Elemente, die verdeutlichen, dass die Juden anders als Haman nicht von Zorn, Aggressivität oder Gier geleitet sind. Es ist ein Verdienst der jüngeren Esterforschung, diese Nuancen in die teilweise von antijüdischen Vorurteilen überlagerte Interpreta-tion des Gegenediktes miteinzubringen.[159] Dennoch drückt sich in EstMT 8,11–13 unmissverständlich die Absicht zur souveränen und großangelegten Anwendung tödlicher Gewalt aus. Nur durch den Tod der Judenfeinde kann Vergeltung geübt werden. Verteidigung und Vergeltung stellen nach EstMT 8 deshalb keine mitein-ander unvereinbaren Alternativen dar. Beide Aspekte ergänzen einander in ihrer textpragmatischen Funktion, die Gewaltanwendung der Juden in EstMT 9,1–16 zu begründen.

3.3.1.3 Die Furcht der Nichtjuden vor den Juden (EstMT 8,17)
Die Veröffentlichung des Gegenedikts führt unter Juden und Nichtjuden zu unter-schiedlichen Reaktionen. Während die Juden bei Freudenfesten in allen Provin-zen und Städten ihre neue Machtposition im Perserreich feiern und sich sieges-sicher zeigen, befällt eine große Gruppe von Nichtjuden „Furcht vor den Juden" (פחד היהודים).[160]

---

158 Vgl. zur Kollektivstrafe in Dan 6 Helms, *Konfliktfelder*, 338.
159 Vgl. besonders Gevaryahu, *Esther*; Achenbach, *Vertilgen*, 309; Kissling, *Self-Defense*, 105–116 sowie Miller, *Jews*, 26–31.
160 EstMT 8,17 steht in Kontrast zu 4,3 und bildet die Wende von Trauer in Freude ab, vgl. Ego, *Ester*, 353. In 4,3 wurde allerdings keine Reaktion der nichtjüdischen Bevölkerung geschildert.

ובכל מדינה ומדינה ובכל עיר ועיר מקום אשר דבר המלך ודתו מגיע שמחה וששון ליהודים משתה
ויום טוב ורבים מעמי הארץ מתיהדים כי נפל פחד היהודים עליהם:

> Und in jeder einzelnen Provinz und in jeder einzelnen Stadt, an jedem Ort, wo das Wort
> des Königs und sein Gesetz veröffentlicht wurden, war Freude und Jubel für die Juden, ein
> Festmahl und ein Festtag. Und viele von den Völkern des Landes verhielten sich wie Juden,
> denn die Furcht vor den Juden war auf sie gefallen. (EstMT 8,17)

In diesem Vers kommen zwei aufeinander bezogene Aspekte in den Blick, die
sich mit den anschließenden Kampfhandlungen in Verbindung bringen lassen:
Die „Furcht" (פחד) sowie das mit der Verbform מתיהדים bezeichnete Verhalten
der Völker des Landes.[161] Der hebräische Begriff פחד kann zwar eine allgemeine
schreckvolle Emotion bezeichnen (vgl. z. B. Jes 24,17f.; Jer 49,5; Prov 3,25), trägt
aber in den meisten Fällen eine militärische Konnotation. Das gilt z. B. im Falle
der Erinnerung an den Exodus in Ps 105, als davon die Rede ist, dass „Furcht auf
die Ägypter gefallen war" (Ps 105,38: כי נפל פחדם עליהם, vgl. Ex 15,16), weil sie den
Israeliten und ihrem Gott unterlegen waren. Auch als Gott den Israeliten seine
Führung bei der Eroberung des Landes Kanaan versprach, sollen andere Völker
von Furcht vor ihnen ergriffen worden sein (vgl. Dtn 2,25; 11,25). Furcht stellt in
diesen Traditionen die Folge der Außenwirkung der überlegenen, kämpfenden
Gruppe dar.[162] Dabei fällt auf, dass in einer großen Mehrheit der Belegstellen von
פחד Gott der Urheber bzw. der wirkmächtige Auslöser der Furcht ist. In manchen
Texten wird sogar ausdrücklich vom „Schrecken vor JHWH" (פחד יהוה, vgl. Jes
2,10.19.21; 2 Chr 14,13; 17,10; 19,7) bzw. der „Furcht vor Gott" (פחד אלהים, vgl. 2 Chr
20,29) gesprochen. Deshalb hat sich in der traditionsgeschichtlichen Forschung
etabliert, פחד als „Gottesschrecken" zu charakterisieren. Das Motiv sei nach Ego
dem „Vorstellungszusammenhang des JHWH-Krieges"[163] zuzurechnen, und viele
Auslegerinnen und Ausleger sehen in der Furcht der Nichtjuden in EstMT 8,17
eine Anspielung auf Gottes Eingreifen.[164] Wie für die gesamte Estererzählung
bleibt jedoch auch diese theologische Deutung fraglich.[165]

---

161 Die „Völker des Landes" bezeichnen hier vermutlich alle nichtjüdischen Menschen vgl.
Macchi, 'Am ha-Arets, 913 und Grossman, *Esther*, 185.
162 Vgl. Stähli, Art. „פחד," 411–413 mit Verweis auf Belegstellen wie Dtn 11,24f.; Jos 2,9; 2 Chr
14,3; 20,29. Die in EstMT 8,17; 9,2.3 vorliegende Kombination נפל + פחד findet sich nur noch in Ex
15,16; 1 Sam 11,7; Jes 24,18; Jer 48,44; Ps 105,38; Hi 13,11.
163 Ego, *Ester*, 358.
164 Vgl. zur Übersicht Wetter, *Account*, 111–114.
165 Vgl. Meinhold, *Erwägungen*, 324–325, der deshalb sogar von einer „Enttheologisierung" des
Furcht-Motivs spricht.

Die Pointe der Notiz in EstMT 8,17 dürfte geradezu darin liegen, dass die große Furcht, die alle Völker befällt, allein von den Juden ausgeht. Die Völker des Landes fürchten nicht Gott, sondern die machtvolle Stellung der Juden und ihr militärisches Potential.[166] Ich sehe in diesem außergewöhnlichen Umstand deshalb das primäre Interesse der Erzählung. Das Motiv der Furcht wird im neunten Kapitel sodann noch zwei weitere Male erwähnt und wird auch dort allein auf die Juden bzw. auf Mordechai zurückgeführt (9,2.3). In allen drei Fällen löst diese Furcht ein bestimmtes Verhalten aus, das entscheidende Konsequenzen für den Ausgang der Kämpfe der Juden gegen diejenigen Gruppen aus den Völkern hat, die Hamans Edikt umsetzen wollen. Nach 9,2 werden am 13. Adar „alle Völker" (כל העמים) von Furcht vor den Juden ergriffen, als die beiden Edikte in Kraft treten und sich die Gegner zum Kampf gegenüberstehen.[167] Diejenigen, die Hamans Edikt ausführen und die Juden angreifen, können ihnen deshalb keinen Widerstand leisten (9,2: ואיש לא עמד לפניהם) und werden getötet. Auch die persischen Verwaltungsbeamten, die mit der Umsetzung des Edikts betraut sind, fürchten sich. Sie befällt „Furcht vor Mordechai" (9,3: פחד מרדכי), weshalb sie die Juden nicht angreifen und sie stattdessen sogar „unterstützen" (מנשאים). Für EstMT 8,17 legt sich aufgrund dieser Verwendung des Begriffs פחד ein ähnliches Verständnis nahe. Die dort erwähnten Nichtjuden werden von Furcht vor den Juden ergriffen und handeln so, dass sie am 13. Adar nicht zu möglichen Opfern der jüdischen Vergeltungsaktion werden: sie „verhalten sich wie Juden" (מתיהדים).

Diese Wiedergabe unterscheidet sich von der mehrheitlich gewählten Übersetzung, die sie hinter מתיהדים eine religiös konnotierte Handlung erkennt und das Verb als Konversion, als Übertritt zum Judentum deutet.[168] Harald Martin Wahl vermutet sogar, hinter מתיהדים stünde die Vorstellung, dass viele aus den Völkern ein „Bekenntnis zum Gott Israels" leisteten, womit das „Judentum [...] zur Weltreligion"[169] würde. Andere erkennen in der Handlung zumindest eine Form

---

166 Vgl. Grossman, *Esther*, 185–188; Wetter, *Account*, 247 und Macchi, *Ester*, 273–274.
167 Zur vergleichbaren Funktion der auf andere Völker ausgreifenden Furcht in chronistischer Literatur vgl. Ruffing, *Jahwekrieg*, 360–362 und Willi, *Völkerwelt*, 437–453. Ferner Ego, *Ester*, 358–359 mit Hinweisen auf die von Gott bewirkte Furcht in Texten wie Ex 14,25; 15,16; Jos 2,9; 5,1; 1 Sam 11,7; Ps 76,5–8; Ps 105,38.
168 Vgl. Bardtke, *Esther*, 377; Clines, *Scroll*, 40; Fox, *Redaction*, 111; Kossmann, *Esthernovelle*, 306–307; De Troyer, *End*, 167–168 und Wahl, *Esther*, 173. Mehrere deutsche Bibelübersetzungen folgen diesem Verständnis. Für anders nuancierte Optionen vgl. Ehrlich, *Randglossen*; Gordon, *Bible*, 306–307; Levenson, *Esther*, 117; Cohen, *Beginning*, 181–182; Thiessen, *Contesting Conversion*, 7 und Wetter, *Account*, 136–137.
169 Wahl, *Esther*, 173.

der Integration von Nichtjuden nach der „Idee eines Proselytismus".[170] Obwohl diese Deutung von מתיהדים als reflexive, den Zustand der Subjekte verändernde Aktion aus grammatikalischer Sicht möglich ist, kann diese Übersetzung nicht überzeugen.[171] Zum einen ist aus religionsgeschichtlicher Sicht fraglich, ob eine „Konversion" zur „Religion" des „Judentums" (sowohl in persischer als auch in hellenistischer Zeit) vorstellbar war bzw. ob diese Begriffe in Bezug auf die vorrömische Antike überhaupt anwendbar sind.[172] Zum anderen gibt es im Erzählkontext von EstMT 8,17 keine Hinweise auf eine religiöse Interpretation von מתיהדים.[173] Viel eher legt sich nahe, in der bezeichneten Handlung eine Konsequenz der sich abzeichnenden Überlegenheit der Juden und der Furcht der Völker vor den anstehenden Kampfhandlungen zu sehen. Sie verhalten sich wie Juden, um nicht von ihnen getötet zu werden. Diese Übersetzung möchte ich kurz erläutern. Sie basiert auf einer semantischen Funktion von Hitpaʻel-Verben, die die veränderte äußere Wahrnehmung der handelnden Subjekte betont.

Wie Klaus-Peter Adam anhand verschiedener Hitpaʻel-Verben gezeigt hat, kann der Stamm eine „demonstrative" Nuance tragen, die die Außenwirkung einer entsprechenden Handlung betont.[174] Subjekte dieser Verbformen verhalten sich so, wie es einer bestimmten äußeren, sozialen Rollenerwartung entspricht. Ein gutes Beispiel für diese semantische Funktion ist das Verhalten nach prophetischer Rollenerwartung: Als Saul nach 1 Sam 18,10 von einem bösen Geist Gottes befallen wird, verfällt er – wie deutsche Bibelübersetzungen lesen – „in Raserei" (ויתנבא). Diese Hitpaʻel-Form geht auf das Lexem נבא zurück, von dem sich auch das Nomen „Prophet" (נביא) ableitet. Ein reflexives Verständnis ist für diese Verbform nicht angezeigt: Saul wird nicht tatsächlich zum Propheten. Er

---

170 Ego, *Ester*, 360. Vgl. Gerleman, *Esther*, 21–22; Hengel, *Judentum*, 560 und Loader, *Ester*, 268.
171 Zu möglichen Funktionen von (Nifʻal und) Hitpaʻel-Verben vgl. Jenni, *Nifʻal*.
172 Vgl. z. B. Boyarin, *Invention*, 153 oder Mason, *Jews*, 489–519.
173 In der Estererzählung finden sich zudem keine Anzeichen dafür, das jüdische Volk als eine vor allem durch religiöse Merkmale gefasste Gruppierung oder als Religionsgemeinschaft zu verstehen. Haarmann, *JHWH-Verehrer* hat überzeugend dargelegt, dass die Kategorien „Proselytismus" und „Konversion" in Bezug auf alttestamentliche Texte nicht anwendbar sind. Fremde können zwar ein Bekenntnis zum Gott Israels ablegen (Ex 18,10; Jos 2,9; Rut 1,16; Dan 6,26–28), das Gesetz (Neh 10,29), den Sabbat (Jes 56,1–8) oder die Beschneidung annehmen (Jdt 14,6). In keinem dieser Fälle legt sich allerdings nahe, von einer Konversion oder von Proselytismus zu sprechen. Noch bei Josephus (*Ant.* 11,285), der diese Stelle mit Bezug auf EstLXX 8,17 als Annahme der Beschneidung deutet, ist nicht die Rede davon, dass die Nichtjuden konvertieren oder zum Volk der Juden übertreten würden, vgl. Kneebone, *Dilemmas*, 70–71.
174 Vgl. Adam, *Meaning*. Adams Deutung steht Ernst Jennis Funktionsbeschreibung des Hitpaʻel nahe, der jedoch für מתיהדים in EstMT 8,17 eine „fingierte Prädikation" (Jenni, *Nifʻal*, 219) vermutet und deshalb mit „sich ausgeben als [Jude]" übersetzt.

handelt aber so, wie man es von einem Propheten erwarten würde (vgl. z. B. Num 11,25–27; 1 Sam 10,6.10; 19,24; Jer 14,14). Ausgelöst wird diese Aktion durch einen äußeren Umstand, in diesem Fall durch den Geist Gottes. Für EstMT 8,17, wo die Völker aus Furcht agieren, sieht Adam ein ähnliches Verständnis angezeigt: „The fact that these people while not born Jews, *act* as Jews is a plausible meaning."[175] Die Völker des Landes konvertieren also nicht zur jüdischen Religion oder werden zu Juden, sondern sie verhalten sich so, wie man es von Juden erwarten würde. Offenbar geschieht das in der Absicht, als Juden wahrgenommen zu werden, um im Kampf der Juden gegen die Judenfeinde auf der richtigen Seite zu stehen.

Da das hebräische Esterbuch insgesamt sehr zurückhaltend in Bezug auf die Darstellung spezifisch jüdischer Verhaltensmuster ist, sind der Interpretation dieser Vorstellung jedoch recht enge Grenzen gesetzt.[176] Es bleibt nur der Blick auf den Erzählkontext: So erscheint zunächst denkbar, dass die Nichtjuden in den jüdischen Jubel einstimmen (vgl. 8,16–17). Möglicherweise übernehmen sie auch andere, nicht ausdrücklich erwähnte Aspekte der jüdischen Lebensführung.[177] Mit Blick auf die anstehenden Kampfhandlungen wäre auch ein weiterer Bedeutungsaspekt möglich. Da der Auslöser der Handlung, das Motiv der Furcht, erneut in 9,2.3 erscheint, lässt sich das Verb מתיהדים auch auf die Kampfhandlungen beziehen. Dann könnten die sich fürchtenden Völker zu der Personengruppe zählen, die die Juden wie die persischen Statthalter im Kampf unterstützen. Diese Deutung liegt auf einer Ebene mit der zentralen Aussageabsicht des achten Kapitels der Estererzählung: der Machtverschiebung zugunsten der Juden. Der Vers 8,17 leistet somit einen Beitrag zur Beantwortung der wichtigen Frage, wie die Juden angesichts des im gesamten Großreich verbreiteten Vernichtungsbeschlusses bestehen können. Das Hapaxlegomenon מתיהדים erklärt, dass sich viele aus den Völkern aus Furcht auf die Seite der Juden stellen.[178]

Diese Vorstellung ist somit ein weiteres Element, durch das sich die Estererzählung von anderen Traditionen der hebräischen Bibel abhebt. Es ist kein

---

175 Adam, *Meaning*, 8 [Hervorhebung im Original].

176 Macchi, *Ester*, 274.

177 In der Erzählung kommen nur das Trauerfasten (4,16–17) sowie die Schrift und Sprache der Juden (8,9) in den Blick.

178 Es bleibt dabei offen, ob die mit מתיהדים bezeichnete Handlung eine einmalige Imitation jüdischen Verhaltens darstellt. Zumindest in Bezug auf Purim wird jedenfalls noch einmal Ähnliches berichtet. In 9,27 ist davon die Rede, dass die Regeln für Purim auch für diejenigen gelten sollen, die sich den Juden „anschließen" (לוה). Wie in 8,17 wird diese Annäherung nicht als Übertritt zum jüdischen Volk, sondern als Adaption bestimmter jüdischer Verhaltensmuster umschrieben. Von 9,27 her gelesen erscheint es deshalb möglich, in מתיהדים nicht ein ausschließlich auf die Kampfhandlungen bezogenes Verhalten zu vermuten.

„Gottesschrecken", sondern die sich abzeichnende militärische Überlegenheit der Juden, die in EstMT 8,17 um sich greift. Dadurch erreicht die Betonung der jüdischen Machtstellung einen ersten Höhepunkt. Anders als zu Beginn der Handlung, als Ester ihre jüdische Herkunft verschweigen musste (2,10) oder Mordechais Volkszugehörigkeit die Feindschaft Hamans ans Licht brachte (3,6), wird das jüdische Volk nun von anderen Völkern gefürchtet. Das außergewöhnliche, militärisch konnotierte „Selbstbewusstsein", das hieraus spricht, ist ein weiteres Indiz dafür, dass das achte Kapitel des hebräischen Esterbuches die kriegerischen Erfolge der Makkabäerzeit voraussetzen dürfte.[179] Dafür spricht nicht zuletzt, dass auch in den Gewaltdarstellungen der Makkabäerbücher mehrmals davon berichtet wird, dass die Juden von Nichtjuden gefürchtet wurden (vgl. Kapitel 3.3.2.2.1).

3.3.1.4 Synthese

Die hier vorgetragene Analyse von EstMT 8 hat wichtige Konsequenzen für die Interpretation der Gewaltdarstellung des Esterbuches insgesamt. Das Kapitel baut strukturell auf Hamans Beschluss auf und nimmt auch den Inhalt seines Schreibens auf. Dabei erscheint die jüdische Absicht zur Gewaltanwendung zwar als Verteidigung gegen die Angriffe, die den Juden nach Hamans Erlass am 13. Adar bevorstehen, das erzählerische Gewicht liegt jedoch weniger auf dem Aspekt der Selbstverteidigung oder der Vergeltung, sondern vielmehr auf der Vorstellung des Machtzuwachses auf jüdischer Seite. Das militärische Vorgehen wird in Analogie zu Hamans Plan als vom Großreich sanktionierte Strafmaßnahme gezeichnet. Da

---

179 Für eine Verbindung von EstMT 8,17 zu hasmonäischem Denken vgl. bereits Herst, *Purim*, 143 und Wills, *Novel*, 99 sowie jüngst Macchi, *Ester*, 275. Macchi setzt 8,17 einerseits mit 1–2 Makk in Bezug. Er erkennt in der Darstellung der Seleukiden als gewalttätige „Hellenisierer" eine literalisierte Form des „Entjudaisierens", wozu er die erzwungene Aufgabe jüdischer Lebensformen und religiöser Praktiken versteht. EstMT 8,17 interpretiert er als literarische Reaktion auf diesen Konflikt: Während nach 1–2 Makk viele Juden aus Furcht ihre jüdische Lebensform aufgeben mussten, entwirft EstMT eine alternative Realität, in der Nichtjuden aus Furcht vor den Juden wiederum deren Verhalten adaptieren. Das persische Kolorit der Estererzählung mache es dabei möglich, dass dieser Vorgang nicht auf Judäa begrenzt ist, sondern – dem hasmonäischen Interesse an einer Expansion jüdischer Herrschaft entsprechend – auf viele „Völker des Landes" ausgreift. Andererseits verweist Macchi auf die Berichte von Josephus über die „Zwangsjudaisierung" (so z. B. Frevel, *Geschichte*, 398) der Idumäer durch den Hasmonäer Johannes Hyrkan (*Ant.* 13,257–258) bzw. das analoge Vorgehen von Aristobul in Bezug auf die Ituräer (*Ant.* 13,318). Für eine ausführliche Diskussion der historischen Umstände vgl. Eckhardt, *Idumean*, 91–115 und Berthelot, *Promised Land*, 283–315, die zeigen, dass die Hasmonäer ihre Nachbarvölker nicht zu einer „Konversion" gezwungen haben. Es ging in diesen Konflikten offenbar um die Annahme (bestimmter Aspekte) der jüdischen Lebensweise als Ausdruck politischer Loyalität.

die Juden dem Perserkönig als engste Verbündete erscheinen, fungiert die Tötung der Judenfeinde sogleich als Tötung der (wahren) Staatsfeinde.

Das gelingt deshalb, da Ester und Mordechai sich auf höchster politischer Ebene für ihr Volk einsetzen. Sie gewinnen die Gunst des Herrschers, interagieren mit ihm und nutzen die Machtmittel des Großreichs für ihre eigenen Zwecke. Diese Darstellung erweist sich in weiten Teilen als eine spiegelbildliche Reaktion auf das im dritten Kapitel beschriebene Szenario. Ester und Mordechai stehen allerdings in Kontrast zu Haman: Sie erweisen sich als die besseren Berater des Königs. In manchen Aspekten – z. B. im Einsatz besonders schneller berittener Boten zur Verbreitung des jüdischen Schreibens (8,14) – übertreffen sie Haman sogar. Gleichzeitig werden Hamans Vorwürfe gegen die Juden entkräftet. Die Juden leben nicht abgesondert und gesetzlos. Sie interagieren vielmehr mit dem König und erlassen ein Gesetz, das die königliche Autorisierung trägt. Dadurch wird die jüdische Vergeltung zum Bestandteil der imperialen Gesetzgebung. Dabei wandelt sich auch das Bild des persischen Königs, der im achten Kapitel stärker zum Unterstützer der Juden wird. Diese im Vergleich zum dritten Kapitel positivere Perspektive auf jüdische Existenz unter Fremdherrschaft passt gut in die hellenistische Zeit und steht anderen biblischen Traditionen nahe.[180] In verschiedenen Aspekten lässt sich diese Darstellung zudem gut mit den gewaltlegitimierenden Strategien sowie den politischen Überzeugungen des ersten Makkabäerbuches in Beziehung setzen.

Wie die folgende Analyse der Kampfhandlungen in EstMT 9,1–16 zeigt, werden die jüdischen Aktionen am 13. (und 14.) Adar auffälligerweise nicht als knapp gewonnener Kampf ums Überleben, sondern als glorreicher Vergeltungsschlag beschrieben. Damit baut das neunte Kapitel die inhaltliche Tendenz des achten konsequent aus: Die Juden sind allen Opponenten deutlich überlegen. Die anderen Völker fürchten die Juden und sind nicht zum Kampf fähig. Die Feier von Purim wird deshalb zur Feier des großen Sieges des jüdischen Volkes. Auch in dieser Hinsicht wird sich eine besondere Nähe zu den Gewaltdarstellungen der hasmonäisch-makkabäischen Literatur ergeben.

3.3.2 Die Vernichtung der Feinde (EstMT 9)

3.3.2.1 Zu Form, Inhalt und Herkunft von EstMT 9,1–16
Nach der Veröffentlichung des Gegenediktes bedarf es für die vollständige Wende des jüdischen Schicksals der Ausführung der angekündigten Verteidigung und

---

180 Vgl. zur Übersicht z. B. Gruen, *Heritage*, 189–245 oder Honigman, *Jews*.

Vergeltung am 13. Adar. Davon wird in EstMT 9,1–16 erzählt, bevor in 9,17–32 das Purimfest eingesetzt und gefeiert wird. Die Juden versammeln sich im gesamten Perserreich, um gegen ihre Feinde vorzugehen. In gemeinsamen Aktionen töten sie dabei mehr als 75.800 Gegner. Ester bittet sogar um die Verlängerung der Kampfhandlungen um einen Tag und sie lässt die getöteten Söhne Hamans öffentlich aufhängen. Wie eingangs dargelegt, ist diese Episode eine der besonders umstrittenen Gewaltdarstellungen der hebräischen Bibel.[181] Zum Einstieg in die Analyse der Kampfszenen möchte ich fragen, welche grundlegenden Einsichten sich zu Form und Inhalt der Gewaltdarstellung von EstMT 9,1–16 gewinnen lassen.

In formaler Hinsicht fällt im Vergleich zu den Kapiteln 1–8 mit Blick auf den Neueinsatz in 9,1 zunächst auf, dass die „Sprache dieses Abschnittes weitaus direkter und schörkelloser"[182] ist. Die die vorangehenden Kapitel prägende lebendige, von Dialogen und ausschmückenden Details geprägte Erzählweise tritt zugunsten einer nüchternen, eher berichtartigen Form zurück.[183] Wie in der literarhistorischen Analyse bereits erwähnt, sehe ich darin jedoch keinen Grund für einen literarkritischen Eingriff.[184]

Die Passage ist gut an das Vorangehende angeschlossen und erweist sich als eine konsequente Fortsetzung. Der stilistische Wechsel hat wohl inhaltliche Gründe: Zum einen steht dieser zweifellos mit der ätiologischen Funktion der Passage in Verbindung. In 9,1–16 geht es allein um die Schilderung des militärischen Erfolgs der Juden an zwei Tagen, der der Grund dafür ist, dass sie am 14. und 15. Adar das Purimfest feiern können. In den vorangehenden Kapiteln waren die beiden Purimtage hingegen noch kaum im Blick, sondern es ging primär um die „Vorgeschichte" dieses Erfolgs. Zum anderen ist der sich zuvor allmählich abzeichnende Machtwechsel nun vollzogen, was sich auch in der Erzählform nie-

---

181 Das lässt sich auch anhand der Vielfalt der Begriffe erkennen, die in der gegenwärtigen Forschung zur Bezeichnung der Gewaltdarstellung kursieren: Während manche von einem „Kampf" (z. B. Ego, *Ester*, 371 oder Ruiz-Ortiz, *Dynamics*, 195) sprechen, werten andere die Szene als „Krieg" (Macchi, *Ester*, 276–279) oder als „battle" (Fox, *Character*, 108) bzw. als „Schlachtszenario" (Bachmann, *Gewalt*, 215). Dazu treten die Positionen, die die Episode 9,1–16 entweder als Bericht über die „Verteidigung" bzw. den „Widerstand" der Juden (so z. B. Miller, *Jews*, 31: „[T]his text presents an account of resistance") oder als Inszenierung eines „Blutbads" (Meinhold, *Esther*, 83) bzw. eines „Massakers" verstehen (Clines, *Scroll*, 40; Levenson, *Esther*, 122; De Troyer, *End*, 358–359 und Calduch-Benages, *War*, 138) oder sogar von der „Ermordung" der Judenfeinde sprechen (Kossmann, *Esthernovelle*, 381).
182 Ego, *Ester*, 372.
183 Vgl. Vialle, *Analyse*, 56 und Ruiz-Ortiz, *Dynamics*, 190. Auch der einzige Dialog zwischen Ester und dem König in EstMT 9,12–13 fällt deutlich knapper aus als vergleichbare Szenen.
184 Vgl. Kapitel 2.3.4.

derschlägt. Die Handlung schreitet – wie der jüdische Erfolg – ohne Abschweifungen voran. Formal liest sich die Sequenz deshalb in weiten Teilen wie ein summarischer Report über die Folgen, die sich aus den Vorgängen am persischen Hof in der „Außenwelt", d. h. im gesamten Perserreich ergeben. Die Umsetzung der am 13. Adar in Kraft tretenden Edikte wird in knapper, teils listenartiger Form beschrieben, die Ereignisse werden datiert, die Opferzahlen erhalten eine exakte Angabe, die Namen der zehn getöteten Hamansöhne werden einzeln aufgeführt. All das soll offenbar den Eindruck eines glaubwürdigen und akkuraten Berichts erwecken. In dieser Darstellungsform steht diese Passage der griechischen Historiographie nahe, und es wurden bereits verschiedene Motivparallelen in griechischen Gewaltdarstellungen erkannt.[185]

Dem Inhalt nach erzählt 9,1–16 davon, wie das jüdische Volk seine Feinde – mehr als 75.800 an der Zahl – töten kann. Damit wird das Gegenteil von dem Wirklichkeit, was Haman einst gegen das jüdische Volk geplant hatte. Es kommt zur völligen Vernichtung – nicht der Juden, sondern ihrer Feinde. An der Darstellung fällt dabei die sehr einseitige Schilderung dieses Erfolgs auf. Es wird z. B. nicht erwähnt, dass die Feinde die Juden attackiert hätten. Von Furcht ergriffen scheinen die Gegner überhaupt nicht zum Angriff fähig (9,2).[186] Ebenso wird kein Aufeinandertreffen der beiden Parteien beschrieben, und jüdische Opfer scheint es nicht zu geben. Zudem wird nur einmal – auffälligerweise erst *nach* der Schilderung der jüdischen Aktionen – kurz auf die aus dem Gegenedikt bekannte Formulierung rekurriert, die Juden seien „für ihr Leben eingestanden" (9,16, vgl. 8,11). Über weite Strecken tritt der Aspekt der Verteidigung in den Hintergrund.[187] Diese Einseitigkeit in der Darstellung spricht dagegen, in Bezug auf 9,1–16 von einer Schlacht oder einem Kampf zur Selbstverteidigung zu sprechen. Dennoch dominiert in der Sequenz militärisch konnotiertes Vokabular. Die Begriffe „versammeln" (9,2: קהל), „Schwertschlag" (9,5: מכת חרב), „töten" (9,6.10.11.12.15.16: הרג), „aufhängen" (9,13.14: תלה), „Beute" (9,10.15.16: בזה) oder „Ruhe" (9,16–18: נוח) begegnen allesamt auch in anderen Kriegsdarstellungen in der hebräischen Bibel.[188] Das weist darauf hin, im Vorgehen der Juden eine militärische Aktion zu

---

185 Vgl. Ego, *Ester*, 388–391 mit entsprechenden Belegen (*Hist.* 3,16; 3,27; 3,125; 6,29; 7,238). Zum persischen Gedenken an den gewaltsam niedergeschlagenen Usurpationsversuch am „Magophonie" genannten Festtag und möglichen Bezügen zur Estererzählung vgl. erstmals Gunkel, *Esther*, 115 sowie aus jüngerer Zeit u. a. Hofmann/Vorbichler, *Herodot*, 300–302; Wills, *Jew*, 182–184; Berlin, *Esther*, 82–83; Niskanen, *Human*, 22 und Macchi, *Ester*, 281.

186 Vgl. Ego, *Ester*, 379, die davon spricht, dass „die Völker anscheinend regungslos verharren".

187 Vgl. Wacker, *Violence*, 108.

188 Vgl. zum motivgeschichtlichen Hintergrund der einzelnen Begriffe vgl. Ruiz-Ortiz, *Dynamics*, 52–83.

sehen. Trotzdem bleibt die Terminologie recht unspezifisch und es werden kaum konkrete Gewalthandlungen erwähnt. *Wie* genau die Judenfeinde fallen, schildert die Episode somit nicht. Von größerem Interesse scheint die Tatsache, *dass* dies vollständig und völlig souverän geschieht. Obwohl sich die Episode 9,1–16 somit äußerlich als Kampfbericht präsentiert, vermittelt der Inhalt der Passage vor allem eine *Überzeugung*: Das jüdische Volk ist seinen Feinden in militärischer Hinsicht eindeutig überlegen. Damit verleiht diese Sequenz der sich in EstMT 8 abzeichnenden Überlegenheit der Juden eine formale und inhaltliche Entsprechung. Indem nun das jüdische Volk in allen Provinzen des Perserreichs gleichzeitig militärisch aktiv wird, agiert es in gewisser Weise selbst wie eine souveräne, staatliche Größe.

Trotz des militärisch konnotierten Vokabulars gibt es deutliche Unterschiede zwischen EstMT 9,1–16 und anderen Kriegsdarstellungen der hebräischen Bibel. Neben formalen Unterschieden wie der Aufzählung getöteter Gegner in einer Liste oder der Einseitigkeit, mit der erzählt wird, betrifft dies auch den Inhalt der Episode. So wird z. B. weder Kriegsgerät noch ein Schlachtfeld erwähnt. Ganz besonders hebt sich die Estererzählung allerdings in Bezug auf die handelnden Subjekte von anderen Kriegsschilderungen ab. Während in den meisten Fällen ein Heer (vgl. z. B. Ex 14,19–20; Jos 11,4; 1 Sam 17,20; 28,1; 1 Kön 20,25), Anführer (vgl. z. B. 2 Sam 8,16; 17,25; 20,23; 1 Kön 2,35), Krieger oder zum Kampf gerüstete Männer (vgl. z. B. Num 2; Jos 1,14; 4,13, 8,3; 10,7) als kämpfende Subjekte genannt werden, wird in EstMT 9,1–16 allein von „den Juden" (היהודים) als handelndes Kollektiv gesprochen (vgl. 9,1–3.5–6.12–13.15–16). Aufseiten der Juden agieren keine militärischen Truppen, sondern das Volk in seiner Gesamtheit.[189] Hinzu kommt, dass auch unter den Gegnern keine militärischen Einheiten oder Angehörige einer bestimmten Volksgruppe genannt werden. Es gibt neben den zehn Söhnen Hamans nur „Feinde der Juden" (9,1: איבי היהודים; vgl. 9,5.16) und „ihre Hasser" (9,5.16: שנאיהם).[190] Diese stereotype, beinahe metaphorische Bezeichnung der Gegnerschaft ist in militärischen Auseinandersetzungen unüblich und weckt eher Anklänge an die Sprache der Feindespsalmen, in denen Feinde und Hasser namenlose, aber meist übermächtige Gegner verkörpern.

In den Feindespsalmen – wie auch in vielen anderen Darstellungen kriegerischer Gewalt im Alten Testament – ist es allerdings Gott, der letztlich gegen die Feinde vorgeht. Von einer Beteiligung Gottes an der Vernichtung der Judenfeinde ist in EstMT 9,1–16 nicht die Rede.[191] Es

---

189 Das „Volk" (hebr. עם) kann zwar auch das „Kriegsvolk" meinen (vgl. z. B. Num 20,20; 31,32; Ri 9,32–48; 2 Chr 20,25), allerdings fehlt der Begriff in EstMT 9.
190 Vgl. z. B. Ps 18,18.41; 21,9; 25,19; 35,19; 38,20; 55,13; 68,2; 69,5; 83,3; 139,22 sowie ferner Lev 26,17; Num 10,35; Dtn 30,7; 32,41; 2 Sam 22,18.41.
191 Für eine intertextuelle, theologische Interpretation von EstMT 9 vgl. z. B. Loader, *Ester*, 237; Dommershausen, *Esther*, 44; Bush, *Esther*, 335; Haag, *Esterbuch*, 40 sowie jüngst Wetzel, *Violence*, 163: „The violence in MT Esther [...] may well be one of the clearest indications of the divine presence at work in the narrative's world. Like the vengeance awaited in Ps 137, the violence in MT Esther is eschatological; it is aimed toward and part of the work of cosmic restoration that is shared by the LORD and Israel."

sind die Juden selbst, die Zehntausende ihrer Feinde töten können. Das Fehlen einer aktiven Beteiligung Gottes an den Kampfhandlungen muss allerdings nicht bedeuten, dass die Passage eine „Enttheologisierung"[192] oder eine „Entsakralisierung"[193] alttestamentlicher Kriegstraditionen leistet. Ebenso stellen die vermeintlichen „Anspielungen" in EstMT 9,1–16 auf theologische Traditionen nicht viel mehr als Möglichkeiten einer intertextuellen Lektüre dar: Denkbar sind z. B. Anklänge an die Befreiung der Israeliten aus Ägypten (Ex 12–15)[194] oder die Traditionen vom „JHWH-Krieg".[195] Hohe Opferzahlen und unwahrscheinliche Siege finden sich auch in den Büchern 1–2 Sam, 1–2 Kön oder 1–2 Chr.[196] Unter Berücksichtigung der agagitischen Abstammung Hamans lässt sich EstMT 9,1–16 ferner auch mit der von Gott gebotenen Vernichtung der Amalekiter in 1 Sam 15 in Beziehung setzen.[197] Über Anklänge und mögliche Assoziationen gehen diese Vorschläge m. E. allerdings nicht hinaus. Auch lässt sich kein einheitliches literarisches Muster hinter dem Kampfbericht ausmachen. Er folgt keinem spezifischen Modell, sondern benutzt relativ frei und ohne erkennbare Bezugnahme auf einen bestimmten Vorstellungskomplex Begriffe, die in sehr verschiedenen Texten Erwähnung finden. Ein solcher Stil kann als durchaus typisch für die Spätwerke der alttestamentlichen Literatur gelten, was weiter für eine vergleichsweise späte Abfassungszeit von EstMT spricht.[198]

Wie ich in den folgenden Unterkapiteln darlegen werde, lassen sich in besonderer Weise Motivparallelen zwischen EstMT 9,1–16 und den Gewaltdarstellungen von 1–2 Makk aufzeigen.[199] Schon grundsätzlich steht der Kampfbericht der Estererzählung der Perspektive von 1–2 Makk darin nahe, dass der Darstellung von

---

192 Meinhold, *Erwägungen*, 324–325.
193 Gerleman, *Esther*, 132.
194 Vgl. Gerleman, *Esther*.
195 Vgl. Ego, *Ester*, 379.386.390–391 zur Übersicht. Exemplarisch Loader, *Ester*, 272: „Obwohl das Wort ‚Bann' – anders als in 1Sam 15 – hier nicht auftaucht, ist die Vorstellung ganz gewiß gegenwärtig (wie die anderen Motive der alten Kriegstraditionen)."
196 Vgl. Gerleman, *Esther*, 132; Dorothy, *Books*, 315–317; Firth, *Samuel*, 22–26 und Ego, *Ester*, 390–391.
197 Exemplarisch: Butting, *Buchstaben*, 81; Kossmann, *Esthernovelle*, 362 oder Calduch-Benages, *War*, 139.
198 Nach Ego, *Hellenistic Book*, 293 spielt unter anderem das aus verschiedenen alttestamentlichen Gewaltdarstellungen entlehnte Vokabular aus EstMT 9,1–16 „significant roles in the literature from the late period of the Hebrew Bible." Exemplarisch sei hier auf den vergleichbaren Umgang von 1–2 Makk mit alttestamentlichen Traditionen verwiesen, vgl. z. B. Goldstein, *1 Maccabees*, 12–15; Rappaport, *Use*; Tilly, *1 Makkabäer*, 44 oder Berthelot, *Promised Land*, 94–118. Auffälligerweise ist zumindest das erste Makkabäerbuch dabei ähnlich zurückhaltend in Bezug auf eine Erwähnung Gottes in der Darstellung der makkabäischen Siege. Goldstein betont: „First Maccabees differs from the biblical histories, except Esther, also in abstaining from the use of the biblical names of God. Our author uses 'Heaven' as a substitute. We may infer that for him, as for many later Jewish authorities, those divine names were too holy to be used. Still more extreme was the author of the book of Esther, who avoids all direct allusions to God, probably for the same reason." (Goldstein, *1 Maccabees*, 13). Vgl. auch Bernhardt, *Revolution*, 42–43.
199 Vgl. die Hinweise bei Ego, *Ester*, 383–384; 390–391 und Macchi, *Ester*, 281–282.

jüdischem militärischem Erfolg eine recht große Bedeutung beigemessen wird. In den ersten beiden Makkabäerbüchern kommt der Beschreibung der vielen kriegerischen Auseinandersetzungen, die Judas Makkabäus, seine Brüder und ihre Anhänger mit den Seleukiden und anderen Gegnern für sich entscheiden können, eine äußerst prominente Stellung zu. Dabei ähneln diese Darstellungen EstMT in der Vorstellung, dass der kriegerische Erfolg wesentlich vom jüdischen Volk mitgetragen wird. Wie die Juden in der Estererzählung als verstreut lebendes Volk weder einen König noch ein eigenes Heer besitzen, so fehlt auch bei Beginn der makkabäischen Erhebung ein stehendes Heer der Juden. In 1–2 Makk schließen sich mehr und mehr Juden dem Kampf von Judas Makkabäus an (vgl. z. B. 1 Makk 3,2–4; 2 Makk 8,1), in EstMT 9 versammeln sich alle Juden an allen Orten zum Kampf gegen ihre Feinde. Wie oben bereits dargelegt (vgl. Kapitel 3.2.4.4), steht dies in Zusammenhang mit der Vorstellung, das gesamte Volk sei von Vernichtung bedroht. Das gemeinsame jüdische militärische Vorgehen erscheint deshalb als legitime und notwendige Reaktion auf die existenzielle Bedrohung von außen. Zugleich wird militärischer Erfolg auch zu einem konstitutiven Element jüdischer Politik im Verhältnis zu den herrschenden Großreichen. In EstMT 9 ist die Tötung aller Feinde im Perserreich ein Aspekt, durch den das jüdische Volk wie eine staatliche Größe agiert. Eine ähnliche Pointe entwickelt besonders 1 Makk. Hier wird der hasmonäische Herrschaftsanspruch und die Etablierung eines eigenen Staates maßgeblich auf die militärischen Erfolge der makkabäischen Kriege zurückgeführt. Nur durch ihre militärische Stärke können die Hasmonäer „mehr und mehr zu einem Machtfaktor"[200] in der hellenistischen Welt werden, was ihnen letztlich ihre politische Souveränität garantierte.

Diese grundsätzliche Nähe zwischen EstMT 9,1–16 und 1–2 Makk in ihrer Betonung der Wichtigkeit eines gemeinsamen jüdischen Vorgehens im Kampf gegen Feinde von außen weist darauf hin, dass nicht nur das Vernichtungsmotiv, sondern auch die Vorstellung des großen Sieges der Juden gegen alle ihre Feinde in der Hasmonäerzeit zu verorten sein dürfte. Die folgende Analyse des neunten Kapitels wird weitere Argumente für diese Annahme liefern.

3.3.2.2 Die Überlegenheit der Juden im Kampf
3.3.2.2.1 Das Summarium (EstMT 9,1–5)
Das neunte Kapitel beginnt mit einer Art Zusammenfassung der Ereignisse am 13. Adar, die den Tenor der gesamten Sequenz angibt: Die Juden erweisen sich ihren Gegnern als völlig überlegen und gehen mit tödlicher Gewalt gegen diese vor. Die

---

200 Von Dobbeler, *Makkabäer*, 36.

das Kapitel eröffnenden Verse leisten inhaltlich ein Dreifaches: Erstens wird der Ausgang des Konflikts vorweggenommen. Mit dem Erfolg der Juden am 13. Adar wird der Höhe- und Wendepunkt (הפך) der Handlung markiert (9,1).[201] Zweitens wird erklärt, warum dies in Anbetracht der so großen Gefahr möglich ist. Ausschlaggebend ist zunächst, dass alle Völker (9,2) und auch die politischen Eliten (9,3) die Juden fürchten. Drittens wird die Schicksalswende auch inhaltlich qualifiziert: Sie ist das Ergebnis des kollektiven militärischen Einsatzes der Juden.

ובשנים עשר חדש הוא חדש אדר בשלושה עשר יום בו אשר הגיע דבר המלך ודתו להעשות ביום [1] אשר שברו איבי היהודים לשלוט בהם ונהפוך הוא אשר ישלטו היהודים המה בשנאיהם: [2] נקהלו היהודים בעריהם בכל מדינות המלך אחשורוש לשלח יד במבקשי רעתם ואיש לא עמד לפניהם כי נפל פחדם על כל העמים: [3] וכל שרי המדינות והאחשדרפנים והפחות ועשי המלאכה אשר למלך מנשאים את היהודים כי נפל פחד מרדכי עליהם: [4] כי גדול מרדכי בבית המלך ושמעו הולך בכל המדינות כי האיש מרדכי הולך וגדול: [5] ויכו היהודים בכל איביהם מכת חרב והרג ואבדן ויעשו בשנאיהם כרצונם:

[1] Und im zwölften Monat, das ist der Monat Adar, an dessen dreizehntem Tag, an dem das Wort des Königs und sein Gesetz zur Ausführung kam, an dem Tag, an dem die Feinde der Juden hofften, sie zu überwältigen, da wandte sich dies, so dass sie, die Juden, ihre Hasser überwältigten. [2] Es versammelten sich die Juden in ihren Städten in allen Provinzen des Königs Ahasveros, um die Hand nach denen auszustrecken, die ihnen Böses suchten. Aber nicht einer bestand vor ihnen, denn die Furcht vor ihnen war auf alle Völker gefallen. [3] Und alle Obersten der Provinzen und die Satrapen und die Statthalter und diejenigen, die für den König Arbeit verrichteten, unterstützten die Juden, denn die Furcht vor Mordechai war auf sie gefallen. [4] Denn groß war Mordechai im Haus des Königs, und sein Ruf ging durch alle Provinzen; ja, der Mann Mordechai wurde immer größer. [5] Und die Juden schlugen alle ihre Feinde; Schwertschlag, Töten und Vernichtung. Und sie handelten an ihren Hassern nach ihrem Belieben. (EstMT 9,1–5)

In dieser Sequenz verwirklicht sich das, was im Gegenedikt bereits anklang: Die Juden agieren auf eine Art und Weise, wie es eigentlich nur staatlich gefassten und militärisch organisierten Größen möglich ist. Sie versammeln sich an einem bestimmten Tag an allen Orten gleichzeitig und töten „alle ihre Feinde" (9,5: בכל איביהם) mit „Schwertschlag, Töten und Vernichtung" (מכת חרב והרג ואבדן). Der Aufstieg der Juden zu einer mächtigen Größe im Perserreich ist damit vollständig vollzogen. Das jüdische Volk erscheint nicht mehr als eine bedrohte Minderheit, sondern es erweist sich als souveräner Akteur, der sich verteidigen und seine

---

201 Vgl. Fox, *Character*, 108. Zum traditionsgeschichtlichen Hintergrund von הפך vgl. Ego, *Ester*, 377–378 unter Bezugnahme auf Ex 7,17.20; 10,19; Dtn 23,6; Neh 13,2; Ps 30,12; 41,4; 66,6; 78,44; 105,29; 114,8; Jer 31,12–13; Sach 8,19. Für eine theologische Deutung dieser Schicksalswende vgl. Meinhold, *Esther*, 82; Loader, *Ester*, 271 und Achenbach, *Vertilgen*, 305.

Feinde zur Rechenschaft ziehen kann. Die Juden werden von allen gefürchtet und letztlich sogar von den Beamten des persischen Großreiches unterstützt. Ich erkenne in dieser machtpolitischen Aussage die zentrale Absicht hinter der Gewaltdarstellung des hebräischen Esterbuches und möchte diesem Aspekt anhand von vier selten berücksichtigten Einzelmotiven aus 9,1–5 weiter nachgehen.

1. Die Vorstellung des „Überwältigens" (EstMT 9,1). Noch bevor erstmals die Anwendung tödlicher Gewalt durch Juden beschrieben wird, ist in 9,1 die Rede davon, dass diese ihre Feinde am 13. Adar „überwältigen" bzw. „beherrschen" können. Diese im vorherigen Erzählverlauf nicht erwähnte Vorstellung wird durch das recht seltene Verb שלט ausgedrückt. Das Lexem findet vor allem in später Literatur Erwähnung und bezeichnet die menschliche Fähigkeit, Macht über etwas auszuüben (Gen 42,6; Neh 5,15; Ps 119,133; Koh 2,19; 5,18; 6,2; 7,19; 8,4.8.9; 10,5; Ez 16,30). So wird über Josefs politische Stellung in Ägypten gesagt, er habe „Macht über das Land" (Gen 42,6: ויוסף הוא השליט על הארץ) gehabt, und nach Kohelet gibt es keinen Menschen, der „den Wind beherrschen" (Koh 8,8: אין אדם שליט ברוח) kann. In EstMT 9,1 wird nun ein Konflikt zwischen zwei Machtansprüchen beschrieben, der auf militärischer Ebene ausgetragen wird. Die Judenfeinde hofften, sich gegen die Juden durchzusetzen, doch es kommt umgekehrt. Die vormals ohnmächtigen Juden gewinnen im Kampf Macht über ihre Feinde.[202] An der prominenten Stellung dieses Begriffs zu Beginn der Szene wird so deutlich, dass am 13. Adar nicht primär moralische Fragen nach der Legitimität von Gewaltanwendung, sondern Machtverhältnisse verhandelt werden.[203] Diese Annahme fügt sich kohärent in den Gesamtkontext der hebräischen Estererzählung, in der Macht von Beginn an ein wichtiges Motiv gewesen ist.[204] Außerdem schließt dieses Verständnis an das bereits in Bezug auf das achte Kapitel erkennbare Interesse der Darstellung machtpolitischer Fragen an. Die Gewaltdarstellung von 9,1–16 erweist sich so als konsequente Fortsetzung des Vorangehenden. Im Kampf gegen seine Feinde partizipiert das jüdische Volk kollektiv an der politisch-militärischen Autorität im Großreich, die zuvor Ester und Mordechai zugesprochen wurde.[205]

---

202 Vgl. Sæbø, Art. „שלט," 83 mit dem Hinweis (zu Koh 7,19 und) darauf, dass mit dem Begriff „die der politischen oder vielleicht militärischen Macht überlegene Stärke der Weisheit zum Ausdruck kommen kann."

203 Vgl. bereits Clines, *Scroll*, 161: „[T]his is not primarily a story about blood-letting, but about power."

204 Vgl. Fox, *Character*, 108.

205 Vgl. Levenson, *Esther*, 120: „Just as Mordecai and the Jewish community mourned and lamented together at the nadir of their affliction (4:1–3), so they rise to power together in the mo-

2. Die „Furcht" der Völker (EstMT 9,2). Da bereits „viele aus den Völkern" als Reaktion auf Mordechais Machtstellung von Furcht ergriffen wurden (8,17), verwundert es nicht, dass nun „alle Völker" (כל העמים) die Juden fürchten (9,2). Wie schon in 8,17 schränkt die Furcht auch hier das Gewaltpotential der Völker ein. Sie scheinen nicht zum Kampf gegen die Juden fähig. Niemand kann vor den Juden bestehen (ואיש לא עמד לפניהם).

In diesem Motiv liegt die erste Möglichkeit eines Vergleichs zwischen EstMT 9,1–16 und 1–2 Makk. Anders als in anderen alttestamentlichen Traditionen wird diese Furcht nicht als „Gottesschrecken", sondern als Furcht vor der militärischen Überlegenheit der Juden beschrieben: Manche beginnen, sich wie Juden zu verhalten, die politischen Eliten unterstützen die Juden, und alle anderen können nicht vor ihnen bestehen. Eine ähnliche Vorstellung begegnet z. B. in 1 Makk 3, das ein Loblied auf Judas Makkabäus enthält. Während Judas die Unterstützung der Seinen erfährt und er für seinen Kampfwillen gepriesen wird (1 Makk 3,1–5), gehen die gesetzlosen Gegner Judas „aus Furcht vor ihm" (1 Makk 3,6: ἀπὸ τοῦ φόβου αὐτοῦ) zugrunde. Diejenigen, die wie das seleukidische Heer des Apollonios und Seron gegen ihn kämpfen, werden erschlagen oder fliehen (1 Makk 3,11). Nach weiteren Erfolgen gegen die Griechen hält 1 Makk 3,25 fest:

> καὶ ἤρξατο ὁ φόβος Ιουδου καὶ τῶν ἀδελφῶν αὐτοῦ καὶ ἡ πτόη ἐπέπιπτεν ἐπὶ τὰ ἔθνη τὰ κύκλῳ αὐτῶν·

> Und es setzte die Furcht vor Judas und seinen Brüdern ein, und der Schrecken fiel auf die Völker in ihrer Umgebung. (1 Makk 3,25)

Wie in EstMT 8,17; 9,2.3 geht hier die Furcht nicht von Gott, sondern von der menschlichen, militärischen Stärke der Juden aus. Deren Überlegenheit zeigt sich in 1 Makk 3 zunächst daran, dass die seleukidischen Gegner sie nicht überwältigen können. In der abschließenden Notiz wird jedoch deutlich, dass auch die anderen Völker die Juden fürchten, weshalb die Makkabäer weitere Erfolge verzeichnen können.[206] Auch im 2 Makk findet das Motiv der Furcht vor Judas Erwähnung. Bei einem Feldzug gegen einen gewissen Timoteos (2 Makk 12,22) entsteht beim bloßen Anblick von Judas und seinen Gefolgsleuten „Schrecken"

---

ment of triumph."

206 Die machtvolle Stellung der Juden unter den Völkern drückt sich in 1 Makk ferner unter anderem dadurch aus, dass andere Völker Judas verehren, ihn beglückwünschen (vgl. 1 Makk 5,63–64), sich andere Nationen – wie die ebenfalls „gefürchteten" Römer (vgl. 1 Makk 8,12) – mit den Makkabäern verbünden wollen oder der Ruhm Simons „bis an die Enden der Erde" (1 Makk 14,10) bekannt wird.

(δέος) und „Furcht" (φόβος), so dass die Feinde fliehen oder leicht getötet werden können. Diese Vorstellung wiederholt sich, als die Makkabäer bei einem Präventivschlag gegen das Heer von Antiochus IV. „Furcht und Schrecken" im Lager der Seleukiden verbreiten (2 Makk 13,16: δέους καὶ ταραχῆς ἐπλήρωσαν).

3. Die „Unterstützung" der Juden durch die persischen Verwaltungsbeamten (EstMT 9,3). Die jüdische Macht zeigt sich nicht nur daran, dass die anderen Völker kampfunfähig sind, sondern auch daran, dass den Juden unerwartete Hilfe durch die aktive Unterstützung der Administration des Großreiches zuteilwird. Nach 9,3 „unterstützen" (נשׂא) verschiedene persische Eliten die Juden, weil diese Mordechai fürchten. Hierin zeigt sich erneut der jüdische Machtzuwachs, da bisher nur der persische König als Unterstützer der Juden auftrat. In 9,3 kommen hingegen alle Provinzobersten (שׂרי המדינות), Satrapen (והאחשׁדרפנים), Statthalter (הפחות) und sonstige im Dienst des Königs stehende Beamten (ועשׂי המלאכה אשׁר למלך) in den Blick. Da in dieser Liste – im Unterschied zu 3,12; 8,9 – die in den einzelnen Verwaltungsbezirken lokal zuständigen Beamten an erster Stelle genannt werden, scheint der Fokus auf der Unterstützung der Juden „vor Ort" zu liegen.[207]

Offenbar soll dadurch ausgesagt werden, dass die persischen Beamten den Juden bei den Kämpfen „in ihren Städten" (9,2) zur Seite stehen, womöglich sogar mit militärischen Mitteln. Eine solche Vorstellung würde zum einen gut zum Erzählkontext passen, da die Passage ja den außergewöhnlichen Umstand zu erklären sucht, weshalb „der Vergeltungsschlag einer unbedeutenden ethnischen Minderheit ohne eigenständige exekutive Gewalt im ganzen persischen Reich durchführbar"[208] ist und derart erfolgreich verläuft. Zum anderen sind diese Beamten auch die Befehlshaber der Truppen des persischen Großreiches. Wenn diese nun die Juden unterstützen, scheint zumindest denkbar, dass ihnen auch vom Militär des Großreiches Hilfe zuteilwird. Natürlich sind ebenso andere Formen der „Unterstützung" möglich, nicht zuletzt, da das hebräische Verb נשׂא (Pi.) ein recht weites Bedeutungsspektrum hat. Andere Belege des Begriffs bezeichnen z. B. materielle (1 Kön 9,11), finanzielle (Esr 1,4) oder institutionelle (Esr 8,36) Hilfe durch fremde politische Instanzen.[209] Unabhängig von der exakten Form der Unterstützung wird durch 9,3 jedenfalls deutlich, dass die per-

---

207 Vgl. Bardtke, *Esther*, 381; Bush, *Esther*, 462 und Ruiz-Ortiz, *Dynamics*, 210.

208 Wahl, *Esther*, 182.

209 Vgl. Ego, *Ester*, 380–381 zum traditionsgeschichtlichen Kontext. Das von Ego angeführte Beispiel von Ps 105,37–38 trägt für EstMT 9,3 und die Bedeutung von נשׂא allerdings wenig aus, da das Verb im Psalm fehlt. Vgl. ferner Ruiz-Ortiz, *Dynamics*, 211, der auf die Verwendung von נשׂא (Pi.) in EstMT 3,1; 5,11 verweist und 9,3 (unter Bezugnahme von 9,4) als Ausdruck der ironischen Umkehr der Erhöhung Hamans versteht.

sischen Obrigkeiten Hamans Edikt keine Folge leisten und damit von staatlicher Seite keine Bedrohung für die Juden ausgeht.[210]

4. Das Töten nach „Belieben" (EstMT 9,5). Während bisher die verschiedenen Auswirkungen des jüdischen Machtzuwachses auf die nichtjüdische Umwelt und die politische Administration beschrieben wurde, werden in 9,5 erstmals die konkreten Aktionen genannt, mit denen die Juden gegen ihre Feinde vorgehen. Es wird hier kein Kampf ums Überleben, sondern eine einseitige militärische Aktion umschrieben. Die Juden töten die Gesamtheit ihrer Gegner (בכל איביהם) unter weitreichender Gewaltanwendung. Während dies bereits durch die pleonastische Verwendung von „Schwertschlag, Töten und Vernichtung" (מכת חרב והרג ואבדן) deutlich wird, erwähnt V. 5 zusätzlich, dass all dies „nach ihrem Belieben" (כרצונם) geschah, wodurch das Dargestellte auf den ersten Blick als maßloses und willkürliches Massaker verstanden werden könnte. Das ist jedoch nicht gemeint.[211]

Die Vorstellung, dass die Juden nach Belieben gegen ihre Gegner vorgehen konnten, ist stattdessen ein weiteres Element, das der erzählerischen Überzeugung Ausdruck verleiht, dass die Juden wie ein Großreich agieren und in einem vergleichbaren Maße Macht ausüben können. Dafür spricht einerseits die analoge Verwendung von רצון in 1,8, dem einzigen anderen Beleg des Lexems im hebräischen Esterbuch. Dort bezeichnet der Begriff die königliche Erlaubnis, während eines königlichen Banketts „nach Belieben" zu trinken. Diese Erlaubnis fungiert als Machtdemonstration des Perserkönigs. Diese Vorstellung findet nun seine Entsprechung in der Macht, die die Juden über ihre Feinde haben.[212] Ähnliches legt sich andererseits durch den traditionsgeschichtlichen Hintergrund von רצון nahe.

Besondere Aufmerksamkeit verdient hier die Bezeugung des Begriffs im Danielbuch. In den darin geschilderten Visionen kommen zukünftige Herrscher

---

210 Die von vielen als Glosse eingestufte Notiz EstMT 9,4 bietet eine Deutung für diese ungewöhnliche Vorstellung, indem sie erklärt, dass Mordechai sowohl im „Haus des Königs" (בית המלך) als auch in „allen Provinzen" (בכל המדינות) an Ansehen gewann, weshalb jeder von Mordechais Rang und Bedeutung gewusst haben dürfte. Erneut zeigt sich hier, dass die Gewaltdarstellung von EstMT nicht einseitig als Ausdruck einer Kritik an imperialer Macht interpretiert werden kann (so z. B. Macchi, *Le refus*, 205: „Avec sa finale belliqueuse, le texte hébraïque témoigne d'une réécriture relativement importante du récit dans lequel s'exprime un point de vue polémique vis-à-vis du pouvoir impérial et très dur à l'égard des ennemis des Juifs. Cette version du récit d'Esther reflète sans doute l'opinion de groupes juifs considérant que la vie au sein d'un vaste empire étranger, jugé tyrannique, posait de grosses difficultés.").

211 Vgl. Ego, *Ester*, 384 und Ruiz-Ortiz, *Dynamics*, 214.

212 Vgl. Macchi, *Ester*, 284: „In gewisser Weise entspricht die Macht, die die Juden über ihre Feinde ausüben (9,5), der Demonstration der königlichen Macht in 1,8."

in den Blick, deren Macht sich unter anderem in ihrer Fähigkeit zur Gewaltausübung zeigt. In Dan 8,4 erscheint z. B. ein Herrscher in Form eines Widders, der –
vermutlich bei einem Expansionsfeldzug – in alle Himmelsrichtungen zieht und
„nach Belieben" (כרצנו) agieren kann. Wie in EstMT 9,2 kann dabei „niemand vor
ihm bestehen" (לא יעמדו לפניו). In Dan 11,3 wird sodann „ein mächtiger König"
(מלך גבור) verheißen, der mit „großer Macht und nach Belieben" herrschen wird
(ומשל ממשל רב ועשה כרצונו). Schließlich wird über eine weitere Herrscherfigur
ausgesagt (vgl. Dan 11,16), sie könne „nach Belieben" handeln, ohne dass Widerstand gegen sie möglich sei (כרצונו ואין עומד לפניו). Auch in der Darstellung dieses
Herrschers verdeutlicht das Handeln „nach Belieben" dessen große Macht und
Überlegenheit. Diese Verwendung des Motivs in der Danielüberlieferung weist
somit darauf hin, dass die Ausübung kriegerischer Gewalt „nach Belieben" als
Ausdruck imperialer Macht gelten kann. Natürlich unterscheidet sich EstMT 9,5
insofern von der Verwendung des Motivs im Danielbuch, als das gewaltvolle
Handeln hier positiv bewertet wird und nicht ein fremder Herrscher, sondern das
jüdische Volk als Kollektiv das Subjekt der machtvollen Gewaltausübung ist.[213]

Die einleitende Sequenz EstMT 9,1–5 macht somit in mehrfacher Hinsicht
deutlich, dass sich das Schicksal des jüdischen Volkes und ihre Stellung im
persischen Großreich grundlegend gewandelt hat. Indem die Juden mit militärischer Gewalt gegen alle Feinde vorgehen und diese töten, erweisen sie sich allen
anderen Größen im Perserreich als überlegen. Die weitreichende Anwendung von
Gewalt ist dabei kein Selbstzweck, und schon gar kein Ausdruck jüdischer Rachsucht oder Brutalität. Die Aktionen richten sich ausschließlich gegen diejenigen,
die die Juden bedrohen.[214] Dennoch ist die Betonung der jüdischen Fähigkeit zur
souveränen Gewaltanwendung ein zentrales Interesse der Passage. Der Abschnitt
9,1–5 wird so zum Bestandteil der Machtphantasie der hebräischen Estererzählung: In der Umwendung der eigenen Vernichtung in eine erfolgreiche Gegenaktion, die die Vernichtung aller Feinde zur Folge hat, haben die Juden einen
weiteren Aspekt imperialer Macht adaptiert.

3.3.2.2.2 Der erste Kampftag (EstMT 9,6–10.16)

Die Verse EstMT 9,6–10.16 erzählen davon, wie die Juden in der Festung Susa und
in allen Provinzen des Perserreiches am 13. Adar einen ersten Kampftag gegen ihre
Feinde abhalten. Mit 9,16 endet die Sequenz, die in 9,11–15 durch einen Bericht

---

213 Diese unterschiedliche Verwendung des Motivs führt Clines, *Reading*, 46 dazu, in EstMT 9,5
einen (selbst-)kritischen Blick auf das Dargestellte zu erkennen.
214 Richtig z. B. Ruiz-Ortiz, *Dynamics*, 214.

über die Ereignisse am 14. Adar in Susa unterbrochen wird. In der Schilderung der jüdischen Kampfhandlungen am 13. Adar verdienen drei Besonderheiten eine gesonderte Analyse: die Tötung der Hamansöhne, der Verzicht auf Plünderungen sowie die Höhe der Opferzahlen. Wie bereits die Eigenheiten des Summariums der Vv. 1–5 lassen auch diese mit weitreichender Gewaltanwendung verbundenen Elemente erkennen, dass der Darstellung vor allem an der Charakterisierung der jüdischen Aktionen als machtvoll und souverän liegt.

⁶ובשושן הבירה הרגו היהודים ואבד חמש מאות איש: ⁷ואת פרשנדתא ואת דלפון ואת
אספתא: ⁸ואת פורתא ואת אדליא ואת ארידתא: ⁹ואת פרמשתא ואת אריסי ואת ארדי ואת
ויזתא: ¹⁰ עשרת בני המן בן המדתא צרר היהודים הרגו ובבזה לא שלחו את ידם: ¹⁶ ושאר היהודים
אשר במדינות המלך נקהלו ועמד על נפשם ונוח מאיביהם והרג בשנאיהם חמשה ושבעים אלף
ובבזה לא שלחו את ידם:

> ⁶ Und in der Festung Susa töteten und vernichteten die Juden fünfhundert Mann. ⁷ Und Parschandata und Dalfon und Aspata ⁸ und Porata und Adalja und Aridata ⁹ und Parmaschta und Arisai und Aridai und Wajesata, ¹⁰ die zehn Söhne Hamans, des Sohnes Hammedatas, des Bedrängers der Juden, töteten sie. Aber nach Plündergut streckten sie ihre Hand nicht aus. ¹⁶ Die restlichen Juden aber, die in den Provinzen des Königs waren, versammelten sich und standen für ihr Leben ein. Und sie ruhten vor ihren Feinden. Und sie töteten von ihren Hassern 75.000. Aber nach Plündergut streckten sie ihre Hand nicht aus. (EstMT 9,6–10.16)

1. Die Tötung der Hamansöhne (EstMT 9,6–10). In der Kampfschilderung steht der Bericht über die Tötung der Hamansöhne an zentraler, mittiger Stelle. Während der Rahmen der Vv. 6.16 lediglich runde, hohe Opferzahlen angibt, sorgt die Auflistung der Eigennamen der Hamansöhne dafür, dass der Darstellung größere Konkretheit zukommt und dass sich das Geschilderte besser als vermeintlich historische Begebenheit lesen lässt. Warum die Söhne Hamans bei der jüdischen Aktion getötet werden, wird nicht explizit begründet.[215]

Grundsätzlich ist davon auszugehen, dass die Söhne Hamans aus der Erzählperspektive zu denjenigen gehören, die den Plan ihres Vaters umsetzen wollen, und sie deswegen getötet werden müssen. Sie gehören zur Gruppe der Angreifer und sie können „zweifellos par excellence zu den Feinden der Juden"[216] gezählt werden. Deshalb wird unmittelbar nach ihrer Tötung in 9,10 an Haman als „Bedränger der Juden" (צרר היהודים) erinnert. Haman wird somit postum für seinen Hochmut bestraft, einst mit der „Menge seiner Söhne" (5,11: ורב בניו) geprahlt zu haben.[217] Mit der Tötung seiner Nachkommen beenden die Juden

---

215 Vgl. Clines, *Esther*: „[N]o narrative motivation for the slaughter of them is provided."
216 Ego, *Ester*, 385.
217 Vgl. Meinhold, *Esther*, 84; Ego, *Ester*, 385 und Macchi, *Ester*, 285.

somit nicht nur die familiäre Linie des Übeltäters, sondern auch die Bedrohung, die seine Person für das Volk der Juden bedeutete.[218] Dass in dieser Darstellung gezielt auf 1 Sam 15 und die „unvollständige" Vernichtung der Amalekiter angespielt werden soll, halte ich hingegen für wenig überzeugend.[219] Wie oben dargelegt, spricht gegen diese Annahme schon die Tatsache, dass ausgerechnet in 9,10 die Zuschreibung Hamans als Agagiter fehlt.[220] Viel eher lässt sich die Tötung der Hamansöhne als ein weiteres Element interpretieren, durch das die Juden in der Funktion einer staatlichen Größe agieren. Es entspricht gemeinantiker Kriegspraktik, dass Siegermächte prominente Vertreter ihrer Gegner gesondert bestrafen, indem sie z. B. deren Familienmitglieder töten.[221] Eine solche Vorstellung begegnet im Alten Testament z. B. in 2 Kön 25,7, als die Babylonier die Söhne von König Zidkija als Strafe für die Vergehen ihres Vaters hinrichten. Indem die Juden die Söhne Hamans töten, vollziehen sie eine ähnliche Form der Strafe. Sie agieren in gewisser Weise als Agenten des persischen Königs und führen die Familienangehörigen des Übeltäters Haman ihrer Strafe zu.[222]

Für die namentliche Auflistung der getöteten Söhne Hamans, deren Namen im masoretischen Text und in vielen späteren Handschriften in Kolumnen neben- und untereinander aufgeführt werden, ist in der Forschung bisher keine überzeugende Erklärung gefunden worden.[223] Innerhalb des Alten Testaments fehlen analoge Darstellungen, in denen getötete Einzelpersonen mit Eigennamen genannt würden.[224] Richtig ist sicherlich, dass sich die Zehnzahl der getöteten Söhne als Ausdruck der Vollständigkeit des jüdischen Sieges erklären lässt und dass die exotisch (und ähnlich) klingenden Namen dem Dargestellten ein authentisches, „persisches" Kolorit verleihen.[225] Die formale Besonderheit der namentlichen Aufzählung der Getöteten in einer Liste ist damit allerdings nicht hinreichend geklärt.

Stellt diese Auflistung innerhalb der alttestamentlichen Literatur eine Besonderheit dar, finden sich jedoch vergleichbare Darstellungsformen im griechischen Kulturraum. Das gilt besonders für die inschriftlich erhaltenen griechischen Gefallenenlisten, die vor allem aus

---

218 Vgl. Berlin, *Esther*, 85.
219 So z. B. Loader, *Ester*, 272 oder Ego, *Ester*, 385.
220 Vgl. Kapitel 3.2.3.3.
221 Vgl. Meinhold, *Esther*, 84; Achenbach, *Vertilgen*, 308 und Ruiz-Ortiz, *Dynamics*, 216.
222 Ohnehin war es den Juden nach dem Wortlaut des Gegenedikts in 8,11 gestattet, auch die Kinder der Gegner zu töten.
223 Vgl. Ego, *Ester*, 387.
224 Am ehesten wären die Auflistungen der besiegten Könige in Jos 12,9–24 oder der Kriegsgegner Davids in 1 Sam 30,27–31 mit EstMT 9,7–9 vergleichbar.
225 Vgl. Wahl, *Esther*, 184 für weitere Deutungsmöglichkeiten. Wahl erkennt in der Zehnzahl letztlich eine Anspielung auf die theologische Aussage des Abschnitts, die ich für wenig überzeugend halte: „Der gläubige Jude kann die in den zehn Geboten komprimierte Tora als den in der Hinrichtung der Judenfeinde wirksamen Willen Gottes erkennen (Ex 20,1–17; Dt 5,6–21)."

Athen, aber auch aus anderen Gebieten bekannt sind.[226] Die Inschriften führen unter- und nebeneinander die Namen der im Krieg gefallenen griechischen Soldaten auf. Dies diente der Ehrung und namentlichen Erinnerung an die Getöteten.[227] Deshalb wurden allein diejenigen Männer aufgelistet, die im Kampf *für* den eigenen (Stadt-)Staat gefallen sind. Somit beschränkt sich die Gemeinsamkeit zwischen EstMT 9,7–9 und griechischen Gefallenenlisten zunächst nur auf die Form der kolumnenhaften Auflistung der Namen von im Kampf getöteten Männern. Die Gattung der Gefallenenliste konnte jedoch auch als literarischer Topos verwendet werden, der eine andere kulturelle Funktion als die Erinnerung der eigenen Gefallenen hatte. Als ein Beispiel sei auf die Botenrede verwiesen, die sich in der Tragödie „Die Perser" von Aischylos findet (*Perser*, 302–330). Darin werden – wie in der Estererzählung – gefallene Perser, nicht Griechen, aufgelistet, die in den Perserkriegen gefallen sein sollen. Mit dieser Variation einer den Griechen bekannten Darstellungsform wollte Aischylos vermutlich deutlich machen, dass die Kriege auch grausame Konsequenzen für die Perser hatten.[228] Unter der wahrscheinlichen Annahme, dass das hebräische Esterbuch in hellenistischer Zeit und in Kenntnis der griechischen (Kriegs-)Erinnerungskultur abgefasst wurde, könnte die Auflistung der Hamansöhne in EstMT 9,7–9 als eine jüdische Variante und als kreative Adaption dieser eigentlich griechischen Darstellungsform interpretiert werden. Die „Gefallenenliste" der durch und durch persisch klingenden Namen im Kampfbericht der Estererzählung symbolisiert nun die Sieghaftigkeit der Juden über ihre perserzeitlichen Feinde.

2. Der Plünderungsverzicht (EstMT 9,10.15.16). Eines der markantesten Merkmale des neunten Kapitels stellt ferner der dreimal wiederholte Verzicht der Juden auf Plünderungen dar. Erstmals begegnet diese Vorstellung im Anschluss an die Tötung der Hamansöhne, und sie wird nach der Beschreibung der jüdischen Aktionen in Susa und in den Provinzen wiederholt: „Aber nach Plündergut streckten sie ihre Hand nicht aus" (ובבזה לא שלחו את ידם). Die mit der dreimaligen Wiederholung einhergehende Betonung dieser Zurückhaltung ist im Kontext von EstMT 9,1–16 insofern auffällig, als sich diese Vorstellung einerseits vom im Gegenedikt Erlaubten unterscheidet (vgl. 8,11) und andererseits auf den ersten Blick in Spannung zur an weitreichender Gewaltausübung interessierten Tendenz des Kontextes zu stehen scheint. Eine große Mehrheit der Forschungsbeiträge erklärt den Plünderungsverzicht unter der Annahme der traditionsgeschichtlichen Abhängigkeit von 1 Sam 15.[229] Da Saul und die Israeliten einst bei der angeordneten

---

226 Vgl. für eine Übersicht der athenischen Inschriften Clairmont, *Patrios Nomos*, 46–59; für Belege außerhalb Athens Low, *Remembering*, 101–104.

227 Vgl. Arrington, *Inscribing Defeat*, 179–212; Arrington, *Ashes*, 96–123 und Schröder, *Polis*, 200–202.

228 Vgl. Ebbott, *List*, 94–96.

229 Vgl. McKane, *Note*; Bardtke, *Arbeiten*, 524–525; Moore, *Esther*, 87–88; Clines, *Scroll*, 323; Fox, *Character*, 115; Dommershausen, *Esther*, 116; Kossmann, *Esthernovelle*, 362; Berlin, *Esther*, 85; Wacker, *Gewalt*, 623–625; Amit, *Saul*, 653–655; Calduch-Benages, *War*, 139; Wetter, *Jewish*, 601–602 und Miller, *Three Versions*, 62–65. Eine Ausnahme bildet die Erklärung von Gerleman,

Bannvollstreckung an den Amalekitern besonders wertvolle Tiere „verschont" (חמל), d. h. diese für sich geraubt und nicht vernichtet haben, sei EstMT 9,10.15.16 als späte „Korrektur" dieses Vergehens zu verstehen. Doch schon aufgrund des Fehlens des agagitischen Beinamens von Haman in EstMT 9,1–16 regen sich Zweifel an dieser Deutung.[230] Auch ist die erzählerische Situation in 1 Sam 15 eine gänzlich andere. Darin geht es um den Gehorsam gegenüber dem göttlichen Gebot, alles Leben mitsamt dem Besitz der Amalekiter zu „bannen", d. h. zu zerstören. Wäre der Kampfbericht der Estererzählung tatsächlich als Korrektur dieses Vergehens und damit als Form des Bannkriegs angelegt, müssten die Juden dann nicht nur ihre Feinde, sondern auch deren Besitz vernichten?

Für eine alternative Interpretation des Plünderungsverzichts möchte ich den Blick auf den hebräischen Wortlaut der Notiz legen. Auffälligerweise unterscheidet sich die Wortwahl zur Beschreibung des Beuteverzichts nämlich von der vorher ergangenen Erlaubnis zum Plündern (vgl. 8,11b: ושללם לבוז). Die Juden verzichten nach 9,10.15.16 darauf, „ihre Hände nach Beute auszustrecken" (ובבזה לא שלחו את ידם). Eine damit vergleichbare Formulierung findet sich zu Beginn der Kampfszenen: Nach 9,2 versammeln sich die Juden nämlich mit dem Ziel, „die Hand nach denen auszustrecken, die ihnen Böses suchten" (ובבזה לא שלחו את ידם). Somit lässt sich anhand des Motivs des Ausstreckens der Hände die entscheidende Aussageabsicht der Passage erkennen: Es geht nur um das Töten, nicht um das Plündern der Feinde. Die Juden strecken ihre Hand allein gegen diejenigen aus, die ihnen nach dem Leben trachten. Deren Besitz tasten sie hingegen nicht an. Wie oft angemerkt wurde, erfährt die Ausübung von Gewalt damit eine Begrenzung.[231] Gleichzeitig geschieht jedoch ein Zweites: Die Juden erweisen sich ihren Gegnern erneut als überlegen. Diesmal jedoch nicht in militärischer, sondern in moralischer Hinsicht.[232] Obwohl beide Gruppen die Erlaubnis hatten, ihre Opponenten auszuplündern und sich dabei zu bereichern (3,13; 8,11), verzichten die Juden darauf.[233]

Studien, 326, der im Beuteverzicht einen (kritischen) Reflex auf die Exoduserzählung erkennt, da nach Ex 3,21–22; 12,35–36 eine „Plünderung" (נצל) der Ägypter durch die Israeliten erfolgt.

230 Vgl. Clines, *Esther*, 323: „If this is the explanation, it is strange that Haman is not here called 'the Agagite'; can the narrator have missed the point of the (traditional?) insistence on refusing to take spoil?"

231 Vgl. z. B. Miller, *Jews*, 30; Ruiz-Ortiz, *Dynamics*, 217 oder Macchi, *Ester*, 286 mit weiteren Belegen.

232 Vgl. in Ansätzen Wahl, *Esther*, 185; Ego, *Ester*, 385.

233 Eine ähnliche Problematisierung der Bereicherung durch fremdes Gut findet sich auch in Texten wie Gen 14 und 34.

3. Die Höhe der Opferzahlen (EstMT 9,6.15.16). Schließlich fällt an der Gewaltdarstellung die Anzahl der von den Juden getöteten Opfer auf. Neben den Söhnen Hamans sollen die Juden 75.800 weitere Menschen erschlagen haben: Davon entfallen fünfhundert auf den Palastbereich (9,6) und dreihundert auf die Stadt Susa (9,15) – die restlichen 75.000 Feinde sollen in den übrigen Provinzen des Perserreiches gefallen sein (9,16). Während die ältere Auslegung diese große Zahl der von den Juden getöteten Feinde als vermeintlichen Ausdruck der Brutalität des Dargestellten verstanden hat, wird in der jüngeren Auslegung anders argumentiert. Manche verstehen die Zahlen als Hinweis auf die ironische, hyperbolische oder sogar karnevaleske Natur der Gewaltdarstellung,[234] andere halten sie für einen weiteren Aspekt, der die Notwendigkeit der jüdischen Verteidigung herausstelle.[235] Die große Zahl der Getöteten symbolisiere demnach die Größe der Bedrohung, gegen die die Juden vorgehen mussten. Nach Fox zeigten zum Beispiel die fünfhundert in der Festung Susa getöteten Gegner, „that there was much hostility toward Jews at the very center of the empire."[236]

Auch wenn diese Vorschläge mögliche Bedeutungsnuancen der Darstellung erkennen, muss zunächst daran erinnert werden, dass die Auflistung einer möglichst großen Anzahl getöteter Gegner ein typisches Motiv in antiken Kampfberichten darstellt. Da sich in auch anderen alttestamentlichen Gewaltdarstellungen derart hohe Zahlen finden, folgt die Darstellung in EstMT 9 verbreiteter literarischer Konvention.[237] Besonders viele (und hohe) Opferzahlen finden in den Kampfberichten von 1–2 Makk Erwähnung, womit sich eine weitere Vergleichsmöglichkeit zwischen EstMT und den Makkabäerbüchern bietet. In 1–2 Makk wird mehrfach die besondere Größe der feindlichen Heere betont (vgl. z. B. 1 Makk 3,39; 4,1.28; 6,30; 9,4), weshalb nach den Berichten über die makkabäischen Kämpfe große Zahlen von getöteten Feinden angeführt werden können. Die vermeintlich exakte Angabe von getöteten Gegnern kann dabei geradezu als ein typisches Stilmittel der Darstellung von 1–2 Makk gelten. Einige Beispiele mögen dies verdeutlichen. Bereits bei den ersten von Judas Makkabäus geführten Kämpfen gegen die seleukidischen Heere von Apollonios und Seron wird von 800 (1 Makk 3,24), im Kampf gegen Lysias von 600 gefallenen Gegnern berichtet (1 Makk 6,42). Bei Auseinandersetzungen mit Nikanor sollen „nahezu fünfhundert Mann" (ὡσεὶ πεντακόσιοι ἄνδρες in 1 Makk 7,32), später weitere 9000 Feinde

---

234 Vgl. z. B. Goldman, *Ironies*, 21; Berlin, *Esther*, xxii oder Sharp, *Irony*, 71.
235 Vgl. Ruiz-Ortiz, *Dynamics*, 215.220 mit weiteren Positionen.
236 Fox, *Character*, 110.
237 Vgl. die Auflistung bei Ego, *Ester*, 380, u. a. mit Hinweis auf die in 2 Kön 19,35 erwähnten 185.000 getöteten assyrischen Soldaten, die ein Engel Gottes geschlagen haben soll.

(1 Makk 8,24) oder (nach 2 Makk 15,27) sogar 35.000 Gegner getötet worden sein; bei Einsätzen im Ostjordanland werden einmal 10.000 (2 Makk 12,19), zweimal 25.000 (2 Makk 12,26.28) sowie weitere 30.000 von den Makkabäern Getötete erwähnt; unter Jonatan töten die Juden zunächst 8000 (1 Makk 10,85) und später weitere 3000 Feinde (1 Makk 11,47); als die jüdischen Kämpfer dem König Demetrios II. in Antiochia zu Hilfe eilen, sollen sogar 100.000 Mann getötet worden sein (1 Makk 11,47).

Im Vergleich zu diesen Angaben, die sich ja auf einzelne militärische Auseinandersetzungen an bestimmten Orten beziehen, erscheinen die 75.000 in allen persischen Provinzen getöteten Feinde der Juden in EstMT 9,16 sogar als relativ geringe Zahl. In jedem Fall kommt in diesen Angaben sowohl in EstMT 9,1–16 als auch in 1–2 Makk die Vorstellung zum Ausdruck, dass die Gegner vollständig getötet worden sind und dass sich die Juden auch gegen zahlenmäßig überlegene Feinde durchsetzen können.

Die glorreiche Natur der jüdischen Aktionen erfährt mit der Angabe der Opferzahlen somit eine quantitative Entsprechung. Die große Zahl der getöteten Feinde in allen Provinzen des Perserreiches verdeutlicht die Universalität der jüdischen Aktionen. Wie die Zehnzahl der Hamansöhne können auch die Zahlen 500 oder 75.000 als Ausdruck der Fülle verstanden werden.[238] Die insgesamt 75.810 getöteten Gegner zeigen an, dass die Juden ihre Feinde vollständig ausgelöscht haben.[239] In dieser Vorstellung kommt deshalb zum wiederholten Male auch die militärische Überlegenheit der Juden gegenüber ihren Gegnern zum Ausdruck.

3.3.2.2.3 Der zweite Kampftag (EstMT 9,11–15)

Mit EstMT 9,11–15 verlässt die Darstellung die Funktion eines Ausführungsberichtes darüber, was den Juden und ihren Feinden am 13. Adar gestattet war. Hier wird erzählt, wie es dazu kommt, dass die Juden auch am 14. Adar gegen ihre Feinde in der Stadt Susa vorgehen und die Söhne Hamans aufhängen.[240] Dieser zweite Kampftag bildet die ätiologische Voraussetzung für das zweitägige Purimfest. Durch die Verlängerung der Kampfhandlungen und durch die öffentliche

---

238 Vgl. dazu Macchi, *Ester*, 289, Anm. 106 für eine „Berechnung“: Die 75.000 Getöteten setzten sich nach Macchi aus je 600 erschlagenen Feinden in 125 persischen Provinzen zusammen. Die gesondert genannten Gebiete der Stadt und Festung Susa seien dabei von den in 1,1 genannten 127 Provinzen zu subtrahieren. Vgl. auch den Hinweis von Dommershausen, *Esther*, 45 auf die „hohe Rundzahl“, die sich aus $3 \times 25 \times 1000$ ergebe.
239 Vgl. Wahl, *Esther*, 187.
240 Vgl. Thornton, *Crucifixion*, der sich dafür ausspricht, das hier an die Praxis der Pfählung zu denken.

Schändung von Gegnern nimmt allerdings auch die Intensität der Gewaltdarstellung zu.

¹¹ ביום ההוא בא מספר ההרוגים בשושן הבירה לפני המלך: ¹² ויאמר המלך לאסתר המלכה בשושן הבירה הרגו היהודים ואבד חמש מאות איש ואת עשרת בני המן בשאר מדינות המלך מה עשׂו ומה שאלתך וינתן לך ומה בקשתך עוד ותעשׂ: ¹³ ותאמר אסתר אם על המלך טוב ינתן גם מחר ליהודים אשר בשושן לעשׂות כדת היום ואת עשׂרת בני המן יתלו על העץ: ¹⁴ ויאמר המלך להעשׂות כן ותנתן דת בשושן ואת עשׂרת בני המן תלו: ¹⁵ ויקהלו היהודיים אשר בשושן גם ביום ארבעה עשׂר לחדש אדר ויהרגו בשושן שלש מאות איש ובבזה לא שלחו את ידם:

¹¹ An jenem Tag kam die Anzahl der in der Festung Susa Getöteten vor den König. ¹² Da sprach der König zur Königin Ester: „In der Festung Susa haben die Juden getötet und fünfhundert Mann und zehn Söhne Hamans vernichtet. In den restlichen Provinzen des Königs, was haben sie [dort] getan? Und was ist deine Bitte? Und sie werde dir gegeben. Und was ist noch dein Wunsch? Und er werde dir erfüllt." ¹³ Da sprach Ester: „Wenn es dem König recht ist, werde auch morgen den Juden, die in Susa sind, gestattet, nach dem heutigen Gesetz zu handeln. Die zehn Söhne Hamans aber hänge man an dem Holz auf." ¹⁴ Da sprach der König, dass es so getan werde. Und man erließ ein Gesetz in Susa. Und die zehn Söhne Hamans hängte man auf. ¹⁵ Da versammelten sich die Juden, die in Susa waren, auch am vierzehnten Tag des Monats Adar. Und sie töteten in Susa dreihundert Mann, aber nach Plündergut streckten sie ihre Hand nicht aus. (EstMT 9,11–15)

Wurden bereits die Ereignisse des 13. Adar in der Auslegung als problematisch erachtet, gilt dies ganz besonders für die Kampfhandlungen der Juden am Folgetag. Seit langem herrscht in der Auslegung Unverständnis über diese Episode. Die Existenz eines zweiten Kampftags hat bei vielen den Eindruck entstehen lassen, es handle sich hierbei um „Overkill", d. h. um eine Form exzessiver Gewalt, die deutlich über das Erlaubte hinausgeht.[241] Dafür gibt es m. E. jedoch keine überzeugenden Gründe. Die Szene baut die Vorstellung eines durch militärische Überlegenheit erreichten Machtgewinns weiter aus. Die Juden agieren jedoch in Absprache mit dem persischen Großkönig, so dass an der Legitimität der Gewaltanwendung aus Erzählperspektive kein Zweifel besteht.

Für eine gewisse Störung der erzählerischen Balance sorgt allerdings Esters Bitte um einen weiteren Kampftag. Da das Edikt Hamans nur am 13. Adar Gültigkeit besitzt, haben die Feinde der Juden am Folgetag eigentlich keine Legitimation dazu, die Juden am Folgetag anzugreifen. Somit fällt auch der Grund für weitere „defensive" Gegenmaßnahmen der Juden weg. Dennoch lässt sich die

---

241 Vgl. z. B. Paton, *Esther*, 287; Bardtke, *Esther*, 387; Clines, *Scroll*, 47–49 oder Harvey, *Morality*, 67. Bereits Michaelis, *Bibliothek*, 38 äußerte sich kritisch: „Esther scheint auch in ihrer Rachgier unersättlich, wenn sie von 510 Leichen in der einzigen Residenz noch nicht satt, einen zweiten Mordtag vom Könige erbittet."

Szene als konsequente Fortsetzung von EstMT 9,1–10 verstehen. Zunächst bauen die Verse 11–12 das Bild vom persischen König als Unterstützer der Juden aus. Er genehmigt Esters Bitte um Verlängerung der Kampfhandlungen. Anders als bei vorherigen Begegnungen zwischen Ester und dem König, agiert der Regent hier allerdings auffallend initiativ. Im Unterschied zu vergleichbaren Episoden aus dem fünften und siebten Kapitel tritt er nicht in Reaktion auf eine Einladung Esters an sie heran. Auch muss Ester nicht wie in 8,3 demütig vor ihm nieder-fallen, und der König behauptet nicht mehr, dass er den Juden bereits geholfen habe (8,7). Als der Herrscher von den hohen Opferzahlen in seinem Regierungs-zentrum hört, geht er von sich aus auf Ester zu und bietet ihr die bedingungslose Erfüllung ihrer Wünsche an. Dabei fällt auch auf, dass seine Rede den Duktus der erzählerischen Darstellung der jüdischen Vergeltung wörtlich aufnimmt. Der König spricht davon, dass die Juden im Palastbereich fünfhundert Mann „getötet" (הרגו) und „vernichtet" (ואבד) hätten (vgl. 9,6). Eine ähnliche Integration der jüdi-schen Perspektive durch den Mund des Königs lag bereits in 8,7 vor. Neu ist an dieser Stelle, dass es der militärische Erfolg der Juden ist, der den König beein-flusst. Offenbar voller Bewunderung (oder Schrecken?) richtet er an Ester die rhe-torische Frage, was die übrigen Juden in den Provinzen „getan" (עשׂו) hätten.[242] Vermutlich rechnet er damit, dass die Juden in den Provinzen noch viele weitere Feinde töten könnten.

Wie im achten Kapitel zeigt sich die Unterstützung des persischen Königs hier nun daran, dass er den Juden die Anwendung tödlicher Gewalt gestattet. Ester äußert in 9,13 nämlich eine doppelte Bitte: Zum einen möge der Herrscher den in der Stadt Susa lebenden Juden gestatten, auch am 14. Adar „nach dem heutigen Gesetz" (לעשׂות כדת היום) zu handeln.[243] Obwohl es keinen erkennbaren Anlass für weitere Kämpfe gibt, soll die Gültigkeit des von Mordechai als Gesetz erlassenen Edikts also um einen Tag verlängert werden.[244] Mit dieser Bitte um eine legislative Maßnahme nähert sich Esters Rolle an die des Mordechai an. Auch sie ermöglicht ihrem Volk, militärisch aktiv zu werden. Zum anderen bittet Ester darum, dass die zehn Söhne Hamans „an dem Holz aufgehängt werden" (יתלו על העץ). Unter dem Eindruck ihrer militärischen Stärke gestattet der König beide Anfragen.[245] Er ordnet die öffentliche Schändung der Söhne Hamans in der

---

242 Vgl. Fox, *Character*, 112 sowie Ego, *Ester*, 387 mit Verweis auf weitere Positionen.
243 Erneut zeigt sich, dass die Juden nicht gegen die persischen Gesetze handeln und dass Ha-mans Vorwurf aus EstMT 3,8 falsch war; vgl. Levenson, *Esther*, 122.
244 Vgl. Dalley, *Esther's Revenge*, 196, die hieraus auf einen vermeintlich grausamen Charak-terzug Esters schlussfolgert: „Therefore Esther might well be accused of slaughtering innocent people for no good reason."
245 Vgl. Ego, *Ester*, 388.

Hauptstadt an, wobei es so scheint, als beauftrage er persische Soldaten damit. Dass die Juden die Leichen aufhängen, wird jedenfalls nicht ausdrücklich gesagt. Wie die persischen Beamten unterstützt also auch der Perserkönig die Kämpfe der Juden, die am 14. Adar dreihundert weitere Männer töten (9,15).[246] Anders als in Bezug auf den 13. Adar wird allerdings nicht mehr erwähnt, dass diese „Feinde" waren oder die Juden angreifen wollten.[247] Somit können diese Aktionen kaum mehr als Selbstverteidigung interpretiert werden. Hierin lässt sich ein weites Moment der Betonung der jüdischen Macht und Dominanz erkennen. Auch ohne vorher angegriffen worden zu sein, können sie mit tödlicher Gewalt gegen ihre Gegner vorgehen. Eine ähnliche Funktion kommt auch der zweiten Bitte Esters zu. Die öffentliche Zur-Schau-Stellung der Leichen der Hamansöhne macht die Überlegenheit und Sieghaftigkeit der Juden nach außen hin sichtbar. Die Schändung der Getöteten zeigt öffentlichkeitswirksam an, dass die Juden alle ihre Feinde zur Rechenschaft ziehen können.[248] Indem die Söhne Hamans öffentlich entehrt werden, wird zudem der Niedergang von Haman endgültig besiegelt.[249]

Die öffentliche Schändung von getöteten Gegnern war in der gesamten Antike eine verbreitete Praxis, die sowohl in der hebräischen Bibel (vgl. Jos 8,29; 1 Sam 31,10; 1 Chr 10,10) als auch in griechischen historiographischen Traditionen bezeugt ist.[250] Eine prominente Stellung nimmt dieses Motiv auch in den Kampfdarstellungen von 1–2 Makk ein: Darin wird eine solche Form der Entehrung an Nikanor vollzogen, der wie Haman in EstMT die Funktion des Erzfeindes der Juden übernimmt. Dem seleukidischen General, der „als erster im Kampf"

---

246 Die im Vergleich zum 13. Adar niedrigere Zahl Getöteter könnte textintern mit der grundsätzlich wohlwollenden Reaktion weiter Bevölkerungsteile Susas erklärt werden (vgl. EstMT 3,13; 8,15), vgl. Macchi, *Ester*, 290.

247 Dass ausgerechnet Ester um die Ausweitung der jüdischen Vergeltungsaktion bittet, könnte mit dem etablierten Frauenbild der griechischen Literatur in Verbindung stehen: Wie McHardy, *Revenge*, 37–42 aufzeigt, zeichnen griechische Texte „women as more bloodthirsty than their male counterparts" (37).

248 Vgl. Beal, *Book of Hiding*, 113, der im Aufhängen der Söhne „a public claim of responsibility for that death" erkennt. Weniger überzeugend erscheint mir hingegen Millers Deutung, dass Ester dadurch „her concern for the defense of the Jews" zum Ausdruck bringen wollte (vgl. Miller, *Jews*, 28). Ähnlich auch Wacker, *Gewalt*, 617, die ein „defensives Moment" in EstMT 9,11–15 erkennt, insofern Hamans Frau Seresch nicht getötet wird.

249 Der bestimmte Artikel in על העץ (EstMT 9,13) könnte darauf hindeuten, dass Haman und seine Söhne an demselben Holz hängen, vgl. Ruiz-Ortiz, *Dynamics*, 221 mit Bezug auf Holmstedt/Screnock, *Esther*, 237. Dann hingen die Söhne Hamans letztlich an dem Holz, das Haman einst für Mordechai aufgestellt hatte. Dazu würde passen, dass 9,25 davon spricht, dass Haman „und seine Söhne an dem Holz aufgehängt wurden" (ותלו אתו ואת בניו על העץ).

250 Vgl. Ego, *Ester*, 388–390 mit den entsprechenden Belegen.

gefallen sein soll (1 Makk 7,43: καὶ ἔπεσεν αὐτὸς πρῶτος ἐν τῷ πολέμῳ), werden von den makkabäischen Kämpfern der Kopf und die rechte Hand abgeschlagen. Anschließend nehmen sie beide Körperteile mit nach Jerusalem und stellen sie dort zur Schau (1 Makk 7,47), was das Volk zu großem Jubel bewegt (1 Makk 7,48: καὶ ηὐφράνθη ὁ λαὸς σφόδρα). Die öffentliche Entehrung verdeutlicht hier sowohl die „spiegelrechtliche Bestrafung",[251] die ihm widerfährt, als auch die Sieghaftigkeit der Juden. Analoges gilt für den Parallelbericht in 2 Makk 15,30. Darin ordnet Judas Makkabäus an, Nikanors Kopf und seinen Arm abzuschlagen. Noch ausführlicher als in 1 Makk 7 wird sodann in 2 Makk 15 die öffentliche Entehrung Nikanors beschrieben: Zuerst soll Judas den Kopf und die Hand des Seleukiden „herumgezeigt" (2 Makk 15,32: ἐπιδειξάμενος) haben, bevor er ihm die Zunge ausgeschnitten und den Kopf an der Akra in Jerusalem für alle sichtbar aufgehängt haben soll (2 Makk 15,33–34). In beiden Berichten fungiert die Schändung Nikanors – in analoger Weise zur öffentlichen Zurschaustellung Hamans und der Leichen seiner Söhne in EstMT 9,14 – als Ausdruck des großen Erfolgs der Juden über ihre vermeintlich übermächtigen Gegner.

Somit schließt die Ausführung des zweiten Kampftags konsequent an das Vorherige an. Die Szene baut das Motiv des Machtgewinns aufseiten der Juden weiter aus. Der militärische Erfolg hat aus Erzählperspektive positive Auswirkungen, die über die Abwehr der Bedrohung der Juden hinausgehen. Die Darstellung gipfelt in der Einsetzung des zweitägigen Purimfestes, das der Erzähllogik von EstMT folgend als Siegesfeier zu verstehen ist.

3.3.2.3 Purim als Siegesfeier

Nach dem Bericht über die vollständige Vernichtung der Feinde wird beschrieben, wie die Juden in Susa und in den Provinzen am 14. und 15. Adar jeweils einen „Tag des Festmahls und der Freude" (EstMT 9,17.18: יום משתה ושמחה) abhalten. In der gesamten Passage 9,17–32, die von der Einsetzung des Purimfestes berichtet, tritt der Aspekt der Gewalt in den Hintergrund. Stattdessen verlagert sich der Darstellungsschwerpunkt auf die fröhliche Feier von Purim und auf den glücklichen Zustand, der durch die Kämpfe erreicht wurde. Der ätiologischen Absicht der Passage folgend werden vor allem die Festpraxis, die Verbreitung des Festes durch Schreiben Esters und Mordechais sowie die Annahme dieser Anordnungen durch das jüdische Volk beschrieben. Infolge der Problematisierung der Darstellung jüdischer Gewalt in der Auslegung wurde dieser thematische Wechsel

---

251 Tilly, *1 Makkabäer*, 180 mit Verweis auf die Parallelität, die zwischen Nikanors Ausstrecken der Hand (ἐξέτεινεν) und dem Ausstellen (ἐξέτειναν) seiner Hand in Jerusalem besteht.

dankbar aufgenommen. Die Schwerpunktverlagerung von 9,1–16 zu 17–32 wurde damit erklärt, dass Purim „nicht die Gewalt oder den Sieg, sondern das friedliche, ruhige Siedeln"[252] feiern möchte. Damit wird der Tatsache, dass das Purimfest das Ergebnis der jüdischen Kämpfe zum Ausgangspunkt hat, nur noch wenig Beachtung geschenkt. In dieser Deutung von Purim zeigt sich m. E. erneut der Wunsch moderner Auslegerinnen und Ausleger, die vermeintliche Anstößigkeit der Gewaltdarstellung der Estererzählung zu begrenzen. Für eine textgemäße Interpretation von Purim gilt es jedoch, den erzählerischen Zusammenhang zwischen den Kampfszenen und der Einsetzung des Purimfestes sowie den traditions- und zeitgeschichtlichen Hintergrund von EstMT 9,17–32 zu berücksichtigen. Beides verweist darauf, Purim als Siegesfeier zu verstehen.

Die Einsetzung des Purimfestes erweist sich als konsequente Fortsetzung der vorangehenden Handlung. Die Verse EstMT 9,17–19 berichten davon, dass die in Susa bzw. in allen persischen Provinzen lebenden Juden unmittelbar nach ihrem Erfolg über die Feinde feiern. Zentrale Begriffe der vorangehenden Passagen (z. B. „Festmahl", „Freude", „Feinde") werden dabei wieder aufgegriffen.

Von besonderer Relevanz für die Deutung von Purim ist der Begriff „Ruhe" (נוח), der EstMT 9,1–16 mit 9,17–32 verbindet. Zum ersten Mal im neunten Kapitel erscheint der Terminus in V. 16.[253] Darin wird ausgesagt, die Juden hätten am 13. Adar „vor ihren Feinden" geruht (ונוח מאיביהם), nachdem sie 75.000 ihrer Gegner getötet haben. An dieser Stelle ist Ruhe eindeutig ein Zustand, der durch die Kampfhandlungen erreicht wurde. Das gilt auch für die Vv. 17–18, wo jedoch eher an ein „Ausruhen" nach den beiden Kampftagen zu denken ist. Das Purimschreiben Mordechais in den Vv. 20–22 fordert sodann das Volk dazu auf, die Purimtage „Jahr für Jahr" als Erinnerung daran zu feiern (9,21: בכל שנה ושנה), dass die Juden an diesen Tagen „Ruhe vor ihren Feinden fanden" (EstMT 9,22: אשר נחו בהם היהודים מאויביהם). Da hier dieselbe Konstruktion wie in 9,16 vorliegt (נוח + איב + מן), bezeichnet auch diese Form des „Ruhens" das Ergebnis der erfolgreichen Kämpfe der Juden. Purim wird also eindeutig zur Erinnerung an den Sieg der Juden gegen ihre Feinde eingesetzt.[254]

Auf ein solches Verständnis weist auch der traditionsgeschichtliche Hintergrund von נוח hin. Das Lexem umschreibt im Alten Testament einen Zustand, der

---

252 Butting, *Widerstand*, 177. Vgl. Bardtke, *Esther*, 392; Gerleman, *Esther*, 134; Clines, *Scroll*, 162; Dommershausen, *Esther*, 46; Wacker, *Gewalt*, 616 und Ego, *Ester*, 394–395.
253 Bereits in EstMT 3,8 hatte Haman seinen Vernichtungsplan damit begründet, dass es sich für den König nicht zieme, die Juden „ruhen" (להניחם) zu lassen. Die Verwendung desselben Begriffs in EstMT 9 zur Bezeichnung des jüdischen Erfolgs entbehrt nicht einer gewissen Ironie.
254 Ähnlich Loader, *Ester*, 212: „Denn ‚Befreiung' und ‚Sieg' sind keine Gegensätze".

meist nur durch die gewaltsame Niederschlagung von Feinden erreicht werden kann.[255] So blickt Mose in Dtn 12,10 auf den Erfolg der Eroberung des gelobten Landes durch die Israeliten voraus, indem er seinem Volk verheißt, dass Gott „euch Ruhe vor allen euren Feinden ringsum verschafft" (והניח לכם מכל איביכם מסביב). In EstMT 9,20–32 wird dies nun nicht auf göttliches Eingreifen, sondern auf den großen militärischen Erfolg der Juden zurückgeführt: Da die Juden alle Feinde vernichtet haben, bricht eine heilvolle Zeit an. Wie von mehreren Auslegerinnen und Auslegern erkannt wurde, wird dieser glückliche Zustand in Begriffen beschrieben, die Anklänge an heilsprophetische Traditionen wecken.[256] Das zeigt sich zum Beispiel im Motiv des Wandels von Trauer zu Jubel und Freude (9,22), das eine Parallele in Jer 31,13 hat und das auch aus Jes 35,10; 51,3.10 bekannt ist. Auch auf den weiten Vorstellungskontext einer prophetischen Hoffnung auf den Untergang der Feinde des Gottesvolkes ließe sich hier verweisen.[257]

Wenngleich auch an dieser Stelle kaum von direkter Abhängigkeit ausgegangen werden kann, lässt sich die an Purim gefeierte Vernichtung der Judenfeinde in gewisser Weise „als irdische Erfüllung eschatologischer Hoffnungen"[258] verstehen. Erneut besteht das Charakteristikum der Estererzählung freilich darin, dass nicht Gott die Feinde seines Volkes vernichtet, sondern dass „die Überlegenheit der Juden als eine durchaus menschliche Eigenschaft dargestellt wird".[259]

Eine ähnliche Vorstellung begegnet zweimal an prominenten Stellen des ersten Makkabäerbuches.[260] Das erste Mal wird direkt nach der Einsetzung des Nikanortags erwähnt, dass das Land nach dem Sieg über Nikanor „für wenige Tage ruhte" (1 Makk 7,50: καὶ ἡσύχασεν ἡ γῆ Ιουδα ἡμέρας ὀλίγας). Wie in EstMT steht diese Ruhe mit einem kriegerischen Erfolg und der Einsetzung eines Feiertags in Verbindung. Der zweite Beleg des Motivs findet sich in der Beschreibung der Herrschaft des Hasmonäers Simon, die als Höhepunkt der Geschichtsdarstellung von 1 Makk gelten kann. Nach 1 Makk 14,4 „ruhte das Land Juda alle Tage Simons" (1 Makk 14,4: Καὶ ἡσύχασεν ἡ γῆ Ιουδα πάσας τὰς ἡμέρας Σιμωνος), nachdem zuvor alle Gegner besiegt und Jerusalem wiedererobert wurde (1 Makk 13,43–53). Dabei wird die unter Simon im Land herrschende Ruhe als besonders glücklich und friedlich dargestellt. Im Loblied auf Simon in 1 Makk 14,4–15 wird

---

255 Vgl. Dtn 3,20; 12,10 25,19; Jos 1,13.15; 21,44; 22,4; 23,1; 2 Sam 7,1.11; 1 Kön 5,18; Jes 14,3; 1 Chr 22,9.18; 23,25; 2 Chr 14,6; 15,15; 20,30.
256 Vgl. z. B. Lebram, *Purimfest*, 220–222; Ego, *Ester*, 406–407.415–417 oder Macchi, *Ester*, 298–299.
257 Für eine Übersicht vgl. z. B. Westermann, *Heilsworte*, 150–172.
258 Lebram, *Purimfest*, 220.
259 Gerleman, *Esther*, 131.
260 Vgl. dazu Macchi, *Instituting*, 103.

auf diverse biblische Heilstraditionen Bezug genommen. Was in EstMT 9,20–32 nur in angedeuteter Form geschieht, wird hier eindeutig greifbar: Der endgültige Sieg über die Feinde wird unter Bezugnahme auf prophetische Texte als Erfüllung eschatologischer Heilsverheißungen beschrieben.[261] Ein Beispiel dafür ist das Motiv des friedlichen Sitzens unter Weinstock und Feigenbaum (1 Makk 14,12), das an die berühmte Verheißung des Propheten Micha erinnert. Nach Micha würden „am Ende der Tage" (Mi 4,1) alle Nationen ihre Schwerter zu Pflugscharen schmieden, so dass alle Bewohner Israels friedlich unter Weinstock und Feigenbaum sitzen können (Mi 4,4). Diese positive Darstellung eines friedvollen Zustandes, der auf die eigenen militärischen Erfolge und auf die Vernichtung aller Feinde zurückgeht, ist somit ein weiteres Merkmal, durch das sich EstMT 9 mit 1 Makk verbinden lässt.[262]

Die Einsetzung von Purim als jährlich wiederkehrendes Siegesfest zum Gedenken an einen militärischen Erfolg hat zwar keine Parallele in der hebräischen Bibel, in der hellenistischen Welt finden sich für einen solchen Vorgang jedoch vielfältige Entsprechungen. Die jährliche Erinnerung an große Siege war bei den Griechen weit verbreitet. Wie Angelos Chaniotis in mehreren Beiträgen aufgezeigt hat, stellen Siegesfeiern eine wichtige Untergruppe der vielgestaltigen griechischen Festtage dar.[263]

Insbesondere in hellenistischer Zeit seien neue Feste zum Kriegsgedenken etabliert worden, so Chaniotis, und er zeigt auf, dass auch die jüdische Kultur an diesem Phänomen partizipierte: Er verweist dabei auf das Chanukkafest, das nach 1 Makk 4,36–59 und 2 Makk 10,1–8 die Erinnerung an die Wiedereinweihung des Tempels in Jerusalem durch die Makkabäer zum Ausgangspunkt hat.[264] Bei näherer Betrachtung des literarischen Kontextes zeigt sich, dass dieses Tempelweihfest zugleich den hart erkämpften Sieg der Makkabäer gegen ihre seleukidischen Feinde zur Voraussetzung hat (1 Makk 4,1–25.26–35; 2 Makk 8), die den Tempel zuvor verunreinigt haben sollen. Somit trägt auch Chanukka Züge einer Siegesfeier. Wie viele griechische Feste ist auch Chanukka ein fröhliches Fest, das jedes Jahr an bestimmten Tagen „mit Freude und Jubel" (1 Makk 4,59: μετ' εὐφροσύνης καὶ χαρᾶς) gefeiert werden soll. Neben Chanukka findet auch

---

261 Ausführlich und mit weiteren Verweisstellen Hieke, *Role*, 155–166.

262 Vgl. Lebram, *Purimfest*, 220: „Diese Kombination politischer Ereignisse mit eschatologischen Erwartungen finden wir sonst nur noch in den makkabäischen Schriften."

263 Vgl. Chaniotis, *Gedenktage*, 124 sowie Chaniotis, *Feste*; Chaniotis, *War*, 227–233 oder Chaniotis, *Ritualised Commemoration*. Chaniotis weist darauf hin, dass nicht alle griechischen Siegesfeste realhistorische Ereignisse zum Ausgangspunkt hatten. Vielmehr hätten manche Feste die Absicht „to commemorate an event of the mythical past" (Chaniotis, *War*, 227).

264 Vgl. Chaniotis, *War*, 227, ferner Eckhardt, *Ethnos*, 100–111 oder Rhyder, *Festivals*, 66–70.

der sogenannte „Nikanortag" in der hellenistisch-jüdischen Literatur Erwähnung. Dieser soll an den makkabäischen Sieg über den seleukidischen Feldherrn Nikanor – wohlgemerkt am 13. Adar – erinnern (1 Makk 7,43–49; 2 Makk 15,20–36).[265] Auch diese Siegesfeier soll vom jüdischen Volk „als ein Tag großer Freude" (1 Makk 7,48: ἡμέραν εὐφροσύνης μεγάλην) gefeiert und als jährlich zu begehendes Fest eingesetzt worden sein. Und schließlich kann auch der Tag, der der siegreichen Wiedereroberung der Jerusalemer Akra durch den Makkabäer Simon gewidmet ist (1 Makk 13,49–52), als ein „mit Freude" (1 Makk 13,52: μετὰ εὐφροσύνης) zu feierndes Siegesfest gelten.[266]

Diese Berichte sind starke Indizien dafür, dass die jüdische Festtagspraxis (zumindest in ihrer literarischen Darstellung) unter dem Einfluss der hellenistischen Kultur stand und dass sich auch in jüdischen Kreisen fröhliche Siegesfeste zur Erinnerung an kriegerische Erfolge etablieren konnten. Diese Einsicht ist von großer Bedeutung für die Interpretation von Purim. Die Nähe von EstMT 9 zu den hasmonäischen Berichten aus 1–2 Makk spricht zunächst dafür, auch das Purimfest, wie es in EstMT beschrieben wird, als Variante einer jüdischen Siegesfeier zu verstehen.[267]

Dabei legt sich schon mit Blick auf die recht eigenwillige Herleitung des Festnamens „Purim" nahe, dass dieses Fest nicht ursprünglich als ein solches angelegt war bzw. dass das Purimfest einst unabhängig von der Estererzählung existierte.[268] Somit ist denkbar, dass eine bestehende Purimfeier sekundär mit der Estererzählung verbunden wurde, um dieses ältere Fest als Siegesfeier neu zu

---

265 Vgl. Rhyder, *Festivals*, 70–74 sowie Rhyder, *Commemoration*.

266 Hinweise auf die Existenz vergleichbarer Feste, deren Ursprünge und Bedeutung jedoch nicht mehr im Einzelnen zu rekonstruieren sind, finden sich zudem in der sogenannten „Fastenrolle" (Megillat Ta'anit). Zu Text und Kontextualisierung vgl. Noam, *Megillat Taanit*.

267 Wie Macchi, *Ester*, 297–298 betont, hebt sich Festtagspraxis von Purim dabei von hellenistischen Banketten ab. Während an griechischen Festgelagen allein der Hausherr seine Gäste beschenkt, beschenken sich an Purim die Juden untereinander, indem sie Anteile (מנות in EstMT 9,19.22) aussenden und Geschenke (מתנות in 9,22) an die Armen verteilen. Außerdem fehlen an Purim aus dem griechischen Kulturraum bekannte Elemente von Siegesfeiern wie Prozessionen.

268 So vermutet Leonard, *Tempelfeste*, 146: „Das Fest kann es in heute unklarer Beziehung zum überlieferten Buch gegeben haben." Die Ätiologie des Namens „Purim" ist jedenfalls sichtlich schlecht in der Erzählstruktur verankert, und die ätiologische Notiz EstMT 9,24–26 erwähnt die Kämpfe der Juden gar nicht. Stattdessen wird wie 3,7 nur von einem „Los" gesprochen, das Haman geworfen haben soll, was wiederum in Spannung zum pluralischen Festnamen „Purim" (hebr. „Lose") steht. Mit Macchi kann gefragt werden, ob nicht „alle Vorkommen von ‚Pur' und ‚Purim' Glossen" darstellen könnten (Macchi, *Ester*, 301). Zu den bis heute ungeklärten Ursprüngen des Purimfestes vgl. ferner Macchi, *Instituting*, 102–105.

prägen.[269] Die literarischen Festätiologien von Purim, Chanukka und Nikanortag haben jedenfalls gemeinsam, dass sie militärische Erfolge zum Ausgangspunkt haben und sie allesamt unmittelbar nach den Siegen fröhlich gefeiert und im Anschluss als jährliche Festtage eingesetzt werden. Mit Blick auf den 13. Adar, dem Kerndatum der Estererzählung, ist dabei ferner wahrscheinlich, dass Purim auf den Nikanortag anspielen bzw. auf diesen Tag hin transparent sein soll. Es ist kaum ein Zufall, dass der 13. Adar sowohl als der Tag bekannt war, an dem die Makkabäer ihren größten militärischen Sieg verbuchen konnten, als auch als der Tag galt, an dem die Juden nach der Estererzählung ihre Feinde vernichten konnten, anstatt selbst vernichtet zu werden.

Wie bereits in der Analyse des Vernichtungsmotivs angedeutet (vgl. Kapitel 3.2.4.4), weist die Estererzählung grundlegende Ähnlichkeiten mit der Nikanor-Episode aus 1 Makk 7 und 2 Makk 15 auf.[270] Der hochmütige Nikanor soll geplant haben, die Juden zu vernichten (1 Makk 7,27), wird aber letztlich selbst getötet. In der Schlacht soll sein gesamtes Heer von den aus allen Dörfern zum Kampf eilenden Juden geschlagen worden sein, so dass „von ihnen nicht ein einziger entkam" (1 Makk 7,46: οὐ κατελείφθη ἐξ αὐτῶν οὐδὲ εἷς). In 2 Makk 15,36 wird der Nikanortag sogar ausdrücklich mit dem Namen Mordechai bzw. einem „Mordechai'schen Tag" (τῆς Μαρδοχαϊκῆς ἡμέρας) in Verbindung gebracht. Dieser sei am Tag *nach* dem Nikanortag, also am 14. Adar, zu feiern. Die genaue Bedeutung dieser Referenz sowie das Verhältnis der beiden Festtage lässt sich heute nicht mehr genau bestimmen.[271] Es ist jedoch äußerst unwahrscheinlich, dass sich der Nikanortag

---

269 Dies könnte weiter dadurch plausibilisiert werden, dass Chanukka und Purim auf ähnliche Weise literarisch „legitimiert" bzw. an ältere Festtraditionen rückgebunden werden: Chanukka wird nach 2 Makk 10,6 mit Sukkot in Verbindung gesetzt. EstMT 9,17–19 beschreibt wiederum die Einsetzung Purims in Begriffen, die Assoziationen an die Torafeier in Neh 8,10–12 erwecken, vgl. Macchi, *Ester*, 298.

270 Vgl. z. B. Herst, *Purim*, 140–141; Levenson, *Esther*, 123 oder Macchi, *Ester*, 281–282.

271 Vgl. Eckhardt, *Memories*, 261. Eckhardt weist zu Recht darauf hin, dass 2 Makk 15,36 den Nikanortag als einen Festtag einführt, der gegenüber Purim bzw. dem nach Mordechai benannten Tag *neu* ist. Dies bedeutet jedoch nicht automatisch, dass die Feier von Purim wesentlich älter als 2 Makk sein muss. Der historische Einblick, den die überlieferten Texte zur Verbreitung des Purimfestes bieten, ist zu fragmentarisch für belastbare Rückschlüsse. Denkbar wäre zum Beispiel, dass die Purimätiologie von EstMT 9 zwischen die Abfassung von 1 und 2 Makk zu datieren ist (vgl. Achenbach, *Genocide*, 107–108). So wäre möglich, dass 2 Makk den Nikanortag erstmals in Ägypten verbreiten möchte, während die 14. Adar dort bereits durch eine andere Form der Estererzählung bekannt war (vgl. Kottsieper, *Zusätze*, 207). Warum 2 Makk 15,36 das Fest allerdings nicht Purim nennt, bleibt unklar. Dass Purim nicht der einzige bekannte Name für das Fest darstellt, zeigt jedoch schon EstLXX, ein vermutlich ebenfalls nach Ägypten geschickter Text. Dort werden die 14. und 15. Adar „Phrourai"-Tage genannt (vgl. z. B. EstLXX 9,26: Φουραι).

und das Purimfest völlig unabhängig voneinander entwickelten. Ich schließe mich deshalb der seit dem 19. Jahrhundert vereinzelt in der Esterforschung geäußerten Vermutung an, dass die in EstMT 9,17–32 beschriebene Einsetzung des Purimfestes unter dem Einfluss hasmonäischen Denkens stehen dürfte.[272] Wie Beate Ego treffend resümiert, passt die Darstellung der Einsetzung Purims „hervorragend zur Festtagspolitik der Hasmonäer [...], welche die militärische Stärke des jüdischen Volkes durch das Feiern von Festen in das kollektive Gedächtnis ihres Volkes einstiften wollten."[273]

3.3.2.4 Synthese

Wie bereits die Bedrohung durch Hamans Vernichtungsplan im dritten Kapitel, so stellt auch der Bericht über die Vergeltung der Juden an ihren Feinden in EstMT 9,1–16 eine in der hebräischen Bibel einzigartige Gewaltdarstellung dar. In berichtartiger Form und unter Verwendung nüchterner Sprache wird darin die Verteidigung der Juden bzw. die Vernichtung aller Judenfeinde durch das vereint kämpfende jüdische Volk beschrieben. An der Legitimität dieses Vorgehens kann für die Lesenden der hebräischen Estererzählung kein Zweifel bestehen. Der Kampf ist notwendig. Auffälligerweise wird das Aufeinandertreffen der Juden und der Judenfeinde jedoch nicht als Verteidigungskampf mit knappem Ausgang, sondern als souveräne Strafaktion und als großer militärischer Triumph dargestellt, „über die der Verfasser nicht genug frohlocken kann".[274] Auf im Alten Testament einmalige Art und Weise wird dieser Erfolg nicht auf göttliches Eingreifen, sondern auf die Machtposition der Juden im persischen Reich und ihre Überlegenheit gegenüber ihren Feinden zurückgeführt.

Das gemeinsame Vorgehen der eigentlich verstreut lebenden Juden erzeugt dabei den Eindruck der Geschlossenheit und Einheitlichkeit des jüdischen Volkes. So wird das Volk durch den Kampf in gleicher Weise „vereint" wie durch die große Bedrohung, die zuvor existierte. Das ist insofern bedeutsam, als anderen jüdischen Identitätsmerkmalen – wie Sprache, Kultur oder religiöse Praxis – in EstMT kaum Bedeutung zukommen. Der Erfolg der Juden wird allerdings nicht nur auf kollektives militärisches Agieren zurückgeführt. Er bleibt rückgebunden an die politische Autorität und Führung von Ester und Mordechai. Diese Vorstel-

---

272 So bereits Graetz, *Geschichte*, 338–343. Aus dem 20. Jahrhundert vgl. Erbt, *Purimsage*, 80; Paton, *Esther*, 77–83; Lebram, *Purimfest*, 217, Anm. 211 und Herst, *Purim*, 140–143. Jüngst z. B. Alexander, *3 Maccabees*, 336; Achenbach, *Genocide*, 107–108; Ego, *Ester*, 403; Macchi, *Lettres*, 62–64 oder Macchi, *Instituting*, 102–103.
273 Ego, *Ester*, 67 mit Verweis auf Lebram, *Purimfest*, 219 und Eckhardt, *Ethnos*, 100–111.
274 Gunkel, *Esther*, 42.

lung wird durch die Einsetzung von Purim abschließend bestärkt: Zwar feiern die Juden spontan nach ihrem militärischen Erfolg (9,16–19), jedoch betont der Abschnitt 9,20–32 mehrfach, dass die Autorisierung der Festpraxis von Ester und Mordechai ausgeht und erst im Anschluss vom Volk „angenommen" (קבל) wird.[275]

Zugleich fungiert der souveräne Vergeltungsschlag von EstMT 9,1–16 als Ausdruck des jüdischen Aufstiegs in eine machtvolle Stellung im Großreich. Der bereits im achten Kapitel einsetzende Prozess der Adaption imperialer Macht erreicht im neunten Kapitel seinen Höhepunkt: Waren bereits Ester und Mordechai als Einzelfiguren zu Rang und Ehre am Hof gekommen, erscheinen die Juden nun insgesamt als eine etablierte, mächtige Größe im Perserreich. Die übergeordnete Macht des Großreiches wird trotzdem nicht in Frage gestellt. Da die Vertreter des Großreiches das militärische Potential der Juden erkennen, ändern sich die bestehenden Machtverhältnisse allerdings insofern, als die Juden nun ein Stück weit unabhängig von diesen agieren können und sogar von der Unterstützung des Großreiches profitieren. Durch die Überlegenheit im Kampf ändert sich schließlich auch die Verortung des jüdischen Volkes unter den anderen Völkern. Während Haman sie vor dem König einst als „irgendein Volk" (עם אחד) unter den Völkern bezeichnete und nicht einmal ihren Namen erwähnte (3,8), fürchten nun alle Völker die Juden, da sie deren machtvolle Stellung und ihre Überlegenheit anerkennen. So kann im Kampf keiner der Zehntausenden Feinde vor den Juden bestehen (9,3). Die einst als abgesondert charakterisierte, von Auslöschung bedrohte jüdische Lebensweise findet nun sogar Nachahmung unter den Völkern (8,17; 9,27).

Somit leistet die Gewaltdarstellung des neunten Kapitels der hebräischen Estererzählung weit mehr als die Abwendung der im dritten Kapitel entfalteten Bedrohungssituation in Form einer notwendigen Verteidigung der Juden. Der Bericht über die Tötung der Judenfeinde ist der krönende Abschluss der Machtphantasie der hebräischen Estererzählung. Unter der Führung Esters und Mordechais können die Juden alle Feinde vernichten. Die Macht des Großreiches ist vollends auf ihrer Seite. Bei genauer Betrachtung scheint das jüdische Volk selbst als souveräne Größe zu agieren, die bestimmte Aspekte imperialer Macht imitieren und zu ihren eigenen Gunsten nutzen kann. Diese außergewöhnliche Perspektive weist sowohl in Grundannahmen als auch in Einzelmotiven deutliche Berührungspunkte mit 1–2 Makk auf. Diese Erkenntnis ist von zentraler Bedeutung für die folgende historische Verortung von EstMT in die späte hellenistische Zeit.

---

275 Vgl. die Dynamik des „Festlegens" (קום) durch Mordechai (EstMT 9,21) und des „Annehmens" (קבל) durch das Volk (9,23.27). Vgl. auch das Festlegen mit „aller Autorität" (את כל תקף לקים) in 9,29 sowie das mehrfache „Festlegen" in 9,31–32.

3.4 Historische Kontextualisierung der Gewaltdarstellung von EstMT

3.4.1 Grundlegendes zur Datierung von EstMT

Bislang verortet eine Mehrheit der Forscherinnen und Forscher EstMT in die persische (5.–4. Jh. v. u. Z.) oder frühhellenistische Zeit (spätes 4. Jh./frühes 3. Jh. v. u. Z.).[276] Vereinzelt wird jedoch argumentiert, dass zumindest die Kampfszenen des neunten Kapitels sowie der Einsetzungsbericht von Purim spätere Zusätze darstellen, deren Inhalt am besten in die Hasmonäerzeit (Mitte 2. Jh. v. u. Z.) passe.[277] Aus der im ersten Hauptteil dieser Arbeit vorgelegten literarhistorischen Untersuchung sowie der Analyse der Gewaltdarstellung von EstMT und ihrer kulturellen und literarischen Kontexte ergeben sich vier Impulse für eine Modifizierung dieser Position: Sie machen eine Verortung des gesamten hebräischen Esterbuches in die Hasmonäerzeit wahrscheinlich.

1. In der literarhistorischen Analyse hat sich zunächst gezeigt, dass die Gewaltdarstellung von EstAT in Kenntnis von EstLXX entstanden ist (vgl. Kapitel 2.2). Der griechische Kurztext kann daher in Bezug auf den Erzählschluss nicht als Vorlage der hebräischen Estererzählung gelten. Zudem ist mit Blick auf EstMT deutlich geworden, dass sich der Kampfbericht nicht vom vorderen Buchteil EstMT 1–8 abtrennen lässt (vgl. Kapitel 2.3). Das Vernichtungsmotiv ist mit der Vorstellung eines jüdischen Gegenedikts, das zur Verteidigung/Vergeltung der Juden aufruft, gleichursprünglich. Damit verliert die in der bisherigen Forschung mehrheitlich vertretene Hypothese an Plausibilität, es habe eine – womöglich in die Perserzeit bzw. frühe hellenistische Zeit zurückreichende – Vorstufe der Estererzählung gegeben, in der die Bedrohung der Juden durch die Annullierung von Hamans Vernichtungsedikt abgewendet werden konnte. Stattdessen muss die historische Kontextualisierung von EstMT der engen inhaltlichen Verschränkung des Vernichtungs- *und* des Vergeltungsmotivs Rechnung tragen.
2. Ferner bestärkt die Nähe, die sich in der Gewaltdarstellung der hebräischen Estererzählung zu griechischen Denkformen nachweisen lässt, die bereits von verschiedenen Auslegerinnen und Auslegern geteilte Vermutung, dass EstMT nicht in der Perserzeit entstanden sein kann, sondern ein Produkt der hellenistischen Zeit und Kultur ist (vgl. Kapitel 1.3.3 sowie 3.2.3.2 und 3.2.4.3). Dafür spricht auch, dass sich das in weiten Teilen der alttestamentlichen Literatur vorherrschende Bild der Perserzeit in EstMT sichtlich verdunkelt hat. Dies lässt sich womöglich mit dem Einfluss des nach den Perserkriegen entstandenen Perserbilds der griechischen Historiographie erklären. Zudem kann erwogen werden, die Perser von EstMT als Präfiguration der

---

276 Für eine Übersicht über bisherige Datierungsvorschläge vgl. Middlemas, *Dating Esther*, 150–166.

277 So rechnet z. B. Ego, *Ester*, 67 damit, dass eine von EstMT 1,1–9,19* reichende Erzählfassung „[i]m Milieu des Hasmonäerhofes" unter Johanns Hyrkan „eine Fortschreibung und Weiterentwicklung" in Bezug auf Mordechai und die Purim-Festschreiben erfahren hat, während Macchi, *Ester*, 48–51 sich dafür ausspricht, EstMT 9 insgesamt als hasmonäerzeitlichen Anhang zu sehen.

Seleukiden zu verstehen, die historisch die Rechtsnachfolger der Perser waren. Dieser Annahme verleihen die Bezüge zwischen EstMT und 1 Makk weiteres Gewicht.

3. So lassen sich zahlreiche motivische Berührungspunkte und gemeinsame Überzeugungen der hebräischen Estererzählung mit den Gewaltdarstellungen von 1–2 Makk, insbesondere mit dem ersten Makkabäerbuch, nachweisen. Das gilt auffälligerweise gerade für solche Elemente, durch die sich EstMT von anderen Darstellungen der hebräischen Bibel unterscheidet. Hier ist sowohl auf die Eigenheiten der Kampfszenen als auch auf die Nähe zwischen Purim und den hasmonäischen Siegesfeiern wie Chanukka und dem am 13. Adar gefeierten Nikanortag zu verweisen. Ebenso hat sich gezeigt, dass das Vernichtungsmotiv aus EstMT seine engste Parallele in 1 Makk hat (vgl. Kapitel 3.2.4.4). Diese Beobachtungen machen eine Revision der bisherigen Annahme nötig, nur die Kampfszenen oder die Einsetzung von Purim seien in die Hasmonäerzeit zu verorten. Stattdessen ist eine solche Datierung und Kontextualisierung für das Ganze von EstMT zu erwägen.

4. Der exemplarische Vergleich der politischen Perspektiven von EstMT und 1 Makk in Bezug auf das Verhältnis zum Großreich (vgl. insbesondere Kapitel 3.3.1.1.2) erlaubt schließlich eine Neubewertung der verbreiteten Annahme, die „versöhnliche Haltung zur Fremdherrschaft", die in der Estererzählung vorherrsche, sei „in einem makkabäischen oder hasmonäischen Kontext nicht vorstellbar [...]",[278] weshalb EstMT in die Zeit vor den Makkabäeraufständen bzw. vor dem Herrschaftsantritt der Hasmonäer zu datieren sei. Richtig ist, dass 1 Makk das seleukidische Großreich deutlicher als feindliche Macht darstellt als EstMT. Auch bleibt der Grad der im Esterbuch entfalteten Kooperation zwischen jüdischen Figuren und den Persern (bis hin zur Hochzeit Esters mit dem persischen Großkönig) eine Eigenheit von EstMT. Trotz dieser Unterschiede teilen EstMT und 1 Makk die Ansicht, dass eine Interaktion seitens der Juden mit dem fremden Hof grundsätzlich möglich ist und dass die Integration von Juden in die Machtstrukturen eines Großreiches für beide Seiten gewinnbringend sein kann. So finden sich im ersten (wie auch im zweiten) Buch der Makkabäer mehrere Passagen, in denen makkabäische Figuren mit Vertretern des seleukidischen oder römischen Großreichs verhandeln und dadurch zum eigenen Machtgewinn beitragen. Somit spricht sowohl aus 1 Makk als auch aus EstMT die Überzeugung, dass Fremdherrschaft nicht nur eine Gefahr für jüdische Existenz darstellt, sondern auch Chancen für die Etablierung eigener Macht bietet. Vor diesem Hintergrund lässt sich EstMT durchaus in die Hasmonäerzeit verorten.

Somit versteht sich die folgende historische Kontextualisierung von EstMT und seiner Gewaltdarstellung in die Hasmonäerzeit als nuancierte Neubewertung eines in der Esterforschung bereits in Ansätzen etablierten Vorschlags. Erstmals kommt das Ganze der Erzählung, nicht nur der vermeintliche Anhang von EstMT 9 für eine solche historische Verortung in den Blick. Anders als bisherige Datierungsvorschläge, die das Vernichtungsmotiv gegenüber der Schilderung der jüdischen Vergeltungsaktion als ein älteres – perserzeitliches oder frühhellenistisches – Element einstufen, dabei aber keine überzeugenden historischen Anhaltspunkte für die Abfassung von EstMT 3 bieten können, kann sich eine has-

---

278 Ego, *Ester*, 59, Anm. 207 mit weiteren Seitenzeugen. Auch Middlemas, *Dating Esther*, 158 verweist auf dieses Argument.

monäerzeitliche Ansetzung der gesamten hebräischen Estererzählung auf konkrete historische Umstände berufen, in denen die Doppelperspektive der Gewalt sowie die damit verbundenen machtpolitischen und ideologischen Aussagen plausibel verortet werden können.

So kam es im 2. Jahrhundert v. u. Z. zu weitreichenden militärischen Auseinandersetzungen zwischen den sogenannten Makkabäern – einer Gruppe von Juden, die sich um ihren „Gründer" Judas Makkabäus scharte – und den griechischen Seleukiden (ab 168 v. u. Z.), die zu dieser Zeit über weite Teile der Levante herrschten. Die Makkabäer, die Josephus als Nachkommen eines gewissen Hasmon versteht (*Ant.* 12,265; *Bell.* 1,36), konnten diese Konflikte für sich entscheiden. Bis zur römischen Eroberung durch Pompeius (63. v. u. Z.) übte die Dynastie der Hasmonäer sodann die lokale Herrschaft über Judäa und angrenzende Gebiete aus.[279] Auch wenn die Rekonstruktion der Umstände der makkabäischen Erhebung und der Etablierung der Hasmonäerherrschaft über weite Strecken auf die jüdische Geschichtsdeutung von Dan, 1–2 Makk oder Josephus angewiesen ist, hat sich die Kenntnis über die Vorgänge dieser Zeit in den letzten Jahrzehnten deutlich verbessert, so dass eine relativ fundierte Abwägung darüber möglich ist, was primär jüdische *Deutung* der Geschichte darstellt und was aus historischer Sicht wahrscheinlich ist.[280] Dazu hat neben archäologischen, epigraphischen und numismatischen Funden besonders die Forschung zur Herrschaftspolitik der Seleukiden beigetragen, was eine kritische historische Einordnung der in 1–2 Makk in Bezug auf Juda und Jerusalem dargestellten Vorgänge erlaubt.[281]

Diese Neubewertung der Umstände der Makkabäer- und Hasmonäerzeit bietet neue Möglichkeiten, die hebräische Estererzählung als ein Produkt dieser Zeit zu deuten. Dabei zeigt sich, dass EstMT weitaus besser in die Zeit nach der makkabäischen Erhebung passt als oft angenommen. Das möchte ich im Folgenden anhand dreier Themenfelder demonstrieren, die sowohl in der Handlung von EstMT als auch in der Zeitgeschichte des 2. Jahrhunderts v. u. Z. eine wichtige Rolle spielen: die weitreichende kriegerische Gewaltanwendung eines Großreichs gegen jüdische Gruppen, die Etablierung jüdischer Machtansprüche durch diplomatisches Geschick und militärische Stärke sowie das Verhältnis der Juden in Jerusalem und Judäa zur Diaspora.

---

279 Für eine Übersicht vgl. Frevel, *Geschichte*, 370–407.
280 Vgl. für eine aktuelle Quellenkritik Bernhardt, *Revolution*, 35–71.
281 Vgl. u. a. Ma, *Seleukids*; Keel, *Massnahmen*; Ehling, *Unruhen*; Sartre, *Religion*; Gera, *Seleucid Road*; Honigman, *Tales*, 345–404; Eckhardt, *Administration*; Chrubasik, *Kings*, 179–183; Bernhardt, *Revolution*, 217–395; Chrubasik, *Sanctuaries*.

3.4.2 Das militärische Strafgericht des Seleukidenkönigs Antiochus IV.

Nachdem Alexander der Große 323 v. u. Z. gestorben war, geriet die syro-palästinische Landbrücke für viele Jahrzehnte zwischen die Fronten zweier Diadochenstaaten. Die Seleukiden und Ptolemäer stritten in sechs sogenannten Syrischen Kriegen um das begehrte Gebiet (274–168 v. u. Z.).[282] Aus jüdischer Sicht erreichten die kriegerischen Konflikte mit dem Herrschaftsantritt des seleukidischen Königs Antiochus IV. eine neue Qualität. Dieser hielt um 168 v. u. Z. ein militärisches Strafgericht über die Bevölkerung Jerusalems und Judäas ab. Dieses Ereignis wird in der hasmonäischen Darstellung des ersten und zweiten Makkabäerbuches als grausamer Angriff auf das jüdische Volk und die jüdische Religion und damit als Grund der makkabäischen Erhebung gedeutet. Die Erinnerung an die große Bedrohung der Juden sowie an die Überwindung dieser Gefahr bildet somit einen integralen Bestandteil des Gründungsmythos der Hasmonäer.[283] Ich gehe davon aus, dass die Estererzählung die gewaltsamen Maßnahmen des seleukidischen Königs Antiochus IV. voraussetzt und in einem persischen Anstrich über die Bedeutung dieses Ereignisses reflektiert.[284]

Die Vorgeschichte der gewaltvollen Ereignisse beginnt mit einer Serie innerjüdischer Konflikte in der Mitte des 2. Jahrhunderts v. u. Z. Verschiedene jüdische Gruppen rangen in dieser Zeit um Einfluss in Jerusalem. Nicht wenige versuchten, den Rückhalt der über Judäa herrschenden seleukidischen Regenten zu gewinnen, um sich eigene machtpolitische Vorteile zu sichern. Dass die Seleukiden unter Antiochus IV. vermutlich eine Steuererhöhung durchsetzen wollten, verschärfte die Konflikte von außen und weckte den Widerstand einiger jüdischer Gruppen.[285]

Einen Höhepunkt dieser Streitigkeiten stellt die Auseinandersetzung zwischen dem jüdischen Hohenpriester Jason und Menelaos dar. Letzterer soll sich nach biblischem Bericht das Hohepriesteramt durch eine Geldleistung an Antio-

---

282 Vgl. Frevel, *Geschichte*, 371–373. Vgl. für das Folgende auch Gruen, *Hellenism*, 238–240 und Doran, *Resistance*, 178–186.
283 Vgl. Bernhardt, *Revolution*, 261: „Und so ist das, was in den Makkabäerbüchern uneinheitlich, aber radikal als Religionsverfolgung beschrieben wird [...], vor allem eines: die literarische Ausgestaltung der *raison d'être* der Hasmonäer – kurzum: der hasmonäische Gründungsmythos."
284 Vgl. in Ansätzen Wills, *Novel*, 99–100; Wahl, *Esther*, 180 und Trehuedic, *Mémoire*, 136–142; ausführlich Rappaport, *Sitz*, 126–131 (ich danke Rotem A. Meir für die Hilfe bei der Übersetzung dieses Aufsatzes). Eckhardt, *Hasmoneans*, 108 bleibt einer hasmonäerzeitlichen Datierung von EstMT 3 gegenüber skeptisch, „auch wenn die Erzählung von Verfolgung und Rettung der persischen Judäer zum Hauptthema der hasmonäischen Herrschaftsrepräsentation passt."
285 Vgl. Honigman, *Tales*, 345–361.

chus IV. erkauft haben (2 Makk 4).[286] Die Einzelheiten dieses Konflikts, die Verlässlichkeit von 2 Makk 4 und die in der Forschung umstrittene Frage nach dem grundsätzlichen Verhältnis verschiedener Jerusalemer Gruppierungen zu den Seleukiden bzw. zur hellenistischen Kultur insgesamt müssen an dieser Stelle nicht ausführlich diskutiert werden.[287] Es genügt festzuhalten, dass die Spannungen zunahmen und in bürgerkriegsähnlichen Zuständen endeten. Das geschah, als der von den Seleukiden abgesetzte Hohepriester Jason kampfbereite Anhänger um sich scharte und Menelaos und seine Anhänger in Jerusalem angriff (2 Makk 5,1–10), nachdem das Gerücht aufgekommen war, Antiochus IV. sei bei einem Feldzug in Ägypten gestorben. Antiochus deutete diese Unruhen – so die plausible Einschätzung des 2. Makkabäerbuches – als Revolte: Der Seleukidenkönig zog im August des Jahres 168 v. u. Z. nach Jerusalem und behandelte die Region, „als sei Judäa abgefallen" (2 Makk 5,11: ἀποστατεῖν τὴν Ιουδαίαν).[288] Er bestrafte die Bevölkerung für ihre vermeintliche Untreue, indem er ein blutiges Massaker abhielt.[289] Er ließ Jerusalem von einer seleukidischen Garnison besetzen, konfiszierte Landbesitz, schränkte die Lokalautonomie Jerusalems ein und ging gewaltsam gegen die Aufstände vor.

Die historischen Details zu diesem Vorgehen sind hochumstritten. Wie bereits in der Analyse des Vernichtungsmotivs dargelegt, zeichnen die biblischen Berichte das Bild einer grausamen Vernichtungskampagne (vgl. Kapitel 3.2.4.4). Nach 2 Makk 5,12–14 soll Antiochus seinen Soldaten befohlen haben, ohne jede Gnade gegen das jüdische Volk vorzugehen und dabei auch Frauen und Kinder zu töten. Bei diesem Massaker sollen mehr als 40.000 Menschen getötet und weitere 40.000 versklavt worden sein. Nach biblischer Darstellung folgten darauf sogleich weitere Maßnahmen. So soll Antiochus seinen Offizier Apollonios mit einem 22.000 Mann starken Heer nach Jerusalem gesandt haben, um alle erwachsenen Männer zu töten und Frauen und Kinder zu versklaven (2 Makk 5,26 bzw. 1 Makk 1,29–35; *Ant.* 12,251–252). Neben der Anwendung kriegerischer Gewalt gegen die Zivilbevölkerung soll Antiochus auch gegen den jüdischen Kult vorge-

---

286 Aus historischer Sicht ist wahrscheinlicher, dass Menelaos sich für einen Ausgleich mit den Seleukiden bemühte und versuchte, „to negotiate and restore the ancestral traditions under very difficult circumstances with an all-powerful monarch." (Doran, *Resistance*, 187).

287 Für eine aktuelle und detaillierte Aufarbeitung des komplexen Feldes vgl. Bernhardt, *Revolution*, 72–165.

288 So auch Honigman, *Tales*, 46–47: „Antiochos IV's assault on Jerusalem was a response to the revolt, and not the cause of it. Therefore the conflict must be described as a ‚Judean rebellion', and not as ‚Maccabean uprising'." Vgl. ferner Knauf/Niemann, *Geschichte*, 398: „Die makkabäische Revolte war primär ein innerjüdischer Bürgerkrieg".

289 Vgl. Honigman, *Tales*, 389–397 oder Bernhardt, *Revolution*, 220–222.

gangen sein. Er soll unter anderem den „Gräuel der Verwüstung" (השקוץ משומם in Dan 11,31) im Jerusalemer Tempel aufgestellt, den Sabbat verboten, jüdische Feste ausgesetzt (2 Makk 6,1–6), Schweineopfer eingeführt und das berüchtigte Edikt in seinem gesamten Reich verbreitet haben, wonach „alle zu einem Volk werden" und ihre eigenen Gesetze aufgeben sollten (1 Makk 1,41–42.44–50; vgl. 2 Makk 6). Alle Juden, die an ihren Bräuchen festhielten, seien verfolgt und getötet worden.

Dem biblischen Bericht folgend wurde das Vorgehen des Antiochus in der exegetischen Forschung lange als „Religionsverfolgung" gedeutet, die zum Ziel hatte, die Anhänger der jüdischen Religion unter Gewalt dazu zu zwingen, den griechischen Kult anzunehmen. Jüngere Arbeiten wecken jedoch Zweifel an der Verlässlichkeit dieses Berichts und differenzieren stärker zwischen literarischer Darstellung und historischen Wahrscheinlichkeiten.[290]

So verfolgt die biblische Charakterisierung der Ereignisse als „Religionsverfolgung" bestimmte literarische und ideologische Absichten. Es entspricht dem zentralen Interesse von 1–2 Makk, Antiochus IV. als wahnsinnigen Despoten darzustellen, der das Sakrileg beging, den jüdischen Tempel und den jüdischen Kult anzutasten.[291] Dies wiederum liefert den entscheidenden Grund für die makkabäische Erhebung, die zum Gründungsmythos der Hasmonäer wurde: Die Makkabäer werden als gerechte und aufopferungsvolle Widerstands- und Freiheitskämpfer gezeichnet, die die übermächtigen Seleukiden besiegen, den Tempel reinigen, alle „griechischen" Elemente beseitigen und den rechten Kult in Jerusalem wiederherstellen (1 Makk 4,36–61; 2 Makk 10,1–8). Dieses Narrativ begründet den Herrschaftsanspruch der Hasmonäer über Jerusalem und Judäa. Dabei nutzen 1–2 Makk verschiedene etablierte literarische Vorbilder, stilisieren, übertreiben und konzentrieren sich vor allem darauf, Antiochus und die Seleukiden ab- und die Makkabäer bzw. die späteren Hasmonäer aufzuwerten. Die Berichte über die „Religionsverfolgung" eignen sich daher wenig für die Rekonstruktion historischer Vorgänge. Auch wenn Antiochus vermutlich in der Tat versuchte, im Zuge seiner Maßnahmen den seleukidischen Dynastiekult in Jerusalem zu etablieren, und er gegen die Ausübung des jüdischen Kultes vorging, lag ihm wohl weitaus weniger an der jüdischen „Religion" als an der kurzfristigen Bestrafung und der mittelfristigen Befriedung der Region.[292]

---

290 Vgl. Volgger, *Konflikt*, 463–470; Keel, *Massnahmen*, 87–117; Weitzman, *Antiochus' Persecution*, 219–234; Honigman, *Persecution*, 59–76 und Bernhardt, *Revolution*, 220–222.
291 Vgl. Honigman, *Persecution*, 63.
292 Zur Diskussion Bernhardt, *Revolution*, 222–261. Collins, *Temple*, 189–201 zeigt sich dem biblischen Bericht gegenüber optimistischer.

Als grundsätzlich historisch glaubwürdig erweist sich hingegen das Ausmaß der in 1–2 Makk (und Dan 11) beschriebenen militärischen Maßnahmen des seleukidischen Herrschers. Während sich keine Analogien für „Religionsverfolgungen" durch antike Großreiche finden, war eine harte Bestrafung abgefallener Stadt- und Kleinstaaten eine gängige Praxis. Nach geltendem Kriegsrecht war unter anderem das Eingreifen in die kultische und politische Lokalautonomie, aber auch – wie bereits in Bezug auf das Vernichtungsmotiv dargelegt (vgl. Kapitel 3.2.4.3) – die Tötung und Versklavung von Zivilisten üblich, um weitere Aufstände im Keim zu ersticken.

Minimalistisch formuliert lässt sich somit über die Vorgänge in Jerusalem und Judäa im Jahre 168 v. u. Z. Folgendes vermuten: Nach innerjüdischen Konflikten statuierte der seleukidische König Antiochus IV. ein drastisches Exempel, das seine Macht demonstrieren und die Aufstände beenden sollte. Antiochus, der auch außenpolitisch in einiger Bedrängnis war, konnte die Tumulte in der strategisch wichtigen Region Judäas nicht hinnehmen.[293] Es ist damit zu rechnen, dass es bei dieser Strafaktion auch zu Angriffen auf die Zivilbevölkerung und zu vielen Todesopfern kam. Hingegen ist es wohl „[z]u einer systematischen Verfolgung der judäischen Religion [...] nicht gekommen."[294] Das gilt auch für die von weiteren kriegerischen Konflikten geprägten Folgejahre nach 168, als sich um Judas Makkabäus eine kampfbereite Gruppe formierte, die zunächst eine Art Guerillakrieg gegen die seleukidischen „Besatzer" führte. Die zahlreichen Kämpfe zwischen Makkabäern und Seleukiden werden zwar in der jüdischen Literatur von 1–2 Makk als anhaltender „Aufstand gegen die Religionsverfolgung"[295] gedeutet, aus historischer Sicht sind jedoch auch hier Zweifel angebracht.[296] Womöglich verhielt es sich sogar genau andersherum: Die Fortführung der seleukidischen Maßnahmen dürfte eine *Reaktion* des Großreiches auf die anhaltenden Unruhen gewesen sein, die von den Makkabäern ausgingen. Judas und seine Nachfolger dürften den Kampf gegen die Seleukiden deshalb fortgesetzt haben, da sie von anfänglichen Erfolgen gegen die griechischen Truppen motiviert waren und sie danach strebten, den Einfluss der Seleukiden zu begrenzen und die eigene Macht auszubauen (vgl. dazu Kapitel 3.4.3). Nach der Darstellung von 1–2 Makk dauerten diese Auseinandersetzungen an, bis Simon um 143 v. u. Z. Hoherpriester wurde

---

293 Das gilt umso mehr nach der demütigenden Erfahrung, die Antiochus IV. im Juli 168 v. u. Z. beim sogenannten Tag von Eleusis machte, als er die Übermacht Roms anerkennen musste, vgl. Gruen, *Hellenism*, 246–247.
294 Bernhardt, *Revolution*, 267.
295 Trampedach, *Hasmonäer*, 37.
296 Für eine Bewertung Bernhardt, *Revolution*, 329–395.

und er dem hasmonäischen Kleinstaat weitgehende Autonomie von den Seleukiden verschaffen konnte.

Dass die außergewöhnliche Form der Bedrohung jüdischer Existenz in der Estererzählung mit diesen Ereignissen in Verbindung steht, ist grundsätzlich schon deshalb wahrscheinlich, da das Strafgericht des Antiochus IV. das erste militärische Großereignis seit den neubabylonischen Eroberungskriegen im 6. Jahrhundert v. u. Z. darstellt, das in der jüdischen Literatur überhaupt als Angriff auf das jüdische Volk gedeutet werden konnte.[297] Nach der langen Phase der weitgehend friedlichen Existenz unter der Herrschaft der Perser und einer von verschiedenen Konflikten geprägten Zeit der Diadochenkriege wurden erstmals (wieder) die Bevölkerung Judäas und ihr Kult zum direkten Ziel von Angriffen der griechischen Oberherren. Darüber hinaus hat meine Analyse von EstMT 3,8–15 gezeigt, dass die Estererzählung Hamans Vernichtungsplan nicht nur als persönliche Intrige, sondern auch als Strafaktion eines Großreiches beschreibt, was an vergleichbare Vorgänge aus dem griechischen Kulturraum erinnert (vgl. Kapitel 3.2.4.3). Darin steht die Darstellung von EstMT den historischen Begebenheiten des 2. Jahrhunderts v. u. Z. sogar näher als 1–2 Makk: Hamans Edikt zielt auf eine tödliche Bestrafung der Juden, nicht auf eine „Religionsverfolgung" ab.

Schließlich lässt sich auch das Motiv der jüdischen Gesetze, das sowohl in EstMT 3 als auch in 1–2 Makk von Bedeutung ist, mit dem Vorgehen des Antiochus IV. in Beziehung setzen. Aus historischer Sicht ist es sehr wahrscheinlich, dass der Seleukidenkönig in der Tat versuchte, die Gültigkeit der in Jerusalem und Judäa geltenden Gesetze aufzuheben oder zumindest deren Status zu verändern.[298] 1–2 Makk deuten diese legislative Maßnahme als Versuch, per Edikt den jüdischen Kult und damit die jüdische Existenz unter den Völkern unmöglich zu machen. Die Gesetze werden deshalb eindeutig mit der Tora identifiziert. In EstMT 3 ist diese Verbindung nicht eindeutig gegeben. Was genau das jüdische Gesetz ausmacht, wird nicht explizit gemacht. Allerdings erklärt Mordechai seine Ehrverweigerung mit seiner Zugehörigkeit zum jüdischen Volk, woraufhin Haman die vermeintliche Absonderung aller Juden und die angebliche Unvereinbarkeit

---

[297] Vgl. dazu jüngst Oeming, *Historicity*, 358–365, der nach einer Sichtung ausgewählter Traditionen, die von gegen die Juden gerichteten Gewalttaten berichten, resümiert, dass „there were no wide-scale anti-Jewish assaults prior to the Maccabean revolt" (365). Auch bei der Belagerung Jerusalems unter Antiochus VII. (ca. 135/134 v. u. Z.) soll – wie Diodor und Josephus überliefern (vgl. *Bib. Hist.* 34,1,1–4 sowie *Ant.* 13,245) – erwogen worden sein, das jüdische Volk zu vernichten. Das Bedrohungsszenario der Estererzählung dürfte somit auch Jahrzehnte nach den Angriffen von Antiochus IV. nichts an Aktualität eingebüßt haben.

[298] Vgl. Doran, *Persecution*, 426–429 mit Verweis auf analoge Vorgänge wie der Eroberung Phokäas durch Antiochus III. (Polybios, *Geschichte* 21,6; 21,45,7).

des jüdischen Gesetzes mit dem Reichsrecht als wichtige Argumente einbringt, um den König von seinem Vernichtungsplan zu überzeugen (EstMT 3,8). Auch in der Estererzählung spielt somit die Partikularität der jüdischen Gesetze eine entscheidende Rolle bei der Legitimation des gewaltsamen Vorgehens des Großreichs, das im jüdischen Verhalten einen nicht zu tolerierenden Affront gegen die eigenen Ansprüche sah. Die Bedrohung der Juden in EstMT erreicht jedoch insofern ein neues Niveau, als nun all diejenigen von Vernichtung bedroht sind, die zum jüdischen Ethnos gehören.

Anders als in der Darstellung des Konflikts mit Antiochus IV. in den beiden Makkabäerbüchern ist in der Estererzählung jedoch eine Rehabilitierung der Juden und ihrer Gesetze möglich. In diesem Punkt unterscheidet sich EstMT von der Perspektive aus 1–2 Makk, die von einer unüberwindbaren Diastase zwischen den Erlassen des Seleukidenkönigs und dem jüdischen Gesetz ausgeht. Dieser Unterschied muss jedoch nicht gegen eine Ansetzung der Estererzählung in die Hasmonäerzeit sprechen.[299] Zunächst ist zu berücksichtigen, dass das zentrale Thema der hebräischen Estererzählung die Abwendung der Vernichtung aller Mitglieder des jüdischen Volkes ist. In dieser Fokussierung kommt dem Inhalt des jüdischen Gesetzes und der jüdischen religiösen bzw. kultischen Praxis weniger Gewicht zu. Ebenso leben die Juden in EstMT nicht im Seleukidenreich, sondern unter der Herrschaft der Achämeniden, denen die biblische Überlieferung traditionell eine größere Toleranz zuspricht. Letztlich könnte die versöhnliche Perspektive am Ende der Estererzählung auch eine konkrete Funktion in der politischen Situation des 2. Jahrhunderts haben. Sie lässt sich als Ausdruck der Hoffnung verstehen, dass unter anderen politischen Vorzeichen ein harmonischeres Verhältnis zwischen den jüdischen Gesetzen und dem geltenden Reichsrecht möglich wäre. Auch das war in der Makkabäerzeit prinzipiell vorstellbar: Sowohl dem Vorgänger (Antiochus III.) als auch dem Nachfolger von Antiochus IV. (Antiochus V.) wird nachgesagt, sie hätten den Juden ausdrücklich gestattet, nach den eigenen Gesetzen zu leben.[300] Somit gab es im 2. Jahrhundert auch unter der Herrschaft der Seleukiden die Möglichkeit, im Einklang mit dem Großreich und nach eigenen Gesetzen zu leben. Der Schrecken der Vorstellung,

---

299 So allerdings Ego, *Hellenistic Book*, 300. Anders Kossmann, *Esthernovelle*, 360–361 oder Macchi, *Le droit*, 98.

300 Nach dem Bericht des Josephus (*Ant.* 12,129–147) soll Antiochus III. den Juden erlaubt haben, „nach ihren väterlichen Gesetzen" (κατὰ τοὺς πατρίους νόμους) zu leben. Zur Diskussion vgl. Bickerman, *Seleucid Proclamation*, 336. Nach 1 Makk 6,59 (vgl. 2 Makk 11,22–26.27–33) soll auch Antiochus V. beschlossen haben, die Juden nach ihren eigenen „Gesetzen" bzw. „Bräuchen" leben zu lassen (καὶ στήσωμεν αὐτοῖς τοῦ πορεύεσθαι τοῖς νομίμοις αὐτῶν).

das Großreich könnte die jüdischen Gesetze zum Anlass nehmen, mit tödlicher Gewalt gegen das gesamte Volk vorzugehen, tritt dadurch noch deutlicher hervor.

3.4.3 Die Hasmonäer zwischen Gewalt und Diplomatie

In EstMT 8–9 wird der große Sieg der Juden gegen ihre Feinde in gleicher Weise durch das diplomatische Geschick Esters und Mordechais sowie durch den gemeinsamen Kampf aller Juden ermöglicht. Neben der Vorstellung einer existenziellen Bedrohung des jüdischen Volkes durch die Macht eines Großreiches passt auch diese Perspektive gut in die Zeit der Etablierung der Hasmonäerherrschaft.[301] Während die Nähe von EstMT 8–9 zur Geschichtsdarstellung von 1–2 Makk bereits oben in den Blick kam, möchte ich im Folgenden auf die historischen Umstände eingehen, die eine hasmonäerzeitliche Abfassung dieser Kapitel wahrscheinlich machen.

Der Verlauf des Aufstiegs der Hasmonäer lässt sich nur in groben Zügen nachzeichnen. Als gesichert kann jedoch gelten, dass sich infolge der seleukidischen Maßnahmen im Jahr 168 v. u. Z. mehr und mehr Juden der bewaffneten Bewegung um Judas Makkabäus anschlossen, um die Seleukiden zu bekämpfen.[302] Es ist ferner davon auszugehen, dass die vor allem zu Beginn von den Seleukiden unterschätzten Makkabäer einige Auseinandersetzungen für sich entscheiden konnten. Die ersten beiden Makkabäerbücher wissen jedenfalls von mehreren Aufeinandertreffen der Juden mit den Seleukiden. Unter anderem sollen die Generäle Apollonios, Seron, Gorgias und Nikanor gegen die Makkabäer gekämpft haben. Es scheint demnach mehrere vergebliche Versuche gegeben zu haben, die Aufständischen zu besiegen.[303] In der jüdischen Erinnerung stellen die Rückeroberung und Neueinweihung des Jerusalemer Tempels im Jahr 164 v. u. Z. (1 Makk 4,36–41; 2 Makk 10,1–9) sowie der Sieg gegen das Heer des Nikanor am 13. Adar des Jahres 161 (1 Makk 7; 2 Makk 15) zwei besonders wichtige jüdische Erfolge dar. Zusätzlich zu den Kämpfen gegen die Seleukiden dürften die Makkabäer auch erfolgreiche Feldzüge im Umland Judäas geführt haben (vgl. z. B. 1 Makk 5; 2 Makk 10,14–23; 12,1–9.10–31). Diese waren vermutlich bereits auf die

---

301 Vgl. in Ansätzen Paton, *Esther*, 62; Kossmann, *Esthernovelle*, 380–381 und Wahl, *Esther*, 179–181; ausführlich Macchi, *Denial*.
302 Darauf verweist auch das Danielbuch, das davon weiß, dass sich „viele" dieser Bewegung angeschlossen haben (vgl. Dan 11,34). Zudem scheint die Tierapokalypse des Henochbuches in verfremdeter Form davon zu berichten (1 Hen 90,9–12). Vgl. dazu Oegema, *Henochbuch*, 136–140.
303 Zu den historischen Hintergründen vgl. Bernhardt, *Revolution*, 296–298.

Erweiterung des eigenen Territoriums angelegt. Vielleicht sollten auch vorange-gangene Angriffe auf Juden in angrenzenden Regionen vergolten werden. Erneut sind die historischen Details weniger relevant als das große Bild: Es war zunächst der militärische Erfolg der Makkabäer, der die Grundlage für die Hasmonäerherr-schaft bildete. Im Zuge dessen mussten die Seleukiden die Makkabäer nicht mehr allein als Rebellen, sondern auch als mögliche Bündnispartner oder militärische Verbündete wahrnehmen. Dies ist spätestens mit der Einsetzung Jonatans als Hoherpriester und als „Freund" des Seleukidenhofes durch Alexander Balas im Jahre 152 v. u. Z. der Fall (vgl. 1 Makk 10,15–21).[304]

Mit diesem Ereignis kommt eine zweite wichtige Voraussetzung für die Eta-blierung der Hasmonäerherrschaft in den Blick: die Bedeutung diplomatischer und politischer Interaktion mit den Großmächten. Das Seleukidenreich des 2. Jahrhun-derts war trotz militärischer Stärke eine in ihren inneren Machtstrukturen insta-bile Größe. Verschiedene Thronanwärter kämpften gegeneinander und suchten deshalb ständig Verbündete, um ihre Macht auf lokaler Ebene zu sichern. Zur Zeit Jonatans rangen zum Beispiel Alexander Balas und sein Rivale Demetrius I. um die Herrschaft über das Seleukidenreich.[305] Der Hasmonäer Jonatan profitierte von diesen innerseleukidischen Streitigkeiten, entschied sich für das Bündnisangebot von Alexander Balas und gewann so die Unterstützung des Großreichs. Es ist sehr wahrscheinlich, dass auch andere hasmonäische Anführer sich dieser politischen Großwetterlage bewusst waren und deshalb gezielt versuchten, sich durch Bünd-nisse und Abkommen mit den verschiedenen Machthabern eigene Vorteile zu sichern.[306] Während die ältere Forschung noch davon ausging, dass die Hasmonäer den offenen Konflikt mit den Griechen (oder: „Hellenisten") suchten oder diese die völlige Unabhängigkeit von den Seleukiden erstrebten, machen jüngere Arbeiten deutlich, dass die Etablierung der Hasmonäerherrschaft nur als das Ergebnis einer „successful integration of Hasmonean leaders into the Seleucid administrative system"[307] zu verstehen ist. Dafür spricht schon die Tatsache, dass selbst die ver-meintlich herrschaftskritischen Darstellungen von 1–2 Makk mit einigem Stolz von den erfolgreichen Verhandlungen und Abkommen mit den Seleukiden oder den Römern berichten (vgl. z. B. 1 Makk 8 oder 2 Makk 11,13–33.34–38).[308] Aber auch der

---

304 Vgl. Bernhardt, *Revolution*, 345–350.
305 Vgl. Frevel, *Geschichte*, 394–396 oder Knauf/Niemann, *Geschichte*, 401.
306 Vgl. Rajak, *Hasmoneans*, 267 und Eckhardt, *Hasmoneans*, 58.
307 Eckhardt, *Hasmoneans*, 57. Eckhardt verweist auf die Arbeiten von Dąbrowa, *Hasmoneans*, 42–66; Wilker, *Von Aufstandsführern*; Eckhardt, *Ethnos*, 165–186 und Babota, *Institution*, 119–267. Vgl. jüngst erneut Eckhardt, *Reading*.
308 Nach der Interpretation von Ma, *Seleukids*, 108 zeigen die in 1 Makk enthaltenen Korrespon-denzen „the ways in which the ruled can achieve agency in the face of domination" (108).

Vergleich der Interaktion der Seleukiden mit anderen lokalen Herrscherhäusern, wie z. B. den in Kleinasien regierenden Attaliden, weist auf ein dynamisches und reziprokes Verhältnis der vielen Kleinstaaten zum Großreich hin. Wie die Hasmonäer waren auch die Attaliden von den Seleukiden abhängig, jedoch konnten sie sich durch geschicktes Taktieren eigene Vorteile und teilweise Autonomie sichern.[309]

Diese Beobachtungen werfen ein bezeichnendes Licht auf die „Unabhängigkeit", die 1 Makk 14 Jonatans Nachfolger Simon zuschreibt. Simon wurde 140 v. u. Z. in Jerusalem vom Volk zum Hohenpriester und militärischen Anführer gewählt (1 Makk 14,27–45). Dass Simons Herrschaft zwar für Judäa weitgehenden Frieden, aber keine völlige Autonomie bedeutete, zeigt sich schon an 1 Makk 13,36; 14,38. An beiden Stellen wird berichtet, dass Simon vom seleukidischen König Demetrius II. im Amt des Hohenpriesters bestätigt wurde. Auch seine Herrschaft war also der Macht der Seleukiden untergeordnet. Schließlich musste auch Johannes Hyrkan, der im Jahr 135 v. u. Z. Hoherpriester wurde, mit den Seleukiden kooperieren. Nach der Belagerung Jerusalems nahm er als seleukidischer Vasall mit Antiochus VII. am Partherfeldzug teil (vgl. *Ant.* 13,249–253). Auch der numismatische Befund verdeutlicht den seleukidischen Einfluss auf die Herrschaft von Johannes Hyrkan: Er ließ Münzen prägen, die auf der einen Seite das seleukidische Symbol des Ankers, auf der anderen die Lilie als Zeichen der Hasmonäer zeigten.[310] Vermutlich erst als Antiochus VII. im Jahr 129 v. u. Z. starb, konnte Hyrkan von den Seleukiden unabhängiger agieren. Obwohl Johannes Hyrkan weitere Kriege führte und mit den Großmächten verhandelte, erreichte der Makkabäeraufstand mit seiner Regierung endgültig seinen Abschluss und die Hasmonäerherrschaft ihren ersten Höhepunkt.[311]

Diese historische Skizze macht deutlich, dass der Aufstieg der Hasmonäer nicht allein durch ihre kriegerischen Erfolge zu erklären ist. Vielmehr war es die Verbindung von militärischer Stärke und politischer Interaktion mit den seleukidischen Machthabern, die ihre Herrschaft ermöglichte und sicherte.[312] Diese Einsicht hat wichtige Konsequenzen für die Interpretation der hebräischen Estererzählung, deren machtpolitische Perspektive dadurch auf die Situation des 2. Jahrhunderts v. u. Z. hin transparent wird: Die Erzählung lässt sich plausibel

---

309 Vgl. dazu Chrubasik, *Attalids*.
310 Vgl. Frevel, *Geschichte*, 397.
311 Vgl. dazu Bernhardt, *Revolution*, 476–480.
312 Vgl. Wilker, *Von Aufstandsführern*, 241–244, die treffend festhält: „Der Aufstieg der Makkabäer ist von einem äußerst ambivalenten Verhältnis zur seleukidischen Zentralmacht geprägt." (241)

als Metapher lesen, die einen – im Vergleich zu 1–2 Makk (oder zum ebenfalls aus der Hasmonäerzeit stammenden Juditbuch) sicherlich stärker ausgeprägten – Weg der Vermittlung zwischen diplomatischer bzw. politischer und militärischer Machtausübung einschlägt.

Die jüdischen Führungsfiguren, Ester und Mordechai, suchen nach Wegen, sich in das politische System einzufügen und mit dem Großreich zu verhandeln. Die bestehenden Machtstrukturen werden dabei nicht bekämpft, sondern zum jüdischen Machtgewinn genutzt. Die persische Bühne der Estererzählung erlaubt es sogar, dass die Juden am Ende in völliger Harmonie mit dem Großreich leben können (EstMT 10,1–3). Zugleich betonen die Kapitel EstMT 8–9 den Aspekt der kollektiven militärischen Stärke. Im Kampf erweist sich das jüdische Volk als äußerst wehrhafte Größe, die von allen gefürchtet wird und ihren Feinden überlegen ist. Aus der Darstellung des jüdischen Vergeltungsschlags spricht dabei sogar das Selbstbewusstsein, als quasi-imperiale Größe aufzutreten. Diese ambivalente Perspektive lässt sich sehr gut aus der Schwellensituation des späten 2. Jahrhunderts heraus erklären. Mit Jürgen-Christian Lebram kann die hebräische Estererzählung plausibel als Chiffre auf die „Souveränität der Hasmonäer mit einem Rest von Oberhoheit der Seleukiden"[313] gelesen werden. Da diese politische Lage zumindest bis zur Herrschaft von Johannes Hyrkan Bestand hatte, dürfte EstMT – in etwa zeitgleich mit 1 Makk – um 130 v. u. Z. entstanden sein.[314] Eine spätere Ansetzung ist eher unwahrscheinlich, da die Hasmonäer unter Aristobul I. (104–103 v. u. Z.) und Alexander Jannai (103–76 v. u. Z.) deutlich unabhängiger von den Seleukiden agieren konnten.[315] Darauf deuten auch die Münzfunde aus Jerusalem hin: Nach 130 v. u. Z. finden sich keine seleukidischen Prägungen mehr aus Jerusalem.[316]

---

313 Lebram, *Purimfest*, 221.
314 Wills, *Novel*, 98–100; Haag, *Zeitalter*, 132; Rappaport, *Sitz*, 133 und Macchi, *Ester*, 50–51 votieren für eine ähnliche Datierung (zumindest der letzten redaktionellen Bearbeitungsstufe von EstMT). Für eine eher frühe Datierung von 1 Makk um 130 v. u. Z. vgl. von Dobbeler, *Makkabäer*, 46 oder Bernhardt, *Revolution*, 41–43. Noch später datieren z. B. Goldstein, *1 Maccabees*, 62; Dommershausen, *Makkabäer*, 6 oder Tilly, *1 Makkabäer*, 48.
315 Dies erschwert auch die These einer extremen Spätdatierung von EstMT zur Regierungszeit Salome Alexandras (76–67 v. u. Z.), vgl. Ilan, *Integrating Women*, 127–153, insb. 135 sowie Knauf/Niemann, *Geschichte*, 411.
316 Vgl. Hübner, *Tradition*, 172.

3.4.4 Jüdische Nachbarn und die Diaspora: Perspektiven aus der Hasmonäerzeit

Bisher kamen ausschließlich Ereignisse in den Blick, die sich im 2. Jahrhundert v. u. Z. in Jerusalem und Judäa abspielten. Da sich verschiedene Aspekte der Estererzählung mit diesen historischen Umständen in Verbindung bringen lassen, stellt sich für eine Kontextualisierung von EstMT abschließend noch die wichtige Frage, wie sich diese Beobachtung zum erzählerischen Fokus auf die Diaspora verhält. Damit verbunden ist unter anderem das Problem, dass der in 1–2 Makk so zentrale Jerusalemer Tempel in EstMT überhaupt keine Erwähnung findet.[317]

Zunächst ist wichtig zu betonen, dass die in der Auslegung etablierte Meinung, EstMT sei in der östlichen Diaspora abgefasst, weitaus weniger sicher ist als landläufig angenommen. Weder das persische Kolorit noch inhaltliche Kriterien wie das Verhältnis der Juden zum Großreich können eine Lokalisierung der Produktion der Estererzählung in die persische Diaspora beweisen.[318] Gerade die exotisch anmutende Schilderung der den Autoren bzw. Rezipienten offenbar *fremden* Lebensumstände in Persien sowie die starke Betonung der vermeintlichen Authentizität des Geschilderten sprechen m. E. eher gegen eine Abfassung der Erzählung in der östlichen Diaspora. Die hebräische Estererzählung könnte deshalb überall in gelehrten jüdischen Kreisen – auch am Hof der Hasmonäer –

---

317 So Dorothy, *Books*, 324: „From the lack of references to temple, holy city, Zion, priests, prophets, or any Palestinian geographical sites, plus the clear locus in Susa, it seems unavoidable to assume that the geographical and chronological matrix was the Diaspora, somewhere between 400 and 250 BCE." Ferner Mittmann-Richert, *Zusätze*, 103, die sich aufgrund des persischen Kolorits von EstMT und dem Verweis auf das „Desinteresse an Jerusalem und dem Tempel" gegen eine hasmonäerzeitliche Datierung der hebräischen Estererzählung ausspricht.
318 Anders z. B. Meinhold, *Esther*, 20: „Die positive und aktive Haltung der jüdischen Hauptpersonen gegenüber dem Fremdland und die Aussage, daß der fremdländische König letztendlich zwei Juden an die höchsten Stellen seines Reiches neben sich erhöht habe, weisen in die östliche, vielleicht gar persische Diaspora und machen eine Datierung in die Makkabäerzeit (166–160 v. Chr.) ganz und gar unwahrscheinlich." Vgl. Striedl, *Untersuchung*, 108, der betont, der Autor von EstMT „war wohl kein persischer Diasporajude, sonst hätte er es nicht nötig gehabt, sein persisches Wissen so auffällig zu betonen." Die Beobachtung von Ego, *Ester*, dass sich in EstMT 9,19 „der Standort des Erzählers in der Stadt Susa offenbart" (393) und dass „aus der Perspektive der Diaspora in Susa" (62) erzählt wird, lässt keine Rückschlüsse auf den Abfassungsort der Erzählung (d. h. den Standort des Autors) zu. Auch Mapfekas jüngst vorgetragener Versuch, eine „causal connection between the narrative location of the plot of Esther (that is, in the eastern diaspora) on the one hand and the extreme expression of violence in Esther 9" herzustellen (Mapfeka, *Esther 9*, 397), geht von der nicht in Frage gestellten Annahme aus, das Buch entstamme tatsächlich der Diaspora.

verfasst worden sein.[319] Ihre Diasporaperspektive und ihre Ansetzung im persischen Weltreich könnte allein ein literarisches Mittel sein, um bestimmte Überzeugungen zu universalisieren.

Sind über die *Herkunft* der Erzählung (oder möglicher Vorstufen) somit keine gesicherten Erkenntnisse möglich, stellt sich noch die Frage, ob der Diasporafokus mit den möglichen Adressaten, d. h. der *Ausrichtung* der Erzählung in Verbindung stehen könnte. Grundlegend wäre auch hier denkbar, dass sich EstMT mit seinem persischen Lokalkolorit vor allem an die in östlichen Provinzen lebenden Juden richtet. Da jedoch kaum etwas über die Verhältnisse der östlichen Diaspora der hellenistischen Zeit bekannt ist und da das exotische und von Klischees über die Perserzeit durchzogene Setting der Erzählung auf vor Ort lebende Juden eher befremdlich wirken dürfte, erscheint mir eine andere Deutung wahrscheinlicher.[320]

Die inhaltliche Ausrichtung von EstMT auf die Diaspora könnte als Versuch gewertet werden, zentrale, mit Gewalt verbundene Aspekte hasmonäischer Ideologie auch an die Umstände jüdischer Existenz außerhalb des unmittelbaren Einflusses der Hasmonäer anschlussfähig zu machen.[321] Die Betonung des Aussendens von Festbriefen (EstMT 9,20–32) könnte ferner ein Indiz dafür sein, dass Purim als überregionales Fest angelegt wurde, dem – in Analogie zu den panhellenischen Festen – die Funktion zukam, jüdische Gemeinden innerhalb und außerhalb des judäischen Kernlandes in der Erinnerung an den einstigen Sieg aller Juden im Perserreich zu verbinden.[322] Ein ähnliches Interesse spricht auch aus dem zweiten Makkabäerbuch, das wohl am Hasmonäerhof in Jerusalem abgefasst, mit einem Festbrief versehen und an ägyptische Diasporagemeinden gesandt wurde. Bereits die ersten Verse des Einleitungsbriefs aus 2 Makk 1,1–11 erwähnen explizit, dass das Buch aus Jerusalem nach Ägypten geschickt wurde,

---

319 Ohnehin galt Persien aus hasmonäischer Sicht als Ort, an dem Antiochus IV. seine endgültige Niederlage erfuhr (vgl. 1 Makk 6,9–16; 2 Makk 1,11–17; 9; Achenbach, *Genocide*, 108–110). Wie Kosmin, *Revolts* demonstriert hat, lassen sich die Berichte der Makkabäerbücher damit als „typological and chronological parallel to Seleucid aggression and the Maccabean uprising in Judea" (49) verstehen. Könnte die persische Welt von EstMT somit gar als Anspielung an den Untergang des frevlerischen Seleukidenkönigs interpretiert werden?

320 Mit Sicherheit hat es auch zur Zeit der Hasmonäer Juden in Susa und anderen ehemals persischen Gebieten gegeben, wie Mapfeka, *Diaspora*, 178 richtig vermutet. Im 5. Jahrhundert v. u. Z. ist zumindest die Existenz von Juden in Susa inschriftlich belegt (vgl. Bloch, *Judeans*, 161–164). Auf die Existenz einer entsprechenden Diasporagemeinde lässt sich ferner indirekt aus Apg 2,9 und *Leg.* 281–282 schließen.

321 Zur grundsätzlichen Frage nach dem hasmonäischen Verhältnis zur Diaspora vgl. Rappaport, *Connection*.

322 Zu Anlage und Funktion panhellenischer Feste vgl. den Überblick bei van Nijf/Williamson, *Connecting the Greeks*.

um die Ätiologie des Chanukkafestes und des Nikanortages in der Diaspora zu verbreiten und die ägyptischen Juden zur Feier dieser Feste einzuladen. In Analogie dazu könnte EstMT mit dem Interesse abgefasst sein, das Purimfest und seine Begründungserzählung auch außerhalb Jerusalems bekanntzumachen.[323] Bestärkt wird diese Vermutung durch die Septuagintafassung der Estererzählung. EstLXX zeigt, dass der Diasporafokus der Erzählung sich dazu anbot, auch die Lebensumstände der außerhalb Palästinas lebenden Juden zu deuten. Im Kolophon der Septuagintafassung wird die Estererzählung als ein von Jerusalem nach Ägypten ausgesandter Festbrief gedeutet (EstLXX Add. F 11).[324] Diese Verwendung der Estererzählung lässt den Gedanken zu, dass bereits EstMT eine ähnliche Funktion erfüllte. Dafür könnte auch die auffällige Betonung des „Aussendens" von Briefen sprechen, auf die im Kontext der Etablierung von Purim in EstMT 9,20–32 verwiesen wird.

In jedem Fall transportiert die hebräische Estererzählung nicht nur die Festätiologie von Purim, sondern auch die Überzeugung, dass das in der Diaspora lebende jüdische Volk Feindschaft und Gewalt ausgesetzt war. Diese Vorstellung dürfte mit Blick auf die historischen Umstände des 2. Jahrhunderts v. u. Z. grundsätzlich anschlussfähig gewesen sein. So vermutet z. B. Reinhard Achenbach, dass die jüdische Diaspora verstärkt Anfeindungen ausgesetzt war, nachdem die seleukidischen Versuche gescheitert waren, die Makkabäer in und um Jerusalem zu besiegen.[325]

Um den möglichen Adressatenkreis von EstMT noch genauer zu bestimmen, lässt sich folgende Hypothese in Erwägung ziehen: Die Estererzählung könnte sich weniger auf die weit entfernte Diaspora als auf jüdische Nachbargemeinden beziehen, auf die die Hasmonäer ihren Einfluss ausbauen wollten. Der Blick auf 1–2 Makk verrät, dass die Hasmonäer ein Interesse daran hatten, sich auch als Retter der Juden zu präsentieren, die in den an Jerusalem und Judäa angrenzenden Gebieten lebten. So berichtet 2 Makk 6,8 davon, dass auch die Juden in „benachbarten griechischen Städten" (εἰς τὰς ἀστυγείτονας Ἑλληνίδας πόλεις)

---

323 Vgl. Kapitel 3.3.2.3 sowie Lebram, *Purimfest*, 217–219; Herst, *Purim*, 141–143; Macchi, *Instituting*, 102–105 und Achenbach, *Genocide*, 107.

324 Die Frage, ob EstLXX in einer gezielten hasmonäischen „Mission" (so Bickerman, *Colophon*, 361; Collins, *Athens*, 110–111; Rappaport, *Connection*, 93–94) nach Ägypten geschickt wurde, ist nicht sicher zu beantworten. Vgl. dazu auch Kapitel 4.3.3.

325 Vgl. Achenbach, *Genocide*, 107–108. Diese Vermutung deckt sich mit Arbeiten zum antiken Antijudaismus, die darauf verweisen, dass sich judenfeindliche Positionen seit dem Makkabäeraufstand intensivierten, vgl. dazu Gager, *Origins*, 40–41 oder Schäfer, *Judenhass*, 256–259. Zu den unterschiedlichen Quellen der Zeit siehe Bar-Kochva, *Image*, 253–516.

Jerusalems von den Maßnahmen des Antiochus IV. betroffen gewesen seien.[326] Nach 1 Makk 5 hätten sogar „die Völker ringsum" (5,1: τὰ ἔθνη κυκλόθεν) und die „Völker in Gilead" (5,9: τὰ ἔθνη τὰ ἐν τῇ Γαλααδ) beschlossen, die in ihren Gebieten lebenden Juden zu vernichten. Nur die Feldzüge der Makkabäer, die in der hasmonäischen Darstellung von 1–2 Makk als Rettungstaten geschildert werden, konnten diese jüdischen Gemeinden vor der Auslöschung bewahren (vgl. 1 Makk 5,21–54; 2 Makk 10,14–23; 12,1–31).

Diese Darstellung der kriegerischen Aktivitäten außerhalb Jerusalems und Judäas erlaubt den Gedanken, EstMT habe solche im Umland Jerusalems oder im Ostjordanland ansässige jüdische Gruppen im Blick. Diese Vermutung eröffnet weitere Möglichkeiten, über den Diasporafokus der Erzählung und über Gründe für das Fehlen einer Erwähnung des Jerusalemer Tempels nachzudenken. Dabei ist zunächst naheliegend, dass die in EstMT transportierte Erinnerung an einen kollektiven jüdischen Gegenangriff einen konkreten Zweck in der historischen Situation der Etablierung des hasmonäischen Staates hatte: Spätestens Johannes Hyrkan trieb die Ausweitung des hasmonäischen Herrschaftsgebietes voran und benötigte für seine militärischen Unternehmungen jede Unterstützung. Die Bevölkerung des judäischen Kernlandes reichte nicht aus, um ein wehrhaftes Heer zu stellen. So weiß Josephus zu berichten, dass Hyrkan auch nichtjüdische Söldner anheuerte, um seine Armee zu vergrößern (*Ant.* 13,249; *Bell.* 1,61).[327] In dieser Situation könnte die Estererzählung als Motivation an die im Umland lebenden Juden verstanden worden sein, an den militärischen Unternehmungen der Hasmonäer – innerhalb wie außerhalb Judäas – teilzunehmen.

Das Fehlen der Erwähnung des Jerusalemer Tempels oder einer bestimmten Form kultischer Praxis in der Estererzählung könnte sodann der Tatsache Rechnung tragen, dass das jüdische Volk im 2. Jahrhundert v. u. Z. eine sehr heterogene Gruppe war. Fragen nach dem „richtigen" Ort des jüdischen Tempelkultes oder nach der angemessenen Gestalt jüdischer Lebensführung dürften Streitpunkte zwischen verschiedenen Parteien und Strömungen gewesen sein. Das Aussparen solcher umstrittenen Themen bzw. die Fokussierung auf die gewaltvolle Bedrohung und Vergeltung in der persischen Vergangenheit könnte somit als Versuch gewertet werden, eine Art kleinsten gemeinsamen Nenner jüdischer Identität zu vermitteln: In der Estererzählung werden alle Juden, unabhängig ihres Wohnorts, ihres ethnischen Selbstverständnisses oder der Ausprägung ihrer Lebensführung durch die Bedrohung durch Vernichtung vereint.[328] Anders

---

326 Zu möglichen historischen Hintergründen vgl. Bernhardt, *Revolution*, 254.316.
327 Vgl. Dąbrowa, *Hasmoneans*, 81–83 oder Berthelot, *Promised Land*, 324–334.
328 Dabei bietet die Figur Mordechais, der bzw. dessen Vorfahren „aus Jerusalem" (מירושלים)

als in der historischen Realität des 2. Jahrhunderts gibt es in der Welt der Estererzählung keine miteinander streitenden jüdischen Gruppierungen, sondern nur
„die Juden". Damit entwirft EstMT das kontrafaktische Bild des jüdischen Volkes
als homogene Größe. Mit dieser Perspektive könnte die Erinnerung an die gelun-
gene Abwehr der Pläne Hamans dazu dienen, das gegenwärtige Vertrauen in die
politischen Fähigkeiten der hasmonäischen Anführer zu bestärken und zugleich
die Notwendigkeit eines gemeinsamen militärischen Vorgehens zu propagieren,
damit Juden innerhalb wie außerhalb Jerusalems vor ihren Feinden Ruhe finden
können. Bei alledem tritt in EstMT ein Weltbild ans Licht, das sich im Vergleich zu
1–2 Makk als verhältnismäßig offen präsentiert. EstMT kann so als ein Beleg für
die Vielfalt der literarischen Gestaltungsmöglichkeiten schriftgelehrter hasmonäischer Kreise gewertet werden.

In anderen Worten: Die unterschiedliche Schwerpunktsetzung von EstMT
und von 1–2 Makk kann mit der unterschiedlichen Zielsetzung und vermutlich
anderen Adressatengruppe erklärt werden. 1–2 Makk sind Legitimationserzäh-
lungen des hasmonäischen Anspruchs auf das Hohepriesteramt und die politische Führung Jerusalems, die sich eher an konservative Kreise richten.[329] Deshalb
spielen Kult und Tempel eine zentrale Rolle. Die hebräische Estererzählung hingegen zielt darauf ab, mit einem weiter gefassten Verständnis jüdischer Identität
und ohne eine auf Jerusalem konzentrierte Perspektive eine andere, womöglich
außerhalb des unmittelbaren Einflusses der Hasmonäer lebende Adressatengruppe zu erreichen.

Abschließend lässt sich festhalten, dass die hebräische Estererzählung und
ihre Gewaltdarstellung plausibel vor dem Hintergrund der Ereignisse des späten
2. Jahrhunderts v. u. Z. erklärt werden kann. Wie 1–2 Makk ist EstMT eine Form
gegenwartsbezogener Vergangenheitsdeutung und -konstruktion. Sie ist kein
Abbild historischer Wirklichkeit, sondern „intentionale Geschichte" im Sinne
Hans-Joachim Gehrkes (vgl. Kapitel 1.4.2). Die perserzeitliche Bühne der Handlung führt zwar zu einer ungleich stärkeren Verfremdung der gesellschaftlichen
und politischen Realitäten, zentrale hasmonäische Überzeugungen sind jedoch
klar erkennbar: Jüdisches Leben unter der Herrschaft von Großreichen ist grundsätzlich möglich, aber immer gefährlich. In den falschen Händen kann das impe-

---

nach Susa gekommen sein sollen, einen geographischen Fixpunkt (vgl. EstMT 2,6), der daran
erinnert, dass die Rettung der Juden letztlich aus Jerusalem kommt. Fälschlich Wills, *Novel*, 98:
„It is noteworthy that the *Book of Esther* never mentions Jerusalem".
329 Vgl. z. B. Tilly, *1 Makkabäer*, 48: „Eine wesentliche Funktion des 1. Makkabäerbuches besteht
in der innenpolitischen Herrschaftslegitimation der Hasmonäerdynastie, die sich weder auf da-
vidische (königliche) noch auf zadokidische (hohepriesterliche) Abstammung als Begründung
ihrer gesellschaftlichen Machtposition berufen konnte."

riale Gewaltpotential sogar die völlige Vernichtung jüdischer Existenz bedeuten. In dieser Situation bedarf es sowohl der geschickten politischen Interaktion jüdischer Individuen als auch des gemeinsamen Kampfes aller Juden. Dies sichert das Überleben, ermöglicht allerdings auch die Etablierung eigener Macht.

Die folgende Untersuchung der beiden jüngeren griechischen Esterbücher wird zeigen, dass sich die Gewaltgeschichte der Estererzählung auch in späterer Zeit dazu anbot, die konfliktreiche Gegenwart jüdischer Autorenkreise zu deuten. Dabei wurde der Kern der Handlung im Wesentlichen übernommen. Auch in EstLXX und EstAT dreht sich alles um die Bedrohung der persischen Juden durch Vernichtung und die in Kooperation mit dem Großreich erreichte Abwendung dieser Gefahr. Wie in EstMT ist der Einsatz tödlicher Gewalt gegen die Judenfeinde nötig, um das Überleben des jüdischen Volkes zu sichern. Dabei zeichnen die beiden griechischen Esterbücher ebenfalls das Bild des jüdischen Volkes als souveräne, ihren Feinden und politischen Widersachern überlegene Größe. Diese Beobachtung stützt die bisher geleistete Interpretation der hebräischen Estererzählung und der Funktion ihrer Gewaltdarstellung. Bei genauer Betrachtung der beiden griechischen Esterbücher zeigt sich allerdings, dass sich die erzählerischen Legitimationsmuster zur Gewaltanwendung – sowohl in Bezug auf die Bedrohung durch Hamans Plan als auch im Hinblick auf die jüdische Reaktion – und auch die Darstellung der Kampfszenen am Ende der Erzählung in vielfältiger Weise von EstMT unterscheiden. Offenbar war die Frage danach, unter welchen Umständen der Einsatz tödlicher Gewalt legitim war, ein großer Diskussionspunkt zwischen denjenigen, die die hebräische Estererzählung übersetzt und überarbeitet haben. So wird sich zeigen, dass EstLXX und EstAT nicht einfach als zwei „Übersetzungen" von EstMT verstanden werden können. Viel eher präsentieren sich die beiden Texte als Orte einer intensiv geführten literarischen Diskussion um die Frage nach der Gewalt. Sowohl die Lang- als auch die Kurzfassung wurden mehrfach und mit verschiedenen, bisweilen sogar widersprüchlichen Absichten überarbeitet.

In den beiden folgenden Analysekapiteln zu EstLXX und EstAT werde ich markante Unterschiede zu EstMT (bzw. zu EstLXX) aufzeigen, die verschiedenen Begründungsmuster von Gewalt herausarbeiten und die Frage diskutieren, welche ideologischen, theologischen und soziopolitischen Aussagen darin entfaltet werden. Mit diesem Vorgehen soll die Grundlage für eine anschließende historische Verortung von EstLXX und EstAT bzw. ihrer jeweiligen Entwicklungsstufen gelegt werden. Es wird sich zeigen, dass die schriftgelehrte Diskussion der Gewaltgeschichte der Estererzählung noch am Hof der Hasmonäer in Jerusalem begann und bis in die ägyptische Diaspora der römischen Zeit hineinreichte.

4 Transformationen der Gewaltdarstellung in den griechischen Esterbüchern

4.1 Überblick

In den Gewaltdarstellungen der beiden griechischen Esterbücher spiegelt sich eine intensive schriftgelehrte Diskussion um die thematischen Schwerpunkte der Bedrohung der Juden durch Vernichtung und ihre gewaltvolle Vergeltung wider.[1] Schon die Tatsache, dass sich zwei unterschiedliche griechische Textfassungen erhalten haben, deutet darauf hin, dass die hebräische Estererzählung nicht einfach ins Griechische übersetzt wurde, sondern es verschiedene Überarbeitungen dieser offenbar beliebten Tradition gab.[2] Dabei bieten EstLXX und EstAT vielfältige, von EstMT zum Teil deutlich abweichende Varianten in ihren Gewaltdarstellungen, obwohl sie im Wesentlichen dieselbe Geschichte erzählen: Die Juden werden von Vernichtung bedroht, können aber am Ende die Vernichtung ihrer Feinde erreichen. An einigen Stellen bezeugen die griechischen Esterbücher in ihren Varianten und ihren Zusätzen sogar inhaltlich gegenläufige Tendenzen. Mal wird das Ausmaß von Gewalt eher begrenzt, mal intensiviert sich hingegen die Darstellung von Gewalt.

Diese mannigfaltigen Veränderungen gegenüber der jeweils älteren Erzählfassung können als Ausdruck eines anhaltenden, diskursiven Ringens späterer Tradenten um die angemessene Form der Gewaltdarstellung bzw. um die erzählerische Einbettung und Begründung der Vernichtungs- und Vergeltungsmotivik verstanden werden. So erweisen sich EstLXX und EstAT nicht nur als Übersetzung, sondern vor allem als Auslegung bzw. als Neuinterpretation von jeweils älteren Erzählfassungen. Wie die Analyse von EstLXX aufzeigen wird, haben in der Septuagintafassung erstmals auch aus diversen anderen alttestamentlichen Traditionen bekannte Muster zur Deutung von Gewalt Eingang in die Estererzählung gefunden. Dazu zählen unter anderem prophetische Sprachbilder, die Vorstellung eines göttlichen Gerichts bzw. göttlicher Strafe oder heilgeschichtliche Traditionen.

---

[1] Im Folgenden gehe ich von der im zweiten Kapitel dieser Arbeit begründeten Annahme aus, dass EstAT jünger ist als EstLXX und eine kreative Neugestaltung, Glättung und Kürzung der Langfassung darstellt, die bereits um das Material der Zusätze A–F erweitert wurde.

[2] Es ist wie in Bezug auf das Gros der alttestamentlichen Literatur sehr wahrscheinlich, dass es mehrere Textfassungen gab, vgl. dazu Wacker, *Three Faces*, 73. Schon die Notiz im Kolophon der Septuagintafassung, das vorliegende Esterbuch sei eine Abschrift einer anderen Version (EstLXX Add. F 11), weist auf die Existenz weiterer Versionen hin.

Natürlich unterscheiden sich die drei Esterbücher nicht nur in Bezug auf die Gewalt. Zahlreiche Studien haben bereits Vergleiche anderer inhaltlicher Aspekte der drei Textfassungen vorgelegt und Eigenheiten der jeweiligen Erzählfassungen herausgearbeitet.[3] Dabei wurde in Ansätzen auch erkannt, dass die Gewaltdarstellungen von EstLXX und EstAT auffällige Varianten enthalten.[4] Diese Unterschiede wurden jedoch nie systematisch untersucht oder gesondert interpretiert. Eine Analyse der Gewaltdarstellungen der griechischen Estererzählungen erscheint mir allerdings schon deshalb erforderlich, da der Aspekt der Gewalt bzw. die Frage nach einer angemessen erzählerischen Darstellung und Bewertung ein entscheidender Faktor für die Neugestaltung(en) der Esterüberlieferung gewesen zu sein scheint. Einerseits stehen nämlich viele der Varianten im Kerntext, durch die sich die beiden griechischen Texte von der hebräischen Fassung unterscheiden, mit Gewalt in Verbindung. Das gilt sowohl für die Begründung von Hamans Plan (EstLXX 3,1–6/EstAT 3,1–5) oder seine Anklage gegen die Juden vor dem König (EstLXX 3,8–10/EstAT 3,6–10) als auch für den Bericht über die Tötung der Judenfeinde (EstLXX 8–9 bzw. EstAT 7,18–42). Andererseits nehmen beinahe alle Zusätze inhaltlichen Bezug auf die Bedrohung durch Vernichtung bzw. die jüdische Vergeltung. Das gilt für die Zusätze B und E – das ausführliche Vernichtungsedikt und das königliche Gegenschreiben, das den Juden ihre Vergeltung gestattet – in gleicher Weise wie für andere Textabschnitte, die sich nur in den griechischen Esterbüchern finden: Das der Erzählung vorangestellte Traumgesicht Mordechais (Add. A), das den Hauptkonflikt der Erzählung als einen Drachen- und Völkerkampf deutet, verleiht der Gewaltdarstellung insgesamt ebenso neue Nuancen wie die Gebete (Add. C), in denen Ester und Mordechai unter anderem um Gottes Eingreifen zur Bewahrung des jüdischen Volkes bitten. Eine Untersuchung der Gewaltdarstellungen der griechischen Esterbücher berührt somit ein zentrales Thema der jüngeren Erzählfassungen. Zugleich hat dieser Fokus das Potential, wichtige Einsichten in die Textentstehung und Entwicklung zu gewinnen.

Die heterogenen Perspektiven auf Gewalt dürften nämlich kaum das Werk eines einzelnen Autors oder Übersetzers, sondern das Ergebnis eines längeren

---

3 Vgl. z. B. Clines, *Scroll*; Fox, *Redaction*; Dorothy, *Books*; Day, *Three Faces*; Boyd-Taylor, *Adventure*; Kossmann, *Esthernovelle*; Fox, *Three Esthers*; Harvey, *Morality*; Kahana, *Juxtaposition*; Vialle, *Analyse*; Miller, *Three Versions* oder Bellmann, *Theologie*.
4 Vgl. die Beobachtungen bei Kottsieper, *Zusätze*, 116–117; Wacker, *Gewalt*, 617–619 oder jüngst Bellmann, *Theologie*, 313.

Fortschreibungs- und Überarbeitungsprozesses sein.[5] In der Forschung werden deshalb Fragen nach der Entstehung, der Herkunft und dem Verhältnis der einzelnen Zusätze untereinander sowie zum Kerntext kontrovers diskutiert. Es herrscht dabei lediglich weitgehende Einigkeit in der Annahme, dass die beiden ursprünglich auf Griechisch verfassten Zusätze EstLXX Add. B und E jünger sein dürften als die anderen, die wohl aus hebräischen oder aramäischen Vorlagen ins Griechische übersetzt wurden.[6] Im Rahmen meiner auf die unterschiedlichen Darstellungstendenzen und Begründungsmuster ausgerichteten Analyse werde ich den Vergleich der Gewaltdarstellung des hebräischen Textes mit dem griechischen Langtext zunächst anhand der vorliegenden Form von EstLXX vornehmen. Die Ergebnisse dieser Textanalyse bieten jedoch wertvolle Hinweise auf die Textdiachronie und auf die geistesgeschichtlichen Abfassungskontexte der einzelnen Episoden. Auf diesen Einsichten wird die historische Verortung von EstLXX und den entsprechenden Bearbeitungsstufen aufbauen (vgl. Kapitel 4.2.3).

4.2 Transformationen der Gewaltdarstellung I: EstLXX

4.2.1 Die Bedrohung der Juden nach EstLXX

4.2.1.1 Träume und Gebete: Die Vernichtung der Juden als göttliches (Straf-)Gericht

Der wohl auffälligste Unterschied zwischen EstMT und EstLXX ist die Erwähnung einer aktiven Rolle Gottes in der Langfassung. In diesem ersten Abschnitt werde ich darlegen, dass diese Neuerung nicht nur das in EstMT „Fehlende" ergänzt und eine Angleichung der Estergeschichte an andere biblische Traditionen vornimmt,[7] sondern dass sich dadurch auch neue Verständnismöglichkeiten für die Bedrohung der Juden durch Vernichtung ergeben. Im Folgenden werde ich vor allem auf das Material der Septuaginta-Zusätze A, C und F eingehen.

Der griechischen Langfassung ist durch EstLXX Add. A 1–11 eine prologartige Einleitung vorangestellt. Gemeinsam mit F 1–9 legt der Abschnitt einen neuen

---

5 Vgl. Moore, *Origins*, 165. Soweit mir bekannt, vermutet allein Mittmann-Richert, *Zusätze*, 101–102 die weitgehende Einheitlichkeit und „kompositionelle Geschlossenheit des erweiterten Esterbuches".

6 Vgl. dazu z. B. Torrey, *Book*; Moore, *Origins*; Martin, *Syntax*; Kottsieper, *Zusätze*, 118–119 oder Tov, *Translation*. Es ist fraglich, ob die Zusätze je vom Kerntext unabhängig existierten, vgl. Moore, *Additions*, 168. Zur grundsätzlichen Problematik der Kategorisierung von Textbestandteilen als Zusätze vgl. Zsengellér, *Addition*.

7 Vgl. Clines, *Scroll*, 169.

Rahmen um die Estererzählung.[8] In A 4–10 schaut Mordechai ein Traumgesicht, das durch verschlüsselte, apokalyptisch anmutende Sprachbilder auf den Konflikt der Estererzählung anzuspielen scheint. Der Funktion nach mag dieser Aufbau an die Rahmenerzählung des Hiobbuches erinnern, die die Leserinnen und Leser wissen lässt, was den handelnden Figuren verborgen bleibt: Alles, auch das größte Leid, verläuft nach einem göttlichen Plan. Das Traumgesicht Mordechais bringt damit zwei entscheidende Veränderungen im Vergleich zu EstMT mit sich: Zum einen wird bereits zu Beginn der Erzählung klar, dass sowohl die Bedrohung als auch die Errettung der Juden letztlich auf Gottes Wirken zurückzuführen sind. Da Mordechai darum weiß, „was Gott zu tun geplant hat" (τί ὁ θεὸς βεβούλευται ποιῆσαι in EstLXX Add. A 11), wird das Schicksal der Juden in der Esterseptuaginta zum Teil der *providentia dei*.[9] Zum anderen wird die eigentlich kaum zu steigernde Bedrohungslage der Juden durch das Traumgesicht weiter dramatisiert und universalisiert. Zentrale Motive aus Mordechais Vision – laute Geräusche, Naturereignisse, Schrecken, Krieg, Dunkelheit, Leid und sogar Drachen – zeigen an, dass die Bedrohung der Juden als ein Ereignis von kosmischer Tragweite verstanden werden soll, das die gesamte Welt ins Chaos zu stürzen droht.

Mordechai soll seine Traumvision ein Jahr vor dem Beginn der Handlung geschaut haben, die mit EstLXX 1,1 am persischen Hof einsetzt. Damit kommen der Figur Mordechais – obwohl er den Traum erst nach den Ereignissen deuten kann (EstLXX Add. A 11; F 1–10) – gewisse prophetische Qualitäten zu.[10] Auch inhaltlich evoziert Mordechais Vision Anklänge an die prophetische Literatur.

[4]καὶ τοῦτο αὐτοῦ τὸ ἐνύπνιον· καὶ ἰδοὺ φωναὶ καὶ θόρυβος, βρονταὶ καὶ σεισμός, τάραχος ἐπὶ τῆς γῆς. [5]καὶ ἰδοὺ δύο δράκοντες μεγάλοι ἕτοιμοι προῆλθον ἀμφότεροι παλαίειν, καὶ ἐγένετο αὐτῶν φωνὴ μεγάλη, [6]καὶ τῇ φωνῇ αὐτῶν ἡτοιμάσθη πᾶν ἔθνος εἰς πόλεμον ὥστε πολεμῆσαι δικαίων ἔθνος. [7]καὶ ἰδοὺ ἡμέρα σκότους καὶ γνόφου, θλῖψις καὶ στενοχωρία, κάκωσις καὶ τάραχος μέγας ἐπὶ τῆς γῆς, [8]καὶ ἐταράχθη δίκαιον πᾶν ἔθνος, φοβούμενοι τὰ ἑαυτῶν κακά, καὶ ἡτοιμάσθησαν ἀπολέσθαι, [9]καὶ ἐβόησαν πρὸς τὸν θεόν. ἀπὸ δὲ τῆς βοῆς αὐτῶν ἐγένετο ὡσανεὶ ἀπὸ μικρᾶς πηγῆς ποταμὸς μέγας, ὕδωρ πολύ· [10]φῶς καὶ ὁ ἥλιος ἀνέτειλεν, καὶ οἱ ταπεινοὶ ὑψώθησαν καὶ κατέφαγον τοὺς ἐνδόξους.

---

8 Es ist denkbar, dass der Traum bzw. seine Deutung nicht ursprünglich mit der Handlung der Estererzählung verbunden waren, sondern dass dieses Material unabhängig von der Estererzählung existierte, vgl. Macchi, *Ester*, 353.

9 Vgl. z. B. Kottsieper, *Zusätze*, 138; Middlemas, *Greek Esthers*, 156 oder Macchi, *Ester*, 330.

10 Zudem rückt Mordechai damit auf eine Stufe der „Träumer" Joseph oder Daniel (vgl. Moore, *Additions*, 176). Die prophetische Rolle Mordechais wurde auch in der rabbinischen Tradition betont (vgl. bMeg 15a).

[4] Und dies war sein Traum: Und siehe, Geräusche und Lärm, Donner und Beben, Schrecken auf der Erde. [5] Und siehe, zwei große Drachen kamen hervor, beide bereit zu ringen. Und ein lautes Geräusch kam von ihnen. [6] Und durch ihr Geräusch wurde jedes Volk auf Krieg vorbereitet, um das Volk der Gerechten zu bekriegen. [7] Und siehe, ein Tag der Finsternis und der Dunkelheit, Bedrückung und Bedrängnis, Leid und große Bestürzung auf der Erde. [8] Und das gesamte gerechte Volk wurde bestürzt, da sie ihr eigenes Unglück befürchteten, und sie wurden darauf vorbereitet, vernichtet zu werden. [9] Und sie riefen zu Gott. Von ihrem Rufen entstand – so, wie aus einer kleinen Wasserquelle ein großer Strom [entsteht] – viel Wasser. [10] Licht und die Sonne gingen auf, und die Demütigen wurden erhöht und sie verzehrten die Ruhmvollen. (EstLXX Add. A 4–10)

Die Traumvision beinhaltet drei Schreckensbilder, die sich allesamt in irdischen, nicht in himmlischen Sphären zutragen (vgl. A 4.7: ἐπὶ τῆς γῆς). Die drei Szenen werden jeweils mit einem eigenen „und siehe" (καὶ ἰδοὺ) eingeleitet (A 4.5.7). Mordechai schaut chaotische und beunruhigende Zustände, zwei Drachen, die durch ihr Geschrei alle Völker zum Krieg gegen das gerechte Volk vorbereiten, sowie einen Tag voller Schrecken, an dem das gerechte Volk seine eigene Vernichtung befürchtet. An diesen ersten Versen zeigt sich erstmals das schriftgelehrte Ringen um eine neue und zugleich traditionsgeschichtlich ausgerichtete Deutung des Vernichtungsmotivs. Es werden hier Sprachbilder miteinander verbunden, die ganz unterschiedlichen biblischen Vorstellungskontexten entstammen.[11]

Obwohl dieser Traum und seine Deutung insofern „apokalyptisch" ist, als er Einblick in einen göttlichen Plan bietet, lässt sich „der Verfasser des Traumes nicht apokalyptischen Kreisen"[12] zurechnen. Es fehlen in Mordechais Traum wichtige Merkmale apokalyptischer Texte, wie z. B. ein schematischer, negativer Geschichtsverlauf, die Erwartung des Weltendes, eine Reflexion über jenseitige Ereignisse oder die Hoffnung auf eine alternative, himmlische Welt.[13] Ich halte deshalb die vorrangige Deutung von Mordechais Traumgesicht als apokalyptische Vision für nicht angemessen.[14] Es erscheint mir stattdessen plausibler, diese Textteile als Versuch einer Neuinterpretation bzw. Rahmung der irdischen Handlung der Estergeschichte zu verstehen, die darum bemüht ist, die in EstMT auf den ersten Blick unerklärliche, extreme Form der Bedrohung der Juden mittels bewährter theologischer Denkmuster zu erklären.[15] Der Traum benutzt dabei

---

11 Vgl. die verschiedenen Assoziationen und möglichen Bezüge, die De Troyer, *Cosmic Events*, 79–88 herausarbeitet.

12 Kottsieper, *Zusätze*, 139; ähnlich Mittmann-Richert, *Zusätze*, 111.

13 Zur Übersicht vgl. Tilly, *Apokalyptik*, 12–19.49–52.

14 Vgl. jüngst z. B. Stone, *Empire*, 69–100.

15 Ähnlich bereits Ehrlich, *Traum*, 72.

selbstverständlich unterschiedliche Sprachbilder, die sonst eher in apokalypti-schen Traditionen und prophetischen Gerichtsankündigungen beheimatet sind.[16]

Der Grundzustand der Welt ist nach Add. A 4 düster. Einen rechten Grund für die missliche Lage scheint es nicht zu geben. Es kann nur vermutet werden, dass Gott deren Auslöser ist. Die Begriffspaare „Geräusche" und „Lärm" (vgl. DanLXX 10,6), „Donner" und „Erdbeben" (vgl. JesLXX 28,6) oder „Schrecken auf der Erde" (JesLXX 24,19) verweisen intertextuell immerhin darauf, dass ein göttliches Eingreifen unmittelbar bevorsteht.[17] Zunächst erscheinen jedoch zwei Drachen, die nach der göttlichen Deutung des Traumes in F 4 mit Mordechai und Haman identifiziert werden können. Nach A 6 führt das „laute Geräusch", das beim Aufeinandertreffen der beiden Drachen entsteht, dazu, dass sich alle Völker gegen das gerechte Volk erheben. Die Identifizierung von Haman und Mordechai mit den beiden Drachen bringt somit das Problem mit sich, dass Mordechai und Haman *gemeinsam* als Auslöser für den Kampf der Völker gegen das gerechte Volk genannt werden. Wie ist diese Vorstellung zu erklären?

Zunächst ist anzumerken, dass die Drachen – anders als man dies in apoka-lyptischen Vorstellungen erwarten würde – keinen himmlischen Kampf zwischen Gut und Böse abhalten.[18] Sie sind beide „groß" (δράκοντες μεγάλοι), und sie „ringen" (παλαίειν) miteinander bzw. bereiten sich lediglich auf das Ringen vor (ἕτοιμοι). Vor dem semantischen Hintergrund des griechischen Verbs παλαίειν, „ringen", legt sich nahe, hier weniger an eine kriegerische Auseinandersetzung, sondern zunächst an eine Art sportlichen Wettstreit um Ehre und Anerkennung zu denken, wie er in der griechischen Kultur weit verbreitet war.[19] Auch wenn Morde-chai später beteuert, er habe vor Haman allein aus Gottesfurcht, nicht aus Hochmut gehandelt (EstLXX Add. C 5–7), könnte hier eine subtile Form der Kritik an seinem Handeln erkannt werden. Immerhin ist Mordechai die einzige Figur in der bibli-schen Bildsprache, die einen Drachen – meist ein Symbol einer widergöttlichen Macht – verkörpert.[20] In jedem Fall eröffnet dieses Bild die Denkmöglichkeit, in Mordechais Handeln einen Mitauslöser für die Bedrohung der Juden zu sehen.

---

16 Es ist durchaus vorstellbar, dass die literarische Gestalt des Danielbuches, das ja ebenfalls eine Hoferzählung und apokalyptische Visionen vereint, Pate für diese Ergänzung der Ester-erzählung gestanden hat, vgl. Crawford, *Additions*, 949, Anm. 946.

17 Vgl. Kottsieper, *Zusätze*, 140–143, der vermutet, dass das Traumgesicht die Vorstellung eines Völkergerichts aus dem Jesajabuch (insb. Jes 24; 26; 29) rezipiert. Vgl. auch Stone, *Empire*, 77–78.

18 So allerdings Calduch-Benages, *War*, 126.

19 Vgl. Seeman, *Dragon*, 10–11.

20 Vgl. Levenson, *Esther*, 39–40.135. Ähnlich Kottsieper, *Zusätze*, 139, der in Mordechai ein „Bild für eine kämpferische Macht" sieht und auf 1 Hen 20 sowie auf den Götterkampf des Enuma Elisch, in dem Marduk gegen den Urdrachen Tiamat kämpft, als mögliche Parallelen verweist.

Zugleich lässt sich das Bild von Mordechai als Drachen auch als erster text-interner Hinweis darauf verstehen, dass die Juden nicht von feindlichen Mächten bedroht werden, sondern sie selbst einen Drachen auf ihrer Seite wissen. Inso-fern trägt dieses einmalige Bild auch der Vorstellung Rechnung, dass die Juden in der Estererzählung eine durchaus mächtige, wehrhafte Größe darstellen. In diese Richtung weist die Interpretation von Ulrike Mittmann-Richert, die im Drachen-motiv eine Anspielung auf die Septuagintafassung von ExLXX 7,8–12 erkennt. In dieser Episode kämpft die „Schlange" (nach ExLXX 7,9 δράκων), die sich aus Aarons Stab verwandelt, gegen die Schlangen bzw. Drachen des Pharaos. Dabei werden die feindlichen Tiere nach ExLXX 7,12 „verschlungen" (καταπίνω), was sich mit dem Höhepunkt des Traums Mordechais in Beziehung setzen lässt, wo die Hochmütigen – offenbar durch die zuvor erhöhten „Demütigen" (οἱ ταπεινοί) – ebenso „verzehrt" (κατέφαγον) werden (EstLXX Add. A 10).[21] Der Lärm der rin-genden Drachen führt jedenfalls dazu, dass sich nach A 7 „alle Völker" (πᾶν ἔθνος) auf einen Krieg vorbereiten, „um das Volk der Gerechten zu bekriegen" (εἰς πόλεμον ὥστε πολεμῆσαι δικαίων ἔθνος).[22] Der eigentliche Kampf findet also nicht zwischen den Drachen, sondern zwischen den Völkern der Erde statt.

Dieses Bild könnte die Vorstellung ausbauen, dass der Aufruf Hamans zur Ver-nichtung der Juden nach EstMT/EstLXX 3,14 „allen Völkern" (πᾶσι τοῖς ἔθνεσιν) gilt. Nach der Deutung des Traumes in F 5 (vgl. A 8) war es dabei die Absicht aller Völker (und nicht etwa der Plan Hamans), „den Namen der Juden zu vernichten" (ἀπολέσαι τὸ ὄνομα τῶν Ἰουδαίων). Somit intensiviert dieses Element nicht nur das Ausmaß der Bedrohung, sondern auch die Vorstellung von Feindschaft, der die Juden ausgesetzt sind. Es wird ein deutlicher Antagonismus zwischen Juden und Nichtjuden in die Erzählung getragen, der weit über EstMT hinausgeht.[23] Das in EstMT nur angedeutete Motiv einer von Haman unabhängigen Feindschaft unter den Völkern wird in EstLXX von Beginn an als ein wesentliches Problem ein-geführt. So deutet diese Stelle die Bedrohung der Juden als großen Krieg, d. h. als

---

Für eine Übersicht über die traditionsgeschichtliche Deutung des Drachen-Motivs vgl. van Hen-ten, *Dragon*.

21 Vgl. Mittmann-Richert, *Zusätze*, 111. Auch die Auslegung von Jobes, *Alpha-text*, 183–193, die einen Bezug zu JerLXX 27 vermutet, könnte so verstanden werden. Nach JerLXX 27,8 sollen die Juden „wie Drachen (bzw. Schlangen) vor Schafen" (γένεσθε ὥσπερ δράκοντες κατὰ πρόσωπον προβάτων) werden.

22 Zum Motiv des „gerechten Volkes" vgl. Moore, *Additions*, 176–177 mit Verweis auf Sap 18,1.5.9 sowie auf weitere Parallelen in Sap 10,15; DanLXX 7,27; DanLXX 8,24 und 2 Makk 15,24, wo jedoch vom „heiligen Volk" gesprochen wird. Mittmann-Richert, *Zusätze*, 110 verweist ferner auf Dan 12,1–3 als möglichen Bezugstext.

23 Vgl. Balch, *Attitudes*, 38.

militärische Auseinandersetzung.[24] Die Juden sind hier demnach nicht wie in der hebräischen Estererzählung von einer imperialen Vernichtungsmaßnahme bedroht, sondern ihnen steht eine Völkerschlacht bevor.

Diese Deutung der jüdischen Situation steigert nicht nur die Bedrohung, sondern sie lässt auch die Hoffnung entstehen, dass die Juden diesen Kampf mit Gott an ihrer Seite überstehen können. So rufen die Juden in ihrer Bestürzung sogleich Gott um Hilfe an (A 9), und es zeichnet sich in den Metaphern des „vielen Wassers" (ὕδωρ πολύ in A 9) bzw. des „Lichts und der Sonne" (φῶς καὶ ὁ ἥλιος in A 10) ab, dass ihnen der göttliche Beistand sicher ist (vgl. Kapitel 4.2.2.3). Dieses Motiv bringt noch eine weitere theologische Denkmöglichkeit mit sich, die an anderer Stelle explizit durchgespielt wird: Da Gott der Lenker der Geschichte ist, der zugleich das Schicksal seines Volkes steuert, könnte die Lage der Juden womöglich von ihm gewollt sein.

Diese Perspektive lässt sich besonders deutlich in den beiden Gebeten Mordechais (EstLXX Add. C 1–11) und Esters (C 12–30) sowie in F 6–10 vernehmen.[25] In diesen Textbestandteilen wird mehrfach erwähnt, Gott habe sein Volk zu seinem „Losanteil" (κληρονομία) auserkoren, um es vor allen anderen Völkern zu bewahren.[26] Mordechai ruft Gott in seinem Gebet deshalb nicht nur als allmächtigen Schöpfer und Allherrscher an. Er appelliert an ihn auch als Bundespartner. Er nennt ihn den „Gott Abrahams" (ὁ θεὸς Αβρααμ), der „von Anfang an" (ἐξ ἀρχῆς) seines „Losanteils" (κληρονομία) gedacht habe (C 8). Zudem erinnert Mordechai an die Errettung aus Ägypten (C 9). Auch Ester wendet sich an Gott als denjenigen, der über seinen Losanteil wacht (C 16.20). Unter diesen Vorzeichen eröffnet sich die Möglichkeit, die Bedrohungslage der Juden könnte selbstverschuldet und somit Ausdruck des gerechten göttlichen Strafhandelns sein.[27] Dieser Gedanke wird ausdrücklich im Gebet Esters entfaltet, das wohl nicht zufällig genau in der Mitte der griechischen Estererzählung steht:

> [17] καὶ νῦν ἡμάρτομεν ἐνώπιόν σου, καὶ παρέδωκας ἡμᾶς εἰς χεῖρας τῶν ἐχθρῶν ἡμῶν, [18] ἀνθ᾽ ὧν ἐδοξάσαμεν τοὺς θεοὺς αὐτῶν· δίκαιος εἶ, κύριε

> [17] Und nun haben wir vor dir gesündigt, und du hast uns den Händen unserer Feinde preisgegeben, [18] weil wir ihre Götter verehrt haben. Du bist gerecht, Herr! (EstLXX Add. C 17–18)

---

24 Vgl. ferner EstLXX 9,24, wo erwähnt wird, Haman habe die Juden „bekriegt" (ἐπολέμει). Der Begriff πόλεμος wird in der Septuaginta mehrfach als Ausdruck für kriegerische Konflikte verwendet, vgl. z. B. GenLXX 14.2.8; ExLXX 1,10; 13,10; 15,3; 1 KönLXX 22,33; JoelLXX 4,9.

25 Für eine ausführliche Analyse des Gottesbildes von EstLXX siehe Bellmann, *Theologie*, 137–168.

26 Zur Bedeutung dieser Vorstellung vgl. Mittmann-Richert, *Zusätze*, 106–109.

27 Vgl. Mittmann-Richert, *Zusätze*, 104; Marböck, *Gebet*, 86 und Bellmann, *Theologie*, 157.

In dieser Formulierung drückt sich ein klassisches, besonders in der deutero-nomistischen Tradition etabliertes Denkmuster aus: Wenn es dem Gottesvolk schlecht geht, ist dies zumeist die Konsequenz für dessen Sünden.[28] Dass Gott sein Volk in die Hände von Feinden gibt, ist ein typisches Motiv göttlicher Straf-androhung (vgl. z. B. LevLXX 26,25; 1 KönLXX 8,46; 2 KönLXX 21,14). Nach C 17–18 trifft die Juden ihre gerechte Strafe nun deshalb, da sie die Götter ihrer Feinde verehrt haben.[29] Das ist insofern auffällig, als das Verehren fremder Götter in der Handlung der Estererzählung an keiner Stelle von Bedeutung ist. Das hat die Autoren dieses Gebets jedoch nicht daran gehindert, ein solches Schuldbe-kenntnis als Wendepunkt der griechischen Estererzählung zu inszenieren. Wie der weitere Handlungsverlauf verdeutlicht, ist dieses Eingeständnis nämlich eine wichtige Voraussetzung für die Rettung der Juden: Nach Esters Gebet und ihrer Beteuerung, sich trotz ihres Aufenthalts am persischen Hof stets fromm und demütig verhalten zu haben (C 26–30), greift Gott aktiv in die Geschichte bzw. in den Erzählverlauf ein. Er verändert den Geist des persischen Königs zum Guten, als Ester vor ihn tritt, um die Errettung ihres Volkes zu erbitten (D 8).[30] Damit wird der entscheidende Sinneswandel des fremden Herrschers nicht wie in EstMT auf das politische Geschick der jüdischen Figuren, sondern auf göttliche Intervention zurückgeführt.

Darüber hinaus trägt das Bittgebet Esters noch eine zweite theologische Nuance in sich. Nach Esters Worten ist die Errettung der Juden letztlich in Gottes eigenem Interesse, da die Vernichtung des Gottesvolkes auch das Ende der kul-tischen Verherrlichung Gottes bedeuten würde (C 10.20).[31] Würde er nicht zur Rettung einschreiten, würden „die Herrlichkeit deines Hauses und dein Altar ver-gehen" (σβέσαι δόξαν οἴκου σου καὶ θυσιαστήριόν σου in C 20). Damit wird die Situation der persischen Juden zugleich mit dem Jerusalemer Tempel bzw. dem Tempelkult in Verbindung gebracht.

Somit ziehen die Traumvision Mordechais und die Gebete in EstLXX unter-schiedliche, aus sehr verschiedenen biblischen Traditionen bekannte Deutungs-ebenen in die Estergeschichte ein, durch die sich neue Interpretationsmöglich-keiten für die außergewöhnliche Bedrohung der persischen Juden ergeben. Diese Ergänzungen deuten darauf hin, dass schon in der frühen Rezeption der Ester-erzählung intensiv darüber nachgedacht wurde, wie es dazu kommen konnte,

---

28 Vgl. Levenson, *Esther*, 85.
29 Texte wie die Bußgebete Esras (Esr 9,5–15), Nehemias (Neh 1,4–11) oder Daniels (Dan 9,4–19) lassen sich hierzu als traditionsgeschichtliche Vorbilder anführen.
30 Vgl. Schmitz, *Ende*, 286–289.
31 Vgl. Macchi, *Ester*, 342.

dass die persischen Juden von Vernichtung bedroht waren. Es war möglicherweise weniger das Fehlen Gottes in der hebräischen Erzählung, das zu diesen Erweiterungen führte, als vielmehr das Fehlen einer tragfähigen Begründung dieser extremen Form der Bedrohung. In jedem Fall rückt die septuagintagriechische Estererzählung durch das Material dieser Zusätze näher an andere biblische Darstellungen heran. Zugleich intensiviert sich auch die Bedrohungslage. Die Vernichtung der Juden wird zu einem Ereignis kosmischer Tragweite, das zum Völkerkampf stilisiert wird, und es wird zumindest die Denkmöglichkeit eröffnet, dass dies alles eine göttliche Strafe darstellt.

4.2.1.2 Der Plan Hamans: Missgunst statt Feindschaft

Eine gänzlich andere Perspektive begegnet mit Blick auf die Darstellung von Hamans Plan zur Vernichtung der Juden in EstLXX. Hier ist von einem universalen Antagonismus zwischen den Völkern und den Juden nicht mehr die Rede. Nicht einmal Haman scheint dem jüdischen Volk grundsätzlich feindlich gegenüberzustehen. Zusatz A 12–16 sowie der Kerntext der Esterseptuaginta entwickeln stattdessen eine alternative Begründung für seinen Vernichtungsplan, die zudem von der hebräischen Erzählung abweicht. Es ist der Neid auf Mordechai und sein Volk aufgrund deren Loyalität und ihrer guten Beziehung zum persischen König, der sein Vorgehen begründet. Diese Vorstellung wird erstmals in EstLXX Add. A 17 erwähnt. Sie wird als Reaktion Hamans auf die Vereitelung eines Mordanschlages auf den König durch Mordechai beschrieben.

Nach Mordechais Traumvision folgt in der Septuagintafassung der Estererzählung der Bericht über einen Attentatsversuch der beiden königlichen Eunuchen Gabatha und Tharra (A 12–16). Anders als in der hebräischen Erzählung, wo Mordechai ebenfalls einen Anschlag vereitelt (EstMT 2,21–23), kennt EstLXX zwei verschiedene Episoden, die von einem solchen Ereignis erzählen (EstLXX Add. A 12–16; 2,21–23).[32] Während die zweite Szene wie in EstMT dazu führt, dass Mordechai vom König (bzw. durch Haman) geehrt wird (6,1–11), hat der erste Bericht wichtige Konsequenzen für das Schicksal des jüdischen Volkes. Nachdem Mordechai die beiden Eunuchen angezeigt hat und diese bestraft worden sind, bestätigt der König Mordechai in seinem Amt am Hof und gibt ihm Geschenke (A 16). Dies provoziert den Neid Hamans, der an dieser Stelle zum ersten Mal in der Erzählung auftritt:

[17] καὶ ἦν Αμαν Αμαδάθου Βουγαῖος ἔνδοξος ἐνώπιον τοῦ βασιλέως, καὶ ἐζήτησεν κακοποιῆσαι τὸν Μαρδοχαῖον καὶ τὸν λαὸν αὐτοῦ ὑπὲρ τῶν δύο εὐνούχων τοῦ βασιλέως.

---

32 Zum Verhältnis der beiden Episoden vgl. die Übersicht bei Hacham, *Bigthan*, 319–330.

[17] Und Haman, [Sohn] des Hamadatos, der Prahlhans, war angesehen vor dem König. Und er suchte Mordechai und seinem Volk Böses anzutun wegen der zwei Eunuchen des Königs. (EstLXX Add. A 17)

Hamans Auftreten erfolgt hier zwar recht unvermittelt, die Bewertung seiner Figur ist jedoch eindeutig: Er ist kein Agagiter wie in EstMT, sondern ein „Prahlhans" (Βουγαῖος). An anderer Stelle wird Haman auch „Makedone" (Μακεδών) genannt (8,12; Add. E 14; 9,24), wodurch er zum Gegenspieler der Perser stilisiert wird.[33] Er genießt zwar das „Ansehen" (ἔνδοξος) des Königs, doch auch diese Vorstellung hat im Kontext von EstLXX einen eindeutig negativen Unterton. Das Motiv begegnete bereits im Traumgesicht Mordechais als Ausdruck der Gegner (τοὺς ἐνδόξους) der Juden (Add. A 10). So verwundert es nicht, dass Haman Schlechtes im Sinn hat. Er möchte Mordechai, ja sogar allen Mitgliedern seines Volkes, Böses antun, weil er den König vor einem Mordanschlag gerettet hat. Diese von EstMT abweichende Motivation Hamans verändert die erzählerische Dynamik des in EstLXX entfalteten Konflikts nachhaltig.[34] Der längeren griechischen Estererzählung fehlt die in der hebräischen Fassung zentrale Vorstellung von Hamans Feindlichkeit, die sich an Mordechais ethnischer Herkunft entzündet. Haman ersinnt nur deshalb Übles gegen Mordechai und dessen Volk, weil Mordechai dem König loyal gegenübersteht bzw. die beiden Eunuchen getötet wurden. Haman und die anderen Feinde der Juden erscheinen somit gleichermaßen als Feinde des persischen Königs, den sie töten und stürzen wollen.

Dieses Motiv wird in der zweiten Eunuchenverschwörung weitergeführt. Darin sind zwei andere Hofbeamte gekränkt, „weil Mordechai erhöht wurde" (ὅτι προήχθη Μαρδοχαῖος in 2,21). Auch sie wollen deshalb den König töten. Erneut ist demnach Neid der gewaltauslösende Faktor, der sich hier jedoch nur gegen den König richtet. In der Episode 3,1–7, in der erzählt wird, wie Mordechai nicht vor Haman niederfällt, setzt sich diese Tendenz fort. In der hebräischen Estererzählung wissen die Hofbeamten, die Mordechai bei Haman anzeigen, dass er ein Jude ist. Mordechai soll ihnen zuvor darüber Mitteilung gemacht haben (כי הגיד להם אשר הוא יהודי in EstMT 3,4). Dementgegen wird in EstLXX 3,4 kein unmittelbarer Zusammenhang zwischen Mordechais ethnischem Hintergrund und seiner Ehr-

---

33 Dieser Beiname Hamans ist offensichtlich eine Anspielung auf den Eroberer des Perserreiches, den Makedonen Alexander den Großen (vgl. Kottsieper, *Zusätze*, 191–192). Diese Vorstellung ist in Zusatz E 14 vorausgesetzt, wo der Perserkönig seine Sorge ausspricht, Haman habe geplant, die Macht des Königreiches auf die Makedonen zu übertragen.

34 In einer profunden Analyse hat Noah Hacham die Auswirkungen dieser Textveränderung nachgezeichnet, vgl. Hacham, *Bigthan*, 330–352. Die folgende Analyse nimmt zentrale Einsichten seiner Arbeit auf.

verweigerung hergestellt. Die anderen Hofbeamten zeigen Mordechai bei Haman an, *bevor* Mordechai sie über seine Volkszugehörigkeit informiert. Ein solches Verständnis legt jedenfalls die Handlungsabfolge des Textes von EstLXX 3,4b nahe: „Und sie zeigten Haman an, dass Mordechai sich den Worten des Königs widersetzt. Und Mordechai zeigte ihnen an, dass er ein Jude sei." (καὶ ὑπέδειξαν τῷ Αμαν Μαρδοχαῖον τοῖς τοῦ βασιλέως λόγοις ἀντιτασσόμενον, καὶ ὑπέδειξεν αὐτοῖς ὁ Μαρδοχαῖος ὅτι Ἰουδαῖός ἐστιν.) Dies führt in der septuagintagriechischen Estergeschichte zu der subtilen, aber wichtigen Akzentverschiebung, dass Haman das jüdische Volk nicht aufgrund Mordechais Volkszugehörigkeit vernichten will.

Um die Nuancen in der alternierenden Darstellung von EstLXX wahrzunehmen, lohnt sich auch ein Vergleich zwischen der hebräischen und griechischen Gestalt von Vers 3,6:

ויבז בעיניו לשלח יד במרדכי לבדו כי הגידו לו את עם מרדכי ויבקש המן להשמיד את כל היהודים אשר בכל מלכות אחשורוש עם מרדכי:

> *Und er verachtete es in seinen Augen*, die Hand an Mordechai allein auszustrecken, *denn man hatte ihm das Volk Mordechais mitgeteilt*. Und so suchte Haman, alle Juden, die im Königreich des Ahasveros waren, das Volk Mordechais, zu vernichten. (EstMT 3,6)

> καὶ ἐβουλεύσατο ἀφανίσαι πάντας τοὺς ὑπὸ τὴν Ἀρταξέρξου βασιλείαν Ἰουδαίους.

> Und er wollte alle Juden vernichten, die im Königreich des Artaxerxes waren. (EstLXX 3,6)

Während EstMT nach 3,4 in Vers 6 zum zweiten Mal erwähnt, dass Mordechai seine jüdische Herkunft bekanntgemacht hatte bzw. Haman davon erfährt, fehlt dem griechischen Text diese Notiz mitsamt der „Verachtung" einer individuellen Bestrafung Mordechais. Natürlich ist denkbar, dass EstLXX hier einen weniger redundanten, geglätteten Handlungsablauf bieten möchte. Es ist davon auszugehen, dass die Figur Hamans bereits seit dem Zusatz A 17 weiß, dass Mordechai ein Jude ist. Dennoch bleibt die erzählerische Darstellung auffällig. Es scheint, als existiere im griechischen Langtext „no fundamental relationship—not even in the mouth of villains—between Mordecai's opposition to the king's orders and his being Jewish",[35] wie Noah Hacham treffend feststellt. Es zeichnet sich hierin eine Tendenz des Kerntexts von EstLXX ab, die jüdische Existenz als weniger problematisch bzw. unvereinbar mit dem Leben in der Fremde darzustellen.

Diese Vermutung wird durch weitere Details bestätigt. Nur in EstLXX findet sich zum Beispiel der Ausruf Mordechais, dass Haman plane, ein „unschuldi-

---

35 Hacham, *Bigthan*, 337.

ges Volk" zu vernichten (αἴρεται ἔθνος μηδὲν ἠδικηκός in 4,1). Indem Mordechai diese Klage auf der „offenen Straße der Stadt" (διὰ τῆς πλατείας τῆς πόλεως) äußert, wird die Unschuld des jüdischen Volkes auf der Erzählebene in öffentlich vernehmbarer Art und Weise betont. In EstLXX 5,9 fehlt sodann im Gegensatz zur hebräischen Parallelstelle die Notiz, Mordechai hätte sich auch in späteren Begegnungen mit Haman nicht vor diesem niedergeworfen.[36] Haman wird allein deshalb zornig, da er Mordechai „im Hof" sitzen sieht (ἐν δὲ τῷ ἰδεῖν Αμαν Μαρδοχαῖον τὸν Ἰουδαῖον ἐν τῇ αὐλῇ ἐθυμώθη σφόδρα). Diese Textänderung scheint das mögliche Missverständnis korrigieren zu wollen, Mordechai verhalte sich starrsinnig oder gar provokant. Auch in Hamans Rede vor dem König, mit welcher er die Genehmigung für seinen Vernichtungsplan einholt, erscheint das jüdische Volk tendenziell in besserem Licht. Zum Beispiel spart 3,8 gegenüber EstMT die Erwähnung aus, die Juden lebten „abgesondert" (מפזר) von anderen Völkern.[37] Im griechischen Text wirft Haman den Juden vor allem Gesetzlosigkeit vor. Und selbst dieser Vorwurf wird in leicht abgemilderter Form wiedergegeben: Während der hebräische Text erwähnt, die Juden handelten nicht nach den geltenden Gesetzen (ואת דתי המלך אינם עשׂים in EstMT 3,8), lautet der Vorwurf im Wortlaut von EstLXX 3,8, die Juden „hörten über die Gesetze des Königs hinweg" (τῶν δὲ νόμων τοῦ βασιλέως παρακούουσιν).

Ebenso wird Hamans Plan zur Vernichtung der Juden in EstLXX in weniger drastischer Wortwahl beschrieben. Anstelle der in EstMT betonten Forderung, die Juden sollten „ausgerottet, getötet und vernichtet" werden (להשמיד להרג ולאבד), liest EstLXX 3,13 knapp: Das „Geschlecht der Juden" (ὁ γένος τῶν Ἰουδαίων) sei an einem Tag „zu vernichten" (ἀφανίσαι). Auch die in EstMT 3,13 ausdrücklich erwähnte Absicht zur Tötung von Juden aller Altersgruppen oder gar von ihren „Kindern und Frauen" fehlt hier.[38] Bei genauer Betrachtung zeigt sich sogar in Bezug auf den Erlass von Hamans Edikt eine subtile Form der Kritik an Hamans Vorhaben. In EstLXX 3,12–13 wird, anders als in EstMT 3,12bβ, nicht explizit erwähnt, dass Haman das von ihm ausgesandte Schreiben mit dem königlichen Siegel versieht. Das Fehlen dieses Details erlaubt somit die Möglichkeit, das Vernichtungsedikt als ohnehin ungültig bzw. als nicht ausreichend legitimiert anzusehen.[39] Zugleich wird durch diese Textänderung betont, dass

---

36 Vgl. Hacham, *Bigthan*, 338.

37 Vgl. EstLXX 3,8: „Es gibt ein Volk, das ist verstreut in deinem gesamten Königreich" (Ὑπάρχει ἔθνος διεσπαρμένον ἐν τοῖς ἔθνεσιν ἐν πάσῃ τῇ βασιλείᾳ σου).

38 Nach Michel, *Gewalt*, 133 und Elßner, *Übersetzung*, 59 ist die Erwähnung von Kindern und Frauen in EstLXX 3,11 ausgelassen worden, um den Gegnern keine allzu grausame Absicht zu unterstellen.

39 Vgl. Hacham, *Bigthan*, 343.

Haman der wahre Urheber des Vernichtungsplanes ist, während der König tendenziell entlastet wird.

So lässt sich in EstLXX eine deutliche Transformation in der Darstellung der politischen Umstände erkennen, in denen die Juden im Perserreich leben. Zunächst kommt ein neues Begründungsmuster ans Licht, das erklärt, warum die Juden von Vernichtung bedroht sind. Führte EstMT 3 diese Bedrohung auf Hamans verletzte Ehre, seinen Zorn und seine Feindschaft dem jüdischen Volk gegenüber zurück, betont EstLXX, der Grund liege allein in Hamans politischer Missgunst. Als weitere Feinde der Juden gelten daher diejenigen Menschen, die diese Missgunst teilen. Während das Motiv vom Völkerkampf gegen die Juden in Mordechais Traumgesicht eine Vorstellung von allumfassender Judenfeindschaft evoziert, schlägt die hier wahrnehmbare Tendenz die entgegengesetzte Richtung ein. Nicht einmal Haman handelt aus Feindschaft den Juden gegenüber. So tritt eine gewisse apologetische Darstellungstendenz ans Licht, durch die offenbar der Eindruck vermieden werden soll, es existiere möglicherweise ein Loyalitätskonflikt zwischen den Juden und dem persischen Staat bzw. eine feindliche Haltung der Perser gegenüber den Juden.

Diese Sichtweise erreicht ihren Höhepunkt in Zusatz E. Darin revidiert der persische König das Urteil über die Juden ausdrücklich. Diese seien keine Übeltäter, sondern „lebten als Bürger nach den gerechtesten Gesetzen" (δικαιοτάτοις δὲ πολιτευομένους νόμοις in E 15). Der König erkennt nun, dass Haman und die seinen als die wahren Staatsfeinde gelten müssen (vgl. E 2–12).[40] Auch an dieser Stelle scheint EstLXX eine bereits in EstMT angelegte Nuance auszubauen. Im Zuge dieser im Vergleich zu EstMT 8 jedoch deutlicheren und ausführlicheren Rehabilitierung der Juden und der Betonung ihrer staatserhaltenden Loyalität wird – wie ich unten aufzeigen werde – auch die gewaltvolle Vergeltung der Juden in weniger drastischer Weise beschrieben.

Zunächst gilt es jedoch, eine dritte Perspektive auf die Bedrohung der Juden wahrzunehmen, durch die sich EstLXX von EstMT unterscheidet. In Zusatz B, dem ausführlichen Vernichtungsedikt, intensiviert sich die Bedrohung der Juden erneut, und auch die gegen sie vorgetragenen Anklagepunkte werden ausgebaut.

4.2.1.3 Das königliche Vernichtungsedikt: Die Feindlichkeit der Juden

Sprachlich, formal und inhaltlich lässt sich Zusatz B (wie Zusatz E) vom Rest von EstLXX abheben. Vermutlich wurde er nachträglich in EstLXX eingefügt.[41] Es

---

40 Vgl. Hacham, *Bigthan*, 343.
41 Vgl. Moore, *Additions*, 193 und Kottsieper, *Zusätze*, 151. Für einen Forschungsüberblick vgl.

wird darin eine neue Perspektive entfaltet. Nun ist der persische König das sprechende Subjekt. Der Inhalt seiner Worte basiert allerdings auf dem, was Haman ihm über das – im gesamten Abschnitt nie namentlich genannte – Volk gesagt haben soll (EstLXX Add. B 3). Somit stellt das „königliche" Urteil über die Juden und ihr Verhältnis zum Staat letztlich eine Form indirekter Rede dar, die Hamans Vorwürfe über das vermeintlich gefährliche Volk wiederholt. Das ist insofern von Bedeutung, als in Zusatz B im Kontrast zu der im vorherigen Abschnitt dargelegten Darstellungstendenz die negative Charakterisierung der Juden nun wieder stark ausgebaut wird. Wie Beate Ego betont wird „[d]ie Feindseligkeit des jüdischen Volkes gegenüber dem Staat [...] nun klar und unmissverständlich zum Ausdruck gebracht."[42] Die gegenüber EstMT gesteigerten Vorwürfe weisen dabei einige intertextuelle Berührungspunkte mit dem 3. Makkabäerbuch sowie mit antijüdischen Positionen paganer Autoren der hellenistisch-römischen Zeit auf.[43] Die deutlich negativere Darstellung des jüdischen Volkes könnte somit ein Indiz dafür sein, dass dieser Text eine gegenüber EstMT (bzw. dem Kerntext von EstLXX und Add. A/F) jüngere Form der literarischen Auseinandersetzung mit solchen Stereotypen und Vorwürfen darstellt.

Der persische König verweist in B 4 zunächst darauf, dass Haman ihn darüber informiert habe, dass sich „ein gewisses feindseliges Volk" (ἀναμεμῖχθαι δυσμενῆ λαόν τινα) unter die anderen Völker der Erde „gemischt" habe, das von

---

De Troyer, *End*, 351–363. Der stilistische Wechsel im Griechischen weist darauf hin, dass das ausführliche Vernichtungsedikt sowie dessen Rücknahme nicht aus einer hebräischen Vorlage übersetzt wurde. Auch inhaltlich heben sich EstLXX Add. B und E – anders als in EstAT, wo beide Textbestandteile recht gut in den Erzählverlauf integriert sind – vom Kerntext ab. Das zeigt sich bereits an der „Einleitung" des Vernichtungsedikts (Zusatz B). In EstLXX liegt ein Neueinsatz vor. Nachdem die königlichen Schreiber Hamans Plan im Namen des Königs niedergeschrieben haben und das Edikt verbreitet wird, heißt es: „Dies ist aber die Abschrift des Briefes: [...]." (EstLXX Add. B 1: Τῆς δὲ ἐπιστολῆς ἐστὶν τὸ ἀντίγραφον [...].). Dieser Brief ist jedoch nicht eine Abschrift von Hamans Schreiben, das in EstLXX Add. B 6 gesondert wird, sondern ein Schreiben des Königs. In EstAT Add. B 1 wird Haman hingegen als zuvor schreibendes Subjekt vorausgesetzt (vgl. EstAT 3,7–13): „Und er unterschrieb den folgenden Brief" (EstAT Add. B 1: Καὶ ὑπέγραψε τὴν ὑποτεταγμένην ἐπιστολήν). EstAT glättet also den Übergang der Vorlage. Die Frage, ob der Brief bereits in seiner ursprünglichen Fassung als „Abschrift" (EstLXX Add. B 1) der Worte Hamans fungierte, lässt sich nicht mit Sicherheit beantworten. Die Tatsache, dass der König auf bereits existierende Schreiben Hamans rekurriert (B 6), spricht eher dafür, dass der königliche Brief einst neben einem Schreiben Hamans stand. In jedem Fall lässt sich für die textpragmatische Wirkung des Abschnitts eine gesteigerte Wichtigkeit bzw. Autorität des Dargestellten konstatieren, da der Brief eben aus Sicht des Königs – in der 1. Person Singular – formuliert ist.

42 Ego, *Ester*, 238.
43 Für eine ausführliche Analyse vgl. Hacham, *Bigthan*, 343–348, der ferner auf die Arbeiten von Feldman, *Jew*, Schäfer, *Judenhass* und Bar-Kochva, *Image* verweist.

allen anderen Völkern abweichende Gesetze habe (τοῖς νόμοις ἀντίθετον πρὸς πᾶν ἔθνος). Der Vorwurf der Eigenartigkeit der jüdischen Gesetze war bereits in EstLXX 3,8 von Bedeutung (οἱ δὲ νόμοι αὐτῶν ἔξαλλοι παρὰ πάντα τὰ ἔθνη). Im Motiv des „Vermischens" scheint erneut der Vorwurf der jüdischen „Absonderung" anzuklingen, der in Hamans Rede vor dem König auffälligerweise nicht zu Hamans Anklagepunkten zählte. Gänzlich neu ist hingegen der Vorwurf, die Juden seien ein (menschen-)feindliches Volk. Dieser Vorwurf wird mit dem griechischen Adjektiv δυσμενής ausgedrückt. Diese Behauptung geht über die bisher in der Esterüberlieferung enthaltenen Vorurteile hinaus.

Eine solche Bewertung lässt sich als pagane Perspektive auf Juden erstmals bei Josephus finden. Schon Manetho (3. Jh. v. u. Z.) soll laut Josephus einen solchen Vorwurf geäußert haben.[44] In der jüdischen Literatur erscheint die Vorstellung der Feindlichkeit der Juden sonst nur im 3. Makkabäerbuch. Unter anderem wird in 3 Makk ein Gerücht über die in Ägypten lebenden Juden verbreitet, das besagt, sie seien keine guten Tischgenossen, sie widersetzten sich der königlichen Herrschaft und seien grundsätzlich „feindselig", δυσμενής (3 Makk 3,7, vgl. 3,2.25). Während die Datierung von 3 Makk sowie die Abhängigkeitsrichtung zwischen EstLXX und 3 Makk umstritten ist, wird hier erkennbar, dass die vermeintliche Feindseligkeit der Juden als literarischer Topos fungieren konnte, mit dem nichtjüdische Figuren weitreichende Gewalttaten gegen Juden rechtfertigen konnten.[45] In 3 Makk wird dieser Vorwurf nämlich zum Auslöser eines Pogroms, der sich gegen die alexandrinischen Juden richtet.

Die negative Charakterisierung der Juden in EstLXX geht allerdings noch weiter. Sie werden nicht nur als seltsam und menschenfeindlich, sondern als potentiell gewalttätige Staatsfeinde dargestellt. So besagt Zusatz B, es sei das Ziel des Königs, den von allen Menschen ersehnten „Frieden" (εἰρήνη) im Perserreich herzustellen (B 2). Dem stünden jedoch die Juden im Weg, die als „einziges Volk in Feindschaft aller gegen alle" (τὸ ἔθνος μονώτατον ἐν ἀντιπαραγωγῇ παντὶ διὰ παντὸς ἀνθρώπῳ in B 5) lebten und damit die gesellschaftliche Ordnung im Königreich gefährdeten. Das griechische Wort ἀντιπαραγωγή trägt dabei militärische Konnotationen in den Text ein.[46] Eine vergleichbare Wendung findet sich

---

44 Nach Josephus soll Manetho behauptet haben, die Vorfahren der Juden, die Hyksos, seien feindliche und brutale Herrscher gewesen (*C. Ap.* 1,76). Ferner zitiert Josephus das Werk eines gewissen Lysimachus (*C. Ap.* 1,309), der über Mose und sein Volk gesagt haben soll, sie wären keinem Menschen wohlgesonnen und würden nur Schlechtes tun.

45 Zum umstrittenen Verhältnis von 3 Makk und EstLXX vgl. Motzo, *Rifacimento*, 287–280; Jobes, *Alpha-text*, 171–172; Nickelsburg, *Literature*, 202–205; Johnson, *Fictions*, 137–138; Hacham, *3 Maccabees*, 765–780 und Magliano-Tromp, *Relations*, 59–70.

46 Vgl. Kottsieper, *Zusätze*, 157 oder Miller, *Three Versions*, 134, die jedoch in ihrer Übersetzung

nur noch ein weiteres Mal im griechischen Alten Testament: In 1 Makk 13,20 bezeichnet das Verb ἀντιπαράγω eindeutig eine Form der Kriegsführung.[47] Es ist daher naheliegend, den Vorwurf in Zusatz B von EstLXX so zu verstehen, dass den Juden das Potential zur Gewalttätigkeit zugesprochen wird. Von ihnen geht somit angeblich eine konkrete Gefahr aus. Dieser Zustand ist nach B 7 nicht auf einen bestimmten Zeitpunkt beschränkt. Die Juden werden als „damals und heute feindlich" (οἱ πάλαι καὶ νῦν δυσμενεῖς) beschrieben.[48]

Damit bietet Zusatz B der Esterseptuaginta eine erweiterte Form der Begründung für die tödliche Bestrafung der Juden, die sich von anderen Textteilen unterscheidet und die über die Darstellung von EstMT hinausgeht. In EstLXX trägt diese neue Perspektive dazu bei, die harte Bestrafung des angeblich feindlichen Volkes etwas nachvollziehbarer erscheinen zu lassen. Eine von allen Völkern abgesondert lebende, gesetzlose, feindlich gesinnte und sogar kriegerische Volksgruppe stellt – wie schon der Pharao der Exoduserzählung weiß (Ex 1,10) – eine ernstzunehmende Bedrohung für die Sicherheit eines Großreiches dar. „Beständiges und ungestörtes" (εὐσταθῆ καὶ ἀτάραχα) Regieren ist mit den Juden nicht möglich (B 7). Deshalb spricht sich der persische König dafür aus, alle Juden in ganz und gar griechischer Bildsprache am 14. Adar „in den Hades" (EstLXX Add. B 7*: εἰς τὸν ᾅδην) zu schicken.[49] Hierbei wird nun – anders als in Hamans Beschluss in 3,13 – auch die Tötung von Frauen und Kindern erwähnt, die „vollständig, durch Feindesschwerter ohne jedes Mitleid und Verschonung" (ἀπολέσαι ὁλορριζεὶ ταῖς τῶν ἐχθρῶν μαχαίραις ἄνευ παντὸς οἴκτου καὶ φειδοῦς) erfolgen soll. Somit nehmen die negative Charakterisierung sowie die Intensität der Bedrohung des jüdischen Volkes in diesem wohl jüngeren Textabschnitt wieder zu.

4.2.1.4 Synthese

Die Esterseptuaginta entwirft von EstMT abweichende Perspektiven auf die Bedrohung des jüdischen Volkes, die unterschiedlichen Darstellungstendenzen folgen. Obwohl das Motiv der völligen Vernichtung an sich kaum zu steigern ist, finden sich in der griechischen Estererzählung zunächst Elemente, durch die die Intensität der Krise zunimmt. Dies geschieht, indem sich verschiedene literari-

---

(die Juden „lead an army against everyone") eine sperrige und im Kontext von EstLXX etwas unpassende Wiedergabe wählt.

47 In 1 Makk 13,20 ist von den Feldzügen des Seleukiden Tryphon die Rede: „Simon und sein Heer aber marschierten (ἀντιπαρῆγεν) mit ihm an jeden Ort, wohin er auch ging."

48 Diese Charakterisierung mag an Esr 4,15 erinnern, wo die Samaritaner über Jerusalem urteilen, die Stadt sei seit jeher eine rebellische Stadt gewesen.

49 Zur Datierung des Vernichtungsbeschlusses auf den 14. Adar vgl. Kapitel 4.2.2.2.

sche Motive und Begründungsmuster an die griechische Erzählung anlagern, die in der hebräischen Fassung noch nicht vorlagen. Mordechais Traum deutet das Geschehen mittels Sprachbildern, die an prophetische und apokalyptische Visionen erinnern. Dadurch wird ein universaler Antagonismus in die Erzählung getragen: Alle Völker ziehen gegen das eine jüdische Volk in den Krieg. Der Konflikt zwischen Haman und Mordechai wird so zu einem Ereignis von kosmischer Tragweite und theologischer Relevanz. Der weite traditionsgeschichtliche Hintergrund, den Zusatz A damit aufspannt, erlaubt es, die Bedrohung der Juden als heilsgeschichtliches Ereignis zu deuten. Neben der Hoffnung auf ein göttliches Eingreifen zum Gericht eröffnen die Gebete Mordechais und Esters in Zusatz C auch die Denkmöglichkeit, das Schicksal der Juden als eine göttliche Strafe zu sehen.

In anderen, vermutlich jüngeren Textabschnitten tritt eine nahezu entgegengesetzte Tendenz ans Licht. In Teilen von EstLXX hat sich die Darstellung des Konflikts zwischen Haman und Mordechai bzw. dem jüdischen Volk grundsätzlich gewandelt. Haman möchte die Juden vernichten, weil sie als loyale Bürger seinem Plan zum Sturz des persischen Königs im Weg stehen. Neid und Missgunst treten als Begründungsmuster in den Vordergrund, während die aus EstMT bekannte Vorstellung, Haman wolle die Juden ausrotten, weil Mordechai ein Jude ist und er dem jüdischen Volk feindlich gegenübersteht, keine Erwähnung mehr findet. Diese Begründung des Konflikts steht in deutlichem Kontrast zur unter anderem in Mordechais Traumvision entfalteten Vorstellung einer universalen Feindschaft der Völker. In Details der Darstellung von EstLXX 3 nimmt dabei sogar die Intensität der Vorwürfe in der Anklage Hamans ab, und auch das Vernichtungsedikt wird im Vergleich zu EstMT mit weniger drastischer Wortwahl wiedergegeben.

Im Gegensatz dazu intensiviert sich die Bedrohung der Juden durch Zusatz B, in dem der persische König sich Hamans Urteil anschließt und sich für die radikale, erbarmungslose Vernichtung der Juden ausspricht. Hierin wird erstmals in der Esterüberlieferung die vermeintliche Feindseligkeit der Juden als Grund ihrer Vernichtung angeführt. Dieser Vorwurf wird natürlich im Erzählverlauf widerlegt. Die Juden sind nicht feindselig, sondern schon immer loyale Partner des Königs. Sie leben nach gerechten Gesetzen. Der letztgenannte Aspekt hat wichtige Implikationen für die Darstellung der jüdischen Vergeltung in der griechischen Langfassung: Sie erscheint noch stärker als in EstMT als Form der souveränen Bestrafung der Judenfeinde. Das gewaltvolle jüdische Vorgehen wird zum Ausdruck dafür, dass die Juden „ihre eigenen Gesetze anwenden" können (χρῆσθαι τοῖς νόμοις αὐτῶν in 8,11, vgl. E 19).[50] Dadurch, dass sich die Macht-

---

50 Zum Motiv vgl. Balch, *Attitudes*, 38 oder De Troyer, *End*, 276.

verhältnisse also bereits vor dem gewaltvollen Konflikt zugunsten der Juden verschoben haben, ändert sich auch die Bewertung und Darstellung der jüdischen Gewaltanwendung in den Kapiteln 8 und 9.

4.2.2 Die Vergeltung der Juden nach EstLXX

4.2.2.1 Das Gegenedikt: Gesetze und Gewalt

Die erste inhaltliche Akzentverschiebung im Vergleich von EstMT 8–9 mit EstLXX 8–9 ist eine etwas abgemilderte Darstellung der gewaltvollen jüdischen Reaktion auf Hamans Pläne.[51] Diese Tendenz lässt sich anhand des Kampfberichts in EstLXX 9,1–16 sowie anhand des Gegenedikts im achten Kapitel und des königlichen Schreibens in Zusatz E beobachten. Dies fällt mit einer Betonung der machtvollen Stellung der Juden zusammen. Während die Juden im hebräischen Text durch das Gegenedikt erreichen konnten, dass sie ihre Feinde mit den einst gegen sie gerichteten Mitteln abwehren und vernichten konnten, erscheint ihr Vorgehen in EstLXX ungleich souveräner: Sie planen nicht ihre Vergeltung, sondern sie erhalten die Erlaubnis, nach den eigenen Gesetzen handeln zu dürfen und ihre Feinde zu bekriegen.

Die Konfliktlösung von EstLXX entspricht grundsätzlich der aus EstMT 8–9 bekannten: Nachdem Haman als Übeltäter entlarvt und hingerichtet wurde, gestattet der persische König den Juden, schriftlich gegen Hamans Vernichtungsbeschluss vorzugehen (EstLXX 8,3–12). Im Anschluss töten die Juden ihre Gegner am 14. und am 15. Adar (9,1–16). Bei genauer Betrachtung ergeben sich jedoch einige Unterschiede. Wie oben bereits erwähnt, bezeugt die Septuaginta zum Beispiel einen differenzierten Umgang mit dem königlichen Siegelring: Hamans Edikt wird nach 3,12 *nicht* mit dem Siegel des Königs versehen. Das jüdische Gegenedikt hingegen wird mit dem königlichen Ring gesiegelt (8,10). Somit trägt die Anwendung von Gewalt durch die Juden einen höheren Grad an Autorisierung. Ein deutlich von EstMT abweichender Umgang mit der Vorstellung einer gewaltvollen jüdischen Reaktion auf Hamans Plan zeigt sich mit Blick auf den Inhalt des Gegenschreibens.[52]

---

51 Vgl. Wacker, *Gewalt*, 618.

52 Auffälligerweise fehlt beim Erlass des Gegenschreibens die Erwähnung, dass Mordechai selbst das Gegenschreiben diktiert habe. Da in der Passage EstLXX 8,9–10 im Passiv formuliert wird und kein schreibendes Subjekt genannt wird, bleibt offen, wer die Verantwortung für das Schreiben und seinen Inhalt trägt. Im unmittelbaren Kontext kommen eigentlich nur Ester oder der König in Frage. Zum Problem vgl. Pakkala, *God's Word*, 333–337. Da zumindest in EstLXX 9,1 von „Schreiben, die vom König geschrieben wurden" (τὰ γράμματα τὰ γραφέντα ὑπὸ τοῦ

¹¹ ὡς ἐπέταξεν αὐτοῖς χρῆσθαι τοῖς νόμοις αὐτῶν ἐν πάσῃ πόλει βοηθῆσαί τε αὐτοῖς καὶ χρῆσθαι τοῖς ἀντιδίκοις αὐτῶν καὶ τοῖς ἀντικειμένοις αὐτῶν ὡς βούλονται, ¹² ἐν ἡμέρᾳ μιᾷ ἐν πάσῃ τῇ βασιλείᾳ Ἀρταξέρξου, τῇ τρισκαιδεκάτῃ τοῦ δωδεκάτου μηνός, ὅς ἐστιν Αδαρ.

¹¹ Wie er ihnen anordnete, ihre eigenen Gesetze anzuwenden in jeder Stadt, um einander zu helfen und ihre Widersacher und ihre Gegner zu behandeln, wie sie wollten. ¹² An einem Tag im gesamten Königreich des Artaxerxes, am dreizehnten des zwölften Monats, das ist der Adar. (EstLXX 8,11–12)

Die septuagintagriechische Gestalt des jüdischen Gegenedikts fällt kürzer aus als sein hebräisches Pendant. Das Ausmaß einer möglichen jüdischen Gewaltanwendung wird gegenüber EstMT deutlich reduziert.⁵³ Die für die hebräische Estererzählung charakteristische inhaltliche Spiegelung von Hamans und Mordechais Edikten, wonach den Juden gestattet wurde, alle ihre Feinde mitsamt ihren Frauen und Kindern „auszurotten, zu vernichten und zu töten" und Beute zu nehmen (vgl. EstMT 8,11), hat in EstLXX keine Entsprechung.⁵⁴ Auch fehlt der dramatische Aufruf der hebräischen Erzählung, alle Juden müssten sich „versammeln" und im Kampf „für ihr Leben einstehen" (להקהל ולעמד על נפשם). Es ist anhand von EstLXX 8,11 nicht einmal deutlich, ob an einen gewaltvollen Konflikt zu denken ist. Zumindest ist nicht eindeutig, ob die „Widersacher" und „Gegner" der Juden (τοῖς ἀντιδίκοις αὐτῶν καὶ τοῖς ἀντικειμένοις in 8,11) als Angreifer zu verstehen sind, und ein gewaltsames Vorgehen der Juden wird nicht ausdrücklich erwähnt. Anders als EstMT lässt sich das Gegenedikt in Form von EstLXX deshalb nicht als eine spiegelbildliche Reaktion auf Hamans Edikt und als Kampf ums Überleben verstehen. Stattdessen planen die Juden „ihre Gesetze" anzuwenden, „einander zu helfen" und ihre Gegner „zu behandeln, wie sie wollten." Wie lassen sich diese Aspekte deuten?

Schon das erste Element folgt der bereits ausgewiesenen Tendenz, die Juden als souveräne und im Perserreich akzeptierte Größe zu charakterisieren. Anders als in EstMT, wo der jüdische Plan zur Vergeltung als ein im Namen des Königs veröffentlichtes, *persisches Gesetz* erlassen wird (vgl. EstMT 8,13), wird in EstLXX herausgestellt, dass die *jüdischen Gesetze* als alleiniger Maßstab der Gewaltanwendung gelten können. EstLXX spricht den Juden also eine größere Unabhängigkeit in ihrer Reaktion auf Hamans Plan zu und betont dabei die Rechtsgültigkeit des Folgenden. Weiter bestärkt wird diese Auffassung dadurch, dass das „Handeln" (χρῆσθαι) nach den eigenen Gesetzen in Vers 8,11a und das „Behan-

---

βασιλέως) die Rede ist, scheint mir Ester als Autorin unwahrscheinlich.
53 Vgl. z. B. Kahana, *Juxtaposition*, 336; Hacham, *Bigthan*, 340–341 oder jüngst Bellmann, *Theologie*, 132–133.
54 Vgl. z. B. De Troyer, *End*, 235–239 oder Vialle, *Analyse*, 232–233.

deln" (χρῆσθαι) der Feinde in V. 11b mit demselben griechischen Verb bezeichnet werden. Das zweite Element, die gegenseitige „Hilfe" der Juden, scheint das gemeinsame Vorgehen der Juden zu betonen. Dieses Motiv wiederholt sich am Ende der Kämpfe und rahmt somit die Beschreibung des erfolgreichen jüdischen Vorgehens (vgl. EstLXX 9,16). Da die Anwendung tödlicher Gewalt nicht wie im hebräischen Text als Kampf ums Überleben charakterisiert wird (vgl. EstMT 8,11; 9,16), erscheinen die jüdischen Aktionen auch in diesem Aspekt als etwas souveräner. Schließlich trägt auch die vermutlich aus EstMT 9,5 entnommene Formulierung, die Juden würden an ihren Gegnern „nach Belieben" handeln, eine etwas andere Konnotation als in EstMT. Im hebräischen Text findet sich das Motiv in der summarischen Zusammenfassung des jüdischen Erfolgs. Darin wird betont, die Juden hätten alle ihre Feinde „nach Belieben" (כרצונם) töten können. EstLXX lässt diesen Vers in der Schilderung des gewaltsamen Vorgehens der Juden im neunten Kapitel aus, übernimmt jedoch das Motiv des freien Agierens und fügt es an anderer Position, bereits in der Beschreibung der jüdischen Pläne, ein. Im Kontext von EstLXX 8,11–12 legt sich dabei nahe, das Behandeln der Gegner „wie sie wollten" (ὡς βούλονται) auf die jüdischen Gesetze zu beziehen. Eventuell soll damit dem möglichen Missverständnis vorgebeugt werden, das jüdische Vorgehen stelle eine Form willkürlicher Gewaltanwendung dar. Nun dürfen die Juden selbst entscheiden, wie sie ihre Gegner behandeln wollen, und es ist sogar möglich, hierin die Tora als Richtlinie des jüdischen Handelns zu sehen.[55] In jedem Fall verschiebt sich durch diese subtile Variation die Aussage des Gegenedikts weiter von einer Imitation der angedrohten Gewalt in EstMT zugunsten einer Betonung des eigenständigen Agierens der Juden.

Schließlich wird auch der aus EstMT 8,13 bekannte Aufruf, die Juden mögen sich darauf vorbereiten, „Vergeltung an ihren Feinden zu üben" (להנקם מאיביהם), in der griechischen Estererzählung umgestaltet. Der Vers EstLXX 8,13, der erst auf das königliche Bestätigungsschreiben aus Zusatz E folgt, hält die jüdische Absicht fest, ihre „Gegner zu bekriegen" (πολεμῆσαι αὐτῶν τοὺς ὑπεναντίους). Mit dieser nüchternen Formulierung wird ein möglicher Beiklang von נקם als emotionaler Racheakt vermieden. Es ist nun eindeutig von einem militärischen Vorhaben die Rede.[56] Auch der letzte Vers des achten Kapitels, EstLXX 8,17, ist gegenüber EstMT 8,17 vereindeutigt worden. Wie im hebräischen Text ist auch hier davon die Rede, dass Furcht von den Juden ausgeht und dass sich „viele aus den Völkern" (πολλοὶ τῶν ἐθνῶν) aus Furcht vor den Juden wie Juden verhalten

---

55 Eine solche Würdigung der eigenen Gesetze kann geradezu als typisch für die jüdische Literatur der hellenistisch-römischen Zeit gelten, vgl. Feldmeier, *Weise*, 20–26.
56 Vgl. De Troyer, *End*, 249–250.

bzw. sich „judaisieren" (ἰουδάιζον).[57] Das aus EstMT 8,17 bekannte Verb מתיהדים wird jedoch zusätzlich als Annahme der Beschneidung gedeutet (περιετέμοντο). Damit interpretiert EstLXX 8,17 seine Vorlage so um, dass ausgeschlossen werden kann, dass die anderen Völker sich nur zum Schein wie Juden verhalten würden. Die Furcht vor den Juden und ihrer machtvollen Stellung hat konkrete Konsequenzen für das Verhalten von Nichtjuden. Damit wird offenbar die Stellung der jüdischen Gesetze weiter ausgebaut: Nicht nur dürfen die Juden im fremden Staat nach ihren eigenen Gesetzen leben und ihre Feinde nach diesen bestrafen, sondern selbst die Völker beginnen sich so zu verhalten, wie es das jüdische Gesetz vorsieht. Insgesamt spricht damit auch aus EstLXX 8 die Überzeugung, dass die Juden in der Fremde zu Macht und Ansehen gekommen sind. Der jüdische Erfolg zeichnet sich dabei noch deutlicher ab als in EstMT.

Einzelne Aspekte dieser Darstellung werden in dem vermutlich jüngeren Zusatz E, dem aus Sicht des Königs formulierten Gegenschreiben, weiter ausgebaut. Darin wird unter anderem der besonders rechtschaffene Charakter der jüdischen Gesetze (δικαιοτάτοις δὲ πολιτευομένους νόμοις in E 15) betont, der nach Zusatz B in Frage stand. Die Juden werden darin auch ausdrücklich von dem Vorwurf freigesprochen, „Übeltäter" (κακούργους in E 15) zu sein. Dieser Textabschnitt macht also erneut deutlich, dass die Juden „gerade im Befolgen ihrer eigenen Gesetze loyale und gute Staatsbürger"[58] darstellen. Zugleich bestärkt das Schreiben auch den Zusammenhang zwischen den jüdischen Gesetzen und der möglichen Gewaltanwendung der Juden. Der Erlass wird mit dem Ziel veröffentlicht, allen bekannt zu machen, dass die Juden „nach ihren Gesetzen handeln" dürfen (χρῆσθαι τοῖς ἑαυτῶν νομίμοις in E 19).[59] Diese Aussage hebt sich von der in EstLXX 8 entfalteten Perspektive allerdings insofern ab, als hier eindeutig von Angriffen der Gegner auf die Juden die Rede ist, die es am 13. Adar abzuwehren

---

57 Das Verb ist ein Hapaxlegomenon im griechischen Alten Testament und könnte in Analogie zum Begriff ἑλληνίζειν gebildet worden sein, vgl. De Troyer, *End*, 268. Nach Mason, *Jews*, 464 bedeute das Verb an dieser Stelle „alignment with foreign law and custom". Damit scheint EstLXX 8,17 meine zu EstMT 8,17 angestellte Vermutung zu bestätigen, in מתיהדים keine Konversion, sondern die Adaption bzw. Imitation der jüdischen Lebensweise zu verstehen (vgl. dazu die analoge paulinische Verwendung von ἰουδαΐζειν in Gal 2,14).

58 Kottsieper, *Zusätze*, 193.

59 Vgl. De Troyer, *End*, 386–387. Aus textkritischer Sicht ist, wie Kottsieper, *Zusätze*, 197, Anm. 185 anmerkt, denkbar, dass diese im Erzählverlauf aus EstLXX 8,11 bekannte Formulierung sekundär von E 19 her in 8,11 nachgetragen wurde. Da zumindest eine Handschrift (Minuskel 58) die Wendung χρῆσθαι τοῖς νόμοις αὐτῶν in 8,11 nicht bezeugt (vgl. Hanhart, *Esther*, 166) und da die Erwähnung der jüdischen Gesetze im Kerntext von EstLXX 8 recht unvermittelt erfolgt, ist diese Annahme nicht unplausibel. EstLXX 8,11 könnte dann im Zuge der Erweiterung um Zusatz E in den griechischen Text gelangt sein.

gilt (E 20). Aus Sicht von Zusatz E erscheinen die Juden somit stärker als im Kerntext des achten Kapitels als bedrohte Größe.

Schließlich trägt der Zusatz auch weitere Aspekte in die Estererzählung ein, durch die im vorliegenden Text eine inhaltliche Spannung entsteht. So betont das königliche Schreiben, dass mit dem Tod Hamans kein Grund mehr bestehe, sich an dessen Edikt zu halten. Der König scheint den Vernichtungsbeschluss sogar für ungültig zu erklären: „Ihr werdet nun gut daran tun, wenn ihr nicht nach den von Haman, dem [Sohn] des Hamadatos, ausgesandten Schriftstücken handelt."[60] Mit dieser Aussage wird zunächst der König ins rechte Licht gerückt: Er wird zum vollen Unterstützer der Juden. Zugleich verschärft sich allerdings auch das Unrecht, das diejenigen begingen, die trotzdem gegen die Juden vorgehen.

Es deutet sich hiermit ein alternativer Ausgang der Erzählung an: Wenn Hamans Edikt an Gültigkeit verliert und wenn der König anordnet, dass sich niemand gegen die Juden stellen darf, dürfte die Zahl derjenigen, die die Juden angreifen, schwinden. Diese Sichtweise wird der griechische Kurztext ausbauen. Er entwickelt einen Erzählschluss, in dem ein Kampf aller Juden gegen ihre Feinde nicht nötig ist (vgl. Kapitel 4.3.2.1). In EstLXX 9,1–16 kommt es allerdings dennoch zu Kämpfen. Insofern kann Zusatz E nur schwer als logische erzählerische Vorbereitung der folgenden Gewaltdarstellung verstanden werden. Das gilt auch für eine weitere Nuance von Zusatz E: Alle Adressaten des königlichen Schreibens – nach E 1 primär die politischen Amtsträger (vgl. EstMT/LXX 9,3) – sollen die Juden in der Abwehr möglicher Angriffe „unterstützen" (συνεπισχύειν in E 20). Diese Vorstellung trägt offenkundig weiter dazu bei, die Juden in EstLXX als respektierte und angesehene Mitbürger des persischen Reiches zu verstehen. Erneut geht damit jedoch auch eine Neubewertung des gewaltvollen Konflikts einher: Das jüdische Vorgehen erscheint nicht wie im vorangehenden Kerntext von EstLXX 8 als souveräne Bestrafung ihrer Gegner, sondern eher als eine Verteidigungsmaßnahme, die durch die staatliche Unterstützung möglich wird.

4.2.2.2 Die Vernichtung der Feinde: Ein militärischer Präventivschlag

Bevor ich auf die Eigenheiten der Gewaltdarstellung von EstLXX 9,1–16 eingehe, soll zunächst noch ein für die Gesamtanlage der septuagintagriechischen Estererzählung entscheidendes Detail in den Blick kommen: Die Vernichtung der Juden ist nach EstLXX 3,7 (vgl. B 6) nicht wie in der hebräischen Estererzählung für den 13., sondern erst für den 14. Adar geplant. Diese Umdatierung des Ver-

---

60 EstLXX Add. E 17: καλῶς οὖν ποιήσετε μὴ προσχρησάμενοι τοῖς ὑπὸ Αμαν Αμαδάθου ἀποσταλεῖσιν γράμμασιν.

nichtungsplanes um einen Tag nach hinten dürfte m. E. nicht wie landläufig vermutet mit einem Fehler in der handschriftlichen Überlieferung zu erklären sein, sondern eine intentionale Textveränderung darstellen.[61] Die spätere Ansetzung der geplanten Vernichtung der Juden liegt auf einer Linie mit der erzählerischen Absicht von EstLXX 8, das Ausmaß der notwendigen Gewaltanwendung zu begrenzen und den Juden zugleich ein größeres Maß an Macht und Souveränität zuzusprechen. Die Pointe der Umdatierung der unterschiedlichen Edikte in der Esterseptuaginta besteht nämlich darin, dass die Juden nach EstLXX 8,12 (bzw. Zusatz E 20) bereits am 13. Adar, also einen Tag *vor* dem geplanten Pogrom, gegen ihre Gegner vorgehen können. Damit wird – wie bereits im Falle des Gegenedikts – die Entsprechung zwischen Bedrohung und Abwendung der Bedrohung aufgelöst, die für EstMT so charakteristisch war. In EstLXX gibt es am 13. Adar keinen Konflikt, der sich aus zwei an diesem Tag gültigen, inhaltlich entgegengesetzten Edikten ergibt. Stattdessen erscheint die jüdische Vergeltung am 13. Adar als Präventivschlag, da die Feinde der Juden erst am 14. Adar angreifen wollten.[62] Zugleich wird damit auch eine gewisse Spannung umgangen, die sich im Erzählverlauf von EstMT ergibt: Der zweite Kampftag der Juden am 14. Adar, der über das im Gegenedikt Erlaubte hinausgeht (und der deshalb von Auslegerinnen und Auslegern als aggressives Element bewertet wurde), ist in EstLXX sehr wohl notwendig. Da die Vernichtung der Juden erst für den 14. Adar geplant war, haben die Juden allen Grund dazu, sich ihren Feinden an diesem Tag entgegenzustellen.

Infolge dieser Akzentverschiebung ändert sich auch der Tenor der Kampfhandlungen in EstLXX 9,1–16. In nüchterner Sprache wird bereits im zweiten Vers des neunten Kapitels festgestellt, dass die Gegner der Juden am 13. Adar vernichtet wurden. Da diese die Juden erst am 14. Adar angreifen wollten und da die Juden ohnehin gefürchtet werden, gelingt die Feindesvernichtung ohne Widerstand. Wie schon in EstMT 9,1–16 drückt sich auch an dieser Stelle die erzählerische Überzeugung aus, dass die Juden ihren Gegnern im Kampf deutlich überlegen sind.

[1] Ἐν γὰρ τῷ δωδεκάτῳ μηνὶ τρισκαιδεκάτῃ τοῦ μηνός, ὅς ἐστιν Αδαρ, παρῆν τὰ γράμματα τὰ γραφέντα ὑπὸ τοῦ βασιλέως. [2] ἐν αὐτῇ τῇ ἡμέρᾳ ἀπώλοντο οἱ ἀντικείμενοι τοῖς Ἰουδαίοις· οὐδεὶς γὰρ ἀντέστη, φοβούμενος αὐτούς.

[1] Im zwölften Monat aber, am dreizehnten des Monats, das ist der Adar, traf ein, was in den vom König geschriebenen Schriftstücken stand. [2] An diesem Tag wurden die Gegner der Juden vernichtet; denn niemand leistete ihnen Widerstand, weil man sie fürchtete. (EstLXX 9,1–2)

---

61 So z. B. Bardtke, *Zusätze*, 37, Anm. 36 oder Moore, *Additions*, 192–193.
62 Ähnlich Kottsieper, *Zusätze*, 157–158 und De Troyer, *End*, 242–243.

Auf den ersten Blick mag diese Darstellung verwundern: Es lässt sich fragen, woher die Gegner am 13. Adar kommen, die nach Hamans Beschluss und dem königlichen Schreiben ja erst am nächsten Tag gegen die Juden kämpfen sollten.[63] Vermutlich geht diese Frage jedoch am Aussageinteresse der Darstellung vorbei. Der griechische Text hatte bereits im Gegenedikt in 8,11 im Blick, dass die Juden „ihre Gegner" (τοῖς ἀντικειμένοις) nach Belieben bzw. nach ihren eigenen Gesetzen behandeln dürfen. Die Existenz einer feindlichen Größe sowie das Wissen darum, wer zu den in 9,2 genannten „Gegnern" (οἱ ἀντικείμενοι) gehört, wird auf der Erzählebene schlichtweg vorausgesetzt.[64] In jedem Fall verstärkt sich durch die Perspektive von EstLXX 9,2 der Eindruck, dass das jüdische Agieren keinen Kampf ums Überleben, sondern eine präventive Maßnahme darstellt. Dieser Tendenz folgend fehlen in EstLXX mehrere aus EstMT bekannte Motive. Zum Beispiel findet die Vorstellung, die Gegner hätten die Juden „überwältigen" oder angreifen wollen (vgl. EstMT 9,1–2), keine Erwähnung mehr. An der jüdischen Überlegenheit scheinen in EstLXX keine Zweifel zu bestehen. Deshalb wird der jüdische Erfolg auch nicht als Schicksalswende (הפך) gedeutet, und es fehlen die Motive des Versammelns aller Juden oder des Einstehens für das eigene Leben. Stattdessen kann knapp und in passivischer Formulierung festgehalten werden, dass die Gegner erfolgreich „vernichtet wurden."[65]

Schließlich weicht auch EstLXX 9,3 in einem entscheidenden Aspekt von seiner hebräischen Vorlage ab. In der summarischen Darstellung der jüdischen Kampfhandlungen in EstMT 9,3 war die Rede davon, dass die persischen Verwaltungsbeamten „die Juden unterstützt" (מנשאים את היהודים) hätten. In EstLXX 9,3 heißt es hingegen, die Beamten hätten die Juden „geehrt" (ἐτίμων). Diese Wiedergabe betont gegenüber EstMT die Hochschätzung der Juden durch die Perser, sie scheint jedoch auch den Gedanken umgehen zu wollen, dass der jüdische Erfolg möglicherweise unter aktiver Mitwirkung einer fremden Macht gelang. Wie mehrere Auslegerinnen und Ausleger richtig erkannt haben, schlägt die Gewaltdarstellung der septuagintagriechischen Estererzählung durch diese Variationen

---

63 Vgl. Harvey, *Morality*, 126, der die Darstellung für moralisch fragwürdig hält, da die Gegner der Juden „would not have been anticipating any armed conflict on 13 Adar."
64 An prominenter Stelle erscheint der recht seltene Begriff „Gegner" in der Septuagintafassung der Exoduserzählung (ExLXX 23,22), als Gott seinem Volk verspricht, er werde sich „deinen Gegnern" entgegenstellen (ἀντικείσομαι τοῖς ἀντικειμένοις σοι). Möglicherweise soll in EstLXX durch die Verwendung desselben Nomens eine subtile Anspielung auf das verborgene Wirken Gottes geleistet werden.
65 Vgl. Kahana, *Juxtaposition*, 363 mit dem Hinweis darauf, dass das griechische Verb ἀπόλλυμι als Äquivalent des hebräischen Begriffs אבד gelten kann, der in EstMT 9,2 Verwendung findet.

einen etwas zurückhaltenderen Ton an als die hebräische Fassung.[66] In EstLXX 9,1–2 scheint die Vernichtung der Judenfeinde dennoch als völlig selbstverständlich. Die Passage beschreibt zudem keine Verteidigungs- oder Vergeltungsaktion gegen ebenbürtige oder gar überlegene Feinde, sondern einen souveränen militärischen Präventivschlag.

Die Darstellung der Ereignisse der beiden Kampftage (am 13. und 14. Adar) in EstLXX 9,6–16 baut diese Überzeugung weiter aus. Die Handlung entspricht weitgehend EstMT 9,6–16. Die Juden sollen fünfhundert Gegner in Susa, die zehn Hamansöhne sowie weitere Gegner in den persischen Provinzen getötet haben.[67] Dennoch erweist sich auch diese Passage als gegenüber EstMT weniger intensive Form der Gewaltdarstellung. So wird z. B. der Pleonasmus der beiden Verben הרגו („töten") und ואבד („vernichten") aus EstMT 9,6 in EstLXX 9,6 mit nur einer Verbform, ἀπέκτειναν („töten"), wiedergegeben. In EstLXX 9,16 fehlt sodann wie bereits im Gegenedikt die Erwähnung, die Juden hätten um ihr Leben gekämpft. Auch lässt der Vers die Erwähnung von „Feinden" und „Hassern" aus, die für EstMT 9,1–16 charakteristisch war. Stattdessen ist am Ende recht nüchtern von der erreichten Ruhe von „kriegerischen Handlungen" (τῶν πολεμίων) die Rede. Der wohl auffälligste Unterschied zwischen EstMT und EstLXX ist schließlich, dass nach EstLXX 9,16 lediglich 15.000 (μυρίους πεντακισχιλίους) statt 75.000 Gegner von den Juden „vernichtet" (ἀπώλεσαν) worden sein sollen. Auch hierin erfährt das Ausmaß der dargestellten Gewalt eine deutliche Reduktion gegenüber der hebräischen Textgestalt. Allein im Bericht über die ersten Kampfhandlungen in Susa gibt es zwei Elemente, in denen die Juden „mehr" Gewalt ausüben als in EstMT.

1. Die Plünderung der Hamansöhne (EstLXX 9,10). In EstLXX 9,10 wird erwähnt, dass die Juden bei ihren Aktionen auch geplündert (διήρπασαν) hätten.

τοὺς δέκα υἱοὺς Αμαν Αμαδαθου Βουγαίου τοῦ ἐχθροῦ τῶν Ιουδαίων, καὶ διήρπασαν.

[Sie töteten] die zehn Söhne Hamans, [Sohn] des Hamadatos, des Prahlhanses, des Feindes der Juden, und sie plünderten. (EstLXX 9,10)

---

66 Vgl. z. B. Kottsieper, *Zusätze*, 117; Wacker, *Gewalt*, 618; Hacham, *Bigthan*, 340–344; Ruiz-Ortiz, *Dynamics*, 194 oder Bellmann, *Theologie*, 133.

67 EstLXX glättet seine Vorlage in Details, wie z. B. darin, dass nur noch von der „Stadt Susa" (ἐν Σούσοις τῇ πόλει in EstLXX 9,6) die Rede ist. Eine Unterscheidung zwischen „Stadt" und „Festung" wie in EstMT 9,1–16 gibt es nicht mehr. Möglicherweise soll damit der Eindruck umgangen werden, die Juden hätten im Königspalast gekämpft. Dies könnte insofern als anstößig empfunden worden sein, als eine solche Vorstellung der Tendenz zur friedlichen Koexistenz der Juden mit dem persischen Hof entgegenlaufen würde.

Diese Notiz hebt sich von der Tendenz von EstLXX ab, die Darstellung der Gewaltanwendung durch die Juden in gegenüber EstMT reduzierter Form wiederzugeben. Außerdem überrascht das jüdische Beutenehmen insofern, als der griechische Text in zwei von drei Fällen der aus EstMT bekannten Vorstellung folgt, die Juden hätten bei ihren Kämpfen kein Beutegut genommen (vgl. 9,15.16: οὐδὲν διήρπασαν).

Für diese Variante wurden in der Auslegung unterschiedliche Erklärungen vorgetragen. Obwohl es keine handschriftlichen Indizien für eine Textverderbnis gibt, wurde zum Beispiel vorgeschlagen, im Laufe der Überlieferung sei die Negationspartikel οὐδὲν weggefallen.[68] Die Herausgeber der BHQ vermuten hingegen eine Angleichung an den Wortlaut von EstLXX 3,13, wo Haman die Plünderung der Juden plant. Warum diese Angleichung allerdings nur an einer Stelle erfolgt sein soll, bleibt in diesem Vorschlag unklar. Andere vermuten wiederum, das Plündern der Juden sei mit dem fehlenden traditionsgeschichtlichen Bezug zur Amalek-Tradition zu erklären, der in EstMT als intertextuelle Begründung für den Plünderungsverzicht herangezogen wird.[69] Aber auch dieser Vorschlag scheitert an der Tatsache, dass ja bei den anderen Feinden nicht geplündert wird. Ich halte deshalb eine andere Erklärung für wahrscheinlicher, die an die Darstellungstendenz von EstMT 8 anschließt.

Vermutlich soll durch dieses Element betont werden, dass die Juden ungleich souveräner handeln als in EstMT und sie die Söhne Hamans anders behandeln als den Rest der Gegner.[70] Der Besitz Hamans war zuvor schon zu Beginn des achten Kapitels im Blick. Dort empfing Ester vom König „alles, was Haman, dem Widersacher, gehörte" (ὅσα ὑπῆρχεν Αμαν τῷ διαβόλῳ in 8,1).[71] Da es den Juden nach dem Gegenedikt aus EstLXX 8,11 zusteht, ihre Gegner zu „bekriegen" und dabei nach ihren eigenen Gesetzen zu handeln, lässt sich die Plünderung als eine auf die

---

68 So z. B. Fox, *Redaction*, 84; Kahana, *Juxtaposition*, 375 oder Macchi, *Ester*, 278. Allein die Complutensische Polyglotte ergänzt eine Negation (ου) in EstLXX 9,10, vgl. Hanhart, *Esther*, 199.
69 Vgl. Kossmann, *Esthernovelle*, 363, die meint, der Autor von EstLXX habe den Amalek-Bezug an dieser Stelle „nicht konsequent zu Ende gedacht". Auch Vialle, *Analyse*, 236 argumentiert mit Verweis auf 1 Sam 15, vermutet aber dann, die Juden hätten zu Beginn der Kämpfe in Susa zwar noch geplündert, sich jedoch bei den späteren Kämpfen in den Provinzen eine gewisse Zurückhaltung auferlegt.
70 Vgl. Harrelson, *Problems*, 202.
71 Vgl. EstLXX 8,7. Hierin unterscheidet sich die Wiedergabe von EstMT 8,1, wo vom „Haus Hamans" die Rede ist. Auch wenn „Haus" freilich im Hebräischen den gesamten Besitz einer Person anzeigt, weicht die griechische Übersetzung an dieser Stelle von anderen Passagen ab, in denen vom „Haus" Hamans gesprochen wird (vgl. EstLXX 5,10; 6,12; 8,2), vgl. Kahana, *Juxtaposition*, 302–303.

Familie Hamans beschränkte kriegerische Aktion verstehen. So vollstrecken die Juden nach EstLXX die gerechte Strafe an Haman und seinen Nachkommen und sie eignen sich den gesamten Besitz des Übeltäters an.[72] Traditionsgeschichtlich könnte diese Aktion insofern als Anwendung des jüdischen Gesetzes verstanden werden, als sich in der Toralegislation auch die Erlaubnis findet, sich die Beute von besiegten Kriegsgegnern anzueignen (vgl. Dtn 20,14). In jedem Fall betont diese Handlung das eigenständige und differenzierte gewaltvolle Vorgehen der Juden. Das Ausmaß einer jüdischen Gewaltanwendung beim Kampf gegen die Feinde intensiviert sich damit gegenüber dem hebräischen Text allerdings. Die Deutung der einmaligen Plünderung als intentionale Veränderung gegenüber EstMT wird auch durch eine zweite Eigenheit in der Darstellung jüdischer Gewalt in EstLXX gestützt.

2. Das Aufhängen der Söhne Hamans (EstLXX 9,13). Wie im hebräischen Text tritt Ester in der septuagintagriechischen Estererzählung zunächst vor den persischen König, um ihn darum zu bitten, dass die Juden auch am Folgetag gegen ihre Feinde vorgehen dürfen. Beim Vergleich der beiden Verse treten jedoch markante Unterschiede ans Licht.

ותאמר אסתר אם על המלך טוב ינתן גם מחר ליהודים אשר בשושן לעשות כדת היום ואת עשרת
בני המן יתלו על העץ:

Da sprach Ester: „Wenn es dem König recht ist, werde auch morgen den Juden, die in Susa sind, gestattet, nach dem heutigen Gesetz zu handeln. Die zehn Söhne Hamans aber hänge man an dem Holz auf." (EstMT 9,13)

καὶ εἶπεν Εσθηρ τῷ βασιλεῖ Δοθήτω τοῖς Ἰουδαίοις χρῆσθαι ὡσαύτως τὴν αὔριον, ὥστε τοὺς δέκα υἱοὺς κρεμάσαι Αμαν.

Und Ester sprach zum König: „Es werde den Juden gegeben, dass sie morgen genauso handeln dürfen, um die zehn Söhne Hamans aufzuhängen." (EstLXX 9,13)

Erneut erscheint das jüdische Agieren in griechischer Textgestalt als souveräner. Esters Bitte klingt zunächst direkter und fordernder. Es muss anders als in EstMT kein neues Gesetz geben, das die Erlaubnis zum Töten von Judenfeinden gestattet, sondern die Juden dürfen am 14. Adar „genauso" (ὡσαύτως) handeln

---

[72] Eine weitere Möglichkeit wäre, hier an eine intertextuelle Verbindung zu Sap 10,20 zu denken, wo die Legitimität der Plünderungen der Ägypter beim Exodus betont wird: „Deshalb plünderten die Gerechten die Gottlosen" (διὰ τοῦτο δίκαιοι ἐσκύλευσαν ἀσεβεῖς). Dies ist insofern für EstLXX relevant, als Haman in EstLXX als frevlerische Figur (z. B. EstLXX Add. E 10–18), die Juden hingegen als „gerechtes Volk" (A 6) charakterisiert werden.

wie am Tag zuvor (vgl. EstLXX 8,11; Add. E 19). Dabei ist das Ziel ein anderes als in EstMT. Dort war die primäre Absicht des zweiten Kampftags die Tötung weiterer Feinde. Der Wunsch zum Aufhängen der Söhne Hamans wird davon unterschieden. In EstLXX 9,13 ist die Notiz über die öffentliche Schändung der Hamansöhne konsekutiv an das Vorherige angeschlossen und erscheint so als das wesentliche Interesse von Esters Bitte.[73] Vor allem aber ändert sich das Subjekt der Handlung: Anders als im hebräischen Text, wo sich nahelegt, dass die Truppen des Königs die Söhne Hamans aufhängen, kommen in EstLXX 9,13 nur die Juden als diejenigen in Frage, die die Leichen aufhängen. Diese Vermutung wird sodann von EstLXX 9,14 bestätigt: Der König „gab den Juden der Stadt die Körper der Söhne Hamans heraus, um sie aufzuhängen" (καὶ ἐξέθηκεν τοῖς Ἰουδαίοις τῆς πόλεως τὰ σώματα τῶν υἱῶν Αμαν κρεμάσαι). Auch hier ist denkbar, dass die (gegenüber EstMT aktivere Form der) Gewaltdarstellung an eine bestimmte Norm angepasst werden soll. Im Nebeneinander der Begriffe κρεμάζω („aufhängen") und σῶμα („Körper") könnte eine intertextuelle Anspielung an das Toragebot aus DtnLXX 21,22–23 vorliegen, wonach die Leiche eines Übeltäters im Anschluss an seine Exekution an einem Holz aufgehängt werden soll (vgl. auch JosLXX 8,29; 2 Makk 15,30–33).[74]

Diese beiden Elemente, durch die sich die Darstellung jüdischer Gewaltanwendung gegenüber EstMT intensiviert, sprechen gegen die in der bisherigen Auslegung dominierende Erklärung, die Autoren von EstLXX 9,1–16 hätten moralische Bedenken gegenüber der Gewaltdarstellung von EstMT 9,1–16 gehabt und deshalb versucht, dieser eine „friedlichere" Kampfszene entgegenzusetzen.[75] Viel eher scheint es wahrscheinlich, diese Perspektive als das Ergebnis einer grundlegend anderen Bewertung der Lage der Juden zu erklären, die bereits in den vorangehenden Passagen einsetzte: Die Juden erscheinen im Vergleich zu EstMT als mächtiger. Nach EstLXX 8 haben sie die volle Unterstützung des persischen Königs, der ihnen erlaubt, ihre Feinde bereits einen Tag vor der geplanten Vernichtungsaktion anzugreifen und dabei ihre eigenen Gesetze anzuwenden. Diese neue Sichtweise kann auch hinreichend erklären, warum nunmehr „nur" 15.000 anstelle von 75.000 Feinden von den Juden getötet werden. Es scheint schlichtweg weniger Gegner zu geben, die sich gegen die Juden stellen. EstLXX 9,1–16 beschreibt somit keinen Kampf ums Überleben oder eine glorreiche jüdische Ver-

---

73 Vgl. Day, *Three Faces*, 155. Die Juden töten in Susa dreihundert weitere Gegner am 14. Adar, nach EstMT 9,15 ebenso wie nach EstLXX 9,15.

74 Vgl. Kahana, *Juxtaposition*, 385.

75 So jedoch Wacker, *Gewalt*, 618 oder Pakkala, *God's Word*, 339–340, der vermutet, dass die Verfasser von EstLXX 8–9 „may have been offended by the brutality that the Hebrew *Vorlage* implies."

geltungsaktion an vermeintlich übermächtigen Feinden, sondern einen souveränen Präventivschlag. Deshalb eigenen sich die Juden anders als in EstMT auch
den Besitz der Nachkommen Hamans an, bevor sie diese eigenhändig schänden,
indem sie ihre Leichen aufhängen.

Im Anschluss an diesen Erfolg wird in EstLXX 9,17–31 wie im hebräischen Text
von der Einsetzung des Purimfestes erzählt, bevor die historiographische Notiz in
10,1–3 einen ersten Abschluss darstellt. Auch diese Szene weicht in Details vom
hebräischen Text ab, die die besondere Stellung der Juden und ihrer Lebensweise
betonen. Während Mordechai nach EstMT 10,3 zum „Zweiten nach dem König"
(משנה למלך in EstMT 10,3) aufgestiegen sein soll, lässt der griechische Text den
Gedanken zu, Mordechai sei sogar der „Nachfolger" des Königs geworden (ὁ δὲ
Μαρδοχαῖος διεδέχετο τὸν βασιλέα Ἀρταξέρξην in EstLXX 10,1). Dabei soll er nicht
das „Gute" (טוב) und den „Frieden" (שלום) für sein Volk gesucht haben (EstMT
10,3), sondern er soll seinem Volk stattdessen „die Lebensführung erklärt" haben
(διηγεῖτο τὴν ἀγωγὴν in EstLXX 10,3).

4.2.2.3 Die Errettung der Juden: Zeichen und Wunder Gottes

Die verhältnismäßig harmonische Stimmung, die nach dem Erfolg der Juden und
Mordechais Aufstieg im Perserreich vorherrscht (EstLXX 9–10), steht in Spannung
zum Inhalt der Zusätze A und F. Wie schon die Bedrohung der Juden hat auch
die Vernichtung der Feinde in der Esterseptuaginta eine tiefere Dimension, die
von einem großen Konfliktpotential zwischen Juden und den anderen Völkern
ausgeht. Nur Gott, so lautet der Tenor von Mordechais Traumvision und ihrer
Deutung, kann die Rettung der Juden aus der Hand der feindlichen Völker ermöglichen. Diese theologische Pointe führt dazu, dass der Erfolg der Juden in EstLXX
8–9 vom Anfang und vom Ende her gelesen nicht auf die politischen und militärischen Fähigkeiten der Juden, sondern auf göttliches Wirken zurückgeführt wird.[76]
All das geschieht unter Aufnahme von geprägten Sprachbildern und Wendungen, die fest geprägten traditionsgeschichtlichen Kontexten entstammen.

Bereits in Mordechais Traumvision in Zusatz A hatte sich die Hoffnung auf
göttliche Rettung bzw. auf sein Einschreiten für sein Volk angekündigt (vgl.
Kapitel 4.2.1.1). Mordechai sieht darin, wie das gerechte Volk in seiner Bedrohung
zu seinem Gott ruft, woraufhin „ein großer Strom" (ποταμὸς μέγας) und „viel
Wasser" (ὕδωρ πολύ) hervorkommen (EstLXX Add. A 9), bevor „Licht" (φῶς) und
„die Sonne" (ὁ ἥλιος) aufgehen (A 10). In diesen Motiven deutet sich an, dass Gott
als Herr über die Naturgewalten und den Kosmos zur Rettung seines Volkes bzw.

---

76 Vgl. Kottsieper, *Zusätze*, 201.

als Richter über die Feinde auftreten wird.[77] Diese Hoffnung wird mit Sprachbildern umschrieben, die traditionsgeschichtlich mit der Vorstellung vom göttlichen Gericht am Tag JHWHs verbunden sind. In manchen prophetischen Texten des Alten Testaments findet sich die Vorstellung, dass der Gott Israels an einem bestimmten Tag andere Völker gegen sein eigenes Volk auferstehen lässt, um letztlich selbst gegen diese Nationen zu kämpfen und sie zu besiegen (vgl. z. B. Jes 29,1–8; Joel 4,2–3; Sach 14,1–3; Mal 3,19–20). Dass dieser konkrete Vorstellungskontext im Hintergrund von Mordechais Vision steht, legen auch andere Motive nahe. So hat z. B. der in A 7 erwähnte „Tag der Finsternis und Dunkelheit" (ἡμέρα σκότους καὶ γνόφου) eine wörtliche Parallele in der Vision vom Tag JHWHs aus dem Joel- und Zephanjabuch (vgl. JoelLXX 2,2; ZephLXX 1,15).[78] Insofern dürfte die theologische Kernbotschaft dieses Textabschnitts darin bestehen, die Bedrohung der Juden zwar als eine Unheilsvision zu beschreiben, der letztlich jedoch – wie der prophetischen Ankündigung eines göttlichen Gerichts gegen die Völker – die Hoffnung auf die göttliche Errettung bereits innewohnt.[79] Die Traumvision scheint damit der Gewaltanwendung der Juden bei der Vernichtung ihrer Feinde eine theologische Legitimation zu verleihen bzw. diese dem göttlichen Willen unterzuordnen. Die irdische Handlung von EstLXX kann dank Zusatz A und F so gelesen werden, dass die Juden die in A 10 erwähnten „Demütigen" sind, die erhöht werden und die an ihren Feinden das göttliche Gericht vollstrecken, das im Traum Mordechais verheißen wurde.

Ein zweiter geprägter, mit göttlicher Gewalt assoziierter Vorstellungskontext, auf den in den Zusätzen A und F angespielt wird, ist die Exodustradition.[80] In der Deutung seines Traumes betont Mordechai, dass es Gott war, der „Zeichen und große Wunder" (ἐποίησεν ὁ θεὸς τὰ σημεῖα καὶ τὰ τέρατα τὰ μεγάλα) unter den Völkern tat, die die Juden vernichten wollten (F 6). Dieses Motiv ist „fest mit dem Exodusgeschehen verbunden [...]."[81] So scheint diese traditionsgeschichtliche Deutung des Konflikts der Estererzählung unter anderem auf die in DtnLXX 7,19 enthaltene Verheißung zu verweisen, dass Gott sein Volk wie schon im Exodus erretten wird und „Zeichen und große Wunder" (τὰ σημεῖα καὶ τὰ τέρατα τὰ μεγάλα ἐκεῖνα) tun wird. Auch verschiedene andere Motive aus Mordechais Traum, wie z. B. das

---

77 Zur Bildsprache vgl. Kottsieper, *Zusätze*, 139.
78 Vgl. Moore, *Additions*, 177 oder Kottsieper, *Zusätze*, 140–142
79 Vgl. Macchi, *Ester*, 329–330.
80 Vgl. De Troyer, *Cosmic Events*, 84.
81 Kottsieper, *Zusätze*, 200 mit Verweis auf Texte wie Ex 7,3; Dtn 4,34; 6,22; 26,8; 29,2; Jer 32,20–21; Ps 78;43; 135;9; Neh 9,10; Sap 10,16 oder Bar 2,11.

Rufen des Volkes Israel (A 10; F 6) und das Hören Gottes, evozieren Erinnerungen an das göttliche Heilshandeln in Ägypten (vgl. Ex 2,23–25; 3,7–8).[82]

Durch diese Deutung der Vernichtung der Judenfeinde fügt sich die septuagintagriechische Estererzählung und ihre Gewaltdarstellung ein in die lange Reihe göttlicher Heilstaten, von denen die alttestamentliche Literatur berichtet. Gleichzeitig erweist sich diese das Buch abschließende Interpretation in gewisser Weise als theologisches Korrektiv der Gewaltdarstellung (insb. EstLXX 9,1–16), in der die Vorstellung entfaltet wurde, dass es den Juden aufgrund ihrer machtvollen Stellung selbst gelang, ihre Feinde zu töten. Der Tenor der Traumdeutung ist jedenfalls klar: Es war der Gott Israels, der in der Vernichtung der Judenfeinde aktiv war und der sein Volk auf wundersame Art und Weise errettete. Wie Gott einst das Heer der Ägypter schlug, erwirkte er nun die Vernichtung der Feinde der Juden in Persien. Er trat für sein Erbteil ein und richtete – wie F 8 festhält – „am Tag des Gerichts" (εἰς ἡμέραν κρίσεως) zwischen seinem Volk und „allen anderen Völkern" (πᾶσι τοῖς ἔθνεσιν).[83]

4.2.2.4 Synthese

Wie schon in Bezug auf die Bedrohung der Juden lässt sich auch für die Abwendung dieser Gefahr konstatieren, dass sich in EstLXX keine einheitliche Darstellungstendenz feststellen lässt und dass sich das septuagintagriechische Esterbuch in mehreren Aspekten vom hebräischen unterscheidet.

Aufs Ganze betrachtet nimmt die Intensität der Beschreibung der von den Juden ausgeübten Gewalt ab. Diese Tendenz wird einerseits von dem erzählerischen Interesse getragen, die Juden als besonders loyale und gerechte Bürger zu charakterisieren. Sie haben zwar eigene Gesetze, aber diese werden vom persischen König autorisiert. Somit dokumentiert EstLXX auch das Interesse jüdischer Autoren, die Akzeptanz und Gültigkeit der jüdischen Gesetze innerhalb eines fremden Staates zu betonen. Für die Handlung der Estererzählung bedeutet dies, dass die Juden am 13. Adar nicht – wie in EstMT 8 – ihre Vergeltung planen und

---

[82] Vgl. ferner Mittmann-Richert, *Zusätze*, 111 zum Motiv des Wassers (ὕδωρ πολύ) aus F 3. Dieses bereits aus A 10 bekannte Motiv begegnet in verschiedenen Traditionen, die vom göttlichen Heilshandeln berichten (vgl. z. B. PsLXX 17,17; 28,3; 143,7; JerLXX 28,55; EzLXX 31,5), darunter auch das Wasserwunder in der Wüste (NumLXX 20,11) oder der Auszug aus Ägypten (Sap 10,18). Auch das Motiv der „Quelle" (ἡ πηγή), das in A 10 und F 3 begegnet, könnte auf das Exodusereignis bzw. auf die rettenden Quellen in Elim anspielen (vgl. ExLXX 15,27; NumLXX 33,9).

[83] Diese Vorstellung ist einerseits an Zusatz A und die Vorstellung vom göttlichen Gericht rückgebunden. Andererseits steht sie auch mit Zusatz E in Verbindung, worin der König sich zur Macht Gottes bekannte, der Haman gerichtet hat (E 18) und den 13. Adar für alle Feinde zum Gerichtstag, für die Juden aber zum Freudentag bestimmt hat (E 21).

ihre Feinde mit den einst gegen sie geplanten Mitteln schlagen wollen, sondern dass sie diese „nach ihren eigenen Gesetzen" behandeln dürfen (EstLXX 8,11). Somit kann das militärische Vorgehen als toragemäße Form der Kriegsführung verstanden werden. Andererseits kann die weniger drastische Gewaltdarstellung damit erklärt werden, dass die Juden bereits vor den Kampfhandlungen zu mehr Macht im Perserreich gekommen sind als in EstMT. In EstLXX 8–9 zeigt sich dies unter anderem daran, dass die Juden ihre Gegner bereits am Tag vor der geplanten Vernichtung töten dürfen. Da alle Gegner die mächtigen Juden fürchten, gibt es zudem „nur" 15.000 statt 75.000 zu tötende Gegner in den Provinzen des Perserreiches. Ferner eignen sich die Juden auch den Besitz der Hamansöhne an und sie stellen deren Leichen öffentlich zur Schau. Dieses „Mehr" an jüdischer Gewalt soll offenbar den souveränen und gerechten Charakter der jüdischen Aktionen verdeutlichen.

Durch diese Unterschiede wird die Bedeutung der jüdischen Gewaltanwendung in EstLXX im Vergleich zu EstMT gut erkennbar: Stand in der hebräischen Estererzählung die unerwartete Überlegenheit der Juden gegenüber den aus allen Völkern auftretenden Feinden im Vordergrund, liegt der Fokus von EstLXX 8–9 auf dem gewissermaßen erwartbaren, souveränen Vorgehen der Juden. Nach dem Gegenschreiben aus Zusatz E, worin der König die Feinde der Juden als die wahren Staatsfeinde ausweist, kann das jüdische Vorgehen am 13. und 14. Adar zudem als Beleg für die Loyalität und die staatserhaltende Funktion der Juden gewertet werden. Sie bewahren den König vor dem Sturz durch den Makedonen Haman und seine Anhänger. Somit fungiert das Volk als kollektives Pendant zu Mordechai, dem Retter des Königs (A 12–16; 2,21–23).

Dieser glückliche Zustand hat in der griechischen Estererzählung auch eine theologische Dimension: Purim ist jetzt ein Fest, das nicht mehr nur an den großen Sieg über die Feinde, sondern auch an eine göttliche Rettungstat erinnert (vgl. F 10). Sowohl das politische Geschick Esters und Mordechais als auch der kollektive militärische Erfolg gehen letztes Endes auf göttliches Wirken zurück. Mit heilgeschichtlich geprägten Motiven wird das septuagintagriechische Esterbuch – und damit auch die irdische Handlung der Erzählung – durch die Deutung von Mordechais Traumvision gerahmt. In einem dreifachen Bekenntnis wird Gott darin als alleiniger Retter gepriesen, während die jüdischen Kämpfe nicht mehr erwähnt werden:

> καὶ ἔσωσεν κύριος τὸν λαὸν αὐτοῦ, καὶ ἐρρύσατο κύριος ἡμᾶς ἐκ πάντων τῶν κακῶν τούτων, καὶ ἐποίησεν ὁ θεὸς τὰ σημεῖα καὶ τὰ τέρατα τὰ μεγάλα, ἃ οὐ γέγονεν ἐν τοῖς ἔθνεσιν.

> Und der Herr rettete sein Volk, und der Herr bewahrte uns vor allen diesen Übeln, und Gott tat die Zeichen und großen Wunder. (EstLXX Add. F 6b)

Es ist wahrscheinlich, dass hinter dieser theologischen Aussage auch das Interesse späterer Autoren steht, der jüdischen Gewaltanwendung auf der Erzählebene eine neue, traditionsgeschichtliche bzw. theologische Legitimierung zu verleihen. Die Vernichtung der Feinde durch den Kampf der Juden entspricht dem göttlichen Willen bzw. sorgt für dessen Verwirklichung. Dieser auf den ersten Blick sehr harmonisch wirkende Abschluss bringt bei genauerer Betrachtung allerdings eine inhaltliche Spannung mit sich, die sich auf das Ganze von EstLXX auswirkt: Während das Konfliktpotential zwischen Juden und anderen Völkern im Kerntext der Esterseptuaginta tendenziell begrenzt wird, baut der Rahmen eine solche Vorstellung aus. Wie Mordechais Traum ist auch seine Deutung von der Vorstellung geprägt, dass nicht nur Haman, sondern die gesamte Völkerschaft die Juden zu vernichten sucht (F 5–6). Auch die in Zusatz F 7–8 entfalteten, dualistischen Elemente von den zwei „Losen" – eines für das Gottesvolk, eines für alle anderen Völker – sowie das des Gottesgerichts, das eine Scheidung zwischen Israel und den Völkern kennt, weisen in diese Richtung. Mit der Integration dieser unter anderem aus manchen Qumrantexten bekannten, dualistischen Erwählungstheologie in den Schlussrahmen der Erzählung verstärkt sich an dieser Stelle erneut der Eindruck, dass die Esterseptuaginta bereits in sich einen Gewaltdiskurs widerspiegelt.[84] Erneut legt sich die Annahme nahe, dass EstLXX keine einheitliche Größe ist, sondern mehrfache Überarbeitungen erfahren hat und so Textbestandteile verschiedenen Alters und unterschiedlicher inhaltlicher Prägung vereint. Dieser Einsicht soll in der folgenden historischen Kontextualisierung der Gewaltdarstellung(en) von EstLXX Rechnung getragen werden.

4.2.3 Historische Kontextualisierung der Gewaltdarstellung von EstLXX

Auf den ersten Blick scheint eine exakte Datierung und Verortung von EstLXX recht einfach: Der in Zusatz F 11 angefügte Kolophon erwähnt, dass das griechische Esterbuch (bzw. der „Phrourai-Brief") im vierten Jahr der Regierungszeit von Ptolemaios und Kleopatra von einem Jerusalemer Schreiber namens „Lysimachos" übersetzt worden sein soll.

---

84 Mit Crawford, *Additions*, 969 lässt sich bei der Erwähnung eines „Losanteils", das dem Gottesvolk zugeordnet ist, z. B. an Aussagen aus der Kriegsrolle denken. In Passagen wie 1QM 1,1 wird von einem Kampf berichtet, der zwischen den „Söhnen des Lichts" (בני אור) und dem „Los der Söhne der Finsternis, dem Heer des Belial" (בגורל בני חושך בחיל בליעל) ausgetragen wird.

Ἔτους τετάρτου βασιλεύοντος Πτολεμαίου καὶ Κλεοπάτρας εἰσήνεγκεν Δοσίθεος, ὃς ἔφη εἶναι ἱερεὺς καὶ Λευίτης, καὶ Πτολεμαῖος ὁ υἱὸς αὐτοῦ τὴν προκειμένην ἐπιστολὴν τῶν Φρουραι ἣν ἔφασαν εἶναι, καὶ ἑρμηνευκέναι Λυσίμαχον Πτολεμαίου, τῶν ἐν Ιερουσαλημ.

Im vierten Jahr der Herrschaft des Ptolemaios und der Kleopatra überbrachte[n] Dositheos, der aussagte, ein Priester und Levit zu sein, und sein Sohn, Ptolemaios, den vorliegenden Phrourai-Brief. Über ihn sagten sie aus, dass er [authentisch] sei, und Lysimachos[, der Sohn des] Ptolemaios, von denen aus Jerusalem, hätte ihn übersetzt. (EstLXX Add. F 11)

Elias Bickerman identifizierte 1944 das ptolemäische Königspaar mit Ptolemaios XII. und Kleopatra V., weshalb der Kolophon seiner Meinung nach 78 oder 77 v. u. Z. zu datieren und EstLXX als von Jerusalem nach Ägypten gesandter Festbrief zur Verbreitung des Purimfestes in die Diaspora zu verstehen sei.[85] Diese Hypothese lässt sich auf den ersten Blick gut mit der hier vertretenen Datierung von EstMT in die Mitte des 2. Jahrhunderts v. u. Z. vereinbaren. EstLXX wäre dann eine jüngere Überarbeitung der Estererzählung, die vor 78/77 v. u. Z. entstanden sein muss. Bei kritischer Betrachtung jedoch kann der Kolophon von EstLXX allein die Beweislast für eine solche Datierung nicht tragen. Selbst wenn Bickermans Identifizierung des Königspaares zutreffen sollte, belegt diese Notiz zunächst nicht mehr als das literarische Interesse, die Authentizität der griechischen Textform zu betonen. Vor allem aber kann nicht ausgeschlossen werden, dass EstLXX auch nach Abfassung des Kolophons weitere Veränderungen erfuhr.[86]

Obwohl sich die Datierung von EstLXX somit nicht allein auf den Kolophon stützen kann, bietet dieser doch zumindest ein plausibles Indiz für eine historische Kontextualisierung der griechischen Estererzählung. Es besteht kein Anlass daran zu zweifeln, dass eine Übersetzung der Erzählung tatsächlich in Jerusalemer Kreisen vorgenommen wurde, um eine autorisierte Fassung in Ägypten bekannt zu machen. Das legt sich schon mit Blick auf das 2. Makkabäerbuch nahe, das der Funktion nach mit EstLXX F 11 vergleichbar ist: 2 Makk sucht bekanntlich hasmonäische Interessen und Feste in der ägyptischen Diaspora zu verbreiten (vgl. die Einleitungsbriefe in 2 Makk 1,1–2,18). Der Kolophon von EstLXX scheint das (gesamte?) Esterbuch als „Brief" (ἐπιστολή) zu deuten, der mit Jerusalemer Autorität übersetzt wurde. Da die Namen Ptolemäus und Kleopatra eindeutig ins ptolemäische Ägypten weisen, kann davon ausgegangen werden, dass die vorliegende Form von EstLXX ein ähnliches Interesse verfolgt wie 2 Makk. Ferner ist wahrscheinlich, dass die Estererzählung erstmals in Jerusalem überarbeitet

---

85 Vgl. Bickerman, *Colophon*, 347.
86 Vgl. zum Problem die stichhaltige Argumentation von Bellmann, *Theologie*, 31 mit Verweis auf Cavalier, *Colophon*.

wurde und dass die redaktionelle Überarbeitung nicht erst für die Aussendung nach Ägypten erfolgte, sondern dass dieser Prozess bereits vorher einsetzte.[87] Ich halte deshalb Ingo Kottsiepers Hypothese für überzeugend, dass zwischen einer älteren „Jerusalemer Tradition" und einer jüngeren „Ägyptischen Tradition" unterschieden werden muss.[88]

Die „Jerusalemer Tradition" dürfte nach Kottsieper bereits die Zusätze A 1–11, C und F enthalten haben, was sich auch mit der in der Forschung als Mehrheitsposition etablierten Hypothese einer jüngeren Ansetzung der Zusätze B und E deckt.[89] Da sich die Traumvision Mordechais in Add. A und F sowie die Gebete Esters und Mordechais recht deutlich vom Kerntext abheben lassen, dürften diese Textbestandteile jedoch erst in einem zweiten Schritt in den Text gelangt sein. Die ältere Form der septuagintagriechischen Estererzählung (ohne Add. A, C und F) verstehe ich als schriftgelehrte Revision von EstMT, die die Handlung der Erzählung im Wesentlichen übernimmt, sie aber in vielen Elementen modifiziert. Diese ausführliche Neudeutung des in EstMT enthaltenen Konflikts dürfte in den Jahrzehnten *nach* der Etablierung eines hasmonäischen Staates, vermutlich im Umfeld des Hasmonäerhofes erfolgt sein.[90] Darauf weist schon die Tatsache hin, dass die Vernichtung der Feinde in EstLXX 8–9 im Vergleich zu EstMT ungleich souveräner verläuft. Was sich in EstMT als kollektive Vergeltungsaktion aller Juden, bisweilen als Kampf um Leben und Tod präsentierte, erscheint in EstLXX als machtvolle kriegerische Aktion, die nach den „eigenen" Gesetzen abläuft.[91] Diese veränderte Darstellung kann plausibel damit erklärt werden, dass die Kämpfe der Makkabäer gegen die Seleukiden schon länger zurückliegen, während in der Gegenwart der Autoren eine größere Gewissheit über die eigenen

---

87 Vgl. Müller/Pakkala/Haar Romeny, *Evidence*, 196: „In other words, although some, or perhaps many, of the changes were made in the process of translation into Greek, it is very likely that many were already made before the translation, so that the proto-MT and the *Vorlage* of the Greek translation already differed considerably."

88 Kottsieper, *Zusätze*, 124. In Ansätzen bereits Wynn, *Contexts*, 201–208.

89 Die erste „Eunuchenverschwörung" in EstLXX Add. A 12–17 lässt sich gut mit der aus B und E bekannten Tendenz in Deckung bringen, Hamans Plan auf seine Missgunst Mordechais und den Juden gegenüber zurückzuführen. Insofern erscheint eine jüngere Ansetzung von A 12–17 grundsätzlich plausibel, vgl. Kottsieper, *Zusätze*, 124.

90 Dass EstLXX das militärische Strafgericht von Antiochus IV. im Jahre 168 v. u. Z. und die makkabäische Erhebung voraussetzen, ist in der Forschung unbestritten, vgl. z. B. Bardtke, *Zusätze*, 24–28; Moore, *Additions*, 113; Gardner, *Relationship*; Wynn, *Contexts*, 201–218; Kottsieper, *Zusätze*, 124; Collins, *Athens*, 111–112; De Troyer, *End*, 276; Mittmann-Richert, *Zusätze*, 100–101; Eckhardt, *Ethnos*, 110; Siegert, *Einleitung*, 255 oder Stone, *Empire*, 24–28.

91 Vgl. De Troyer, *End*, 276–277. Darin ist die Rede davon, dass die Seleukiden den Juden gestatten, wieder nach ihren eigenen Bräuchen und Gesetzen zu leben.

militärischen Fähigkeiten herrscht.[92] Möglicherweise rezipiert das Motiv der Autorisierung der jüdischen Gesetze durch einen fremden König dabei die Rücknahme der Beschlüsse von Antiochus IV., auf die in 2 Makk 11,22–26.27–33 Bezug genommen wird. In jedem Fall lässt sich eine solche Sichtweise grundsätzlich gut in die Regierungszeit des Hasmonäerkönigs Alexander Jannai (103–76 v. u. Z.) verorten.[93]

Jannai gelang es in verschiedenen Expansionszügen, das eigene Herrschaftsgebiet zu vergrößern und den Hasmonäerstaat als feste Größe in der hellenistischen Welt zu etablieren.[94] Eine *relecture* und stufenweise Überarbeitung der Estererzählung in dieser von militärischen bzw. außenpolitischen Erfolgen geprägten Zeit ist gut möglich, weshalb Bickermans Datierungsvorschlag zumindest für einen Teil von EstLXX zugestimmt werden kann. Wie schon zur Zeit der ersten Erfolge der Hasmonäer bot sich die Estererzählung offenbar auch in späterer Zeit als Diskursraum über die Rechtmäßigkeit und Notwendigkeit jüdischer militärischer Aktivitäten an. Dass in dieser Epoche der hasmonäischen Eigenstaatlichkeit ferner auch ein verstärktes Interesse an einer theologischen Neuinterpretation der Estererzählung aufkam, macht die innenpolitische bzw. gesellschaftliche Situation des Hasmonäerreiches wahrscheinlich. Gewisse jüdische, vermutlich religiös-konservative Kreise standen Jannais Übernahme des Hohenpriesteramtes wie schon im Falle seines Vaters, Johannes Hyrkan, kritisch gegenüber.[95] Weder Hyrkan noch Jannai konnten sich bekanntlich auf eine zadokidische Abstammung berufen, die nach traditioneller Sicht die nötige Voraussetzung für die Ausübung des Hohenpriesteramtes darstellte. Josephus berichtet sogar von bürgerkriegsähnlichen Zuständen, in denen Jannai grausam gegen seine innerjüdischen Gegner vorgegangen sein soll (*Ant.* 13,372–383). Die späte Aussöhnung Jannais mit den Pharisäern (*Ant.* 13,403–406) lässt allerdings darauf schließen, dass es am Ende seiner Regierungszeit bzw. zu Beginn der Herrschaft von Salome Alexandra zu einer „Annäherung an einflußreiche pharisäische Kreise"[96] kam.

---

92 Wenig überzeugend erscheint mir deshalb die Interpretation von Miller, *Jews*, 62–75, die in EstLXX ein sehr frühes Zeugnis hasmonäischer Literaturproduktion sehen möchte: „It has been determined that this book was written between 164 BCE [...] and 142 BCE" (75). Ihre Argumentation basiert u. a. auf der Behauptung, dass EstLXX (wie EstMT) allein ein Recht auf jüdische Selbstverteidigung entfalte, was nicht zur vermeintlich aggressiven Politik der späteren Hasmonäer passe.

93 Vgl. Wynn, *Contexts*, 221–222, der darin Bickermann, *Notes*, 126 folgt.

94 Vgl. zur Übersicht Frevel, *Geschichte* oder Knauf/Niemann, *Geschichte*, 408–409.

95 Zur Diskussion der entsprechenden Quellen vgl. Regev, *Hasmoneans*, 155–160.

96 Kottsieper, *Zusätze*, 123.

Möglicherweise stellt die Gewaltdarstellung der griechischen Estererzählung eine Art Kompromissdokument aus dieser Zeit dar, das sowohl dem politischen und militärischen Selbstbewusstsein der hasmonäischen Herrscherhaus als auch den eher traditionellen, religiösen Interessen anderer Kreise Rechnung tragen möchte. Unter dieser Annahme lässt sich jedenfalls gut erklären, warum EstLXX sekundär um die Zusätze A, C und F erweitert wurde, die eine ausgearbeitete theologische Reflexion des Konflikts sowie ein Schuldbekenntnis enthalten. Auch kann diese Annahme eine Begründung dafür liefern, warum die geplante Vernichtung der perserzeitlichen Juden an zentraler Stelle der Erzählung mit dem Jerusalemer Tempel und dem jüdischen Kult in Verbindung gebracht wird (vgl. EstLXX Add. C 20).[97] Schließlich lässt sich auch Mordechais Traumvision plausibel als Versuch eines Brückenschlags zwischen unterschiedlichen Interessenten bzw. Adressatengruppen verstehen. Die Motive vom Gottesgericht und vom Völkerkampf oder das Bild von Mordechai als Drachen dürften für Adressatenkreise unterschiedlicher Prägung gleichermaßen anschlussfähig gewesen sein. Nicht auszuschließen ist letztlich, dass die besonders in den Kapiteln EstLXX 8–9 gegenüber EstMT ausgebaute Rolle der Königin Ester eine subtile Anspielung auf die Regentschaft der hasmonäischen Königin Salome Alexandra darstellt.[98]

Die Zusätze B und E (sowie evtl. A 12–17) sind hingegen wohl erst in späterer Zeit, vermutlich in der ägyptischen Diaspora in die griechische Estererzählung gelangt.[99] Damit erfuhr die griechische Esterüberlieferung eine neue Ausrichtung. Der Plan des „Makedonen" Haman zur Vernichtung der Juden wird nun nicht mehr auf seinen grundlosen Hass auf alle Juden zurückgeführt, sondern er wird mit der Missgunst begründet, die er gegenüber den besonders loyalen jüdischen Bürgern empfindet. Der Konflikt nimmt dadurch eine stärker politische Dimension an. Die Vorwürfe gegen die Juden werden dabei in Zusatz B (wieder) intensiviert, während die apologetische Ausrichtung von Zusatz E diese Tendenz gänzlich umkehrt: Die Juden erscheinen als Wohltäter im Königreich, während Haman und seine Anhänger als die wahren Staatsfeinde bezeichnet werden.

---

97 Vgl. Mittmann-Richert, *Zusätze*, 100–101 und Marböck, *Gebet*, 86.

98 Vgl. Ilan, *Integrating Women*, 127–153. Vgl. ferner Liebowitz, *Esther*, 1–9, die betont, dass „the depiction of Esther as a powerful queen in the LXX would have impacted upon Hasmonean society's acceptance of a powerful queen like Alexandra" (9). Auch Knauf/Niemann, *Geschichte*, 411 sprechen sich dafür aus, dass „Salome Alexandra als ‚Subtext' in Purim" fortlebe.

99 Vgl. Moore, *Origins*, 383–386; Kottsieper, *Zusätze*, 120.152–154 sowie jüngst Domazakis, *Date*, 19–23. Dass, wie Jobes, *Alpha-text*, 174.224–225 vermutet, EstAT die ältere Form der beiden Zusätze enthält, ist m. E. aufgrund der besseren Integration des Materials in die Erzählung des Kurztextes unwahrscheinlich (siehe Kapitel 2.2.4). Vgl. dazu auch Kottsieper, *Zusätze*, 125 und De Troyer, *End*, 359–360.

Diese Neubewertung des gewaltvollen Konflikts passt nicht recht zur Tendenz der älteren Estertradition. Sie lässt sich auch nicht sinnvoll aus der politischen Situation des Hasmonäerreiches heraus erklären. Nimmt man hingegen die historischen Umstände der jüdischen Diaspora-gemeinde Alexandrias in den Blick, ergibt sich ein grundsätzlich stimmiges Bild: Die im ptolemäischen Ägypten lebenden Juden verstanden sich als loyale Unter-tanen der Ptolemäer und waren unter anderem als Söldner im ptolemäischen Heer und als Verwaltungsbeamte angestellt.[100] Es ist gut möglich, dass sich in dieser Situation Spannungen zwischen den Juden und der griechischen Bevöl-kerung Ägyptens entwickelten, die sich in EstLXX niedergeschlagen haben.[101] In diese Richtung lässt sich auch die bereits oben angedeutete Nähe zwischen den Zusätzen B und E und dem 3. Makkabäerbuch auswerten, das von der Verfolgung der alexandrinischen Juden unter den Ptolemäern berichtet.[102] So verorten denn verschiedene Auslegerinnen und Ausleger EstLXX auch in die Situation der ägyp-tischen Diaspora des 2.–1. Jahrhunderts v. u. Z.[103] Sollte die Jerusalemer Tradition allerdings erst unter Alexander Jannai bzw. Salome Alexandra nach Ägypten gekommen sein, würde sich tendenziell eher eine spätere Abfassung bzw. Auf-nahme der beiden Schreiben in EstLXX nahelegen.

Aus meiner Sicht ist es wahrscheinlich, dass der Text von EstLXX seine vor-liegende Gestalt erst später, wohl erst in römischer Zeit erreicht hat.[104] Dabei ist zunächst zu bedenken, dass die Abhängigkeitsrichtung zwischen 3 Makk und EstLXX Add. B und E nicht endgültig geklärt ist.[105] Es ist möglich, dass 3 Makk – trotz seines ptolemäerzeitlichen Kolorits – nicht die Vorlage für die beiden Briefe der Esterseptuaginta war, sondern es sich andersherum verhält. Außerdem wurde in der jüngeren Forschung wiederholt vorgeschlagen, das dritte Makkabäerbuch

---

100 Vgl. dazu Hacham, *Bigthan*, 353–354 mit Verweis auf Josephus (*Ant.* 13,287; 349–355; *C. Ap.* 2,45–56). Auch De Troyer, *End*, 398–399 verortet EstLXX (inkl. Add. B und E) in diese Zeit.
101 Vgl. zur Übersicht über die ptolemäische Diaspora Modrzejewski, *Jews*, 47–157; Barclay, *Jews*, 35–37 und Gruen, *Diaspora*, 54–83.
102 Vgl. zur Nähe von 3 Makk und EstLXX Motzo, *Rifacimento*, 287–280; Wynn, *Contexts*, 228–237; Jobes, *Alpha-text*, 171–172; Nickelsburg, *Literature*, 202–205; Johnson, *Fictions*, 137–138; Hacham, *3 Maccabees*, 765–780 und Magliano-Tromp, *Relations*, 59–70.
103 Vgl. z. B. Kottsieper, *Zusätze*, 152–154; Collins, *Athens*, 111–112; De Troyer, *End*, 276–277 oder Hacham, *Bigthan*, 353–356.
104 So auch Wynn, *Contexts*, 238–239 und Domazakis, *Date*. De Troyer, *End*, 400–403 und Mil-ler, *Three Versions*, 164–171 veranschlagen allein für EstAT eine Datierung in die Zeit nach 38–41 u. Z. Die meisten dazu vorgetragenen Argumente lassen sich jedoch bereits auf den griechischen Langtext (zumindest von Add. B und E) übertragen.
105 Vgl. Wynn, *Contexts*, 237–238; Johnson, *Fictions*, 137 und Hacham, *3 Maccabees*.

als ein Produkt der römischen Zeit zu verstehen.[106] So könnte 3 Makk bereits die gewaltvollen Ereignisse der Jahre 38–41 u. Z. in Alexandria rezipieren, von denen auch Josephus (*Ant.* 19,278–291) und Philo (*Flacc.*; *Legat.*) berichten. Sollte dies zutreffen, verschiebt sich auch der *terminus post quem* für EstLXX (inkl. B und E) nach hinten.

Für eine solche Spätdatierung der vorliegenden Form von EstLXX hat sich jüngst auch Nikolaos Domazakis ausgesprochen. Er verweist dabei auf begriffliche Parallelen zwischen den Briefen EstLXX Add. B und E und der Terminologie Philos.[107] Unter anderem erkennt er eine Nähe zwischen einem „Lieblingswort" Philos – „das Böse hassend" (μισοπόνηρος) – und dem nur einmal in der gesamten griechischen Bibel anzutreffenden Begriff der „das Böse hassenden Gerechtigkeit" (μισοπόνηρος δίκη), der eben in EstLXX Add. E 4 bezeugt ist.

Es gibt jedoch noch andere, stärkere Indizien für eine Ansetzung von EstLXX Add. B und E in römische Zeit, die sich vor allem aus dem Inhalt der Zusätze ergeben.[108] So passt deren erzählerische Perspektive schlichtweg sehr gut in diese Situation: In der Weltmetropole Alexandria kam es vermutlich immer wieder zu Konflikten zwischen der ägyptischen und griechischen Bevölkerung und den Juden.[109] Anders als das Gros der Alexandriner genossen die Juden die weitgehende Freiheit, nach ihren eigenen Gesetzen zu leben, was die Spannungen weiter vergrößert und den Neid nichtjüdischer Gruppen provoziert haben dürfte. Nach der Darstellung Philos entlud sich die judenfeindliche Stimmung in Alexandria, als im Jahr 38 u. Z. Agrippa I. einen Zwischenstopp einlegte, bevor er in Jerusalem zum jüdischen König eingesetzt werden sollte. Vermutlich fühlten sich die Alexandriner benachteiligt, als sie erkannten, dass der römische Kaiser den Juden sogar einen eigenen König zugestand. Philo berichtet von Possenspielen und Spott über Agrippa, zunächst im Privaten, dann im Gymnasium und im Theater Alexandrias (*Flacc.* 29–42). Auch soll gefordert worden sein, Kaiserbilder in den jüdischen Synagogen aufzustellen (*Flacc.* 41). Der römische Präfekt Flaccus soll diesen Plänen bedingungslos zugestimmt, die Juden per Edikt als „Fremde und Ausländer" (ξένους καὶ ἐπήλυδας) diffamiert (*Flacc.* 54 vgl. 172) und sogar die Eskalation von Gewalt bewilligt haben: Neben Angriffen auf die jüdischen Gebetshäuser und Plünderungen soll es zu äußerst brutalen, pogrom-

---

106 Vgl. Croy, *3 Maccabees*, xiii; Modrzejewski, *Livre*, 123; Honigman, *History*, 137–141 und Honigman, *Fictions*, 89–92.
107 Vgl. Domazakis, *Date*, 3–11.
108 Vgl. dazu Domazakis, *Date*, 11–14.
109 Für eine detaillierte Analyse vgl. u. a. Collins, *Anti-Semitism*, 89–98, Gambetti, *Riots*, 85–150 oder jüngst Bremmer, *Pogrom*.

artigen Übergriffen auf die jüdische Bevölkerung gekommen sein (*Flacc.* 56–81). Tausende Männer, Frauen und Kinder seien vom Mob auf grausame Art und Weise erschlagen und verbrannt worden. Auch wenn Einzelheiten des Berichts von Philo dramatisiert und literarisch überhöht sein mögen, besteht kein Anlass, daran zu zweifeln, dass es in Alexandria im Anschluss an den Besuch von Agrippa zu äußerst gewaltsamen Übergriffen auf Juden kam.

Mit Blick auf das Ausmaß der Gewalt ist es gut vorstellbar, dass jüdische Traditionen wie die Estererzählung zum narrativen Reflexionsort dieser Ereignisse wurden. So lässt sich der vom König legitimierte Plan Hamans zur Vernichtung der Juden plausibel als Metapher für die Ereignisse von 38 u. Z. lesen, als die Römer (bzw. Flaccus), die den Juden wie einst die Perser eigentlich als „Verbündete" galten, gemeinsame Sache mit den Gegnern der Juden machten.[110] Ebenso kann erklärt werden, warum sich die im Kerntext von EstLXX 3 eher zurückhaltende Perspektive der Bedrohung in Zusatz B intensivierte und eine neue Dimension annahm. Ferner lässt sich EstLXX Add. E, das königliche Schreiben zur Rehabilitierung der Juden, gut als fiktionalisierte Deutung der alexandrinischen Konflikte verstehen. Zum einen deckt sich die in Zusatz E entfaltete Perspektive mit der Überzeugung Philos, die Juden seien zu Unrecht angefeindete, durchweg loyale und friedliche Mitbürger (z. B. *Flacc.* 49–50).[111] Zum anderen zeigt der weitere Verlauf der Ereignisse nach 38 u. Z., dass die Juden tatsächlich eine Form der Rehabilitierung erlebten. Nachdem der römische Kaiser Caligula im Jahr 40 u. Z. eine jüdische Delegation einbestellt hatte kurz darauf ermordet wurde, änderte sich das Schicksal der Juden nachhaltig: Die alexandrinischen Juden griffen nach Josephus im Jahr 41 u. Z. selbst zu den Waffen, und der Konflikt verschärfte sich

---

110 Auch die in EstLXX aufkommende Vorstellung, der „Makedone" Haman wolle die Juden töten und erhebe den Vorwurf, das jüdische Volk sei eine staatsfeindliche, fremde Größe, könnte mit den Ereignissen von 38 u. Z. in Verbindung gebracht werden. Vermutlich ging die Gewalt nämlich zunächst von Griechen (und nicht von Ägyptern) aus, was sowohl die griechischen Namen der Aufrührer (*Flacc.* 20) als auch die Verortung der ersten Unruhen am Gymnasium (*Flacc.* 34) verraten, vgl. z. B. Gambetti, *Riots*, 195–212 und Schäfer, *Judenhass*, 198–234. Dass Haman in EstLXX auch außerhalb des Zusatzes E „Makedone" genannt wird (vgl. EstLXX 9,24), muss nicht gegen eine Datierung der Zusätze B und E in römische Zeit sprechen. Entweder erhielt Haman seinen neuen Beinamen in 9,24 bereits in vorrömischer Zeit, oder 9,24 wurde im Zuge der Einarbeitung von Zusatz E überarbeitet.

111 Auch die in EstLXX Add. E vorgenommene theologische Deutung passt zur Bewertung der Ereignisse, die Philo vornimmt: Nach *Flacc.* 191 sei Flaccus' unrühmlicher Tod (in Analogie zur Hinrichtung Hamans in EstLXX Add. E 18) ein Beleg für das gerechte Wirken Gottes. Ebenso lässt sich der Hinweis in *Leg.* 366–367, Gott habe seinem Volk Gnade erwiesen und letztlich sogar Caligula zur Vernunft gebracht, mit dem Bekenntnis des persischen Königs zum Gott Israels in Zusatz E der Esterseptuaginta in Verbindung bringen.

erneut (*Ant.* 19,278–279). Der neue Kaiser Claudius versuchte, die Lage mit schriftlichen Erlassen zu beruhigen (*Ant.* 19,279–291). Darin soll er unter anderem die Bevölkerung Alexandrias dazu aufgerufen haben, die Juden in Frieden leben zu lassen. Auch soll er den Juden zugestanden haben, wieder nach ihren eigenen Bräuchen leben zu dürfen (*Ant.* 19,285).[112]

In Zusatz E der Esterseptuaginta begegnet eine ganz ähnliche Perspektive, die jedoch deutlich optimistischer ausfällt als der Erlass des römischen Kaisers. Der persische König spricht darin einerseits das gesamte Volk der Juden von allen Vorwürfen frei, gestattet ihnen das Leben nach den eigenen, als äußerst gerecht charakterisierten Gesetzen und erlaubt sogar den Einsatz von Gewalt zur Abwehr von Angriffen. Andererseits fordert er – in gewisser Weise wie Claudius – von den Gegnern der Juden, nicht gewaltsam gegen das jüdische Volk vorzugehen (vgl. EstLXX Add. E 17). Diese Umstände bieten somit verschiedene Anhaltspunkte für eine Kontextualisierung der Zusätze B und E von EstLXX in die Zeit des 1. Jahrhunderts u. Z. Meines Erachtens kann eine Datierung dieser Textpassagen nach 38–41 u. Z. plausibel machen, warum sich in der griechischen Estererzählung die Stigmatisierung und die gewaltvolle Bedrohung der Juden gegenüber (EstMT und) dem Kerntext wieder intensiviert und warum die Juden durch das Edikt eines fremden Machthabers letztlich als ausgesprochen loyal und gerecht ausgewiesen werden.

Sicherlich bedarf eine solche Ansetzung der weiteren Überprüfung. Die zukünftige Forschung wird vor der Aufgabe stehen, die vorliegende Gestalt von EstLXX mit anderen literarischen Traditionen in Beziehung zu setzen, die auf die Konflikte in Alexandria Bezug nehmen. Dazu zählt allen voran die jüdische Perspektive, die von Philo und Josephus (sowie vermutlich von 3 Makk) vertreten wird. Aber auch Vergleiche mit den römischen Erlassen oder den Texten der Acta Alexandrinorum – antirömisch sowie antijüdisch ausgerichtete, fiktionalisierte „Zeugen"-Berichte über die Leiden griechischer Bürger im Umfeld der Konflikte von 38–41 u. Z. – bieten hier weitere Kontextualisierungsmöglichkeiten der Gewaltdarstellung von EstLXX.[113]

Vor dem Hintergrund dieser Überlegungen lässt sich die vorliegende Form der Esterseptuaginta als eine Art Resonanzraum verstehen, in dem verschiedene

---

112 Zur Diskussion vgl. Gambetti, *Riots*, 220–223. Gambetti betont, dass Claudius aus historischer Perspektive wohl nur sehr begrenzte Zugeständnisse an die Seite der Juden machte, die nicht als vollständige Rückkehr zum Status quo vor 38 u. Z. verstanden werden dürften. Schon das auf Claudius zurückgehende, gegen die Juden gerichtete Versammlungsverbot sowie die bei Sueton überlieferte Ausweisung der römischen Juden sprechen dagegen, in Claudius einen wahren Freund und Unterstützer der Juden zu sehen.
113 Zu den Acta Alexandrinorum vgl. Harker, *Loyalty*.

Positionen zur Bedrohung des jüdischen Volkes und zur jüdischen Anwendung von Gewalt aus unterschiedlichen historischen Kontexten gleichzeitig zu hören sind. Die hebräische Estererzählung dürfte im späten 2. und frühen 1. Jahrhundert v. u. Z. am Hasmonäerhof von Alexander Jannai und Salome Alexandra überarbeitet und auch um eine theologische Perspektive erweitert worden sein. EstLXX jedoch erreichte ihre gegenwärtige Form erst in Ägypten, vermutlich bereits nach den blutigen Zusammenstößen zwischen Juden und Teilen der alexandrinischen Bevölkerung in den Jahren 38–41 u. Z. Die septuagintagriechische Fassung des Esterbuches verdeutlicht damit das anhaltende sinnstiftende Potential der konfliktreichen Erzählung, um auch spätere Gewalterfahrungen neu zu deuten.

Auch der letzte Text, den ich in dieser Arbeit untersuchen möchte, stellt eine aktualisierende Überarbeitung seiner Vorlage dar. Wie in der literarhistorischen Analyse aufgezeigt, verstehe ich EstAT als eine jüngere Rezension von EstLXX (vgl. Kapitel 2.2). Auch gehe ich davon aus, dass der Bericht über die jüdischen Kampfhandlungen in EstAT 7,43–46 einen sekundären Anhang darstellt. Die ursprüngliche Form von EstAT dürfte hingegen nur eine sehr begrenzte Darstellung der Tötung von Feinden gekannt haben (EstAT 7,18–21). Diese erfolgt, ohne dass die Juden zum Kampf gegen ihre Feinde ausziehen müssen.

4.3 Transformationen der Gewaltdarstellung II: EstAT

4.3.1 Die Bedrohung der Juden nach EstAT

4.3.1.1 Mordechais Traumvision: (K)ein Völkerkampf

Die jüngere und im Vergleich zu EstLXX kürzere griechische Estererzählung folgt in der Darstellung der Bedrohung der Juden im Wesentlichen ihrer Vorlage. Auch sie kennt die Gewaltbilder der Traumvision Mordechais (EstAT Add. A 1–10), die Pläne Hamans zur Vernichtung der Juden (3,1–10) sowie ein Edikt, das im Namen des Königs die Vernichtung der Juden anordnet. Bei genauer Betrachtung lassen sich allerdings verschiedene, zumeist subtile Textveränderungen im Vergleich zu EstLXX wahrnehmen, die der Gewaltdarstellung des Kurztextes ein eigenes inhaltliches Profil verleihen. Diese verschiedenen Varianten sorgen insgesamt dafür, das EstAT ein einheitlicheres Bild in Bezug auf die Ursachen der Bedrohung der Juden abgibt als EstLXX. In EstAT finden sich kaum gegenläufige Darstellungstendenzen. Die einzelnen Episoden scheinen besser aufeinander abgestimmt. Die dualistische, universale Deutung der Handlung als Konflikt zwischen Israel und den Völkern tritt in den Hintergrund, während der Fokus auf einer unbestimmten Gruppe von Feinden bzw. auf dem Judenfeind par excellence, Haman, liegt. Dieser wird in EstAT als besonders boshaft charakterisiert. Im Zuge dieser Akzentverschiebung erscheint auch der persische König in einem besseren Licht. So wird in EstAT nicht nur das grundsätzliche Konfliktpotential zwischen Juden und Nichtjuden begrenzt, sondern es ergibt sich auch eine harmonischere Perspektive auf die Möglichkeiten jüdischen Lebens in der Fremde und unter der Herrschaft eines Großreiches.[114]

Ersteres lässt sich gut in Mordechais Traumvision erkennen, und zwar anhand eines Vergleichs von ihrer Gestalt in EstAT und EstLXX. Wie in EstLXX schaut Mordechai auch im Kurztext Schreckensbilder und sieht zwei miteinander ringende Drachen (EstAT Add. A 3–5), die in der Deutung der Vision in Zusatz F als Haman und Mordechai identifiziert werden (F 4). In EstAT fehlt jedoch das aus EstLXX bekannte Attribut, die Drachen wären „groß" (EstLXX Add. A 5: δύο δράκοντες μεγάλοι) und würden ein „lautes" Geräusch (A 6: φωνὴ μεγάλη) von sich geben. Durch diese unscheinbaren Veränderungen nimmt die Intensität der Bedrohung ab. Eine ähnliche Funktion scheinen auch die folgenden Unterschiede zwischen den beiden Textfassungen zu haben.

> [5]καὶ ἰδοὺ δύο δράκοντες μεγάλοι ἕτοιμοι προῆλθον ἀμφότεροι παλαίειν, καὶ ἐγένετο αὐτῶν φωνὴ μεγάλη, [6]καὶ τῇ φωνῇ αὐτῶν ἡτοιμάσθη πᾶν ἔθνος εἰς πόλεμον ὥστε πολεμῆσαι δικαίων ἔθνος. [7]καὶ ἰδοὺ ἡμέρα σκότους καὶ γνόφου, θλῖψις καὶ στενοχωρία, κάκωσις καὶ τάραχος μέγας ἐπὶ τῆς γῆς, [8]καὶ ἐταράχθη δίκαιον πᾶν ἔθνος, φοβούμενοι τὰ ἑαυτῶν κακά, καὶ ἡτοιμάσθησαν ἀπολέσθαι.

> [5]Und siehe, zwei große Drachen kamen hervor, beide bereit zu ringen. Und ein lautes Geräusch kam von ihnen. [6]Und durch ihr Geräusch wurde *jedes Volk auf Krieg vorbereitet, um das Volk der Gerechten zu bekriegen.* [7]Und siehe, ein Tag der Finsternis und der Dunkelheit, Bedrückung und Bedrängnis, Leid und große Bestürzung auf der Erde. [8]*Und das gesamte gerechte Volk wurde bestürzt,* da sie ihr eigenes Unglück befürchteten, *und sie wurden darauf vorbereitet, vernichtet zu werden.* (EstLXX Add. A 5–8)

> [4]καὶ ἰδοὺ δύο δράκοντες, καὶ προσῆλθον ἀμφότεροι παλαίειν, [5]καὶ ἐγένετο αὐτῶν φωνή, καὶ ἐταράσσετο πάντα ἀπὸ τῆς φωνῆς τῆς κραυγῆς ταύτης. [6]μαρτυρομένη πᾶσι τοῖς λαοῖς ἡμέρα σκότους καὶ γνόφου καὶ ταραχὴ πολέμου καὶ ἡτοιμάσατο πᾶν ἔθνος πολεμῆσαι.

> [4]Und siehe, zwei Drachen, und sie kamen hervor, beide bereit zu ringen. [5]Und ein Geräusch kam von ihnen, und es erschrak alles vor diesem Geräusch, dem Rufen. [6]Es wurde *allen Völkern* ein Tag der Finsternis und der Dunkelheit und Schrecken des Krieges bezeugt, und *jedes Volk bereitete sich darauf vor, Krieg zu führen.* (EstAT Add. A 4–6)

---

[114] Vgl. Wacker, *Three Faces*, 79, die ebenfalls zu Beginn von EstAT eine Tendenz erkennt, „in nicht-militanter Form das Ende der Bedrohung für das jüdische Volk" vorwegzunehmen.

Zunächst fällt die insgesamt etwas knappere, weniger drastische Schilderung des bedrohlichen Zustands auf. EstAT übernimmt die in EstLXX Add. A 7 enthaltenen Elemente von „Bedrückung und Bedrängnis" und von „Leid und großer Bestürzung", die sich auf der Erde ausgebreitet haben sollen, nicht. Sodann hat das Auftreten der Drachen in EstLXX und EstAT unterschiedliche Konsequenzen. Während der Lärm der miteinander ringenden Drachen in EstLXX „jedes Volk" zum Krieg gegen das „Volk der Gerechten" bzw. das „gerechte Volk" heraufziehen lässt, spricht EstAT unbestimmt von einem Krieg, auf den sich *alle* Völker vorbereiten. Von der Existenz eines „gerechten Volkes", gegen das sich alle anderen Völker erheben würden, ist in EstAT nicht die Rede (vgl. EstLXX Add. A 8).[115] Durch diese Veränderungen wird einerseits der in EstLXX Add. A und F entfaltete, eindeutige Antagonismus zwischen den Juden und den Völkern im Kurztext aufgelöst. Andererseits fehlt EstAT damit die Möglichkeit, die im weiteren Handlungsverlauf entfaltete Bedrohung des jüdischen Volkes durch Hamans Vernichtungsplan eindeutig mit der Traumvision und dem darin geschilderten Krieg zu identifizieren.[116] Viel eher legt sich in der Darstellung des Kurztextes nahe, dass das Unheil, das der Konflikt der beiden Drachen auslöst, für alle Völker gleichermaßen negative Konsequenzen hat. Dieser neue Deutungsrahmen hat auch Auswirkungen auf das Verständnis der Vernichtung der Judenfeinde. So ergibt sich durch subtile Textveränderungen in Mordechais Traumvision eine gegenüber EstLXX alternative Deutungsmöglichkeit der Tötung der Judenfeinde.

> [9]καὶ ἐβόησαν πρὸς τὸν θεόν. ἀπὸ δὲ τῆς βοῆς αὐτῶν ἐγένετο ὡσανεὶ ἀπὸ μικρᾶς πηγῆς ποταμὸς μέγας, ὕδωρ πολύ· [10]φῶς καὶ ὁ ἥλιος ἀνέτειλεν, καὶ οἱ ταπεινοὶ ὑψώθησαν καὶ κατέφαγον τοὺς ἐνδόξους.

> [9]Und sie riefen zu Gott. Von ihrem Rufen entstand – so wie aus einer kleinen Wasserquelle ein großer Strom [entsteht] – viel Wasser. [10]Licht und die Sonne gingen auf, und *die Demütigen wurden erhöht und sie verzehrten die Ruhmvollen*. (EstLXX Add. A 10)

> [7]καὶ ἐγένετο ἐκ πηγῆς μικρᾶς ὕδωρ πολυ, ποταμὸς μέγας· [8]φῶς, ἥλιος ἀνέτειλε, καὶ οἱ ποταμοὶ ὑψώθησαν καὶ κατέπιον τοὺς ἐνδόξους.

> [7]Und es entstand aus einer kleinen Quelle viel Wasser, ein großer Strom. [8]Licht, Sonne gingen auf, *und die Ströme wurden erhöht und sie verzehrten die Ruhmvollen*. (EstAT Add. A 7–8)

---

115 Dementsprechend wird auch in EstAT Add. E die in EstLXX anzutreffende bekannte Vorstellung ausgelassen, die Juden seien das „erwählte Geschlecht" (τοῦ ἐκλεκτοῦ γένους in EstLXX Add. E 21).

116 Vgl. Fox, *Redaction*; Kottsieper, *Zusätze*, 144–145.204–206; Bellmann, *Theologie*, 202 und Macchi, *Ester*, 328.

In EstLXX ist sehr wahrscheinlich, dass mit den „Demütigen" die Juden gemeint sind, die von Gott erhöht werden und die im Anschluss die „Ruhmvollen" verzehren bzw. töten können.[117] Die Tötung der Judenfeinde am Ende der Estererzählung lässt sich so als Vollzug des göttlichen Gerichts („Licht und Sonne") verstehen. In EstAT ist diese Deutung hingegen weniger eindeutig. Zwar werden auch darin „die Ruhmvollen" verzehrt, jedoch werden „Demütige" ebenso wenig erwähnt wie zuvor ein „gerechtes Volk." Nach A 8 sind es „die Ströme" (οἱ ποταμοί), die nach dem göttlichen Gericht erhöht werden und die die Angesehenen verzehren. Dass die Juden hier als „die Ströme" zu verstehen sind, wird nicht ausdrücklich gesagt.[118] Könnte es sein, dass „die Ströme" eine andere Gruppe als die Juden im Blick hat? Die Traumdeutung in EstAT Add. F 3–5 macht dies wahrscheinlich. Darin wird zunächst Ester mit der „Quelle" aus A 7 identifiziert (vgl. F 3). Der „Strom" hingegen wird in F 5 mit den „Völkern" gleichgesetzt (ποταμὸς τὰ ἔθνη), die die Juden vernichten wollten. Somit scheint A 7 das Aufkommen von zwei unterschiedlichen Gruppen zu beschreiben: die von Ester („Quelle") ausgehende Macht der Juden („viel Wasser") einerseits und die den Juden feindlich gegenüberstehenden Völker („ein großer Strom") andererseits. Wenn in A 8 nun die Rede davon ist, dass „die Ströme" (im Plural!) erhöht werden, scheint hingegen eine andere Größe gemeint zu sein. Wie Ingo Kottsieper richtig feststellt, wird damit in EstAT von Beginn an „der klare Gegensatz zwischen Israel und allen übrigen Völkern, der im LXX-Text ans Licht tritt, zugunsten einer Dreiteilung aufgegeben".[119] Es wird offenbar zwischen dem Gottesvolk, den feindlichen und den nicht feindlichen Völkern unterschieden.

Die Pointe dieser Differenzierung in Bezug auf die Bewertung eines möglicherweise gewaltsamen jüdischen Vorgehens liegt nun darin, dass es im griechischen Kurztext so scheint, als seien es letzten Endes *nicht* die Juden, sondern die Völker, die dafür sorgen, dass „die Ruhmvollen" vertilgt werden. Diese Vermutung lässt sich gut mit dem von mir bereits in der literarhistorischen Grundlegung herausgestellten Aussageinteresse des Kurztextes in Einklang bringen, wonach die Judenfeinde zwar auf Esters Befehl hin, jedoch nicht durch ein aktives Vorgehen der Juden getötet werden. Die Analyse der entsprechenden Passage EstAT 7,18–21 wird dieser Interpretation weiter nachgehen. Es kann an dieser Stelle jedoch bereits festgehalten werden, dass EstAT von Beginn an einen eigenen Weg in der Rahmung des Hauptkonflikts der Estergeschichte einschlägt. Der Kurztext

---

117 Da sich Haman in EstAT 6,11 (vgl. EstLXX 6,9) selbst als „einer von den Ruhmvollen" (εἷς τῶν ἐνδόξων) bezeichnet, kann das Wort als Überbegriff für die Feinde der Juden verstanden werden.
118 So jedoch Fox, *Redaction*, 75.
119 Kottsieper, *Zusätze*, 144.

übernimmt zwar die Motivik der Traumvision Mordechais aus EstLXX, modifiziert die Darstellung jedoch in mehreren Details. Er bereitet damit einer neuen Variante der Estererzählung den Weg, in der das jüdische Volk sich nicht mehr in einem großen Kampf gegen seine Feinde bewähren muss.

4.3.1.2 Hamans Plan

Die in Mordechais Traumvision einsetzende Neubewertung des Hauptkonflikts der Estergeschichte lässt sich auch anhand der Darstellung der Motivation für Hamans Vernichtungsplan, anhand der Charakterisierung der Figur Hamans sowie anhand der Anklagerede Hamans vor dem König erkennen. Zunächst kennt EstAT wie EstLXX die Vorstellung, dass Haman dem Hofangestellten Mordechai mitsamt allen Mitgliedern seines Volkes Böses antun will, weil er neidisch auf Mordechais Position am Hof und zugleich wütend über die Vereitelung des Anschlages auf den König ist (EstAT Add. A 16–18). EstAT entwickelt in dieser Episode jedoch eine etwas anders gelagerte Aussage als EstLXX. In der Septuagintafassung von EstLXX Add. A 16 wird erzählt, dass Mordechai vom König Geschenke zur Belohnung für seine Loyalität erhalten habe. EstAT lässt dieses Motiv aus, erwähnt stattdessen jedoch, dass der König Mordechai dadurch belohnt, dass er ihm Haman als Angestellten bzw. Diener beistellt (A 17).[120] Durch diese Textänderung bietet der Kurztext einen zusätzlichen Grund zur Erklärung von Hamans Neid, während Mordechai stärker als in EstLXX von Beginn an als eine dem Fremdherrscher loyale, politisch wichtige und angesehene Figur erscheint. Wie in EstLXX wird in der Proskynese-Szene von EstAT 3,1–5 (anders als in EstMT 3,6) nicht explizit erwähnt, dass Haman an Mordechais jüdischer Identität Anstoß nimmt. Stärker als in der Langfassung hat der Konflikt zwischen Haman und Mordechai dabei eine politische bzw. persönliche Motivation, da Haman zuvor Mordechai unterstellt war und erst in 3,1 vom König in ein höheres Amt gehoben wurde.[121]

Hamans emotionale Reaktion auf die Ehrverweigerung durch Mordechai wird in EstAT 3,5–6 in gegenüber EstLXX gesteigerter Form wiedergegeben. Gleich viermal hintereinander wird in diesen beiden Versen von seinem heftigen Zorn erzählt. Er habe „Mordechai gezürnt" (ἐθυμώθη τῷ Μαρδοχαίῳ), in ihm sei

---

120 Vgl. Fox, *Redaction*, 78; Kottsieper, *Zusätze*, 148–149; Hacham, *Haman* und Bellmann, *Theologie*, 185–186.

121 In diese Richtung lässt sich auch der Ausspruch von Hamans Frau Zosara in EstAT 5,21 verstehen, der Hamans Vernichtungsabsicht als Racheplan deutet: Darin wird erwähnt, die Götter hätten Haman einen „Tag der Vernichtung zur Rache" an den Juden gegeben (καὶ ἔδωκάν σοι οἱ θεοὶ εἰς ἐκδίκησιν αὐτῶν ἡμέραν ὀλέθριον).

„Zorn entbrannt" (καὶ ὀργὴ ἐξεκαύθη ἐν αὐτῷ), er sei „in Eifersucht verfallen" (παραζηλώσας) und sei „in seinem ganzen Zorn bewegt rot geworden" (κινηθεὶς ἐν παντὶ τῷ θυμῷ ἐρυθρὸς ἐγένετο). Diese Darstellung ist Teil der Tendenz von EstAT, Haman als besonders boshafte Figur zu charakterisieren.[122] Dies zeigt sich auch in der Behauptung, Haman habe Viel- bzw. Fremdgötterei betrieben, als er zur Auslosung des Vernichtungstermins „zu seinen Göttern" gegangen sein soll (καὶ ἐπορεύθη Αμαν πρὸς τοὺς θεοὺς αὐτοῦ in EstAT 3,7).[123] Ferner schreibt EstAT 3,8 Haman eine gegenüber EstMT/EstLXX gesteigerte Form der Verleumdung der Juden zu. Wie bereits in der literarhistorischen Analyse aufgezeigt (vgl. Kapitel 2.2.3), liegt mit dem Kurztext die jüngste, längste und vor allem drastischste Form der Anklagerede Hamans vor dem persischen König vor.

> λέγων Ἔστι λαὸς διεσπαρμένος ἐν πάσαις ταῖς βασιλείαις, λαὸς πολέμου καὶ ἀπειθής, ἔξαλλα νόμιμα ἔχων, τοῖς δὲ νομίμοις σοῦ, βασιλεῦ, οὐ προσέχουσι γνωριζόμενοι ἐν πᾶσι τοῖς ἔθνεσι πονηροὶ ὄντες καὶ τὰ προστάγματά σου ἀθετοῦσι πρὸς καθαίρεσιν τῆς δόξης σου.

> Sagend: Es gibt ein verstreutes Volk in allen Königreichen, ein kriegerisches und ungehorsames Volk, das andere Gesetze hat, aber deine Gesetze, König, achten sie nicht; bei allen Völkern sind sie als Übeltäter bekannt und deine Anordnungen missachten sie, um deine Ehre hinunterziehen. (EstAT 3,8)

Erstmals in der Esterüberlieferung werden die Juden in dieser Variante von Hamans Anklage eindeutig als eine feindliche, gewaltbereite Größe charakterisiert. Alle anderen, ebenfalls in gesteigerter bzw. universalisierter Form vorliegenden Vorwürfe – die globale Verstreuung, die vermeintliche Eigengesetzlichkeit, die Missachtung der königlichen Gesetze, der schlechte Ruf bei allen Völkern, der intentionale Versuch der Schädigung der königlichen Ehre – sind dieser Behauptung nachgeordnet. Dies ist insofern für die Interpretation der Gewaltdarstellung von EstAT von großer Bedeutung, als die Erzählung einst ohne einen Bericht über das gewaltsame jüdische Vorgehen gegen ihre Feinde geendet haben dürfte. So wird der Vorwurf, die Juden seien ein „kriegerisches Volk" bzw. ein „Kriegsvolk" (λαὸς πολέμου), im weiteren Erzählverlauf widerlegt. EstAT 3,8 kann damit trotz seines gegenteiligen Inhalts als Bestandteil der erzählerischen Strategie des Kurztextes interpretiert werden, die Juden vom Vorwurf der Gewaltbereitschaft

---

122 Vgl. Harvey, *Morality*, 173–175. Zudem wird nur in EstAT davon berichtet, dass Haman einen Schwächeanfall erleidet, als er erfährt, dass er Mordechai ehren muss (vgl. EstAT 6,13). Dies scheint insofern eine Abwertung Hamans darzustellen, als eine solche emotionale Reaktion in EstAT Add. D 6 in Bezug auf Ester – wohl als Ausdruck weiblicher Emotionalität – erwähnt wurde (vgl. EstLXX Add. D 7).

123 Vgl. Wacker, *Three Faces*, 80–81.

freizusprechen. Damit fügt sich Hamans Anklage zu der bereits in Zusatz A wahrnehmbaren Tendenz zu einer begrenzten Darstellung einer möglichen jüdischen Gewaltanwendung.

Dieser Darstellungsabsicht folgend zeigt auch der Plan Hamans zur Vernichtung der Juden in EstAT eine Tendenz zur Intensivierung der von ihm geplanten gewaltvollen Maßnahmen: So soll Haman nach 3,7 (vgl. B 6; 7,4) geplant haben, bei der Vernichtung der Juden auch „die Kleinkinder zu rauben" (διαρπάζειν τὰ νήπια).[124] Damit wird Haman im griechischen Kurztext nicht nur als äußerst boshaft, sondern auch als besonders grausam dargestellt.

Dagegen wird der König in EstAT stärker als in EstLXX entlastet.[125] Er stimmt zwar Hamans Plan zu (vgl. 3,11), doch schon die Einleitung des ausführlichen Vernichtungsedikts in Zusatz B macht wahrscheinlich, dass die Autoren von EstAT dem persischen König weniger Verantwortung am Vernichtungsbeschluss zusprechen wollten. Im ersten Vers heißt es nämlich auffällig offen: „Er unterzeichnete den folgenden Brief" (ὑπέγραψε τὴν ὑποτεταγμένην ἐπιστολήν in B 1). Da zuvor beschrieben wurde, wie Haman den Vernichtungstag bestimmt und er die Eilboten einbestellt, kommt nur Haman als handelndes Subjekt in Frage.[126] Das „königliche" Vernichtungsedikt wird im Kurztext damit eindeutig auf Haman zurückgeführt. Die Entlastung des Königs setzt sich auch insofern fort, als EstAT die Notiz ausspart, der König habe sich nach Veröffentlichung des Vernichtungsbeschlusses mit Haman betrunken (ὁ δὲ βασιλεὺς καὶ Αμαν ἐκωθωνίζοντο in EstLXX 3,15). Wie in EstLXX findet sich in dem Erlass allerdings auch der von

---

124 Traditionsgeschichtlich ist dieses Motiv schwierig einzuordnen. Alttestamentliche Gewaltdarstellungen nennen das *Töten* von Kleinkindern recht häufig als Zeichen besonderer Grausamkeit (vgl. u. a. 1 Sam 15,3; 2 Kön 8,12; Jer 6,11; 44,7; Klgl 1,5; 2,11.19.20; 4,4; Jud 4,10; 7,22.27; 1 Makk 1,58; 2,9; 2 Makk 5,13; 8,4; 9,15; 3 Makk 3,27). Das *Erbeuten* von Kleinkindern ist dagegen ein nur selten anzutreffendes Motiv, wobei zumindest die Deportation von Kindern (vgl. z. B. Num 14,3; Dtn 1,39) altorientalischer und gemeinantiker Kriegspraxis entsprechen dürfte (vgl. Michel, *Gewalt*, 148). Eine mögliche Parallele zu EstAT bietet Jud 4,12 (vgl. 16,4), wo die Israeliten Gott in einem Gebet darum bitten, der Assyrer Holofernes „möge nicht ihre Kleinkinder zur Plünderung und ihre Frauen zur Beute preisgeben" (μὴ δοῦναι εἰς διαρπαγὴν τὰ νήπια αὐτῶν καὶ τὰς γυναῖκας εἰς προνομήν).

125 Vgl. Bellmann, *Theologie*, 177–184, der betont, dass der persische König nach EstAT „*von Anfang an* kein bösartiger Gegner der jüdischen Gemeinschaft ist, auch wenn er ein einziges Mal sein Vertrauen in die falsche Person setzt" (184) [Hervorhebung im Original]. Diese positive Würdigung des Königs geht sogar so weit, dass Ester dem persischen König ein Attribut zuspricht, das sonst nur Gott zukommt: Sie erkennt, dass der König – wie Gott in EstLXX/EstAT Add. E 4 (μισοπόνηρον) – eine Figur ist, die „das Böse hasst" (μισοπονηρεῖ).

126 Zugleich fehlt wie in EstLXX die Vorstellung, Haman habe das Schreiben mit dem Siegelring des Königs versehen.

Haman geäußerte Vorwurf, die Juden stellten ein abgesondertes, seit jeher als boshaft bekanntes, „feindliches Volk" (δυσμενῆ τινὰ λαόν in B 4) dar. Zudem wiederholt sich hierin Hamans Absicht, die Kleinkinder der Juden zu rauben (B 6), womit sich der Ton der gewaltvollen Bedrohung der Juden auch in Bezug auf das offizielle Vernichtungsedikt gegenüber EstLXX verschärft.[127] Schließlich unterscheidet sich das Edikt auch in einem weiteren Detail von der Langfassung: Das auf Haman zurückgehende Schreiben benennt nun namentlich das Volk, das vernichtet werden soll (πάντας τοὺς Ἰουδαίους in B 6).

All das sorgt dafür, dass Haman in EstAT als Hauptfeind der Juden und als einzig wahrer Urheber des Vernichtungsplanes erscheint. Dennoch kennt der Kurztext wie EstLXX auch Gebete Mordechais und Esters, die ein Schuldbekenntnis enthalten und die Bedrohung der Juden als mögliche göttliche Strafe deuten (vgl. EstAT Add. C 21–22). Allerdings zeigt sich auch in den Gebeten eine Eigenheit des Kurztextes, die mit der Darstellungstendenz aus Zusatz A übereinstimmt: Während Ester in der griechischen Langfassung die Bedrohung der Juden aus dem „Mund der Völker" (στόμα ἐθνῶν in EstLXX Add. C 21) befürchtet, spricht der Kurztext von den „Mündern der Feinde" (στόματα ἐχθρῶν in EstAT Add. C 22, vgl. 21: χεῖρας τῶν ἐχθρῶν ἡμῶν).[128] So ergibt sich ein stimmiges Gesamtbild: Die Vernichtung der Juden geht in EstAT eindeutig auf den Haman, den Judenfeind, zurück. Von „den Völkern" geht – anders als in EstLXX – keine grundsätzliche Feindschaft aus. So liegt es an Ester und Mordechai, für die Abwendung der Gefahr durch Haman und diejenigen „Feinde" (vgl. EstAT 7,18.20) bzw. „Gegner" (οὓς ἀντικειμένους in EstAT 7,43) zu sorgen, die seinem Beschluss Folge leisten wollen.

4.3.2 Die Vergeltung der Juden nach EstAT

4.3.2.1 Die Todesstrafe für die Feinde (EstAT 7,18–21)

Bereits in der literarhistorischen Analyse zu EstAT habe ich die Hypothese begründet, dass der hintere Buchteil von EstAT so zu verstehen ist, dass Hamans Vernichtungsedikt durch ein Gegenschreiben des Königs (EstAT Add. E) sowie

---

127 Die von Harvey, *Morality*, 178 als spannungsvoll empfundene Vorstellung von B 6, es seien „Kinder" (τέκνοις) zu töten, „die Kleinkinder" (τὰ νήπια) jedoch zu rauben, ergibt mit Blick auf EstLXX als mögliche Vorlage von EstAT Sinn: Der Kurztext übernimmt das Motiv der Tötung aller Juden und ihrer Kinder (vgl. EstLXX Add. B 7), ergänzt aber von 3,8 her das Motiv des Raubens von Kleinkindern.

128 Vgl. Bellmann, *Theologie*, 201

durch ein Schreiben Mordechais (7,34–38) annulliert wird (vgl. Kapitel 2.2.4). Ein großer Kampf aller Juden gegen unzählige Angreifer im gesamten Perserreich ist deshalb nicht nötig. Ester kann sich stattdessen beim persischen König dafür einsetzen, dass die Judenfeinde mit dem Tod bestraft werden (7,18–21). Eine jüdische Beteiligung an dieser Maßnahme bzw. die Anwendung tödlicher Gewalt durch Juden wird nicht geschildert. Diese für EstAT charakteristische Perspektive auf die Auflösung des Hauptkonflikts ist das Ergebnis der politischen Aussageabsicht des Kurztextes, die das Verhältnis der Juden im fremden Staat im Blick hat.

Die Juden erscheinen als friedliche und gut integrierte Mitbürger. Der Fremdmacht gelten sie als anerkannte und loyale Partner. Das in EstMT und EstLXX angelegte Interesse, den persischen König als Unterstützer der Juden zu zeichnen, findet in EstAT seine deutlichste Ausprägung.[129] In Zusatz E spricht der König die Juden von allen Vorwürfen frei, er erkennt ihre Gesetze als äußerst gerecht an und er sieht sie als Söhne des einzigen Gottes an, der letztlich das Großreich erhalte (E 15–16 vgl. EstLXX Add. E 15–16). Ebenso befiehlt er seinen Untertanen, sich nicht an Hamans Erlass zu halten (E 17), und sichert den Juden Hilfe zu (E 19). Er erklärt damit das Edikt Hamans für ungültig. Zudem erfährt Mordechai in EstAT eine deutlichere Form der königlichen Unterstützung. Anders als in EstMT/EstLXX weiß der König z. B. auch dann, als Ester Haman als Übeltäter überführt, noch darum, dass der jüdische Hofbeamte ihm einst sein Leben gerettet hat. So berichtet EstAT 7,14, der König habe sich gewundert, dass Haman ausgerechnet Mordechai töten lassen wollte, „der mich aus der Hand der Eunuchen gerettet hat" (τὸν σώσαντά με ἐκ χειρὸς τῶν εὐνούχων).[130] Sodann geht der König initiativ auf Mordechai zu und erhöht ihn. Mordechai erhält ferner nicht nur Hamans Besitz, sondern auch eine *carte blanche*: „Was willst du, und ich werde es für dich tun." (Τί θέλεις; καὶ ποιήσω σοι in 7,16)[131] Auch später gibt der Regent ihm

---

129 Vgl. Fox, *Redaction*, 87. Diese positive Charakterisierung steht der kritischen Bewertung der Figur des Königs entgegen, die Harvey, *Morality*, 200 vornimmt, wenn er von der „complicity of the king" spricht.

130 Zu diesem Unterschied zu EstLXX vgl. Day, *Three Faces*, 140. Im Zuge dieser veränderten Bewertung der Figuren wird Mordechai in EstAT durch den Eunuchen Agathas als eine Person charakterisiert, die „Gutes" (ἀγαθά) über den König gesprochen hat (EstAT 7,12), während Haman deutlicher als an entsprechender Stelle in EstLXX als lediglich vermeintlicher „Freund" (φίλος) des Königs und als „Lügner" (ὁ ψευδὴς) bezeichnet wird (vgl. EstAT 7,8).

131 Dieses Motiv entstammt vermutlich aus EstMT/EstLXX 9,11–12, als der persische König von der Anzahl der von den Juden getöteten Feinde überwältigt ist und Ester deshalb eine weitere Bitte gestattet. Während EstMT/EstLXX demnach die jüdische Überlegenheit im Kampf als Motivation für das Verhalten des Königs anführt, handelt der König in EstAT allein aufgrund von Mordechais Status als „Lebensretter" zugunsten der Juden.

freie Hand „zu schreiben, was er wolle" (ἐνεχείρισε τῷ Μαρδοχαίῳ γράφειν ὅσα βούλεται in 7,33). Dies nutzt Mordechai dazu, sein Volk vom Scheitern von Hamans Plänen zu informieren, weshalb „jeder an seinem Ort bleiben und Gott ein Fest feiern" solle (μένειν τὸ ἔθνος αὐτοῦ κατὰ χώρας ἕκαστον αὐτῶν καὶ ἑορτάζειν τῷ θεῷ in 7,34). Auch aus dieser Passage spricht die Überzeugung, dass ein kollektives militärisches Vorgehen der Juden nicht nötig ist.

Bereits vor dem königlichen Schreiben und Mordechais Brief erfährt auch Ester den vollen Rückhalt des persischen Königs. Kurz bevor sie dem Herrscher anzeigt, dass Haman der wahre Übeltäter ist, verpflichtet sich der Regent ihr gegenüber „per Eid" dazu, „für sie zu tun, was sie wünsche" (μετὰ ὅρκου ὑπέσχετο ποιῆσαι αὐτῇ ὃ ἂν βούληται in EstAT 7,6). Dieses nur in EstAT anzutreffende Versprechen bildet die Grundlage für das Verständnis der kurzen Sequenz, in der Ester beim König die Todesstrafe für die Feinde der Juden erwirkt.

> [18] καὶ εἶπεν Εσθηρ τῷ βασιλεῖ τῇ ἐξῆς Δός μοι κολάσαι τοὺς ἐχθρούς μου φόνῳ. [19] ἐνέτυχε δὲ ἡ βασίλισσα Εσθηρ καὶ κατὰ τῶν τέκνων Αμαν τῷ βασιλεῖ, ὅπως ἀποθάνωσι καὶ αὐτοὶ μετὰ τοῦ πατρὸς αὐτῶν. καὶ εἶπεν ὁ βασιλεύς Γινέσθω. [20] καὶ ἐπάταξε τοὺς ἐχθροὺς εἰς πλῆθος. [21] ἐν δὲ Σούσοις ἀνθωμολογήσατο ὁ βασιλεὺς τῇ βασιλίσσῃ ἀποκτανθῆναι ἄνδρας καὶ εἶπεν Ἰδοὺ δίδωμί σοι τοῦ κρεμάσαι. καὶ ἐγένετο οὕτως.

> [18] Und weiter sagte Ester zum König: „Gestatte mir, meine Feinde mit dem Tod zu bestrafen." [19] Es gelangte aber die Königin Ester auch wegen der Kinder Hamans vor den König, damit auch sie mit ihrem Vater sterben. Und der König sagte: „Es geschehe!" [20] Und man schlug die Feinde in großer Menge. [21] In Susa aber kam der König mit der Königin überein, dass Männer getötet werden, und sagte: „Siehe, ich gestatte dir aufzuhängen." Und es geschah so. (EstAT 7,18–21)

Anstelle einer großangelegten militärischen Auseinandersetzung, wie sie aus EstMT/EstLXX 9,1–16 bekannt ist, wird hier nüchtern berichtet, wie Ester die Bestrafung von Feinden erwirkt.[132] Mit ihrem bestimmten Auftreten agiert sie als mächtige Königin. „Ihre" Feinde, so scheint die Aussage ihrer Anfrage zu lauten, seien auch die Feinde des Königs bzw. des Großreiches. Diese gilt es mit dem Tod zu bestrafen.[133] Mit dieser Überzeugung liegt EstAT zwar grundsätzlich auf einer Linie mit EstMT/EstLXX, nur wird hier eben nicht ausgeführt, dass die Juden selbst

---

132 Der nüchterne Ton der Episode spricht dagegen, Ester als „blutrünstige Frau" (De Troyer, *Septuaginta*, 97, Anm. 43) oder als „extremely violent" und „vindictive" (Day, *Three Faces*, 143) zu verstehen.

133 Die „Todesstrafe" ist ein traditionsgeschichtlich äußerst seltenes Motiv (vgl. Sap 11,8; 1 Esr 8,24; DanLXX 6,13; 1 Makk 7,7; 2 Makk 6,14; 3 Makk 3,26). Zu „Esters" Feinden, vgl. De Troyer, *End*, 303–304.

wie ein Großreich agieren und ihre Feinde in einem großangelegten Vernichtungs-
schlag töten. Es scheint vielmehr so, als würde Ester die Bestrafung ihrer Feinde
delegieren.[134] Zusätzlich bittet Ester darum, dass auch die „Kinder Hamans" (τῶν
τέκνων Αμαν) „mit ihrem Vater" (μετὰ τοῦ πατρὸς αὐτῶν) getötet werden. Das
„mit" lässt sich hier durchaus temporal verstehen: In EstAT 7,10 wurde Haman –
anders als in EstMT/EstLXX 7,10 – noch nicht hingerichtet. EstAT 7,19 synchronisiert demnach die Exekution von Haman mit der Hinrichtung seiner Kinder als
Teil von Esters Strafhandeln.[135] Die Anwendung von Gewalt erfolgt somit struk-
turierter und verläuft geordneter als in EstMT/EstLXX, wo die Hamansöhne erst
lange nach der Exekution ihres Vaters bei den Kämpfen der Juden getötet werden
(vgl. EstMT/EstLXX 9,6–10). Der König scheint sein zuvor gegebenes Versprechen
einzuhalten. Er stimmt Esters Bitte bedingungslos zu. Vers 7,20 kann deshalb den
Erfolg der Hinrichtung von Feinden bestätigen, die man „in großer Menge" (εἰς
πλῆθος) geschlagen habe. Dass dabei anders als in EstMT/EstLXX keine Opferzahlen genannt werden, lässt sich als weitere Form der Zurückhaltung in Bezug
auf die Darstellung von Gewalt verstehen. Zuletzt kommen – nach einer Über-
einkunft Esters mit dem König, die an die Szene EstMT/EstLXX 9,11–14 erinnert –
weitere getötete und aufgehängte Personen in Susa in den Blick (EstAT 7,21).[136]
Auch hier bleibt die Gewaltdarstellung sehr unkonkret. In passivischer Formulierung wird berichtet, dass Männer „getötet" wurden (ἀποκτανθῆναι). Der König
gestattet Ester abschließend, diese Feinde „aufzuhängen" (κρεμάσαι). Abermals
verzichtet EstAT darauf, die Juden als Subjekte dieser gewaltsamen Handlung zu
benennen. Während EstLXX 9,14 an entsprechender Stelle ausdrücklich erwähnt,
der König habe die Leichen der Hamansöhne „den Juden der Stadt herausgegeben" (ἐξέθηκε τοῖς Ιουδαίοις τῆς πόλεως), berichtet EstAT 9,21 allein von der
Erlaubnis des Königs und von der Ausführung der Aktion: „Und es geschah so"
(καὶ ἐγένετο οὕτως).

Nach dieser Episode scheint der entscheidende Aspekt der Bedrohung der
Juden in EstAT beseitigt.[137] Eine große Anzahl an Judenfeinden wurde getötet,

---

134 Dann könnten königliche Soldaten als Ausführende in Frage kommen, vgl. Fox, *Three
Esthers*, 56. Das griechische Verb ἐπάταξε („man schlug") in EstAT 7,20 hat jedenfalls kein er-
kennbares Subjekt.

135 Dazu passt, dass EstAT 5,21 in der Beschreibung von Hamans Prahlen über seine Mordplä-
ne – anders als EstLXX 5,10 – ausdrücklich auch seine „Söhne" (τοὺς υἱοὺς αὐτοῦ) als Anwesen-
de erwähnt und sie damit zu „Komplizen" des Planes macht.

136 Zu diesem Vers vgl. De Troyer, *End*, 311–315, die sich ebenfalls für den Einfluss der ausführlicheren Gewaltdarstellung von EstLXX 9,1–16 ausspricht.

137 Vgl. Kossmann, *Esthernovelle*, 350: „[D]amit hat die Erzählung einen positiven Abschluss
gefunden."

einige wurden sogar zur Abschreckung und Schändung öffentlich aufgehängt. Damit enthält EstAT 7,18–21 in stark komprimierter Form alle Elemente der Gewaltdarstellung der längeren Erzählformen. Auch in dieser jüngeren Estererzählung ist die Tötung und Schändung von Feinden Ausdruck des jüdischen Erfolgs und ihres Aufstiegs zur Macht im Perserreich. Dennoch wird die Anwendung von Gewalt in deutlich reduzierter Form geschildert. Eine großangelegte kriegerische Vergeltungsaktion aller Juden, die an allen Orten des Perserreiches gegen ihre Feinde vorgehen, hat in EstAT keinen Platz. Die bereits erfolgte Todesstrafe für die Judenfeinde ermöglicht es stattdessen, dass Hamans Vernichtungsbeschluss durch den Erlass des Königs und durch Mordechais Schreiben für ungültig erklärt wird. Indem Mordechai dazu aufruft, dass ein jeder an seinem Ort bleiben und Gott ein Fest feiern soll, wird geradezu das Gegenteil von dem ausgesagt, was in EstMT/EstLXX als notwendige Reaktion auf Hamans Plan galt. All das bestärkt weiter den Eindruck, die Autoren von EstAT hätten versucht, einen nichtkriegerischen, weniger gewaltvollen Erzählschluss zu entwickeln. So kann Mordechai nach Veröffentlichung seines Briefes fröhlich empfangen werden. Die Juden feiern nach 7,40 bei „Trinkgelage" (πότος) und „Fest" (κώθων). Da mögliche Gegner die Juden fürchten, kann 7,41 feststellen, dass sich „niemand gegen sie erhob" (καὶ οὐδεὶς ἐπανέστη αὐτοῖς). Das in EstMT/EstLXX 9,1 im Kontext der jüdischen Vergeltungsaktion belegte Element der Furcht vor den Juden erscheint im Kurztext als Konsequenz der bereits erfolgten Bestrafung der Feinde. Weitere Kämpfe sind nicht nötig. Der Spannungsbogen dieser Form der Estererzählung ist zu seinem Abschluss gekommen.

Zwei weitere Elemente aus EstAT, die diese Gewalt begrenzende Tendenz an späterer Stelle weiter ausbauen, verdienen noch Erwähnung: Zum einen wird in 7,41 berichtet, dass sich „viele der Juden beschneiden ließen" (καὶ πολλοὶ τῶν Ἰουδαίων περιετέμοντο).[138] Diese auf den ersten Blick seltsam anmutende Vorstellung unterscheidet sich in markanter Weise von der hebräischen und septuagintagriechischen Estererzählung, wo berichtet wurde, dass sich *Nichtjuden* fürchten und sich wie Juden verhalten (vgl. EstMT 8,17) bzw. sich beschneiden lassen (vgl. EstLXX 8,17). Diese Texte gehen davon aus, dass das Gewaltpotential des jüdischen Volkes unmittelbaren Einfluss auf das Verhalten von Nichtjuden bzw. auf die Völker hat. Eine solche Vorstellung scheint EstAT mit dem Motiv der *jüdischen Beschneidung* geradezu vermeiden zu wollen.[139] Auch hierin zeigt sich eine Tendenz zum Ausbau der Vorstellung von harmonischer Koexistenz zwi-

---

138 Zur Abhängigkeit dieses Verses von EstLXX siehe bereits Tov, *Lucianic Text*, 6.
139 Anders Clines, *Scroll*, 81–82, der EstAT an dieser Stelle für „absurd" hält und meint, der Text habe Material aus EstLXX bzw. EstMT in achtloser Weise zusammengestellt.

schen Juden und Völkern bzw. zur Begrenzung der Vorstellung einer außenwirksamen jüdischen Gewaltanwendung.[140]

Dazu gehört eine weitere Eigenheit von EstAT, die in der Deutung von Mordechais Traumvision zu finden ist (F 1–9).[141] Darin wird zwar erwähnt, dass es gewisse „Völker" (τὰ ἔθνη in F 5) gibt, die die Juden vernichten wollten; dass es jedoch „am Tag des Gerichts" (εἰς ἡμέραν κρίσεως in EstLXX Add. F 8) zu einem Gottesurteil über alle Völker kommt, an dem allein das Gottesvolk freigesprochen wird, wird nicht ausgesagt.[142] Dementsprechend fehlt auch das aus EstLXX Add. F 6 bekannte Bekenntnis: „Mein eigenes Volk aber, das ist Israel" (τὸ δὲ ἔθνος τὸ ἐμόν, οὗτός ἐστιν Ισραηλ) in EstAT. Das „Gericht" (τὸ κρίμα) wird im Kurztext (allein) „den Juden zur Erscheinung Gottes" (ἣ ἐγένετο τοῖς Ἰουδαίοις ἐπιφανεία τοῦ θεοῦ in EstAT Add. F 5) zuteil. Es lässt sich daher nicht mehr ohne weiteres als Ausweis eines göttlichen Strafhandelns an allen anderen Völkern verstehen.[143] So findet auch die in EstLXX Add. F beheimatete Interpretation der jüdischen Kämpfe gegen ihre Feinde als irdische Verwirklichung eines göttlichen Gerichts über die Völker in EstAT konsequenterweise keine Anwendung.

4.3.2.2 Die Vernichtung der Feinde durch die Juden (EstAT 7,43–46)

Obwohl nach EstAT 7,18–21 bereits eine „große Menge" Feinde der Juden getötet wurde und der Tatsache zum Trotz, dass der Kurztext nach dem königlichen Gegenedikt und Mordechais Schreiben einen harmonischen Abschluss gefunden hat, wird in 7,43–46 berichtet, dass weitere Gegner getötet worden sein sollen. Diesmal sind jedoch eindeutig die Juden die gewaltausübenden Subjekte, was der bisher wahrnehmbaren Darstellungstendenz von EstAT sichtlich entgegenläuft. Da diese Sequenz auch in anderen Details in Spannung zum Vorangehenden steht, dürfte der Abschnitt ein sekundärer Nachtrag sein (vgl. Kapitel 2.2.6). Die Aufnahme dieser Episode in EstAT mitsamt der Auflistung der Namen der getöteten Hamansöhne, der Erwähnung von Plünderungen oder der Angabe von

---

140 Vgl. dazu Eckhardt, *Ethnos*, 318, der vermutet, diese Textveränderung könnte auf eine Tendenz hinweisen, „den Affront einem paganen oder christlichen Publikum gegenüber zu vermeiden." Vgl. ferner Fox, *Redaction*, 79 oder Bellmann, *Theologie*, 202. Etwas anders argumentiert De Troyer, *End*, 52 (sowie 337–338), die davon ausgeht, dass die Juden hier erstmals von der „Erlaubnis" Gebrauch machen, nach ihren eigenen Gesetzen zu leben (vgl. EstAT Add. E 19).
141 Vgl. hierzu Fox, *Redaction*, 75–76.
142 Stattdessen kommen nur die *Lose* „in den Stunden gemäß dem Zeitpunkt und den Tagen der Herrschaft des Ewigen vor alle Völker" (εἰς ὥρας κατὰ καιρὸν καὶ ἡμέρας κυριεύσεως τοῦ αἰωνίου ἐν πᾶσι τοῖς ἔθνεσιν in EstAT Add. F 8). Die Lose kommen dabei nicht „vor Gott" (ἐνώπιον τοῦ θεοῦ in EstLXX Add. F 8), sondern schlichtweg „hervor" (προσῆλθον in EstAT Add. F 8).
143 Vgl. Kottsieper, *Zusätze*, 204–205.

Opferzahlen sorgt dafür, dass der griechische Kurztext seinen beiden Geschwistertexten in Bezug auf die Darstellung von Gewalt wieder nähersteht. Dabei unterscheidet sich jedoch die Passage 7,43–46 insofern von EstMT/EstLXX 9,1–16, als die Juden hier tendenziell mehr Gewalt ausüben. Auch fehlen solche Elemente, durch die sich die jüdischen Aktionen als notwendige Verteidigung von Angriffen verstehen ließen. Das gewaltsame Vorgehen der Juden in EstAT 7,43–46 hat somit im Vergleich mit EstMT und EstLXX den am stärksten ausgeprägten offensiven Charakter.

[43] καὶ προσέπεσεν ἐν Σούσοις ὀνομασθῆναι Αμαν καὶ τοὺς ἀντικειμένους ἐν πάσῃ βασιλείᾳ. [44] καὶ ἀπέκτεινον ἐν Σούσοις οἱ Ἰουδαῖοι ἄνδρας ἑπτακοσίους, καὶ τὸν Φαρσαν καὶ τὸν ἀδελφὸν αὐτοῦ καὶ τὸν Φαρνα καὶ τὸν Γαγαφαρδαθα καὶ τὸν Μαρμασαιμα καὶ τὸν Ιζαθουθ καὶ τοὺς δέκα υἱοὺς Αμαν Αμαδάθου τοῦ Βουγαίου τοῦ ἐχθροῦ τῶν Ἰουδαίων, καὶ διήρπασαν πάντα τὰ αὐτῶν. [45] καὶ εἶπεν ὁ βασιλεὺς τῇ Εσθηρ Πῶς σοι οἱ ἐνταῦθα καὶ οἱ ἐν τῇ περιχώρῳ κέχρηνται; [46] καὶ εἶπεν Εσθηρ Δοθήτω τοῖς Ἰουδαίοις οὓς ἐὰν θέλωσιν ἀνελεῖν καὶ διαρπάζειν. καὶ συνεχώρησεν. καὶ ἀπώλεσαν μυριάδας ἑπτὰ καὶ ἑκατὸν ἄνδρας.

[43] Und es traf ein, dass Haman in Susa genannt wurde und die Gegner im gesamten Königreich. [44] Und die Juden töteten in Susa siebenhundert Männer; und den Pharsan und seinen Bruder und den Pharna und den Gagaphardata und den Marmasaima und den Izatout und die zehn Söhne Hamans, [Sohn] des Hamadatos, des Prahlhanses, des Feindes der Juden; und sie plünderten alles, was ihnen gehörte. [45] Und der König sprach zu Ester: „Wie hat man sich für dich hier und in den umliegenden Gebieten verhalten?" [46] Und Ester sprach: „Es werde den Juden, wenn sie wollen, gestattet, [weiter] umzubringen und zu plündern." Und er stimmte zu. Und sie vernichteten 70.100 Männer. (EstAT 7,43–46)

Zunächst fällt auf, dass der Name Hamans in Susa bekanntgemacht worden sein soll. Der große Gegner der Juden und seine Kinder dürften bereits in EstAT 7,19–20 getötet worden sein.[144] Überhaupt verwundert die Existenz weiterer Feinde „im gesamten Königreich" nach der Passage 7,18–21. Wurde dort nicht bereits eine große Menge von Feinden getötet? Hatte 7,42 nicht betont, dass sich nach den beiden Briefen des Königs und Mordechais niemand mehr gegen die Juden erhob? Diese Spannungen haben die Autoren dieser Ergänzung offenbar willentlich in Kauf genommen, um die Erzählung des Kurztextes an EstMT/EstLXX anzupassen. Dass in EstAT 7,43 das „gesamte Königreich" als Ort der Bedrohung der Juden im Blick ist, erinnert jedenfalls an die Perspektive von EstMT/EstLXX 9,1–16, wo die Juden ebenfalls im ganzen Königreich gegen ihre Feinde zu Felde ziehen. Anders als in den beiden Paralleltexten töten die Juden bereits in Susa siebenhundert

---

144 Vermutlich soll die Erwähnung Hamans in V. 43 die anschließende Tötung seiner Söhne und weiterer Männer in Susa vorbereiten.

Mann, d. h. zweihundert Personen mehr als in EstMT/EstLXX 9,6. Zudem werden sechs namentlich genannte Männer *zusätzlich* zu den zehn Söhnen Hamans getötet, was kaum anders als mit der Annahme eines Abschreibfehlers zu erklären ist.

Ein besonders markantes Kennzeichen dieser Gewaltdarstellung ist ferner der Umgang der Juden mit dem Beutegut. V. 7,44 berichtet, die Juden hätten „alles geplündert, was ihnen gehörte" (καὶ διήρπασαν πάντα τὰ αὐτῶν), womit der Besitz der Hamansöhne gemeint sein dürfte. Hier scheint der Einfluss von EstLXX 9,10 sehr wahrscheinlich, wo ebenfalls von einer solchen Plünderung berichtet wurde.[145] Der Kurztext baut allerdings die in EstLXX nur sehr knapp erwähnte Notiz aus: „Und sie plünderten" (καὶ διήρπασαν in EstLXX 9,10) wird in EstAT 7,44 zu „Und sie plünderten alles, was ihnen gehörte" (καὶ διήρπασαν πάντα τὰ αὐτῶν in EstAT 7,44). Der Kurztext betont also die Vollständigkeit der jüdischen Plünderungen.

Eine ähnliche Tendenz zur Intensivierung der Gewaltdarstellung lässt sich auch in V. 46 erkennen. Darin bittet Ester den König um Erlaubnis, die Juden auch außerhalb der Stadt Susa töten und plündern zu lassen. Anders als in EstMT/EstLXX 9,12 liegt der Fokus hier nicht auf der Verlängerung der Gültigkeit der königlichen Genehmigung des jüdischen Vorgehens um einen weiteren Tag, sondern auf der Ausweitung der Erlaubnis zur Gewaltanwendung. Damit geht EstAT 7,44 auch über EstMT/EstLXX 9,16 hinaus, da dort betont wurde, dass die Juden am zweiten Kampftag *nicht* geplündert hätten. Der Regent stimmt dieser Bitte zu, woraufhin knapp festgehalten wird, dass die Juden 70.100 Mann „vernichtet" hätten.[146] Damit bezeugt EstAT gegenüber der in EstLXX 9,16 genannten Opferzahl von 15.000 getöteten Gegnern eine signifikante Steigerung, wobei sich der Kurztext zugleich wieder der Darstellung von EstMT 9,16 annähert, wo die Juden bekanntlich 75.000 Gegner in den Provinzen getötet haben sollen.

Der in der Esterforschung bisher kaum beachtete Erzählschluss des griechischen Kurztextes ist somit ein wichtiges, besonders plastisches Beispiel für die intensive schriftgelehrte Diskussion um die Gewaltdarstellung der Estergeschichte. Der Inhalt von EstAT 7,43–46 zeigt paradigmatisch, dass die Berichte über die gewaltvolle Bestrafung der Judenfeinde nicht nur in den jeweils jüngeren Neuauflagen EstMT, EstLXX und EstAT überarbeitet wurden, sondern dass auch innerhalb der einzelnen Traditionen redaktionelle Überarbeitungen vorgenommen wurden. Eine eindeutige Tendenz zur Gewaltminimierung in den jüngeren

---

145 Vgl. Fox, *Redaction*, 84 und Kahana, *Juxtaposition*, 375.
146 Das hier verwendete Verb ἀπόλλυμι („vernichten, zerstören") ist vermutlich EstLXX 9,16 entlehnt.

Bearbeitungen – soviel scheint mit Blick auf die sekundäre Ergänzung von EstAT 7,43–46 sicher – lässt sich dabei nicht konstatieren. Wohl motiviert durch den Versuch, die Gewaltdarstellung des Kurztextes an die längeren Erzählfassungen anzugleichen, vereint EstAT in vorliegender Form nun zwei gegenläufige Aussagerichtungen der Begrenzung und der Intensivierung von Gewalt. Damit erweist sich EstAT wie seine beiden älteren Geschwistertexte als eine äußerst dynamische Tradition, die die Spuren der schriftgelehrten Diskussion um die angemessene Darstellung und Bewertung von Gewalt bis heute erkennbar in sich trägt.

4.3.3 Historische Kontextualisierung der Gewaltdarstellung von EstAT

Für eine historische Verortung von EstAT und seiner Gewaltdarstellung ist zunächst meine Neubestimmung der relativen Chronologie der Texte EstMT, EstLXX und EstAT von entscheidender Bedeutung: Anders als die bisherige Mehrheitsposition, die in Teilen von EstAT eine Vorlage von EstMT erkannte und damit von einem vergleichsweise hohen Alter dieser Tradition ausging, legen sich nach meiner literarhistorischen und inhaltlichen Untersuchung des griechischen Kurztextes andere Schlüsse nahe. Da EstAT an vielen Stellen die längere Erzählform von EstLXX vorauszusetzen scheint und über weite Strecken eine kürzere, glattere und in Bezug auf die Darstellung jüdischer Gewalt weniger drastische Erzählung bietet, ist die Abfassungszeit von EstAT *nach* EstLXX anzusetzen. Da die Zusätze B und E in EstLXX bereits die gewaltsamen Konflikte rezipieren dürften, die sich in den Jahren 38–41 u. Z. in Alexandria zugetragen haben (vgl. Kapitel 4.2.3), ist für den Kurztext, der diese Zusätze sichtlich besser in den Erzählzusammenhang integriert als EstLXX, eine entsprechend spätere Entstehungszeit zu veranschlagen. Eine Datierung von EstAT in das 1. Jahrhundert u. Z. legt sich jedoch auch aus einem anderen Grund nahe. Der Kurztext führt nämlich im Gegensatz zu EstLXX doppelte Monatsangaben an und identifiziert diese an einer Stelle sogar mit der makedonischen Monatsbezeichnung. So setzt EstAT Add. A 1 mit einer Datierung ein, die den „Adar-Nisan, das ist der Dystros-Xanthikos" (Αδαρ Νισαν ὅς ἐστι Δύστρος Ξανθικός) nennt. Diese Korrelation der babylonischen und makedonischen Monatsnamen war erstmals in der ersten Hälfte des 1. Jahrhunderts u. Z. gebräuchlich.[147] Sollte es schließlich zutreffen, dass Josephus oder die Vetus Latina einzelne Lesarten aus EstAT kennen, spricht alles für eine Datierung von

---

147 Vgl. Jobes, *Alpha-text*, 231–232 und Kottsieper, *Zusätze*, 126. Beide verweisen dabei auf die Untersuchung der Korrelation der makedonischen und babylonischen Kalendersysteme im Zeitraum von 46/47–176 u. Z. von Samuel, *Chronology*, 142–143.

EstAT (vermutlich noch ohne die Passage 7,43–46) in die zweite Hälfte des 1. Jahrhunderts.[148]

So ist es sehr wahrscheinlich, dass EstAT eine im Vergleich zu EstLXX nur wenig jüngere Neuauflage der Erzählung darstellt. Die in EstLXX oft widersprüchlichen oder zumindest zueinander in Spannung stehenden Aussagen werden in EstAT in eine weitaus einheitlichere, homogenere Erzählung überführt. Auch der überarbeitete Inhalt, insbesondere in Bezug auf die Darstellung der jüdischen Lebensumstände unter Fremdherrschaft sowie auf die Frage nach einem möglicherweise gewaltvollen jüdischen Vorgehen, lässt sich besser mit der jüdischen Sicht der Dinge auf die Ereignisse von 38–41 u. Z. in Verbindung bringen, als es die Darstellung in EstLXX erlaubt.[149] Während aus der Langfassung der Estererzählung – vor allem aus den Zusätzen A 1–11 und F 1–10 – noch die Überzeugung spricht, es gebe einen grundsätzlichen und antagonistischen Konflikt zwischen Juden und allen anderen Völkern, wurde dieser Ton in EstAT merklich zurückgenommen. Es gibt zwar solche, die die Juden töten wollen, und diese sind die wahren Staatsfeinde. Die Juden hingegen erweisen sich als durch und durch loyale und friedfertige Mitbürger. So bietet die gegenüber EstMT und EstLXX gesteigerte Form der Anklage Hamans in EstAT 3,8 das erzählerische Potential, den Vorwurf zurückzuweisen, die Juden würden sich von anderen Völkern unterscheiden und seien womöglich rebellisch und gewalttätig.

Diese apologetisch wirkende Ausrichtung von EstAT lässt sich gut im Nachklang der gewaltsamen Unruhen in Alexandria verorten, als die Erinnerungen an die tödlichen Konflikte bereits weiter zurücklagen, jüdische Gruppen jedoch weiter für die Sicherung eigener Rechte bzw. die Vereinbarkeit römischer Herrschaft und jüdischer Existenz warben. Gerade die Eigenheiten in Bezug auf die Darstellung von Gewalt lassen sich vor diesen historischen Umständen plausibel als Weiterführung der bereits in EstLXX Add. B und E angelegten Tendenz erklären.[150] Die positive Würdigung der politischen Interaktion Esters und Mordechais

---

148 Wann der sekundäre Kampfbericht von EstAT 7,43–46 in den Text gelangt ist, lässt sich kaum beantworten. Sekundäre Referenzen auf diesen Abschnitt wurden bisher nicht ausgemacht. Das älteste überlieferte Manuskript, das diese Passage bezeugt, stammt erst aus dem 12. Jahrhundert. Zwar datiert die älteste Handschrift (392), die EstAT enthält, bereits in das 10. Jahrhundert, doch bietet diese eine Mischform aus EstLXX und EstAT, die den Schlussteil des Langtextes und nicht die Verse EstAT 7,43–46 bietet (vgl. Hanhart, *Esther*, 197).

149 Sowohl De Troyer, *End*, 400–403 als auch Miller, *Three Versions*, 164–171 haben sich dafür ausgesprochen, EstAT als literarische Reaktion auf die Ereignisse in Alexandria zu verstehen, während sie EstLXX für (erheblich) älter halten.

150 Diese positive Wertung der jüdischen Interaktion mit dem fremden Hof spricht, wie Miller, *Three Versions*, 164 richtig betont, eindeutig gegen eine spätere Abfassung von EstAT. Spätes-

mit dem fremden Staat sowie ihr Einsatz für eine kontrollierte und begrenzte Konfliktlösung ohne Gewaltanwendung aufseiten der Juden fügt sich hier nahtlos ein. Wie auch Philo liegt den Autoren von EstAT daran, die Juden als friedliebende Mitbürger darzustellen, die zu Unrecht angegriffen wurden und die selbst keine Gewalt anwenden würden.[151]

Während diese Verortung von EstAT als jüngere Revision von EstLXX die Eigenheiten des Kurztextes plausibel erklären kann, verdient noch eine etwas anders nuancierte Kontextualisierungsmöglichkeit Erwähnung. Der Kurztext könnte nämlich eine an Nichtjuden gerichtete, möglicherweise sogar bereits eine christliche Überarbeitung der Estererzählung darstellen. Wie Ingo Kottsieper betont, ist schon die doppelte Benennung der Monatsangaben und die Identifizierung dieser Monate mit den makedonischen Namen in EstAT äußerst verdächtig: „In jüdischen Kreisen wäre wohl kaum der Nisan mit Adar verbunden worden und außerdem bestand dort kein Erklärungsbedarf dieser Namen durch makedonische Monatsnamen."[152] In frühchristlichen Kreisen wie z. B. in Antiochia sei hingegen die makedonische Bezeichnung der Monatsnamen üblich gewesen.[153] Von dieser Auffälligkeit abgesehen lassen sich auch andere textinterne Hinweise auf einen möglicherweise nichtjüdischen Ursprung bzw. eine nichtjüdische Adressatengruppe von EstAT anführen. Allen voran zeigt EstAT gegenüber EstLXX ein auffallend schwach ausgeprägtes Interesse an den Eigenheiten jüdischer Lebensführung oder religiöser Praxis.

Zum Beispiel fehlt in EstAT 2 im Vergleich zu EstLXX 2,7 die namentliche Nennung von Esters Vater, und auch Esters jüdische Identität scheint anders als in EstLXX kein Problem zu sein. Dass Ester am persischen Hof weiter an ihrer jüdischen „Lebensführung" (τὴν ἀγωγὴν αὐτῆς in EstLXX 2,20) festhielt, betont EstAT nicht.[154] Ferner lässt EstAT 4 zweimal das Motiv des kol-

---

tens nach 70 u. Z. und der römischen Eroberung Jerusalems wäre eine solche Darstellung kaum denkbar.

151 Mit Collins, *Anti-Semitism*, 88 und Honigman, *Fictions*, 84 lässt sich vermuten, dass Philo in seinem apologetisch gefärbten Bericht über die alexandrinischen Zwischenfälle bewusst darauf verzichtet, von jüdischem Widerstand zu berichten (*Flacc.* 48), und dass er absichtlich so deutlich betont, dass bei Hausdurchsuchungen – anders als von Flaccus behauptet – keine Waffen bei den Juden gefunden worden seien (*Flacc.* 86–94).

152 Kottsieper, *Zusätze*, 126.

153 Natürlich bleibt möglich, dass die Angabe der makedonischen Monatsnamen – die zudem nur an dieser Stelle erfolgt – ein jüngerer Nachtrag ist, der in der christlichen Textüberlieferung in den Kurztext gelangte.

154 Vgl. die Beobachtung von Day, *Three Faces*, 231, wonach EstAT die Figur der „Esther as the least traditionally Jewish" charakterisiere. So fehlt denn auch in EstAT 7,52 die in der Parallelstelle EstLXX 10,3 enthaltene Notiz, dass Mordechai seinem Volk die jüdische „Lebensführung" erläutert habe (διηγεῖτο τὴν ἀγωγὴν παντὶ τῷ ἔθνει αὐτοῦ in EstLXX 10,3).

lektiven jüdischen (Trauer-)Fastens nach der Veröffentlichung von Hamans Vernichtungsplan aus (vgl. EstLXX 4,3.16). Stattdessen ruft Mordechai in EstAT 4,11 einen unspezifischen „Gottesdienst" (θεραπεία) aus. Ebenso könnte die Vorstellung der Beschneidung als rein innerjüdische Angelegenheit (7,41) oder das geringe Interesse an der Einsetzung und Feier von Purim bzw. dem „Phouraia" genannten Fest in 7,47–52 für die Vermutung sprechen, EstAT sei nicht primär für eine jüdische Rezipientengruppe verfasst. Schließlich kann auch die Gewaltdarstellung von EstAT mit einer solchen Annahme in Verbindung gebracht werden. Die Zurückweisung des von Haman geäußerten Vorwurfs, die Juden seien „ein kriegerisches und ungehorsames Volk" (EstAT 3,8), könnte eine Reaktion auf womöglich in frühchristlichen Kreisen kursierende Ressentiments gegen Juden darstellen. Der gegenüber EstLXX neue Erzählschluss von EstAT 7,18–42 baut diese Sichtweise weiter aus und sorgt dafür, dass es nicht zu einem Konflikt zwischen Nichtjuden und Juden kommt. So gelesen könnten die Briefe des persischen Königs und Mordechais geradezu als Appell zum friedlichen Miteinander verstanden werden.[155] Die vergleichsweise harmonische Perspektive auf das Verhältnis der Juden zu den anderen Völkern mitsamt der Betonung der Wirkmächtigkeit des über alle Völker herrschenden Gottes (vgl. EstAT Add. A und F) fügt sich gut zu einer solchen Deutung.[156]

Da allerdings nur sehr wenig über die Verbreitung und Rezeption der Estererzählung in frühchristlichen Kreisen bekannt ist, bleibt eine solche Verortung des Kurztextes ein Stück weit spekulativ. Dass die Erzählung grundsätzlich auch in christlichen Gemeinden bekannt war und durchaus positiv rezipiert wurde, mag der erste Clemensbrief verdeutlichen, wo Ester als Glaubensvorbild und als Retterin des Volkes Israels gepriesen wird (vgl. 1 Clem 55,6).[157] Erst die Form der Estererzählung, die die Vetus Latina (4.–5. Jh. u. Z.) überliefert, erlaubt den Rückschluss, dass die Gewaltdarstellung am Ende der Erzählung in christlichen Kreisen als problematisches Element wahrgenommen wurde. Die altlateinische Estererzählung spart die Vergeltungsepisode bzw. jede Erwähnung einer

---

155 Vgl. De Troyer, *End*, 400, die in Bezug auf die (ihrer Meinung nach ausschließlich an Nichtjuden gerichteten) Schreiben des persischen Königs und Mordechais betont: „It seems evident, therefore, that the AT of the book of Esther was addressed to non-Jews."
156 Zudem könnte die Textveränderung in Zusatz A (und F), wonach es keine Vernichtung bzw. ein „Verzehren" der Völker durch die Juden mehr gibt, in diese Richtung hin ausgewertet werden. Außerdem fehlt in EstAT bekanntlich das Motiv vom einen „gerechten Volk", dessen Losanteil vor Gott besteht, während alle anderen Völker gerichtet werden. Diese Relativierung des Heilsanspruches gilt Kottsieper, *Zusätze*, 204–206 als deutlichstes Indiz für eine christliche Herkunft von EstAT.
157 Vgl. dazu Peters, *Rahab*. Der einzige mir bekannte Vorschlag einer wörtlichen Bezugnahme auf die Gewaltdarstellung der Estererzählung im Neuen Testament stammt von Folker Siegert (vgl. Siegert, *Einleitung*, 254). Er vermutet (recht optimistisch), dass das in EstLXX 8,17; 9,1 (bzw. auch in EstAT 7,41–42) bezeugte Motiv der „Furcht vor den Juden" an drei Stellen im Johannesevangelium (vgl. Joh 7,14; 19,38; 20,19) als „Zitat dieser Est-Stelle" erscheint. Zu anderen möglichen neutestamentlichen Anspielungen auf die Estererzählung vgl. Nolan, *Esther*.

Tötung von Feinden aus und resümiert lediglich knapp, dass „die Juden ruhten und vor ihren Feinden bewahrt wurden" („cessaverunt Iudaei et servati sunt ab inimicis suis" in Vers 9,22).[158] Meine Analyse von EstAT deutet darauf hin, dass die Wurzeln dieses Phänomens noch in das 1. Jahrhundert u. Z. zurückreichen dürften. Zugleich weist der im Laufe der weiteren Textüberlieferung an den Kurztext angefügte Kampfbericht von EstAT 7,43–46 darauf hin, dass die Frage nach dem „richtigen" Ausgang der Estererzählung in der Textüberlieferung noch einige Zeit offen war. Auch eine nachträgliche Intensivierung der Gewaltdarstellung war dabei möglich.

---

158 Zur Bewertung vgl. Haelewyck, *Relevance*, 472–473 sowie Bellmann, *Character*, 11, der der Vetus Latina an dieser Stelle einen „extremely peaceful, even pacifist character" bescheinigt.

5 Ertrag und Ausblick

5.1 Synthese

Die vorliegende Studie untersuchte mit einer Analyse des hebräischen Esterbuches und der beiden griechischen Esterbücher die Herkunft und Entwicklung einer der drastischsten Gewaltdarstellungen des Alten Testaments. Sie zeigte auf, dass kollektive Gewalt ein wichtiges Thema der antiken Esterüberlieferung ist und dass die Eigenheiten der jeweiligen Gewaltdarstellungen entscheidende Rückschlüsse auf die geistesgeschichtlichen, literarischen und historischen Entstehungskontexte dieser Texte erlauben. In Zusammenschau ergeben sich aus diesen Einzelbeobachtungen neue Perspektiven auf zentrale Fragen der bisherigen Forschung.

Zunächst erlaubt der Fokus auf die Gewaltdarstellung der drei Esterbücher EstMT, EstLXX und EstAT eine Neubewertung etablierter literarhistorischer Positionen. Zwar ist wahrscheinlich, dass es einst eine Hoferzählung gab, in der das Schicksal des jüdischen Volkes noch keine Rolle spielte, doch dürfte es – anders als von einer Forschungsmehrheit behauptet – keine Estererzählung gegeben haben, die allein das Motiv der Bedrohung der Juden durch Vernichtung, jedoch keinen Bericht über eine gewaltsame jüdische Vergeltung kannte. Die von vielen geteilte und auf Grundlage des griechischen Kurztextes verteidigte Hypothese, die älteste Form der Estererzählung habe mit der Rücknahme von Hamans Edikt geendet, erweist sich nach meiner Untersuchung als nicht überzeugend. Dem vermeintlichen „Alpha-Text" kann daher keine textgeschichtliche Priorität zugesprochen werden. Er ist der jüngste, nicht der älteste Textzeuge der drei Esterbücher EstMT, EstLXX und EstAT und scheint insbesondere in seiner Gewaltdarstellung von der griechischen Langfassung abhängig zu sein. Dabei glättet und kürzt er seine Vorlage und modifiziert sie inhaltlich. Auch scheint EstAT in der Passage 7,43–46 sekundär um eine Kampfschilderung erweitert worden zu sein, wodurch EstAT in der vorliegenden Form den anderen beiden Textfassungen wieder nähersteht. In jedem Fall gehört die Vorstellung einer gewaltsamen Tötung der Judenfeinde zum festen Bestandteil von EstAT.

Auch das hebräische Esterbuch kann nicht durch literarkritische Eingriffe von der Gewalt am Ende der Erzählung „befreit" werden. Die Kapitel EstMT 8–9 können als gleichursprünglich mit Kapitel EstMT 3 gelten. Die vorgetragenen Gründe für die literarkritische Abtrennung des Schlussteils sind weitaus weniger überzeugend als die Annahme der Einheitlichkeit von EstMT aufgrund der engen erzählerischen Verschränkung der Vernichtungs- und Vergeltungsmotivik in den Kapiteln 3 und 8–9. Allenfalls der „agagitische" Beiname Hamans könnte sekundär in den hebräischen Text gelangt sein. Sollte dies zutreffen, würde bereits die älteste Form der Estererzählung ein Element enthalten, das anzeigt, dass spätere Schreiber die gewaltvolle Bedrohung der Juden neu deuten wollten und deshalb den Text überarbeiteten.

Während EstMT dennoch als weitgehend einheitlicher Text gelten kann, sind die Bearbeitungs- und Wachstumsspuren in der jüngeren septuagintagriechischen Estererzählung deutlich zu erkennen. Neben verschiedenen Varianten im Kerntext weisen besonders die zu unterschiedlichen Zeitpunkten in die Erzählung eingefügten Zusätze darauf hin, dass die frühe Textüberlieferung den Aspekt der Gewalt kontinuierlich und intensiv diskutierte. Dabei fällt auch auf, dass EstLXX verschiedene, inhaltlich zum Teil sogar entgegengesetzte Darstellungstendenzen vereint.

Diese Beobachtungen zur Entstehung und Entwicklung der drei ältesten Esterbücher bilden die Grundlage für eine historische Verortung der Gewaltdarstellungen und ihrer Aussagegehalte. Nach meiner Analyse nahm dieser Prozess seinen Anfang nicht in persischer, sondern in späthellenistischer Zeit, und er dauerte bis in die Epoche der römischen Vorherrschaft des 1. Jahrhunderts u. Z. an. Damit begleitet dieser Ausschnitt der Esterüberlieferung einen besonders wichtigen Abschnitt der jüdischen Geschichte, in der Fragen nach einer möglichen Gefährdung jüdischer Existenz, aber auch nach der Möglichkeit bzw. Notwendigkeit jüdischer Gewaltanwendung von hoher Bedeutung waren. In diesem Zeitraum erlebten Juden nicht nur das Gewalt- und Machtpotential der hellenistischen bzw. römischen Vorherrschaft und verschiedene lokale Konflikte mit jüdischen und nichtjüdischen Gruppen, sondern auch die Möglichkeit, durch eigene militärische Erfolge erstmals seit der judäischen Monarchie des 6. Jahrhunderts v. u. Z. wieder einen jüdischen Staat aufzurichten. Der Vergleich der Gewaltdarstellungen der drei Esterbücher erlaubt einen Einblick in einen intensiven literarischen Diskurs aus dieser Zeit, der verschiedene Facetten jüdischer Existenz unter der Herrschaft von Großreichen beleuchtet und unterschiedliche Antwortmöglichkeiten auf die Frage nach dem Umgang mit Gewalt entwickelt. Trotz der Vielstimmigkeit der Überlieferung kann festgehalten werden, dass tödliche Gewalt ebenso wenig pauschal verurteilt wird wie die Existenz eines übergeordneten imperialen Herrschaftssystems. So ist im Hinblick auf die aufgrund der Gewaltthematik anhaltende rezeptionsgeschichtliche Problematisierung des Esterbuches zu betonen: Die drei ältesten Varianten der Erzählung stimmen darin überein, dass die Bedrohung des jüdischen Volkes nur durch die Tötung aller Feinde abgewendet werden kann. Wenngleich EstLXX und besonders EstAT Anzeichen einer Begrenzung und Abmilderung in der Darstellung jüdischer Gewalt erkennen lassen, spricht aus allen drei vorliegenden Textfassungen die Überzeugung, dass die Anwendung tödlicher Gewalt grundsätzlich ein legitimes Mittel zur Abwehr der Bedrohung des eigenen Volkes darstellt.

Zugleich zeigt sich, dass die Frage nach Gewalt immer auch eine Frage nach den zur Verfügung stehenden Machtmitteln ist. Alle drei Estererzählungen spielen am Hof des persischen Weltreiches, dem größten machtpolitischen Zentrum der vorhellenistischen Welt. Die drei Estererzählungen sind deshalb immer sowohl Gewalt- als auch Machtgeschichten. In unterschiedlicher Ausprägung gehen alle drei Textfassungen davon aus, dass das Überleben des jüdischen Volkes entscheidend davon abhängt, ob es jüdischen Individuen gelingt, die Macht des Großreiches auf ihre Seite zu lenken.

Zugleich zeigt sich unter Berücksichtigung der literarhistorischen Entwicklung der Estertexte, dass die Erzählungen bzw. spätere Redaktoren die Verhältnisbestimmung von Macht und Gewalt immer wieder neu vornahmen. Wie meine Analyse zeigte, spielte sich dieser komplexe Aushandlungsprozess nicht nur zwischen den einzelnen Textfassungen ab. Die jüdischen Schreiber, die an der Entstehung und Überarbeitung der Gewaltdarstellungen der Esterbücher beteiligt waren, setzten sich intensiv mit den geistesgeschichtlichen und kulturellen Kontexten ihrer Zeit auseinander. Das zeigt sich zum einen an der Aufnahme griechischen Bildungsgutes und dem Einfluss hasmonäischer Ideologie in EstMT oder an den vielfältigen innerbiblischen Anspielungen, die insbesondere EstLXX prägen. Zum anderen lässt sich wahrscheinlich machen, dass die Esterbücher stets an neue soziale und politische Realitäten angepasst wurden.

Mit alledem bietet die Esterüberlieferung eine Perspektive, die in der antiken Literatur äußerst selten ist: Während sich zumeist nur die Geschichts- und Gewaltdarstellungen von Siegermächten bzw. Großreichen erhalten haben, liegen mit den Esterbüchern literarische Traditionen vor, die aus der Sicht einer verhältnismäßig unbedeutenden, von der Macht von Großreichen abhängigen Gemeinschaft geschrieben wurden. Dabei kommt Entscheidendes zur Verortung gegenüber den politisch Mächtigen zur Sprache: In den Erzählungen verbindet sich die Perspektive der von Gewalt bedrohten Minderheit mit der Überzeugung, auf Augenhöhe mit dem Großreich agieren zu können und letztlich einen Weg zu finden, die einst gegen sie gerichtete Gewalt gegen die eigenen Feinde einzusetzen. Das deutet darauf hin, dass die literarischen Reaktionen der Schreiber von kleineren Völkern und Staaten auf die Dominanz imperialer Herrschaft weitaus vielfältiger und dynamischer ausfielen, als oft vermutet. Ein Modell, das nur die Alternative zwischen Widerstand und Aufgabe der eigenen Überzeugungen und Ansprüche kennt, wird der Esterüberlieferung jedenfalls nicht gerecht.

Das gilt ganz besonders für die älteste Estererzählung, EstMT. Während nach wie vor viele Exegetinnen und Exegeten davon ausgehen, das Motiv der Bedrohung der Juden durch Vernichtung weise in die persische bzw. frühhellenistische Zeit, während die Gewaltdarstellung von EstMT 9,1–16 als hasmonäerzeitlicher Anhang zu verstehen sei, kam meine Analyse zu dem Schluss, dass die hebräische Estererzählung insgesamt in die Hasmonäerzeit zu verorten ist. Dies kann die Perspektive von EstMT schlichtweg am besten erklären: An der Schwelle der Eigenstaatlichkeit reflektierten hasmonäische Schreiber in gleicher Weise über die gewaltsamen Konflikte mit dem Großreich als auch über das eigene Gewalt- und Machtpotential. Wie im ersten oder zweiten Makkabäerbuch stellen die Fremdherrscher eine große Bedrohung dar, am Ende bleibt jedoch ein selbst- und machtbewusster Ausblick auf die politische Situation. Unter Berücksichtigung der komplexen historischen Zusammenhänge und der Tatsache, dass die Etablierung der Hasmonäerherrschaft nur in der Verbindung von jüdischem militärischem Erfolg und politischem Verhandlungsgeschick mit den griechischen Herrschern zu erklären ist, wird die ambivalente Perspektive von EstMT besser verständlich.

EstLXX und EstAT übernehmen diese Sichtweise von ihrem hebräischen Ausgangstext. Unter anderen historischen und politischen Vorzeichen bieten sie ihre eigene Variante derselben Geschichte, die sich einst in der perserzeitlichen Vergangenheit zugetragen haben soll. Dies bestärkt den eingangs formulierten Verdacht, dass die Autoren und Redaktoren der Estererzählungen nicht im Sinn hatten, ein *Abbild* von historischen Konfliktsituationen zu entwerfen; das Medium der historischen Fiktion diente ihnen vielmehr zur *Konstruktion* bestimmter Gewalt- und Geschichtsbilder, die für ihre jeweilige Gegenwart relevant waren. Die unterschiedlichen Estererzählungen enthalten deshalb insofern „intentionale Geschichte", als sie mit ihren Gewaltdarstellungen in konkrete soziopolitische Situationen der hellenistisch-römischen Zeit hineinsprechen und bestimmte „Intentionen" und Aussageabsichten der Verfasser zu vermitteln suchen.

Im Folgenden möchte ich überblickshaft das individuelle Profil der einzelnen Erzählungen umreißen und fragen, welche möglichen Aussageintentionen in Bezug auf Gewalt darin enthalten sind.

5.2 Aussageabsichten der drei Estererzählungen und ihrer Gewaltdarstellungen

5.2.1 EstMT

Die Gewaltdarstellung der hebräischen Estererzählung lässt sich als Ausdruck hasmonäischer Ideologie verstehen. EstMT vermittelt die Überzeugung, das unter der Herrschaft eines Großreiches lebende jüdische Volk sei existenziell bedroht und könne nur durch den Einsatz jüdischer politischer Eliten mit dem Großreich und durch eine kollektive militärische Reaktion überleben. Während der Schwerpunkt anderer hasmonäischer Texte wie 1–2 Makk darauf liegt, die Konflikte mit dem (seleukidischen) Großreich als „Religionsverfolgung" und als Angriff auf den Jerusalemer Kult zu deuten, nimmt das Ausmaß der Bedrohung der Juden in EstMT eine grundsätzlichere, universale Dimension an: Alle Mitglieder des im persischen Weltreich lebenden jüdischen Volkes sollen getötet und ihr Besitz geplündert werden. Der Auslöser dieser Bedrohung liegt nicht im Zwang, die jüdische Lebensführung aufzugeben und den griechischen Kult anzunehmen, sondern im Jude-Sein an sich. In der Figur Hamans, auf den der Vernichtungsplan zurückgeht, verdichten sich dabei alttestamentliche Traditionen von Frevel und Bosheit, pagane Stereotype über jüdisches Leben und griechische Vorstellungen von verletzter Ehre, vom Wunsch nach Rache und vom Machtpotential von Großreichen.

Die hebräische Estererzählung nutzt dieses Bedrohungsszenario nicht, um die Vorstellung eines gewaltvollen jüdischen Widerstandes gegen die bestehenden Herrschaftsverhältnisse zu entfalten. Der erste Schritt zur Abwendung der Gefahr liegt vielmehr in der politischen Interaktion. Ester und Mordechai erweisen sich als loyale und aufrichtige Partner des persischen Königs, die das Überleben ihres Volkes durch diplomatisches Geschick sichern. Ihnen gelingt es, die Macht des Großreiches auf die Seite der Juden zu lenken. Hinter dieser Darstellung kann der Anspruch der Hasmonäer erkannt werden, als politische Anführer des gesamten jüdischen Volkes anerkannt zu werden, also auch von jenen, die nicht in und um Jerusalem leben.

Besonders deutlich ist die Nähe der Gewaltdarstellung von EstMT und hasmonäischen Überzeugungen schließlich im neunten Kapitel. Die Passage EstMT 9,1–16 beschreibt einen glorreichen Kampf der Juden gegen Zehntausende Gegner, der zugleich als notwendige Verteidigung wie auch als legitime Vergeltung erscheint. Indem das jüdische Volk seine Gegner mit denselben Mitteln schlagen kann, die einst gegen sie geplant waren, entsteht der Eindruck, es sei eine seinen Feinden in allen Belangen überlegene, wehrhafte und machtvolle Größe. In dieser selbstbewussten Perspektive verschieben sich auch die Verhältnisse innerhalb der Völkerwelt zugunsten der Juden: Das jüdische Volk muss nicht mehr um seine Existenz im Großreich fürchten – es wird gefürchtet. Die meisten Nichtjuden erstarren in Furcht und sind nicht zum Angriff fähig. Andere imitieren sogar jüdisches Verhalten oder unterstützen die jüdische Sache. Nach dem militärischen Erfolg feiert das Volk spontan eine Siegesfeier, deren jährliche Feier in den Purimschreiben von Mordechai und Ester allen Juden anempfohlen wird. Wie seit langem in der Esterforschung vermutet, lässt sich diese in der hebräischen Bibel einzigartig selbstbewusste Gewaltdarstellung am besten als ein Produkt der Hasmonäerzeit erklären.

Mit dieser positiven Würdigung eines kollektiven kriegerischen Vorgehens des jüdischen Volkes vermittelt die hebräische Estererzählung grundsätzlich eine recht zeitlose Botschaft. Aus ihr spricht die Hoffnung darauf, dass sich das Schicksal des Volkes wenden kann und dass selbst größte Gefahren im Vertrauen auf die eigenen diplomatischen und militärischen Fähigkeiten überwunden werden können. Zum Zeitpunkt ihrer Abfassung dürfte diese Erzählung jedoch auch eine weitere Bedeutungsebene gehabt haben. Vermutlich wurde sie von hasmonäischen Hofschreibern mit dem Interesse abgefasst, den auch außerhalb des hasmonäischen Staatsgebietes lebenden Juden durch eine Erzählung über die einstige Abwendung der Vernichtung der persischen Juden die gegenwärtige Notwendigkeit eines gemeinsamen militärischen Vorgehens vor Augen zu führen. Dies war nicht zuletzt deshalb wichtig, um die Machtansprüche des ersten jüdischen Herrschergeschlechts seit dem Untergang des judäischen Königtums zu sichern. Der entstehende Hasmonäerstaat benötigte in den Wirren des späten 2. Jahrhunderts v. u. Z. zur Durchsetzung seiner innen- und außenpolitischen Ziele die aktive Unterstützung der jüdischen Bevölkerung. Die jährliche Feier von Purim bzw. die Verbindung der Estererzählung mit dem (möglicherweise älteren) Purimfest erlaubte eine ritualisierte Form der Erinnerung an den großen Erfolg der Perserzeit, der nun als Präzedenzfall für die Gegenwart verstanden werden konnte.[1]

Der Blick auf die zeitgenössische jüdische Literatur weist dabei darauf hin, dass die Stimme von EstMT mitnichten die einzige Perspektive im jüdischen Gewaltdiskurs der späthellenistischen Zeit war. In anderen Traditionen haben sich skeptische und zum Teil sogar ablehnende Töne gegenüber den hasmonäischen Absichten erhalten. Schon das erste Makkabäerbuch weiß davon zu berichten, dass einige Juden lieber in die Wüste geflohen sind, als sich an den makkabäischen Kämpfen zu beteiligen (vgl. 1 Makk 2,29). Ebenso zeigten sich die Autoren des Danielbuches den hasmonäischen Absichten skeptisch gegenüber. Ihnen galt militärisches Vorgehen nur als „eine kleine Hilfe" (Dan 11,34: עֵזֶר מְעָט), da sie auf ein göttliches Eingreifen in den Verlauf der Geschichte hofften. Schließlich lässt sich aus den Qumrantexten auf die Existenz einer etablierten Opposition gegenüber den hasmonäischen Ansprüchen schließen. In diesen jüdischen Kreisen galt die Vorstellung, ein jüdischer Hoherpriester würde auch ein militärisches Amt ausüben, als Sakrileg. So wird etwa der Figur des „Frevelpriesters", hinter dem sich vermutlich ein hasmonäischer Regent und Hoherpriester verbirgt, im Habakukpescher (1QpHab 8,8–13; 12,2–6) besonders gewaltsames und brutales

---

1 Zur soziokulturellen Funktion von Festen im Alten Testament vgl. Berlejung, *Heilige Zeiten*, 10–28.36–57 mit weiteren Verweisen.

Agieren und zugleich ein Mangel an kultischer Kompetenz vorgeworfen.[2] Es ist somit sehr wahrscheinlich, dass es unter den Adressatinnen und Adressaten der hebräischen Estererzählung einiger Überzeugung für eine mögliche Unterstützung der Hasmonäer bedurfte.

5.2.2 EstLXX

In der jüngeren Esterseptuaginta lassen sich markante Verschiebungen in der Gewaltdarstellung der Erzählung und ihren Aussagen erkennen. Wie in meiner Analyse angedeutet, scheint EstLXX in mehreren Stufen gewachsen und überarbeitet worden zu sein. In vorliegender Form vereint die ältere der beiden griechischen Erzählformen jedenfalls unterschiedliche, zum Teil sogar widersprüchliche Darstellungstendenzen. Eine einheitliche „gewaltminimierende Tendenz"[3] lässt sich in den verschiedenen Textbestandteilen nicht ausmachen. Dieser heterogene Befund weist darauf hin, dass EstLXX das Ergebnis einer länger andauernden, von unterschiedlichen Interessen geleiteten „Diskussion" um die angemessene Darstellungsform der Gewalt ist. Dementsprechend finden sich auch unterschiedliche Aussagegehalte in EstLXX.

Grundsätzlich spricht auch aus EstLXX die Gewissheit, dass das jüdische Volk selbst größte Gefahren überstehen kann. Die Bedrohung durch völlige Vernichtung kann wie in EstMT nur durch politische Interaktion jüdischer Individuen und durch die kollektive Anwendung von tödlicher Gewalt abgewendet werden. In Bezug auf die irdischen Begebenheiten, die zur Bedrohung der Juden durch Vernichtung führen, stehen in EstLXX unterschiedliche Perspektiven nebeneinander. So findet sich z. B. mit dem königlichen Bestätigungsschreiben in Zusatz B – mit Add. E vermutlich der jüngste Zusatz – ein Text, der die Juden nicht nur als sonderbare und gesetzlose, sondern auch als „feindliche" Größe unter den Völkern beschreibt (vgl. B 4–5). Ebenso intensiviert sich die Drastik des Vernichtungsbeschlusses in der Wortwahl von Zusatz B 7. Gleichwohl hat sich der Konflikt mit Haman vor allem in den Textpassagen außerhalb der Zusätze grundlegend verändert. Mordechais jüdische Identität scheint darin anders als in EstMT nur noch eine indirekte Rolle zu spielen. Es ist primär die Missgunst Hamans gegenüber den loyalen Juden, die ihn zur Vernichtung des jüdischen Volkes bewegt. Diese Tendenz baut der ebenfalls sehr spät in EstLXX aufgenom-

---

2 Vgl. dazu z. B. Trampedach, *Hasmonäer*, 48–60; Elgvin, *Hasmonean State*, 58–62; Elgvin, *Violence*, 329–335 oder Lichtenberger, *Qumrantexte*, 21–31.
3 So das Urteil von Wacker, *Gewalt*, 618 in Bezug auf EstLXX 8–9.

mene Zusatz E aus: Die Juden werden ausdrücklich vom König von allen Vorwürfen freigesprochen. Sie dürften nach ihren eigenen Gesetzen leben und von diesen auch bei ihrer Verteidigung Gebrauch machen (vgl. E 19). In dieser gegenüber EstMT neuen Perspektive lässt sich die Aussage vernehmen, ein harmonisches Zusammenleben von Juden und Nichtjuden bzw. ein jüdisches Leben unter Fremdherrschaft sei problemlos möglich.

Auch die Bedeutung der jüdischen Gewaltanwendung wird in verschiedenen Textteilen von EstLXX unterschiedlich bewertet. Zwar gehen auch die Verfasser von EstLXX 8–9 davon aus, dass alle Feinde vollständig getötet werden müssen, doch tritt in diesen Kapiteln die Vorstellung einer nötigen Verteidigung oder Vergeltung als Begründung der jüdischen Gewaltanwendung zurück. Deutlicher als in EstMT 8–9 erscheinen die Juden hingegen als machtvolle Größe. So kämpfen die Juden nicht am Tag ihrer geplanten Vernichtung, sondern einen Tag zuvor. Dadurch werden die meisten Judenfeinde bei einem militärischen Präventivschlag getötet. Dies führt dazu, dass zumindest quantitativ weniger Gewalt nötig ist, um die übrigen Gegner zu vernichten. Dennoch gibt es zwei Aspekte, in denen die Juden in EstLXX 9 „mehr" Gewalt ausüben als in EstMT: in der einmaligen Plünderung und in der selbständigen öffentlichen Schändung der Leichen der Söhne Hamans. Es ist deshalb nicht sehr wahrscheinlich, dass die Autoren von EstLXX 8–9 in ihrer Überarbeitung der Gewaltdarstellung versuchten, die vermeintliche „Brutalität" ihrer hebräischen Vorlage zu begrenzen. Viel eher spricht aus EstLXX die selbstverständliche Überzeugung, dass tödliche Gewalt ein legitimes Machtmittel ist.

Wiederum andere Passagen von EstLXX sind von der Überzeugung getragen, dass sowohl die Gefährdung als auch die Bewahrung des jüdischen Volkes letztlich auf Gottes Planen und Wirken zurückzuführen ist. So wird die Bedrohung der Juden nicht nur strukturell, sondern auch theologisch durch die Traumvision Mordechais (EstLXX Add. A 1–11) und seine Deutung (F 1–10) gerahmt. Zudem wird in den in Zusatz C enthaltenen Gebeten die Mahnung hörbar, dass Gott sein Volk durch Hamans Plan für bestimmte Vergehen strafen könnte; doch gleichzeitig kommt darin die Hoffnung auf, dass Gott am Ende für sein Erbteil eintreten und es bewahren wird. Diese durch die Zusätze eingetragene, theologische Deutung der Handlung sorgt dafür, dass nun eine in biblischem Denken etablierte Legitimationsstrategie zur Anwendung jüdischer Gewalt greifen kann: Die Abwendung der Bedrohung des jüdischen Volkes durch menschliche Gewalt lässt sich als Erfüllung des göttlichen Willens deuten. Da sich diese Perspektive zumindest im Fall der Zusätze A und F auf prophetische und apokalyptische Traditionen stützt, wird zugleich ein grundsätzlicher Antagonismus – zwischen Juden und Nichtjuden – in die Erzählung getragen. Was in EstMT als Auseinandersetzung zwischen Juden und ihren Feinden erschien, lässt sich nun als Konflikt zwischen

Juden und Völkern lesen. Auch dies dürfte eine Form der traditionsgeschichtlichen Legitimierung von Gewalt darstellen.[4]

Wie in meiner historischen Kontextualisierung dargelegt, dürften die ersten Ergänzungen und Überarbeitungen von EstMT (sowie die Erweiterung um Add. A, C, D und F) nicht allzu lange nach der Abfassung der hebräischen Erzählung, wohl noch im Umfeld des Hasmonäerhofes erfolgt sein. Eine Erzählung über die machtvolle Abwendung der großen Bedrohung aller Juden, die sich zugleich auch als Ausweis eines göttlichen Planes bzw. der göttlichen Errettung seines Volkes oder als Mahnung vor kultischen Vergehen lesen lässt und die insgesamt „biblischer" klingt, dürfte für sehr verschiedene jüdische Gruppen des 1. Jahrhunderts v. u. Z. anschlussfähig gewesen sein. Die besonders in den vermutlich jüngsten Zusätzen B und E erkennbare deutliche Zurückweisung aller gegen die Juden vorgebrachten Vorwürfe sowie die Betonung ihrer politischen Loyalität und der Möglichkeit einer harmonischen Existenz von Juden und Nichtjuden im Großreich weisen hingegen eher in die ägyptische Diaspora der späteren, womöglich bereits römischen Zeit. Vermutlich haben diese beiden Zusätze bereits die gewaltsamen Konflikte in Alexandria in den Jahren 38–41 u. Z. zur Voraussetzung. Es ist dabei anzunehmen, dass die insgesamt weniger drastische Darstellung der Kämpfe der Juden gegen ihre Feinde den Aussageabsichten dieser späteren Bearbeiter und Tradenten entgegenkam. Somit erweist sich EstLXX in verschiedener Hinsicht als Kompromissdokument und als Zeugnis dafür, dass die Gewaltdarstellung der Estererzählung kontinuierlich an sich verändernde gesellschaftliche und kulturelle Umstände sowie an geschichtliche Situationen angepasst wurde.

5.2.3 EstAT

Wie die Estererzählungen von EstMT und EstLXX handelt auch EstAT von Bedrohung und Bewahrung des jüdischen Volkes. Auch aus ihr spricht die Hoffnung, dass die Juden in der Fremde überleben können. Ebenso geht auch diese Form der Estererzählung davon aus, dass die Anwendung tödlicher Gewalt nötig ist, um die Feinde der Juden unschädlich zu machen. Der Bericht über die Todes-

---

4 Außerdem könnte diese Perspektive als kritische Mahnung gewertet werden, sich nicht mit nichtjüdischen Nachbarn einzulassen, oder gar Feindseligkeit zwischen beiden Gruppen heraufbeschwören. Vgl. Reinhartz, *LXX Esther*, 26 mit Blick auf die Zusätze A und F: „Rather than reflecting the existing and complex social situation of diaspora Jews vis-à-vis the local population and its government, it may have been intended to create suspicion, dislike, perhaps even animosity of the diaspora Jews towards their neighbors."

strafe der Feinde in EstAT 7,18–21 stellt die Anwendung von tödlicher Gewalt ebenso wenig in Frage wie die Kampfszenen von EstAT 7,43–46. In manchen Details dieses Abschnitts, wie z. B. der Anzahl der getöteten Feinde oder dem Umgang mit dem feindlichen Besitz, nimmt die Intensität in der Darstellung jüdischer Gewalt gegenüber EstLXX sogar zu. Aller Wahrscheinlichkeit nach stellt diese Sequenz jedoch einen sekundären Nachtrag dar, durch den der Kurztext an die bekannteren Textformen EstMT/EstLXX angeglichen werden soll. Inhaltlich hebt sich die Vorstellung einer aktiven jüdischen Gewaltanwendung jedenfalls deutlich vom Gros der Darstellungstendenz von EstAT ab.

Über weite Strecken präsentiert sich EstAT als Überarbeitung von EstLXX, die bestimmte in der Langfassung angelegte Tendenzen ausbaut und verschiedene Aspekte auf subtile Weise modifiziert. Ganz wesentlich ist dabei, dass *nicht* explizit gesagt wird, dass die Tötung der Judenfeinde durch eine aktive jüdische Beteiligung oder im Verlauf eines großen Kampfes der Juden geschieht. Anders als EstMT und EstLXX scheint der Kurztext (ohne 7,43–46) die Botschaft vermitteln zu wollen, dass die Juden durch Integration und Interaktion in der Fremde, aber ohne Gewaltanwendung überleben können. So umgeht EstAT den in EstLXX deutlich vernehmbaren Antagonismus zwischen Juden und Nichtjuden aus Mordechais Traumgesicht und betont auch im Kerntext die Möglichkeiten einer harmonischen Existenz der Juden unter den Völkern. Das von Haman in EstAT 3,8 nicht nur als abgesondert und gesetzlos, sondern auch als „kriegerisch und ungehorsam" charakterisierte jüdische Volk erscheint am Ende als gut integriert, gesetzestreu, loyal und gerade nicht als kriegerisch. Als mächtige Königin kann Ester die Macht des Großreiches zur präventiven Todesstrafe der Übeltäter delegieren. Das königliche Gegenschreiben in EstAT Add. E und der nur in EstAT überlieferte Brief Mordechais an sein Volk (7,34–38) zielen im Anschluss daran darauf ab, Hamans Edikt zu annullieren und eine gewaltsame Konfrontation zwischen Judenfeinden und Juden zu verhindern. Mordechai empfiehlt den Mitgliedern seines Volkes, nicht zu kämpfen, sondern „an ihrem Ort zu bleiben und Gott ein Fest zu feiern" (7,34). Es ist naheliegend, hinter diesem Aufruf die über die Erzählebene hinausweisende Botschaft zu vermuten, dass das jüdische Volk sich nicht an gewaltvollen Aufständen und Konflikten beteiligt, sondern friedlich den eigenen Bräuchen nachgeht.

Eine solche Aussageabsicht scheint in eine Situation hineinzusprechen, in der jüdische Autoren ihr Volk nicht als eine kriegerisch aktive, sondern als eine zu Unrecht angefeindete, eigentlich friedliebende Gruppe verstanden wissen wollten. Sollte EstLXX zumindest in den Zusätzen B und E bereits auf die gewaltvollen Konflikte in Alexandria zwischen 38–41 u. Z. reagieren, dürfte EstAT eine entsprechend jüngere literarische Reaktion auf diese Ereignisse darstellen. Zumindest deckt sich die in EstLXX Add. B und E angelegte und in EstAT ausgearbeitete Perspektive in manchen Aspekten mit der Darstellung Philos, der im Nachgang der Konflikte in Alexandria eine ganz ähnliche Position vertreten hatte. Wie oben angedeutet, wäre es ferner denkbar, dass EstAT sich dabei an nichtjüdische, möglicherweise sogar christliche Adressatengruppen richtet oder womöglich schon eine christliche Rezension darstellt. In jedem Fall ist EstAT – trotz der Tatsache, dass er wohl kein EstMT vorausgehendes Erzählgut enthält – ein wertvoller Textzeuge, der verdeutlicht, dass die Gewaltgeschichte der Estererzählung auch nachfolgenden Generationen als Medium zur Deutung ihrer Gegenwart galt.

5.3 Die Interpretation der Gewalt: Rück- und Ausblick

Wie eingangs dargelegt, sorgt besonders die Gewaltdarstellung des hebräischen Esterbuches seit jeher für viel Unverständnis. Innerhalb wie außerhalb der Bibelwissenschaften wird diese Gewaltgeschichte intensiv diskutiert. Im Folgenden möchte ich bestehende Deutungsmuster und Auslegungsrichtungen mit den Ergebnissen meiner Analysen zu EstMT, EstLXX und EstAT ins Gespräch bringen und Impulse für eine text- und sachgemäße Auslegung der Gewaltthematik der Esterüberlieferung entwickeln, die diese „nicht (apologetisch) minimiert oder ausblendet, sondern aufnehmen und kritisch einordnen kann."[5]

Als wenig tragfähig erweist sich zunächst die durch literarkritische Eingriffe erzielte Abtrennung und die damit oft einhergehende Abwertung solcher Textbestandteile, die von der Tötung der Judenfeinde erzählen. Die seit den Arbeiten von Clines in der Esterforschung etablierte Annahme, eine ältere Estererzählung habe ohne einen Kampf der Juden gegen ihre Feinde geendet, konnte in meiner Analyse nicht bestätigt werden. Dass hinter dem beharrlichen Festhalten an dieser literarhistorischen Hypothese auch apologetische Absichten stecken, ist zumindest nicht unwahrscheinlich. Allerdings stellt sich schon grundsätzlich die Frage, inwiefern die Einstufung der Kampfszene als sekundärer Anhang überhaupt zur „Entlastung" der Estererzählung beitragen kann.[6] In jedem Fall sollte eine Auslegung der Gewalt in der Estererzählung ihren Ausgangspunkt nicht an einer vermeintlich älteren, „friedlicheren" Erzählfassung nehmen, die erst in einem späteren, weniger authentischen Textstadium „brutaler" wurde. Stattdessen gilt es den literarhistorischen und erzählerischen Zusammenhang ernst zu nehmen, der zwischen der Bedrohung der Juden durch völlige Vernichtung und der Abwehr dieser Bedrohung existiert. Hier zeigt sich ein zentrales Aussage-

---

5 Wacker, *Gewalt*, 619.
6 Vgl. Wacker, *Gewalt*, 611.

interesse der drei vorliegenden Esterbücher: Der Einsatz tödlicher Gewalt kann unter gewissen Umständen legitim und notwendig sein. Zumindest in EstMT und EstLXX fungiert Gewalt zudem als Ausdruck der Fähigkeit, die Machtmittel des Großreiches zugunsten des jüdischen Volkes einzusetzen.

Grundsätzlich verkehrt sind ferner Interpretationen von EstMT 8–9 oder den entsprechenden Passagen in EstLXX und EstAT, die in der Gewaltdarstellung einen Ausdruck eines vermeintlich primitiven „Rachedenkens" oder gar eines „jüdischen" Hangs zur Gewalt erkennen möchten. Es ist in keinem Fall eine jüdische, sondern eine gesamtantike bzw. vermutlich sogar zeitlose, kulturübergreifende Konvention, dass soziale Gruppen Traditionen von überstandenen Gefahren und gewaltvollen Konflikten überliefern und dabei stets den eigenen Erfolg besonders ausmalen. Dabei gilt es auch die Tatsache zu berücksichtigen, dass Gewalt immer ein wandelbares, „kulturspezifisches Phänomen"[7] darstellt. In verschiedenen Kulturen und zu verschiedenen Zeiten unterscheidet sich das Verständnis von dem, was überhaupt als „Gewalt" gelten kann und welche Formen von Gewaltanwendung als legitim angesehen wurden. Mit Blick auf die antike Esterüberlieferung fällt diesbezüglich auf, dass zumindest die Anwendung physischer Gewalt nicht grundsätzlich problematisiert wird. Die Textfassungen diskutieren allerdings recht intensiv, was eine solche Gewaltform auslöst, unter welchen Umständen sie legitim sein kann und wer über die nötige Handlungsmacht zur physischen Gewaltanwendung verfügt. Einig sind sich die drei Esterbücher jedenfalls in der Überzeugung, dass Juden Stereotypisierung und Verleumdung ausgesetzt sind und dass dies auch tödliche Gewalttaten auslösen kann. Wiederum verdeutlicht schon ein kursorischer Blick auf den Erzählverlauf der drei Esterbücher, dass eine Gewaltanwendung durch jüdische Figuren nie das erste Mittel zur Überwindung der eigenen Bedrohung darstellt. Alle Textfassungen sehen den entscheidenden Schritt in Wegen der politischen Interaktion. Es sind die „diplomatischen" Bemühungen Esters und Mordechais, die für eine rechtliche Grundlage der eigenen Gewaltanwendung sorgen.

Deshalb scheinen mir auch solche Zugänge als wenig überzeugend, die die Gewaltdarstellung der Estererzählung primär als Ausdruck einer subversiven, antiimperial ausgerichteten Kritik deuten. Die Gefährdung des jüdischen Volkes geht bei genauer Betrachtung nicht vom Großreich an sich aus. Die „Feinde" und „Hasser" der Juden sind keine persischen Soldaten, sondern eine unbestimmte Gruppe von Gegnern, die sich vermutlich aus allen Volksgruppen zusammensetzt. Gegen eine antiimperiale Deutung spricht ferner die Tatsache, dass die Existenz einer übergeordneten politischen Macht seitens der Juden in den Esterbüchern

---

7 Baumann, *Gottesbilder*, 28.

nicht bekämpft, sondern am Ende sogar bestärkt wird. Zwar lassen sich in den verschiedenen Erzählungen – z. B. in der Waschti-Episode – auch herrschafts-kritische Töne vernehmen, dennoch scheint den Verfassern und Redaktoren der Estererzählungen primär daran gelegen, jüdische Wege der *Adaption* imperialer Macht zu entfalten. In EstMT wird dies beispielhaft anhand der terminologischen Überschneidungen in Hamans und Mordechais Edikten erkennbar. So agieren die Juden am Ende selbst wie ein Großreich, wenn sie ihre Feinde völlig vernich-ten und einige von ihnen öffentlich schänden lassen können. Ähnliches lässt sich auch in EstLXX und EstAT erkennen, wobei der griechische Kurztext zumindest in Teilen eine gewisse Zurückhaltung in Bezug auf die Darstellung jüdischer Gewalt-handlungen bezeugt. Dennoch geht auch diese Tradition davon aus, dass Ester und Mordechai in der Lage sind, die Macht und Gewalt des Großreiches gegen die Judenfeinde einzusetzen. In dieser Hinsicht lässt sich die Darstellung von Gewalt in den Estererzählungen als ein Element einer hybriden Auseinandersetzung mit den bestehenden Machtverhältnissen in der griechisch-römischen Antike ver-stehen. Die Gewaltdarstellung erscheint – im Sinne von Homi Bhabha – als ein Moment der Mimikry, durch das jüdische Schreiber auf imperiale Herrschaftsfor-men und -diskurse reagieren, wobei sie diese nicht einfach ablehnen oder über-nehmen, sondern in ihrem eigenen Interesse adaptieren.[8]

Obwohl die jüdische Gewaltanwendung in allen drei vorliegenden Fassungen der Esterbücher der Abwehr von angedrohter Gewalt dient, erscheint mir ferner der von vielen gewählte Weg, allein von einer Erzählung über jüdische „Selbst-verteidigung" zu sprechen, als nicht textgemäß.[9] Besonders im hebräischen Esterbuch, auf das in der Auslegung zumeist Bezug genommen wird, ist „Ver-geltung" ein ebenso wichtiger Aspekt, der zudem ausdrücklich in Mordechais Gegenschreiben erwähnt wird (EstMT 8,13). Obwohl die Juden in der Gewaltschil-derung von EstMT 9,1–16 „für ihr Leben einstehen", lassen sich auch in dieser Passage Darstellungselemente finden, die eindeutig über eine Interpretation der Kampfhandlungen als Verteidigungsmaßnahme hinausweisen (vgl. z. B. EstMT 9,5). „Verteidigung" und „Vergeltung" sind zumindest in der hebräischen Ester-erzählung keine miteinander unvereinbaren Alternativen.

Eine abschließende Nuancierung ist in Bezug auf eine in der gegenwärtigen Diskussion weitverbreitete Auslegungsrichtung angebracht, die die Gewaltdar-stellung der Estererzählung(en) als Ausdruck einer Perspektive „von unten"[10]

---

8 Zum Begriff vgl. Bhabha, *Location*, 89–92.
9 So z. B. Gevaryahu, *Esther*; Wacker, *Gewalt*, 616; Achenbach, *Vertilgen*, 309; Kissling, *Self-Defense*, 105–116 oder Miller, *Jews*, 26–31.
10 Vgl. Wacker, *Gewalt*, 619–620 oder Zenger, *Ester*, 388.

versteht. Die im Einzelnen sehr unterschiedlich gelagerten Ansätze teilen dabei einen Grundgedanken: Die den Juden in der Erzählung angedrohte Gewalt sei ein Spiegel der realhistorischen Lebenssituation der (Diaspora-)Juden, die ausgeübte Gewalt sei hingegen lediglich eine fiktionale Reaktion auf diese Umstände, die den Adressaten Hoffnung und Erleichterung für ihr gegenwärtiges Leid verschaffen soll. So lasse die Gewaltdarstellung des hebräischen Esterbuches nach Klara Butting „unterdrückte Menschen aufatmen", indem es Raum schaffe „für Haß und Zorn gegenüber Menschen, die nicht aufhören, andere zu quälen."[11] Sonja Strube sieht darin eine Form der „Energetisierung der Opfer", die in der Realität „antisemitischer Aggression"[12] ausgesetzt waren. Tsaurayi K. Mapfeka erkennt in der Erzählung die historische Erfahrung angefeindeter Diasporajuden, die sich durch die Gewaltdarstellung ausmalten, „how justice would best be served".[13] Auf der Ebene der Rezeption der Gewaltdarstellung benennen diese Zugänge m. E. treffend das Potential der Estererzählungen, dem Leid von unterdrückten und von Gewalt bedrohten Gruppen eine Stimme zu verleihen und die Hoffnung zu versprachlichen, dass Gewalt und Feindschaft enden mögen. Jedoch stellt sich mit Blick auf die von mir vorgeschlagenen Produktionskontexte der ältesten, hebräischen Estererzählung zumindest die Frage, ob dies die primäre Intention der Verfasser bei der Abfassung des Textes war. Zwar scheint das Vernichtungsmotiv tatsächlich eine fiktionalisierte und dramatisierte Form der Bezugnahme auf das militärische Strafgericht des Seleukidenkönigs Antiochus IV. darzustellen, doch zeigt der weitere Verlauf der historischen und literarischen Geschichte, dass ein gewaltsamer Widerstand und eine kriegerische Vergeltung nicht nur eine in die Phantasiewelt ausgelagerte Hoffnung, sondern – zumindest für manche – durchaus eine reale und erstrebenswerte Handlungsoption war.[14]

---

11 Butting, *Widerstand*, 177.

12 Strube, *Legitimation*, 158.

13 Mapfeka, *Esther 9*, 412.

14 Diese Einsicht problematisiert auch solche Deutungsmuster, die in der Schilderung der jüdischen Kampfhandlungen eine ironische oder sogar selbstkritische Auseinandersetzung mit Gewalt erkennen wollen. Für eine selbstkritische Lesart hat sich erstmals Goldman, *Ironies* ausgesprochen. Vgl. Holt, *Readings*, 143–149 für eine Übersicht über weitere Zugänge. Dass die Estererzählung unterhaltsam ist und bisweilen sogar ironische Züge trägt, spricht jedenfalls nicht gegen die „ernste" Aussage der Gewaltdarstellung. Wie Honigman, *Novellas*, 12–29 jüngst anhand eines Vergleiches von griechischen, demotischen und jüdischen Traditionen demonstriert hat, ist die Annahme einer Alternative zwischen „unterhaltsamer" und „ernster" Literatur ohnehin nicht überzeugend. So haben z. B. die ägyptischen Tempelschreiber von Tebtunis – zweifellos eine Schreiberelite – wichtige religiöse, politische oder ideologische Botschaften in äußerst unterhaltsame Erzählungen gekleidet.

So bedarf es für die Interpretation der Gewaltdarstellung von EstMT eines Modells, das sowohl der ambivalenten Erzählperspektive als auch der relativ komplexen soziopolitischen Abfassungssituation Rechnung trägt. Dazu gehört auch zu berücksichtigen, dass (zumindest) die Autoren der hebräischen Ester-erzählung einer gebildeten Schreiberelite entstammen dürften und womöglich sogar hasmonäische Hofschreiber waren. Als solche vertraten sie die politischen und ideologischen Interessen der jüdischen Herrscher. So verwundert es nicht, dass in EstMT aus einer relativen Machtposition heraus erzählt wird: Die handelnden Figuren sind von Gewalt bedroht und leben unter der Herrschaft eines Großreiches. Dennoch können sie zunehmend an Einfluss gewinnen und am Ende die imperialen Machtmittel gegen ihre eigenen Feinde einsetzen. In dieser Perspektive ist die Erkenntnis, ein potentielles Opfer von Gewalt zu sein, unauflöslich verschränkt mit der Überzeugung, dass die eigene Gewaltanwendung auch zum eigenen Machtgewinn beitragen kann. Trotz der vielen Aspekte, durch die sich die Gewaltdarstellungen der griechischen Esterbücher von der hebräischen Textfassung unterscheiden, kommt in der griechischen Überlieferung im Wesentlichen dieselbe Überzeugung zum Ausdruck. Die Esterüberlieferung verdeutlicht damit paradigmatisch die große Ambivalenz der Gewalt. Sie sucht ihre Leserinnen und Leser nicht mit der Hoffnung auf eine gewaltfreie, heile Welt zu vertrösten. Stattdessen nimmt sie das menschliche Gewaltpotential und die Komplexität bestehender Machtstrukturen ernst und entwickelt realpolitische Perspektiven, die damals wie heute zu einer Reflexion über einen verantwortungsvollen Umgang mit Gewalt einladen. Zugleich wird anhand der Diskursivität und Vielgestaltigkeit der Überlieferung deutlich erkennbar, dass die Frage nach einer möglicherweise legitimen Gewaltanwendung keine einfache, zeitlose Antwort verdient, sondern dass diese Frage stets neu ausgehandelt werden muss.

Durch ihre sehr heterogenen Antwortmöglichkeiten, die bleibend an bestimmte literarische und geschichtliche Kontexte rückgebunden sind, verwehrt sich die antike Esterüberlieferung allen modernen Vereinnahmungs- und Instrumentalisierungsversuchen. Sie erinnert vielmehr daran, dass jede Gewaltgeschichte ihre eigene Geschichte hat.

6 Literaturverzeichnis

6.1 Quellentexte

Cohn, Leopold et al. (Hg.), *Philo von Alexandria. Die Werke in deutscher Übersetzung. Bd. 7* (darin: „Gegen Flaccus", [*Flacc.*] übersetzt von Karl-Heinz Gerschmann, 122–165; „Gesandtschaft an Caligula", [*Legat.*] übersetzt von Friedrich W. Kohnke, 166–266), Berlin 1964.

Diodorus Siculus, *Library of History* [*Bib. Hist.*] (Übersetzt von Charles H. Oldfather et al.), 12 Bde., LCL, Cambridge, 1933–1967.

Drexler, Hans (Hg.), *Polybios. Geschichte*, 2 Bde., Stuttgart/Zürich 1963–1978.

Ego, Beate, *Targum Scheni zu Ester. Übersetzung, Kommentar und theologische Deutung*, Tübingen 1996.

Elberfelder Bibel, revidierte Fassung [ELB], Wuppertal 2006.

Elliger, Karl und Wilhelm Rudolf (Hg.), *Biblia Hebraica Stuttgartensia* [BHS], Stuttgart ⁵1997, Nachdruck 2007.

Feix, Josef (Hg.), *Herodot. Historien. Griechisch-Deutsch* [*Hist.*], 2 Bde., Berlin/New York ⁷2006.

García Martínez, Florentino und Eibert J. C. Tigchelaar (Hg.), *The Dead Sea Scrolls Study Edition*, Leiden et al. 1999.

Goldschmidt, Lazarus (Hg.), *Babylonischer Talmud*. Bd. 4. Megilla [bMeg], Moed Qatan, Ḥagiga, Jabmuth, Berlin ²1966, Nachdruck 1996.

Haelewyck, Jean-Claude (Hg.), *Hester*, Vetus Latina. Die Reste der altlateinischen Bibel 7/3, Freiburg, 2003–2008.

Hanhart, Robert (Hg.), *Septuaginta. Vetus Testamentum Graecum 8,3, Esther*, Göttingen ²1983.

Josephus, Flavius, *Jewish Antiquities* [*Ant.*] (Übersetzt von Henry St. John Thackeray), 9 Bde., LCL, Cambridge 1930.

Kraus, Wolfgang und Martin Karrer (Hg.), *Septuaginta Deutsch. Das griechische Alte Testament in deutscher Übersetzung*, Stuttgart 2009.

Landmann, Georg P. (Hg.), *Thukydides. Geschichte des Peloponnesischen Krieges. Griechisch-Deutsch*, 2 Bde., München 1993.

Michel, Otto und Otto Bauernfeind (Hg.), *Flavius Josephus. De bello Judaico – Der jüdische Krieg. Griechisch und Deutsch*. Bd. 2 [Bell.], Darmstadt ²2013.

Oegema, Gerbern S. (Hg.), *Apokalypsen. Das äthiopische Henochbuch* [1 Hen], JSHRZ.S 6/1,5, Gütersloh 2001.

Oegema, Gerbern S. (Hg.), „Aristeasbrief", in: Ders. (Hg.), *Unterweisung in erzählender Form* [*Arist.*], JSHRZ 6/1,2, 49–65.

Rahlfs, Alfred und Robert Hanhart (Hg.), *Septuaginta. Id est Vetus Testamentum graece iuxta LXX interpretes edidit Alfred Rahlfs. Editio altera quam recognovit et emendavit Robert Hanhart*, Stuttgart 2006.

Sæbø, Magne, „Esther אסתר", in: Adrian Schenker et al. (Hg.), *Biblia Hebraica Quinta* [BHQ], fasc. 18. General Introduction and Megilloth מגלות, Stuttgart 2004, 73–96.

Schadewaldt, Wolfgang (Hg.), *Homer. Ilias* [*Il.*], Frankfurt am Main ¹⁸2016.

Siegert, Folker (Hg.), *Flavius Josephus. Über die Ursprünglichkeit des Judentums. Contra Apionem* [*C. Ap.*], Schriften des Institutum Judaicum Delitzschianum 6/1, Göttingen 2008.

Spilsbury, Paul und Chris Seeman (Hg.), *Judean Antiquities 11*, Flavius Josephus: Translation and Commentary 6a, Leiden/Boston 2017.

Stern, Menahem, *Greek and Latin Authors on Jews and Judaism*, Jerusalem 1974.

Wirth, Gerhard und Antoon G. Roos (Hg.), *Flavius Arrianus. Scripta 1/2. Alexandri Anabasis* [Arrian, *Alexander*], Bibliotheca scriptorum Graecorum et Romanorum Teubneriana 1239, Berlin/Boston ²1967, Nachdruck 2021.

Zimmermann, Bernhard (Hg.), *Aischylos. Tragödien* (Übersetzt von Oskar Werner), ⁷2001.

6.2 Sekundärliteratur

Achenbach, Reinhard, „„Genocide' in the Book of Esther: Cultural Integration and the Right of Resistance against Pogroms", in: Rainer Albertz und Jakob Wöhrle (Hg.), *Between Cooperation and Hostility: Multiple Identities in Ancient Judaism and the Interaction with Foreign Powers*, JAJ.S 11, Göttingen 2013, 89–114.

Achenbach, Reinhard, „Vertilgen – Töten – Vernichten (Ester 3,13). Die Genozid-Thematik im Esterbuch", *ZABR* 15 (2009), 282–315.

Adam, Klaus-Peter, „A (Socio-)Demonstrative Meaning of the Hitpael in Biblical Hebrew", *ZAH* 25–28 (2012–2015), 1–23.

Albertz, Rainer, „The Social Setting of the Aramaic and Hebrew Book of Daniel", in: John Joseph Collins und Peter W. Flint (Hg.), *The Book of Daniel: Composition and Reception*, VT.S 83, Leiden et al. 2001, 171–204.

Alexander, Philip S., „3 Maccabees, Hanukkah and Purim", in: Ada Rapoport-Albert und Michael P. Weitzman (Hg.), *Biblical Hebrew, Biblical Texts: Essays in Memory of Michael P. Weitzman*, JSOT.S 333, Sheffield 2001, 321–339.

Allen, Leslie C. und Timothy S. Laniak, *Ezra, Nehemiah, Esther: Based on the New International Version*, NIBC.OTS 9, Peabody, Mass 2003.

Amit, Yairah, „The Saul Polemic in the Persian Period", in: Oded Lipschitz und Manfred Oeming (Hg.), *Judah and the Judeans in the Persian Period*, Winona Lake, IN 2006, 647–661.

Arrington, Nathan, *Ashes, Images, and Memories: The Presence of the War Dead in Fifth-century Athens*, Oxford/New York 2015.

Arrington, Nathan, „Inscribing Defeat: The Commemorative Dynamics of the Athenian Casualty Lists", *Classical Antiquity* 30 (2/2011), 179–212.

Babota, Vasile, *The Institution of the Hasmonean High Priesthood*, JSOT.S 165, Leiden 2014.

Bachmann, Veronika, „Gewalt, die aufschreckt. Das Esterbuch (Teil 3)", *BiLi* 87 (3/2014), 215–220.

Balch, David L., „Attitudes toward Foreigners in 2 Maccabees, Eupolemus, Esther, Aristeas, and Luke-Acts", in: Abraham J. Malherbe, Frederick W. Norris und James W. Thompson (Hg.), *The Early Church in Its Context. Essays in Honor of Everett Ferguson*, NT.S 90, Leiden 1998, 22–47.

Bar-Kochva, Bezalel, *The Image of the Jews in Greek Literature: The Hellenistic Period*, HCS 51, Berkeley 2010.

Barclay, John M. G., *Jews in the Mediterranean Diaspora: From Alexander to Trajan (323 BCE–117 CE)*, Edinburgh 1998.

Bardtke, Hans, *Das Buch Esther*, KAT, Gütersloh 1963.

Bardtke, Hans, *Luther und das Buch Esther*, Sammlung gemeinverständlicher Vorträge und Schriften aus dem Gebiet der Theologie und Religionsgeschichte 240/241, Tübingen 1964.

Bardtke, Hans, „Neuere Arbeiten zum Estherbuch. Eine kritische Würdigung", *Ex Oriente Lux* 19 (1965/66), 519–549.

Bardtke, Hans, *Zusätze zu Esther*, JSHRZ 1, Gütersloh 1973.

Baumann, Gerlinde, „Gewalt in biblischen Texten. Hintergründe, Differenzierungen, hermeneutische Überlegungen", in: Severin J. Lederhilger (Hg.), *Gewalt im Namen Gottes. Die Verantwortung der Religionen für Krieg und Frieden. 16. Ökumenische Sommerakadamie Kremsmünster 2014*, Linzer philosophisch-theologische Beiträge 30, Frankfurt a. M. 2015, 83–95.

Baumann, Gerlinde, *Gottesbilder der Gewalt im Alten Testament verstehen*, Darmstadt 2006.

Beal, Timothy K., *The Book of Hiding: Gender, Ethnicity, Annihilation, and Esther*, Biblical Limits, London/New York 1997.

Bellmann, Simon, *Politische Theologie im frühen Judentum. Eine Analyse der fünf Versionen des Estherbuches*, BZAW 525, Berlin/Boston 2020.

Bellmann, Simon, „The Theological Character of the Old Latin Version of Esther", *JSP* 27 (1/2017), 3–24.

Berg, Sandra B., *The Book of Esther: Motifs, Themes and Structure*, SBLDS 44, Ann Arbor 1979.

Bergey, Ron, „Late Linguistic Features in Esther", *JQR* 85 (1/1984), 66–78.

Berkowitz, Beth A., *Defining Jewish Difference: From Antiquity to the Present*, Cambridge 2012.

Berlejung, Angelika, „Heilige Zeiten. Ein Forschungsbericht", in: Martin Ebner (Hg.), *Das Fest. Jenseits des Alltags*, JBTh 18, Neukirchen-Vluyn 2004, 3–61.

Berlin, Adele, „The Book of Esther and Ancient Storytelling", *JBL* 1 (120/2001), 3–14.

Berlin, Adele, *Esther: The Traditional Hebrew Text With the New JPS Translation*, JPS Bible Commentary, Philadelphia 2001.

Berman, Joshua A., „Two Days of Feasting (Esth 5:1–8) and Two Days of Fighting (Esth 9:1–16) in the Book of Esther", in: Joshua A. Berman (Hg.), *Narrative Analogy in the Hebrew Bible: Battle Stories and Their Equivalent Non-Battle Narratives*, VT.S 103, Leiden 2004, 115–146.

Bernhardt, Johannes Christian, *Die Jüdische Revolution. Untersuchungen zu Ursachen, Verlauf und Folgen der hasmonäischen Erhebung*, KLIO / Beihefte. NF 22, Berlin 2017.

Berthelot, Katell, „Hecataeus of Abdera and Jewish ‚misanthropy'", *Bulletin du Centre de recherche français à Jérusalem [online. 17.10.2019]* 19 (2009).

Berthelot, Katell, *In Search of the Promised Land? The Hasmonean Dynasty Between Biblical Models and Hellenistic Diplomacy*, JAJ.S 24, Göttingen 2018.

Berthelot, Katell, „Judas Maccabeus' War against Judea's Neighbours in 1 Maccabees 5: A Reassessment of the Evidence", *Electrum* 21 (2014), 73–85.

Berthelot, Katell, *Philanthrôpia judaica. Le débat autour de la „misanthropie" des lois juives dans l'Antiquité*, JSJ.S 76, Leiden 2003.

Bezold, Helge, „Violence and Empire: Hasmonean Perspectives on Imperial Power and Collective Violence in the Book of Esther", *HEBAI* 1 (10/2021), 45–62.

Bickerman, Elias J., „The Colophon of the Greek Book of Esther", *JBL* 63 (1944), 339–362.

Bickerman, Elias J., „A Seleucid Proclamation concerning the Temple in Jerusalem", in: Amram D. Tropper (Hg.), *Studies in Jewish and Christian History: A New Edition in Englisch including „The God of the Maccabees"*, Ancient Judaism and Early Christianity 68/1, Leiden 2007, 357–375.

Bickermann, Elias J., „Notes on the Greek Book of Esther", *PAAJR* 20 (1950), 101–133.

Bloch, René S., *Antike Vorstellungen vom Judentum. Der Judenexkurs des Tacitus im Rahmen der griechisch-römischen Ethnographie*, Historia Einzelschriften 160, Stuttgart 2002.

Bloch, Yigal, „Judeans in Sippar and Susa during the First Century of the Babylonian Exile: Assimilation and Perseverance under Neo-Babylonian and Achaemenid Rule", *JANEH* 1 (2/2014), 119–172.

Boyarin, Daniel, „The Christian Invention of Judaism: The Theodosian Empire and the Rabbinic Refusal of Religion", *Representations* 85 (1/2004), 21–57.

Boyd-Taylor, C., „Esther's Great Adventure: Reading the LXX Version of the Book of Esther in Light of Its Assimilation to the Conventions of the Greek Romantic Novel", *BIOSCS* 30 (1997), 81–113.

Brosius, Maria, „From Fact to Fiction: Persian history and the book of Esther", in: Anne Fitzpatrick-McKinley (Hg.), *Assessing Biblical and Classical Sources for the Reconstruction of Persian Influence, History and Culture*, Classica et Orientalia 10, Wiesbaden 2015, 193–202.

Burns, Joshua E., „The Special Purim and the Reception of the Book of Esther in the Hellenistic and Early Roman Eras", *JSJ* 37 (1/2006), 1–34.

Bush, Frederic W., „The Book of Esther: Opus non gratum in the Christian Canon", *BBR* 8 (1998), 39–54.

Bush, Frederic W., *Ruth, Esther*, WBC 9, Dallas 1996.

Butting, Klara, „Das Buch Esther. Vom Widerstand gegen Antisemitismus und Sexismus", in: Luise Schrottroff und Marie-Theres Wacker (Hg.), *Kompendium Feministische Bibelauslegung*, Gütersloh 1998, 169–179.

Butting, Klara, *Die Buchstaben werden sich noch wundern. Innerbiblische Kritik als Wegweisung feministischer Hermeneutik*, Berlin 1994.

Calduch-Benages, N., „War, Violence and Revenge in the Book of Esther", in: Jan Jiesen und Pancratius C. Beentjes (Hg.), *Visions of Peace and Tales of War*, DCLY 2010, Berlin/New York 2010, 121–145.

Carr, David McLain, *The Formation of the Hebrew Bible: A New Reconstruction*, Oxford/New York 2011.

Carruthers, Jo, *Esther Through the Centuries*, Blackwell Bible Commentaries, Oxford 2008.

Cavalier, Claudine, „Le ‚colophon' d'Esther", *RB* 110 (2/2003), 167–177.

Cazelles, Henri, „Note sur la composition du rouleau d'Esther", in: Heinrich Gross und Franz Mussner (Hg.), *Lux tua veritas (FS Junger)*, Trier 1961, 17–29.

Chan, Michael J., „Ira Regis: Comedic Inflections of Royal Rage in Jewish Court Tales", *JQR* 103 (1/2013), 1–25.

Chaniotis, Angelos, „Gedenktage der Griechen. Ihre Bedeutung für das Geschichtsbe- wußtsein griechischer Poleis", in: Jan Assmann (Hg.), *Das Fest und das Heilige. Religiöse Kontrapunkte zur Alltagswelt*, Studien zum Verstehen fremder Religionen 1, Gütersloh 1991, 123–145.

Chaniotis, Angelos, „The Ritualised Commemoration of War in the Hellenistic City: Memory, Identity, Emotion", in: Polly Low, Graham Oliver und Peter Rhodes (Hg.), *Cultures of Commemoration: War Memorials, Ancient and Modern*, Oxford 2012, 41–62.

Chaniotis, Angelos, „Sich selbst feiern? Die städtischen Feste des Hellenismus im Spannungsfeld zwischen Religion und Politik", in: Michael Wörrle und Paul Zanker (Hg.), *Stadtbild und Bürgerbild im Hellenismus. Kolloquium, München, 24. bis 26. Juni 1993*, München 1995, 147–172.

Chaniotis, Angelos, *War in the Hellenistic World: A Social and Cultural History*, Ancient World at War, Malden, Mass. 2005.

Christ, Michaela und Christian Gudehus, Art. Gewalt – Begriffe und Forschungsprogramme, in: Michaela Christ und Christian Gudehus (Hg.), *Gewalt. Ein interdisziplinäres Handbuch*, Stuttgart 2013, 1–15.

Chrubasik, Boris, „The Attalids and the Seleukid Kings, 281–175 BC", in: Peter Thonemann (Hg.), *Attalid Asia Minor: Money, International Relations, and the State*, Oxford 2013, 83–119.

Chrubasik, Boris, *Kings and Ursupers in the Seleukid Empire: The Men who would be King*, Oxford Classical Monographs, Oxford/New York 2016.

Chrubasik, Boris, „Sanctuaries, Priest-Dynasts and the Seleukid Empire", in: Silvie Honigman, Christophe Nihan und Oded Lipschits (Hg.), *Times of Transition: Judea in the Early Hellenistic Period*, Mosaics: Studies on Ancient Israel 1, Tel Aviv/University Park 2021, 161–176.

Clairmont, Christoph W., *Patrios Nomos: Public Burial in Athens During the Fifth and Fourth Centuries B. C.: The Archaeological, Epigraphic-literary and Historical Evidence*, BAR. International series 161 Bd. 1/2, Oxford 1983.

Clines, David J. A., *The Esther Scroll: The Story of the Story*, JSOT.S 30, Sheffield 1984.

Clines, David J. A., *Ezrah, Nehemiah, Esther*, The New Century Bible Commentary, [Repr.], Grand Rapids, Mi 1984.

Clines, David J. A., „Reading Esther from Left to Right: Contemporary Strategies for Reading a Biblical Text", in: ders. (Hg.), *The Bible in Three Dimensions: Essays in Celebration of Forty Years of Biblical Studies in the University of Sheffield*, JSOT.S 87, Sheffield 1990, 31–52.

Cohen, Shaye J. D., *The Beginning of Jewishness: Boundaries, Varieties, Uncertainties*, Berkeley/Los Angeles/London 1999.

Collins, John J., „Anti-Semitism in Antiquity? The Case of Alexandria", in: Carol Bakhos (Hg.), *Ancient Judaism in Its Hellenistic Context*, Leiden 2005, 9–29.

Collins, John J., *Between Athens and Jerusalem: Jewish Identity in the Hellenistic Diaspora*, 2, Grand Rapids et al. 2000.

Collins, John J., *The Invention of Judaism: Torah and Jewish Identity from Deuteronomy to Paul*, The Taubman Lectures in Jewish Studies, Oakland, California 2017.

Collins, John J., „Temple or Taxes? What Sparked the Maccabean Revolt?", in: John J. Collins und Joseph G. Manning (Hg.), *Revolt and Resistance in the Ancient Classical World and the Near East: In the Crucible of Empire*, CHAN 85, Leiden/Boston 2016, 188–201.

Cook, Herbert J., „The *A* Text of the Greek Version of the Book of Esther", *ZAW* 81 (1969), 369–375.

Craig, Kenneth M., *Reading Esther: A Case for the Literary Carnivalesque*, Louisville 1995.

Crawford, Sidnie W., „The Additions to Esther", in: Leander E. Keck et al. (Hg.), *The New Interpreter's Bible 3*, Nashville 1990, 945–972.

Crawford, Sidnie W. und Leonard J. Greenspoon (Hg.), *The Book of Esther in Modern Research*, London/New York 2003.

Crouch, Carly L., *War and Ethics in the Ancient Near East: Military Violence in Light of Cosmology and History*, BZAW 407, Berlin/New York 2009.

Croy, N. Clayton, *3 Maccabees*, SCS 2, Boston/Leiden 2006.

Cuffari, Anton, *Judenfeindschaft in Antike und Altem Testament. Terminologische, historische und theologische Untersuchungen*, BBB 153, Hamburg 2007.

Dąbrowa, Edward, *The Hasmoneans and Their State: A Study in History, Ideology, and the Institutions*, Electrum 16, Krakau 2010.

Dalley, Stephanie, *Esther's Revenge at Susa: From Sennacherib to Ahasuerus*, Oxford 2007.

Day, Linda, *Three Faces of a Queen: Characterization in the Book of Esther*, JSOT.S 186, Sheffield 1995.

De Troyer, Kristin, „Cosmic Events in the First and Last Additions to the Greek Text of the Book of Esther", in: Michael W. Duggan, Renate Egger-Wenzel und Stefan C. Reif (Hg.), *Cosmos and Creation: Second Temple Perspectives*, DCLY 2019, Berlin 2020, 77–89.

De Troyer, Kristin, *Die Septuaginta und die Endgestalt des Alten Testaments. (eng. Original: Rewriting the Sacred Text, Atlanta/Leiden 2003. Übersetzt von G. Schenke Robinson)* Göttingen 2005.

De Troyer, Kristin, *The End of the Alpha Text of Esther. Translation and Narrative Technique in MT 8:1–17, LXX 8:1–17, and AT 7:14–41*, SCS 48, Atlanta 2000.

De Troyer, Kristin, „The Letter of the King and the Letter of Mordecai", *Textus* 21 (2002), 175–207.

De Troyer, Kristin, „Once More, the So-called Esther Fragments of Cave 4", *RdQ* 19 (2000), 40–422.

De Troyer, Kristin, *Rewriting the Sacred Text: What the Old Greek Texts Tell Us About the Literary Growth of the Bible*, SBLTCS 4, Atlanta 2003.

Descharmes, B., *Rächer und Gerächte. Konzeptionen, Praktiken und Loyalitäten der Rache im Spiegel der attischen Tragödie*, Freunde – Gönner – Getreue. Studien zur Semantik und Praxis von Freundschaft und Patronage, Göttingen 2013.

Dietrich, Walter, Art. Bann/Banngut, in: *Wibilex*: https://www.bibelwissenschaft.de/ stichwort/14494/, 2007 (aufgerufen am 15.07.2020).

Dietrich, Walter, „Rache. Erwägungen zu einem alttestamentlichen Thema", *EvTh* 36 (1976), 450–472.

Dietrich, Walter, Moisés Mayordomo und Claudia Henne-Einsele, *Gewalt und Gewaltüberwindung in der Bibel*, Zürich 2005.

Dobbeler, Stephanie von, *Die Bücher 1/2 Makkabäer*, Neuer Stuttgarter Kommentar. AT, Stuttgart 1997.

Domazakis, Nikolaos, „On the Date of Composition of Additions B and E to LXX Esther", *JSJ* 52 (2021), 1–29.

Dommershausen, Werner, *1. Makkabäer, 2. Makkabäer*, NEB 12, Würzburg 1985.

Dommershausen, Werner, *Esther*, NEB 2/1. Würzburg, ²1985.

Doran, Robert, „The Persecution of Judeans by Antiochus IV: The Significance of ‚Ancestral Laws'", in: Daniel C. Harlow (Hg.), *The „Other" in Second Temple Judaism: Essays in Honor of John J. Collins*, Grand Rapids 2011, 423–433.

Doran, Robert, „Resistance and Revolt: The Case of the Maccabees", in: John J. Collins und Joseph G. Manning (Hg.), *Revolt and Resistance in the Ancient Classical World and the Near East: In the Crucible of Empire*, CHAN 85, Leiden/Boston 2016, 175–188.

Dorothy, Charles V., *The Books of Esther: Structure, Genre and Textual Integrity*, JSOT.S 187, Sheffield 1997.

Ebbott, Mary, „The List of the War Dead in Aeschylus' ‚Persians'", *Harvard Studies in Classical Philology* 100 (2000), 83–96.

Eckhardt, Benedikt, *Ethnos und Herrschaft: Politische Figurationen judäischer Identität von Antiochos III. bis Herodes I*, SJ 72, Berlin 2013.

Eckhardt, Benedikt, „The Hasmoneans and Their Rivals in Seleucid and Post-Seleucid Judea", *JSJ* 47 (2016), 55–70.

Eckhardt, Benedikt, „‚An Idumean, that is, a Half-Jew'. Hasmoneans and Herodians Between Ancestry and Merit", in: Benedikt Eckhardt (Hg.), *Jewish Identity and Politics Between the Maccabees and Bar Kokhba* JSJ.S 155, Leiden 2012, 91–115.

Eckhardt, Benedikt, „Memories of Persian Rule: Constructing History and Ideology in Hasmonean Judea", in: Rolf Strootman und Miguel J. Versluys (Hg.), *Persianism in Antiquity*, Oriens et Occidens 25, Stuttgart 2017, 249–265.

Eckhardt, Benedikt, „Reading the Middle Maccabees", in: Andrea M. Berlin und Paul Kosmin (Hg.), *The Middle Maccabees: Archaeology, History, and the Rise of the Hasmonean Kingdom*, Atlanta 2021, 349–362.

Eckhardt, Benedikt, „The Seleucid Administration of Judea, the High Priesthood and the Rise of the Hasmoneans", *JAH* 1 (2016), 57–87.

Ego, Beate, „The Book of Esther: A Hellenistic Book", *JAJ* 3 (1/2010), 279–302.

Ego, Beate, *Buch Tobit*, JSHRZ 2/6, Gütersloh 1999.

Ego, Beate, *Ester*, BK.AT 21, Göttingen 2017.

Ego, Beate, *Targum Scheni zu Ester. Übersetzung, Kommentar und theologische Deutung*, Tübingen 1996.

Ehling, Kay, „Unruhen, Aufstände und Abfallbewegungen der Bevölkerung in Phönikien, Syrien und Kilikien unter den Seleukiden", *Historia* 52 (2003), 300–336.

Ehrlich, Arnold B., *Randglossen zur hebräischen Bibel. Textkritisches, sprachliches und sachliches VI. Hohes Lied, Ruth, Klagelieder, Koheleth, Esther, Daniel, Esra, Nehemia, Könige, Chronik, Nachträge und Gesamtregister*, Leipzig 1914.

Ehrlich, Ernst L., „Der Traum des Mardochai", *ZRGG* 7 (1955), 69–74.

Elgvin, Torleif, „Hasmonean State Ideology, Wars and Expansionism", in: Markus Zehnder und Hallvard Hagelia (Hg.), *Encountering Violence in the Bible*, The Bible in the Modern World 55, Sheffield 2013, 52–67.

Elgvin, Torleif, „Violence, Apologetics and Resistance: Hasmonaean Ideology and Yahad Texts in Dialogue", in: Kipp Davis u. a. (Hg.), *The War Scroll, Violence, War and Peace in the Dead Sea Scrolls and Related Literature: Essays in Honour of Martin G. Abegg on the Occasion of his 65th Birthday*, Studies on the Texts of the Desert of Judah 115, Leiden 2015, 319–340.

Elßner, Thomas R., „Eine problematische Übersetzung von Ester 8,11 und der Codex Sinaiticus", *BN* 142 (2009), 53–61.

Erbt, Wilhelm, *Die Purimsage in der Bibel*, Berlin 1900.

Feldman, Louis H., „Hellenizations in Josephus' Version of Esther", *TAPA* 101 (1970), 143–170.

Feldman, Louis H., *Jew & Gentile in the Ancient World: Attitudes and Interactions from Alexander to Justinian*, 4, Princeton 1996.

Feldmeier, Reinhardt, „Weise hinter ‚eisernen Mauern'. Tora und Jüdisches Selbstverständnis zwischen Akkulturation und Absonderung im Aristeasbrief", in: Martin Hengel und Anna M. Schwemer (Hg.), *Die Septuaginta zwischen Judentum und Christentum*, WUNT 72, Tübingen 1994, 160–177.

Firth, David G., „When Samuel Met Esther: Narrative Focalisation, Intertextuality, and Theology", *STR* 1 (2010), 15–28.

Fischer, Irmtraud (Hg.), *Macht – Gewalt – Krieg im Alten Testament. Gesellschaftliche Problematik und das Problem ihrer Repräsentation*, QD 254, Freiburg 2013.

Fleishman, Joseph, „Why Did Ahasuerus Consent to Annihilate the Jews?", *JNSL* 2 (25/1999), 41–58.

Fohrer, Georg, *Das Alte Testament. Einführung in Bibelkunde und Literatur des Alten Testaments und in Geschichte und Religion Israels (Teile 2–3)*, Gütersloh 1970.

Fox, Michael V., *Character and Ideology in the Book of Esther*, Studies on Personalities of the Old Testament, Columbia, SC 1991.

Fox, Michael V., *The Redaction of the Books of Esther: On Reading Composite Texts*, SBLMS 40, Atlanta 1991.

Fox, Michael V., „Three Esthers", in: Sidnie W. Crawford und Leonard J. Greenspoon (Hg.), *The Book of Esther in Modern Research*, JSOT.S 380, London et al. 2003, 50–60.

Frei, Peter und Klaus Koch, *Reichsidee und Reichsorganisation im Perserreich*, OBO 55, 2., bearbeitete und stark erw. Aufl., Fribourg/Göttingen 1996.

Frevel, Christian, *Geschichte Israels*, Kohlhammer Studienbücher Theologie, Stuttgart ²2018.

Fried, Lisbeth S., „Towards the Ur-Text of Esther", *JSOT* 25/88 (2000), 49–57.

Fröhlich, Ida, „Stories from the Persian King's Court. 4Q550 (4QprESTHARa–f)", *AAH* 38 (1998), 103–114.

Gager, John G., *The Origins of Anti-Semitism: Attitudes Toward Judaism in Pagan and Christian Antiquity*, New York 1985.

Gambetti, Sandra, *The Alexandrian Riots of 38 C. E. and the Persecution of the Jews*, JSJ.S 135, Leiden/Berkeley 2009.

Gardner, Anne E., „The Relationship of the Additions to the Book of Esther to the Maccabean Crisis", *JSJ* 15 (1984), 1–8.

Gehrke, Hans-Joachim, *Geschichte als Element antiker Kultur. Die Griechen und ihre Geschichte(n)*, Münchner Vorlesungen zu antiken Welten 2, Berlin/New York 2014.

Gehrke, Hans-Joachim, „Intentional History and the Social Context of Remembrance in Ancient Greece", in: Walter Pohl und Veronika Wieser (Hg.), *Historiography and Identity I: Ancient and Early Christian Narratives of Community*, Cultural Encounters in Late Antiquity and the Middle Ages 24, Turnhout 2019, 95–106.

Gehrke, Hans-Joachim, „Myth, History and Collective Identity: Uses of the Past in Ancient Greece and Beyond", in: Nino Luraghi (Hg.), *The Historian's Craft in the Age of Herodotus*, Oxford 2001, 286–313.

Gera, Dov, „The Seleucid Road to the Religious Persecution of the Jews", in: Marie-Françoise Baslez und Olivier Munnich (Hg.), *La mémoire des persécutions. Autour des livres des Maccabées*, Leuven 2014, 21–57.

Gerleman, Gillis, *Esther*, BK.AT, 2, Neukirchen-Vluyn 1982.

Gerleman, Gillis, *Studien zu Esther: Stoff – Struktur – Stil – Sinn*, Biblische Studien, Neukirchen 1966.

Gevaryahu, Haim M. I., „Esther is a Story of Jewish Defense not a Story of Jewish Revenge", *JBQ* 1/21 (1993), 3–12.

Goldman, Stan, „Narrative and Ethical Ironies in Esther", *JSOT* 47 (1990), 15–31.

Goldstein, Jonathan Amos, *1 Maccabees*, AncB 41, Garden City 1976.

Gordis, Robert, „Studies in the Esther Narrative", *JBL* 95 (1/1976), 43–58.

Gordon, Cyrus H., *The Bible and the Ancient Near East*, 4, London/New York 1997.

Graetz, Heinrich, *Geschichte der Israeliten vom Tode des Königs Salomo (um 977 vorchristlicher Zeit) bis zum Tode des Juda Makkabi (160)*, Leipzig 1876.

Green, Alexander, „Power, Deception, and Comedy: The Politics of Exile in the Book of Esther", *JPSR* 23 (2011), 61–78.

Grossman, Jonathan, „‚Dynamic Analogies' in the Book of Esther", *VT* 59 (2009), 394–414.

Grossman, Jonathan, *Esther. The Outer Narrative and the Hidden Reading*, Siphrut, Literature and Theology of the Hebrew Scriptures 6, Winona Lake, IN 2011.

Gruen, Erich S., *Diaspora: Jews amidst Greeks and Romans*, Cambridge 2002.

Gruen, Erich S., „Hellenism and Persecution: Antiochus IV and the Jews", in: Peter Green (Hg.), *Hellenistic History and Culture*, Los Angeles 1993, 238–264.

Gruen, Erich S., *Heritage and Hellenism: The Reinvention of Jewish Tradition*, Hellenistic Culture and Society 30, Berkeley, CA 1998.

Gruen, Erich S., „The Purported Jewish-Spartan Affiliation", in: Robert W. Wallace und Edward M. Harris (Hg.), *Transitions to Empire: Essays in Greco-Roman History, 360–146 B. C., in honor of E. Badian*, Oklahoma Series in Classical Culture 21, Norman/London 1996, 254–269.

Gunkel, Hermann, *Esther*, RV 2,19/20, Tübingen 1916.

Haag, Ernst, „Das Esterbuch und die Tradition von Jahwes Krieg gegen Amalek (Ex 17,16)", *TTZ* 112 (2003), 19–41.

Haag, Ernst, *Das hellenistische Zeitalter. Israel und die Bibel im 4. bis 1. Jahrhundert v. Chr*, BE 9, Stuttgart 2003.

Haarmann, Volker, *JHWH-Verehrer der Völker*, AThANT 91, Zürich 2008.

Hacham, Noah, „3 Maccabees and Esther: Parallels, Intertextuality, and Diaspora Identity", *JBL* 126 (4/2007), 765–785.

Hacham, Noah, „Bigthan and Teresh and the Reason Gentiles Hate Jews", *VT* 62 (3/2012), 318–356.

Hacham, Noah, „Haman, Mordekhai's Slave", *ZAW* 122 (2010), 96–101.

Haelewyck, Jean-Claude, „Le texte dit ‚lucianique' du livre d'Esther. Son étendue et sa cohérence", *Le Muséon* 98 (1985), 5–44.

Haelewyck, Jean-Claude, „The Relevance of the Old Latin Version for the Septuagint, with Special Emphasis on the Book of Esther", *JTS* 57 (2006), 439–473.

Hagedorn, Anselm C., „The Absent Presence: Cultural Responses to Persian Presence in the Eastern Mediterranean", in: Oded Lipschits, Gary N. Knoppers und Manfred Oeming (Hg.), *Judah and the Judeans in the Achaemenid Period*, Winona Lake, IN 2011, 39–66.

Halvorson-Taylor, Martien A., „Secrets and Lies: Secrecy Notices (Esther 2:10, 20) and Diasporic Identity in the Book of Esther", *JBL* 131 (3/2012), 467–485.

Harker, Andrew, *Loyalty and Dissidence in Roman Egypt: The Case of the Acta Alexandrinorum*, Cambridge 2008.

Harrelson, Walter J., „Textual and Translation Problems in the Book of Esther", *Perspectives in Religious Studies* 17 (1/1990), 197–208.

Hartenstein, Friedhelm, „‚Damit nicht spricht mein Feind: Ich habe ihn vernichtet!' (Psalm 13,5). Zur theologischen Funktion der Feindbilder in den Psalmen Israels", in: Michael Moxter und Markus Firchow (Hg.), *Feindschaft. Theologische und philosophische Perpsektiven*, MThS 117, Leipzig 2013, 19–39.

Harvey, Charles D., *Finding Morality in the Diaspora? Moral Ambiguity and Transformed Morality in the Books of Esther*, BZAW 328, Berlin 2003.

Haupt, Paul, „Critical Notes on Esther", *AJSL* 24 (1908), 97–186.

Heckl, Raik, *Neuanfang und Kontinuität in Jerusalem. Studien zu den hermeneutischen Strategien im Esra-Nehemia-Buch*, FAT 104, Tübingen 2016.

Helms, Dominik, *Konfliktfelder der Diaspora und die Löwengrube. Zur Eigenart der Erzählung von Daniel in der Löwengrube in der hebräischen Bibel und der Septuaginta*, BZAW 446, Berlin/Boston, MA 2013.

Heltzer, Michael, „Mordechai and Demoratus and the Question of Historicity", *Archäologische Mitteilungen aus Iran* 27 (1994), 119–121.

Hengel, Martin, *Judentum und Hellenismus. Studien zu ihrer Begegnung unter besonderer Berücksichtigung Palästinas bis zur Mitte des 2.Jh. v.Chr*, WUNT 10, Tübingen ³1988.

Henten, Jan W. van, „Dragon", in: Karel van der Toorn, Bob Becking und Pieter W. van der Horst (Hg.), *Dictionary of Deities and Demons in the Bible*, Bd. 2, Leiden et al. 1999, 265–267.

Herrmann, Wolfram, *Ester im Streit der Meinungen*, BEATAJ 4, Frankfurt/Bern/New York 1986.

Herst, Roger E., „The Purim Connection", *USQR* 28 (2/1973), 139–145.

Hieke, Thomas, „The Role of ‚Scripture' in the Eulogy of Simon (1Macc 14:4–15)", in: Renate Egger-Wenzel, Karin Schöpflin und Johannes F. Diehl (Hg.), *Weisheit als Lebensgrundlage (FS Reiterer)*, DCLS 15, Berlin 2012, 151–167.

Hiepel, Ludger, „Ester das ist auch Ištar. Eine Lesebrille für die hybride Esterfiguration vor dem Hintergrund der altorientalischen Kriegs- und Liebesgöttin", *BN.NF* 163 (2014), 53–72.

Hofmann, Inge und Anton Vorbichler, „Herodot und der Schreiber des Esther-Buchs", *ZMR* 66 (1982), 294–303.

Hofreiter, Christian, *Making Sense of Old Testament Genocide: Christian Interpretations of Herem Passages*, Oxford Theology and Religion Monographs, Oxford 2018.

Holmstedt, R. D. und J. Screnock, *Esther: A Handbook on the Hebrew Text*, Baylor Handbook on the Hebrew Bible, Waco, TX 2015.

Holt, Else K., *Narrative and Other Readings in the Book of Esther*, LHB/OTS 712, London/New York/New Delhi/Sydney 2021.

Honigman, Sylvie, „Between History and Fiction: 3 Macc and the Events of 38–41 CE in Alexandria", in: Livia Capponi und Lucio Troiani (Hg.), *Tra politica e religione: I Giudei nel mondo greco-romano: Studi in onore di Lucio Troiani*, Antiquitas – Saggi NF 5, Milano 2019, 127–143.

Honigman, Sylvie, „Commemorative Fictions: Athens (480 B. C. E.), Jerusalem (168 B. C. E.), and Alexandria (38 C. E.)", *HEBAI* 1 (10/2021), 77–96.

Honigman, Sylvie, „‚Jews as the Best of All Greeks': Cultural Competition in the Literary Works of Alexandrian Judaeans of the Hellenistic Period", in: Eftychia Stavrianopoulou (Hg.), *Shifting Social Imaginaries in the Hellenistic Period: Narrations, Practices, and Images*, Mnemosyne Series 363, Leiden/Boston 2013, 207–232.

Honigman, Sylvie, „Novellas for Diverting Jewish Urban Businessmen or Channels of Priestly Knowledge: Redefining Judean Short Stories of Hellenistic Times", *Ancient Narratives* 17 (2020), 1–39.

Honigman, Sylvie, „The Religious Persecution as a Narrative Elaboration of a Military Suppression", in: Marie-Françoise Baslez und Olivier Munnich (Hg.), *La mémoire des persécutions. Autour des livres des Maccabées.*, CREJ 56, Paris 2014, 59–76.

Honigman, Sylvie, *Tales of High Priests and Taxes: The Books of the Maccabees and the Judean Rebellion against Antiochos IV*, Berkeley 2014.

Hornblower, Simon, „The Fourth-Century and Hellenistic Reception of Thucydides", *JHS* 115 (1995), 47–68.

Hornung, Gabriel F., *The Nature and Import of the Relationship Between the Joseph Story in Genesis and the Book of Esther. Doctoral dissertation, Harvard University*, Cambridge, MA 2016.

Horowitz, Elliott, *Reckless Rites: Purim and the Legacy of Jewish Violence*, Princeton 2006.

Hübner, Ulrich, „Tradition und Innovation. Die Münzprägungen der Hasmonäer des 2. und 1. Jahrhunderts v. Chr. als Massenmedien", in: Christian Frevel (Hg.), *Medien im antiken Palästina. Materielle Kommunikation und Medialität als Thema der Palästinaarchäologie*, FAT II 10, Tübingen 2005, 171–187.

Humphreys, W. Lee, „A Life-Style for the Diaspora: A Study of the Tales of Esther and Daniel", *JBL* 92 (2/1973), 211–223.

Ilan, Tal, *Integrating Women into Second Temple History*, TSAJ 76, Tübingen 1999.

Iser, Wolfgang, *Der Akt des Lesens. Theorie ästhetischer Wirkung*, München ⁴1994.

Janowski, Bernd, *Ein Gott, der straft und tötet? Zwölf Fragen zum Gottesbild des Alten Testaments*, Neukirchen-Vluyn ²2014.

Jenni, Ernst, „Nif'al und Hitpa'el im Biblisch-Hebräischen", in: Ernst Jenni, Hans-Peter Mathys und Samuel Sarasin (Hg.), *Studien zur Sprachwelt des Alten Testaments III*, Stuttgart 2012, 131–303.

Jobes, Karen H., *The Alpha-text of Esther. Its Character and Relationship to the Masoretic Text*, SBLDS 153, Atlanta 1996.

Jobes, Karen H., „Esther", in: Albert Pietersma und Benjamin G. Wright (Hg.), *A New English Translation of the Septuagint*, Oxford 2007, 424–440.

Johnson, Sara R., *Historical Fictions and Hellenistic Jewish Identity: Third Maccabees in its Cultural Context*, Berkeley 2004.

Jones, Bruce W., „The So-Called Appendix to the Book of Esther", *Semitics* 6 (1978), 36–43.

Josephus, Flavius, *Über die Ursprünglichkeit des Judentums. Contra Apionem Bd. 1*, Schriften des Institutum Judaicum Delitzschianum, Göttingen 2008.

Kahana, Hanna, *Esther: Juxtaposition of the Septuagint Translation with the Hebrew Text*, Contributions to Biblical Exegesis and Theology 40, Leuven 2005.

Kalimi, Isaac, „Furcht vor Vernichtung und der ewige Bund. Das Buch Ester im Judentum und in jüdischer Theologie", *ZRGG* 62 (4/2010), 339–355.

Kalimi, Isaac, „Martin Luther, die Juden und Esther", *ZRG* 71 (4/2019), 357–394.

Kató, Szabolcs Ferencz, „Rache als glühende Gerechtigkeit: Die Semantik der Wurzel נקם", *BN* 167 (2015), 113–129.

Keel, Othmar, „Die kultischen Massnahmen Antiochus' IV. Religionsverfolgung und/oder Reformversuch? Eine Skizze", in: Othmar Keel und Urs Staub (Hg.), *Hellenismus und Judentum. Vier Studien zu Daniel 7 und zur Religionsnot unter Antiochus IV.*, OBO 178, Freiburg/Göttingen 2000, 87–121.

Kelley, Shawn, *Genocide, the Bible, and Biblical Scholarship*, Leiden 2016.

Kessler, Rainer, „Die Juden als Kindes- und Frauenmörder? Zu Est 8,11", in: Erhard Blum, Christian Macholz und Ekkehard W. Stegemann (Hg.), *Hebräische Bibel und ihre zweifache Nachgeschichte (FS Rendtorff)*, Neukirchen-Vluyn 1990, 337–345.

Kessler, Rainer, „Identität und Fremdheit und das Rein-unrein-Paradigma", *EvTh* 68 (2008), 414–429.

Kiernan, Ben, „Is ‚Genocide' an Anachronistic Concept for the Study of Early Modern Mass Killing?", *History* 336 (2014), 530–548.

Kissling, Paul J., „Self-Defense and Identity Formation in the Depiction of Battles in Joshua and Esther", in: David J. A. Clines und James K. Aitken (Hg.), *Interested Readers: Essays on the Hebrew Bible (FS Clines)*, Atlanta 2013, 105–119.

Knauf, Ernst Axel, *1 Könige 1–14*, HThKAT, Freiburg 2016.

Knauf, Ernst Axel und Hermann Michael Niemann, *Geschichte Israels und Judas im Altertum*, Berlin/Boston 2021.

Kneebone, Emily, „Dilemmas of the Diaspora: The Esther Narrative in Josephus' Antiquities 11.184–296", *Ramus* 36 (1/2007), 51–77.

Konstan, David, „Anger, Hatred, and Genocide in Ancient Greece", *Common Knowledge* 13 (1/2013), 170–187.

Konstan, David, „Mass Exterminations and the History of Emotions: The View from Classical Antiquity", in: Thomas Brudholm und Johannes Lang (Hg.), *Emotions and Mass Atrocity: Philosophical and Theoretical Explorations*, Cambridge 2018, 23–41.

Kosmin, Paul, „Indigenous Revolts in 2 Maccabees: The Persian Version", *CP* 111 (1/2016), 32–53.

Kossmann, Ruth, *Die Esthernovelle. Vom Erzählten zur Erzählung: Studien zur Traditions- und Redaktionsgeschichte des Estherbuches*, VT.S 79, Leiden 2000.

Kottsieper, Ingo, *Zusätze zu Ester und Daniel*, ATD Apokryphen 5, Göttingen 1998.

Kratz, Reinhard G., „Greek Historians on Jews and Judaism in the 3rd Century BCE," in: Silvie Honigman, Christophe Nihan und Oded Lipschits (Hg.), *Times of Transition: Judea in the Early Hellenistic Period*, Mosaics: Studies on Ancient Israel 1, Tel Aviv/University Park 2021, 263–278.

Kratz, Reinhard G., *Translatio imperii. Untersuchungen zu den aramäischen Danielerzählungen und ihrem theologiegeschichtlichen Umfeld*, WMANT 63, Neukirchen-Vluyn 1991.

Kratz, Reinhard G., „The Visions of Daniel", in: John J. Collins und Peter W. Flint (Hg.), *The Book of Daniel: Composition and Reception*, VT.S 83, Leiden et al. 2001, 91–113.

Kugler, Gili, *When God Wanted to Destroy the Chosen People: Biblical Traditions and Theology on the Move*, BZAW 515, Berlin 2019.

Kutzer, Mirja, „Die Gegenwelt des Erfundenen. Fiktionale Texte als Medium biblischer Verheißung", *PBZ* 15 (2005), 25–46.

Lange, Armin, *Handbuch der Textfunde vom Toten Meer*, Tübingen 2009.

Lass, Magdalena, *… zum Kampf mit Kraft umgürtet. Untersuchungen zu 2 Sam 22 unter gewalt-hermeneutischen Perspektiven*, BBB 185, Göttingen 2018.

Lebram, Jürgen-Christian, „Purimfest und Estherbuch", *VT* 22 (2/1972), 208–222.

Lemaire, André, „Vengeance et Justice dans l'Ancien Israël", in: Raymond Verdier (Hg.), *La Vengeance. Etudes d'Ethnologie, d'Histoire et de Philosophie*, Paris 1980.

Leonard, Clemens, „Tempelfeste außerhalb des Jerusalemer Tempels in der Diaspora", in: Friedrich Avemarie, u. a. (Hg.), *Die Makkabäer*, WUNT 382, Tübingen 2017, 123–156.

Levenson, Jon Douglas, *Esther: A Commentary*, OTL, London 1997.

Lichtenberger, Hermann, „Die Qumrantexte als Quelle für die Makkabäerzeit", in: Friedrich Avemarie, u. a. (Hg.), *Die Makkabäer*, WUNT 382, Tübingen 2017, 21–40.

Liebowitz, Etka, „Esther and Alexandra: Paradigms of Queenship in the Septuagint and in Josephus' Writings", *lectio difficilior* 1 (2012), 1–15.

Littman, Robert J., „Religious Policy of Xerxes and the Book of Esther", *JQR* 65 (1975), 144–155.

Loader, James A., *Das Buch Ester*, 16/2, Göttingen ⁴1992.

Lohfink, Norbert (Hg.), *Gewalt und Gewaltlosigkeit im Alten Testament*, QD 96, Freiburg 1983.

Low, Polly, „Remembering War in Fifth-Century Greece: Ideologies, Societies, and Commemoration beyond Democratic Athens", *World Archaeology* 35 (1/2003), 98–111.

Lubetski, Edith, *The Book of Esther: A Classified Bibliography*, Bible Bibliographies, Sheffield 2008.

Lynch, Matthew, *Portraying Violence in the Hebrew Bible: A Literary and Cultural Study*, New York 2020.

Ma, John, „Seleukids and Speech-Acts: Performative Utterances, Legitimacy and Negotiation in the World of the Maccabees", *SCI* 19 (2000), 71–112.

Macchi, Jean-Daniel, Art. ʿAm ha-Arets, in: *EBR*, Berlin/New York 2009, 912–914.

Macchi, Jean-Daniel, „The Book of Esther: A Persian Story in Greek Style", in: Ehud Ben Zvi, Diana Edelman und Frank Polak (Hg.), *A Palimpsest: Rhethoric, Ideology, Stylistics, and Language Relating to Persian Israel*, Perspectives on Hebrew Scriptures and its Contexts 5, Piscataway, NJ 2009, 109–127.

Macchi, Jean-Daniel, „Denial, Deception, or Force: How to Deal With Powerful Others in the Book of Esther", in: Ehud Ben Zvi und Diana V. Edelman (Hg.), *Imagining the Other and Constructing Israelite Identity in the Early Second Temple Period*, LHBOTS 456, London 2014, 219–229.

Macchi, Jean-Daniel, *Ester*, IEKAT (aus dem Französischen übersetzt von Norbert Reck), Stuttgart 2021.

Macchi, Jean-Daniel, „Haman l'orgueilleux dans les livres d'Esther", in: Dieter Böhler, Innocent Himbaza und Philippe Hugo (Hg.), *L'Ecrit et l'Esprit. Etudes d'histoire du texte et de théologie biblique en hommage à Adrian Schenker*, OBO 214, Fribourg 2005, 198–214.

Macchi, Jean-Daniel, „Instituting Through Writing: The Letters of Mordecai in Esther 9:20–28", in: Thomas Römer und Philip R. Davies (Hg.), *Writing the Bible*, London/New York 2013, 97–107.

Macchi, Jean-Daniel, „Le droit impérial selon le livre d'Esther", *Transversalités* 132 (2015), 85–101.

Macchi, Jean-Daniel, „Le refus, la ruse ou la force. Le rapport au pouvoir dans le livre d'Esther", in: Didier Luciani und André Wénin (Hg.), *Le Pouvoir. Enquêtes dans l'un et l'autre Testament*, Lectio divina 248, Paris 2012, 195–206.

Macchi, Jean-Daniel, „Les textes d'Esther et les tendances du Judaïsme entre les 3 et 1 siècles avant J.-Chr.", in: Innocent Himbaza und Adrian Schenker (Hg.), *Un carrefour dans l'histoire de la Bible. Du texte à la théologie au IIe siècle avant J.-C.*, OBO 233, Fribourg / Göttingen 2007, 75–92.

Macchi, Jean-Daniel, „Lettres de fête et réécriture. Esther 9,20–28 et la construction d'une instance textuelle d'autorité", in: Claire Clivaz u. a. (Hg.), *Ecritures et réécritures. La reprise interprétative des traditions fondatrices par la littérature biblique et extra-biblique*, Leuven/Paris/Walpole, MA 2012, 51–64.

Magliano-Tromp, Johannes, „The Relations Between Egyptian Judaism and Jerusalem in Light of 3 Maccabees and the Greek Book of Esther", in: Christopher M. Tuckett (Hg.), *Feast and Festivals*, Contributions to Biblical Exegesis and Theology 53, Leuven/Paris/Walpole, MA 2009, 57–76.

Mann, Michael, *The Dark Side of Democracy: Explaining Ethnic Cleansing*, Cambridge 2005.

Mapfeka, Tsaurayi Kudakwashe, „Esther 9 through the Lens of Diaspora: The Exegetical and Ethical Dilemmas of the Massacres in Susa and Beyond", in: Jacques van Ruiten und Koert van Bekkum (Hg.), *Violence in the Hebrew Bible: Between Text and Reception*, OTS 79, Leiden/Boston 2020, 397–414.

Mapfeka, Tsaurayi Kudakwashe, *Esther in Diaspora: Toward an Alternative Interpretive Framework*, Biblical Interpretation Series 178, Leiden 2019.

Marböck, Johannes, „Das Gebet der Ester – Zur Bedeutung des Gebets im griechischen Esterbuch", in: Johannes Marböck (Hg.), *Weisheit und Frömmigkeit. Studien zur alttestamentlichen Literatur der Spätzeit*, ÖBS 29, Frankfurt 2005, 237–255.

Martin, Raymond A., „Syntax Criticism of the LXX Additions to the Book of Esther", *JBL* 94 (1/1975), 65–72.

Martínez, Matías, *Einführung in die Erzähltheorie*, München [11]2019.

Mason, Steve, „Jews, Judaeans, Judaizing, Judaism: Problems of Categorization in Ancient History", *JSJ* 38 (4/2007), 457–512.

Mathys, Hans-Peter, „Der Achämenidenhof im Alten Testament", in: Bruno Jacobs und Robert Rollinger (Hg.), *Der Achämenidenhof. The Achaemenid Court. Akten des 2. Internationalen Kolloquiums zum Thema „Vorderasien im Spannungsfeld klassischer und altorientalischer Überlieferungen", Landgut Castelen bei Basel, 23.–25. Mai 2007*, Classica et Orientalia 2, Wiesbaden 2010, 281–308.

McHardy, Fiona, *Revenge in Athenian Culture*, London 2008.

McKane, William, „Note on Esther 9 and 1 Samuel 15", *JThS* 12 (2/1961), 260–261.

Meinhold, Arndt, *Das Buch Esther*, ZBK.AT, Zürich 1983.

Meinhold, Arndt, „Die Gattung der Josephsgeschichte und des Estherbuches: Diasporanovelle II", *ZAW* 88 (1976), 72–93.

Meinhold, Arndt, „Theologische Erwägungen zum Buch Esther", *ThZ* 6 (34/1978), 321–333.

Mendels, Doron, „Honor and Humiliation as a Factor in Hasmonean Politics According to the Narrator of 1 Maccabees", in: Rainer Albertz und Jakob Wöhrle (Hg.), *Between Cooperation and Hostility: Multiple Identities in Ancient Judaism and the Interaction with Foreign Powers*, JAJ.S 11, Göttingen/Bristol, CT 2013, 177–203.

Michaelis, Johann D., *Orientalische und exegetische Bibliothek. Zweiter Theil*, Frankfurt am Main 1772.

Michel, Andreas, „Gewalt gegen Kinder im alten Irael. Eine sozialgeschichtliche Perspektive", in: Andreas Kunz-Lübcke und Rüdiger Lux (Hg.), *„Schaffe mir Kinder ... " Beiträge zur Kindheit im alten Israel und in seinen Nachbarkulturen*, ABIG 21, Leipzig 2006, 137–163.

Michel, Andreas, *Gott und Gewalt gegen Kinder im Alten Testament*, FAT 37, Tübingen 2003.

Middlemas, Jill, „Dating Esther: Historicity and the Provenance of Masoretic Esther", in: Richard J. Bautch und Mark Lackowski (Hg.), *On Dating Biblical Texts to the Persian Period: Discerning Citeria and Establishing Epochs*, FAT II 101, Tübingen 2019, 149–168.

Middlemas, Jill, „The Greek Esthers and the Search for History: Some Preliminary Observations", in: Bob Becking und Lester L. Grabbe (Hg.), *Between Evidence and Ideology: Essays on the History of Ancient Israel read at the Joint Meeting of the Society for Old Testament Study and the Oud Testamentisch Werkgezelschap Lincoln, July 2009*, Oudtestamentische Studiën 59, Leiden/Boston 2011, 145–163.

Milik, Józef T., „Les modèles araméens du livre d'Esther dans la Grotte 4 de Qurmân", *RdQ* 15 (1992), 321–406.

Miller, Tricia, *Jews and Anti-Judaism in Esther and the Church*, Cambridge 2015.

Miller, Tricia, *Three Versions of Esther: Their Relationship to Anti-Semitic and Feminist Critique of the Story*, CBET 74, Leuven 2014.

Mittmann-Richert, Ulrike, „Historische und legendarische Erzählungen. Zusätze zu Esther", in: Achim Lichtenberger und Gerbern S. Oegema (Hg.), *JSHRZ* 6/1,1, Gütersloh 2000, 97–113.

Modrzejewski, Josef M., *The Jews of Egypt: From Rameses II to Emperor Hadrian*, Philadelphia 1995.

Modrzejewski, Josef M., *Trosième livre des Maccabées*, La bible d'Alexandrie 15.3, Paris 2008.

Moore, Carey A., *Daniel, Esther, and Jeremiah: The Additions*, AncB, New York 1977.

Moore, Carey A., *Esther: Introduction, Translation, and Notes*, AncB 7, Garden City, NY 1971.

Moore, Carey A., „On the Origins of the LXX Additions to the Book of Esther", *JBL* 92 (3/1973), 382–393.

Moore, Stewart A., *Jewish Ethnic Identity and Relations in Hellenistic Egypt: With Walls of Iron?*, JSJ.S 171, Leiden/Boston 2015.

Motzo, Bacchisio, „Il Rifacimento Greco di Ester e il III Macc", in: Bacchisio Motzo (Hg.), *Saggi di Storia e Letteratura Giudeo-Ellenistica*, CScA 5, Florenz 1924.

Moyer, Ian S., *Egypt and the Limits of Hellenism*, Cambridge 2011.

Müller, Reinhard, Juha Pakkala und Bas ter Haar Romeny, „Evidence for Large Additions in the Book of Esther", in: Reinhard Müller, Juha Pakkala und Bas ter Haar Romeny (Hg.), *Evidence of Editing: Growth and Change of Texts in the Hebrew Bible*, Resources for Biblical Studies 75, Atlanta 2014, 193–204.

Müllner, Ilse, Art. Fiktion, in: *Wibilex*: https://www.bibelwissenschaft.de/stichwort/18377/, 2008 (aufgerufen am 11.06.2020).

Neuber, Carolin, *Affirmation und Anfechtung. Untersuchungen zu den Reden der Gegner in den Psalmen*, HBS 93, Freiburg/Basel/Wien 2019.

Nickelsburg, G. W. E., *Jewish Literature Between the Bible and the Mishnah: A Historical and Literary Introduction*, Philadelphia 1981.

Niditch, Susan, „The Success Story of the Wise Courtier: A Formal Approach", *JBL* 96 (2/1977), 179–193.

Niditch, Susan, *War in the Hebrew Bible: A Study in the Ethics of Violence*, New York 1993.

Nijf, Onno van und Christina Williamson, „Connecting the Greeks Multi-Scalar Festival Networks in the Hellenistic World", in: *Religion and Urbanity Online*, 2020. https://doi.org/10.1515/urbrel.11276379.

Niskanen, Paul, *The Human and the Divine in History: Herodotus and the Book of Daniel*, JSOT.S 396, London 2004.

Noam, Vered, „Megillat Taanit: The Scroll of Feasting", in: Shmuel Safrai (Hg.), *The Literature of the Jewish People in the Period of the Second Temple and the Talmud, Volume 3: The Literature of the Sages*, Minneapolis 2006, 339–362.

Nolan, Myles, „Esther in the New Testament", *PIBA* 15 (1992), 60–65.

Oegema, Gerbern S., *Apokalypsen. Das äthiopische Henochbuch*, JSHRZ.S 6/1,5, Gütersloh 2001.

Oeming, Manfred, „Bedeutung und Funktionen von ‚Fiktionen' in der alttestamentlichen Geschichtsschreibung", *EvTh* 44 (3/1984), 254–266.

Oeming, Manfred, „‚To Be Destroyed, to Be Killed, and to Be Annihilated' (Esther 7:4): Historicity and Fictionality of Anti-Jewish Pogrom Stories before the Maccabean Crisis", in: Silvie Honigman, Christophe Nihan und Oded Lipschits (Hg.), *Times of Transition: Judea in the Early Hellenistic Period*, Mosaics: Studies on Ancient Israel 1, Tel Aviv/University Park 2021, 357–372.

Öhler, Markus, „Judäer oder Juden? Die Debatte ‚Ethnos vs. Religion' im Blick auf das 2. Makkabäerbuch", in: Friedrich Avemarie u. a. (Hg.), *Die Makkabäer*, WUNT 382, Tübingen 2017, 157–185.

Olyan, Saul M., *Rites and Rank: Hierarchy in Biblical Representations of Cult*, Princeton 2000.

Pakkala, Juha, *God's Word Omitted: Omissions in the Transmission of the Hebrew Bible*, FRLANT 251, Göttingen 2013.

Paton, Lewis B., *A Critical and Exegetical Commentary on the Book of Esther*, ICC, Edinburgh 1908.

Peters, Janelle, „Rahab, Esther, and Judith as Models for Church Leadership in 1 Clement", *JECH* 5 (2/2015), 94–110.

Rajak, Tessa, „The Hasmoneans and the Uses of Hellenism", in: Philip R. Davies und Richard T. White (Hg.), *A Tribute to Geza Vermes: Essays on Jewish and Christian Literature and History*, JSOT 100, Sheffield 1990, 262–280.

Rappaport, Uriel, „The Connection Between Hasmonean Judaea and the Diaspora", in: Lee I. Levine und Daniel R. Schwartz (Hg.), *Jewish Identities in Antiquity: Studies in Memory of Menahem Stern*, Tübingen 2009, 90–100.

Rappaport, Uriel, „A Note on the Use of the Bible in 1 Maccabess", in: Michael E. Stone und Ester G. Chazon (Hg.), *Biblical Perspectives: Early Use and Interpretation of the Bible in Light of the Dead Sea Scrolls*, Leiden 1998, 175–179.

Rappaport, Uriel, „The Sitz im Leben of the Masoretic Version of Esther Scroll: המציאות שברקע מגילת אסתר בנוסח המסורה (auf Hebräisch)", *Beit Mikra: Journal for the Study of the Bible and Its World* 53 (2008), 123–137.

Regev, Eyal, *The Hasmoneans: Ideology, Archaeology, Identity*, JAJ.S 10, Göttingen 2013.

Reinhartz, Adele, „LXX Esther: A Hellenistic Jewish Revenge Fantasy", in: Eileen Schuller und Marie-Theres Wacker (Hg.), *Early Jewish Writings*, The Bible and Women: An Encyclopaedia of Exegesis and Cultural History 3.1., Atlanta, GA 2017, 9–28.

Rhyder, Julia, „The Commemoration of War in Early Jewish Festivals", auf: *Bible Odyssey* https://www.bibleodyssey.org:443/en/passages/related-articles/commemoration-of-war -in-early-jewish-festivals, 2021 (aufgerufen am 01.03.2022).

Rhyder, Julia, „Festivals and Violence in 1 and 2 Maccabees: Hanukkah and Nicanor's Day", *HEBAI* 1 (10/2021), 63–76.

Ringgren, Helmer, *Das Buch Esther*, ATD, Göttingen ³1981.

Ruffing, Andreas, *Jahwekrieg als Weltmetapher. Studien zu Jahwekriegstexten des chronistischen Sondergutes*, SBS 24, Stuttgart 1992.

Ruiten, Jacques van und Koert van Bekkum (Hg.), *Violence in the Hebrew Bible: Between Text and Reception*, OTS 79, Leiden/Boston 2020.

Ruiz-Ortiz, Francisco-Javier, *The Dynamics of Violence and Revenge in the Hebrew Book of Esther*, VT.S 175, Leiden/Boston 2017.

Sáenz-Badillos, Angel, *A History of the Hebrew Language (aus dem Spanischen übersetzt v. John Elwolde)*, Cambridge 1993.

Samuel, Alan E., *Greek and Roman Chonology: Calendars and Years in Classical Antiquity*, HdA I/7, München 1972.

Sartre, Maurice, „Religion und Herrschaft: Das Seleukidenreich", *Saeculum* 57 (2/2006), 163–190.

Scardino, Carlo, *Gestaltung und Funktion der Reden bei Herodot und Thukydides*, Beiträge zur Altertumskunde, Berlin 2007.

Schaack, Thomas, *Die Ungeduld des Papiers. Studien zum alttestamentlichen Verständnis des Schreibens anhand des Verbums „katab" im Kontext administrativer Vorgänge*, BZAW 262, Berlin/New York 1998.

Schäfer, Peter, *Judenhass und Judenfurcht. Die Entstehung des Antisemitismus in der Antike*, Berlin 2010.

Schenker, Adrian, „Die zweimalige Einsetzung Simons des Makkabäers zum Hohenpriester", (Hg.), *Recht und Kult im Alten Testament. Achtzehn Studien*, OBO 172, Fribourg 2000, 158–169.

Schmitz, Barbara, „„... am Ende ihres Weges *Den* zu schauen, an dem man stirbt, wenn man ihm naht' (Rainer Maria Rilke). Die Rede von Gott in den Ester-Erzählungen", in: Renate Egger-Wenzel, Karin Schöpflin und Johannes Friedrich Diehl (Hg.), *Weisheit als Lebensgrundlage (FS Reiterer)*, DCLS 15, Berlin 2013, 275–296.

Schnocks, Johannes, *Das Alte Testament und die Gewalt. Studien zu göttlicher und menschlicher Gewalt in alttestamentlichen Texten und ihren Rezeptionen*, WMANT 136, Neukirchen-Vluyn 2014.

Schrey, Heinz-Horst, Art. Gewalt/Gewaltlosigkeit in: *TRE* 13, Berlin/New York 1999, 168–178.

Schröder, Janett, *Die Polis als Sieger. Kriegsdenkmäler im archaisch-klassichen Griechenland*, KLIO / Beihefte. NF 32, Berlin 2020.

Schwartz, Daniel R., „Judeans, Jews, and their Neighbors: Jewish Identity in the Second Temple Period", in: Rainer Albertz und Jakob Wöhrle (Hg.), *Between Cooperation and Hostility: Multiple Identities in Ancient Judaism and the Interaction with Foreign Powers*, JAJ.S 11, Göttingen/Bristol, CT 2013, 13–31.

Seeman, Chris, „Enter the Dragon: Mordecai as Agonistic Combatant in Greek Esther", *Biblical Theology Bulletin* 41 (1/2011), 3–15.

Sharp, Carolyn J., *Irony and Meaning in the Hebrew Bible*, ISBL, Bloomington, IN 2009.

Shatzman, Israël, „Jews and Gentiles from Judas Maccabaeus to John Hyrcanus According to Contemporary Jewish Sources (FS Feldman)", in: Shaye J. D. Cohen und Joshua J. Schwartz (Hg.), *Studies in Josephus and the Varieties of Ancient Judaism*, AJEC 67, Leiden/Boston 2007, 237–270.

Siebert-Hommes, Jopie C., „„On the third day Esther put on her queen's robes' (Esther 5:1): The Symbolic Function of Clothing in the Book of Esther", *lectio difficilior* 1 (2002).

Siegert, Folker, *Einleitung in die hellenistisch-jüdische Literatur. Apokrypha, Pseudepigrapha und Fragmente verlorener Autorenwerke*, Berlin/Boston 2016.

Silverstein, Adam J., *Veiling Esther, Unveiling her Story: The Reception of a Biblical Book in Islamic Lands*, Oxford Studies in the Abrahamic Religions, Oxford 2018.

Stern, Menahem, *Greek and Latin Authors on Jews and Judaism*, Jerusalem 1974.

Stone, Meredith J., *Empire and Gender in LXX Esther*, Early Judaism and its Literature 48, Atlanta 2018.

Striedl, Hans, „Untersuchung zur Syntax und Stilistik des hebräischen Buches Esther", *ZAW* 14 (1937), 73–101.

Strootman, Rolf, *Courts and Elites in the Hellenistic Empires: The Near East After the Achaemenids, c. 330 to 30 BCE*, Edinburgh Studies in Ancient Persia, Edinburgh 2014.

Strube, Sonja A., „Legitimation tödlicher Gewalt? Wie Est 9,1–19 anders als Gewalt verherr-lichend verstanden werden kann", in: Stephanie Feder und Aurica Nutt (Hg.), *Esters unbekannte Seiten. Theologische Perspektiven auf ein vergessenes biblisches Buch (FS Wacker)*, Ostfildern 2012, 150–162.

Talmon, Shemaryahu, „„Wisdom' in the Book of Esther", *VT* 13 (1/1963), 419–455.

Tanner, Hans Andreas, *Amalek, der Feind Israels und der Feind Jahwes. Eine Studie zu den Amalektexten im Alten Testament*, Zürich 2005.

Thiessen, Matthew, *Contesting Conversion: Genealogy, Circumcision, & Identity in Ancient Judaism and Christianity*, New York 2011.

Thornton, Timothy C. G., „The Crucifixion of Haman and the Scandal of the Cross", *JTHS* 37 (1986), 419–426.

Tilly, Charles, *The Politics of Collective Violence*, Cambridge 2003.

Tilly, Michael, *1 Makkabäer*, HThKAT, Freiburg 2015.

Tilly, Michael, *Apokalyptik. Die Vorstellung vom Weltuntergang*, Stuttgart 2012.

Tilly, Michael, *Einführung in die Septuaginta*, Darmstadt 2005.

Torrey, Charles C., „The Older Book of Esther", *HTR* 37 (1/1944), 1–40.

Tov, Emanuel, „The ,Lucianic Text' of the Canonical and the Apocryphal Sections of Esther: A Rewritten Biblical Book (revised version from 1982)", in: Emanuel Tov (Hg.), *The Greek and Hebrew Bible: Collected Essays on the Septuagint*, VT.S 72, Leiden 1982, 535–548.

Tov, Emanuel, „The LXX Translation of Esther: A Paraphrastic Translation of MT or a Free Translation of a Rewritten Version?", in: Alberdina Houtman, Albert De Jong und Magda Misset-van de Weg (Hg.), *Empsychoi Logoi – Religious Innovations in Antiquity: Studies in Honour of Pieter Willem van der Horst*, Leiden 2008, 507–526.

Trampedach, Kai, „Die Hasmonäer und das Problem der Theokratie", in: Andreas Pečar und Kai Trampedach (Hg.), *Die Bibel als politisches Argument. Voraussetzungen und Folgen biblizistischer Herrschaftslegitimation in der Vormoderne*, HZ.B 43, München/Wien 2007, 37–65.

Trehuedic, Kevin, „Une mémoire de Maccabées dans le livre d'Esther? Occultation de la propagandae hasmonéenne", in: Marie-Françoise Baslez und Olivier Munnich (Hg.), *La mémoire des Persécutions. Autour des livres des Maccabées (Collection de la Revue des Études Juives)*, Paris et al. 2014, 133–154.

Tulpin, Christopher, „War and Peace in Achaemenid Imperial Ideology", *Electrum* 24 (2017), 31–54.

Vialle, Catherine, „La problématique du pouvoir dans Esther hébreu (tm) et Esther grec (lxx)", *ZAW* 124 (2012), 568–582.

Vialle, Catherine, *Une analyse comparée d'Esther TM et LXX. Regard sur deux récits d'une même histoire*, BETL 233, Louvain 2010.

Volgger, David, „1 Makk. 1. Der Konflikt zwischen Hellenen und Juden – die makkabäische Reichspropaganda", *Pontificium Athenaeum Antonianum* 73 (1998), 459–481.

Wacker, Marie-Theres, „,Three faces of a story'. Septuagintagriechisches und pseudo-lukianisches Estherbuch als Refigurationen der Esther-Erzählung", in: Wolfgang Kraus und Olivier Munnich (Hg.), *La Septante en Allemagne et en France/Septuaginta Deutsch und Bible d'Alexandrie. Textes de la Septante à la traduction double ou à traduction très littérale*, OBO 238, Fribourg/Göttingen 2009, 64–89.

Wacker, Marie-Theres, „Tödliche Gewalt des Judenhasses – mit tödlicher Gewalt gegen Judenhass? Hermeneutische Überlegungen zu Est 9", in: Frank Lothar Hossfeld und Ludger Schwienhorst-Schönberger (Hg.), *Das Manna fällt auch heute noch. Beiträge zur Geschichte und Theologie des Alten, Ersten Testaments (FS Zenger)*, HBS 44, Freiburg/Basel/Wien et. al. 2004, 609–637.

Wacker, Marie-Theres, „The Violence of Power and the Power of Violence: Hybrid, Contextual Perspectives on the Book of Esther", in: L. Juliana Claasens und Carolyn J. Sharp (Hg.), *Feminist Frameworks and the Bible: Power, Ambiguity, and Intersectionality*, LHBOTS 630, London 2017, 99–115.

Wacker, Marie-Theres, „Widerstand – Rache – verkehrte Welt. Oder: Vom Umgang mit Gewalt im Esterbuch", in: Marie-Theres Wacker, Klara Butting und Gerard Minnaard (Hg.), *Ester. Mit Beiträgen aus Judentum, Christentum, Islam, Literatur, Kunst*, Wittingen 2005, 35–44.

Wahl, Harald M., *Das Buch Esther. Übersetzung und Kommentar*, Berlin 2009.

Wahl, Harald M., „Die Sprache des hebräischen Estherbuches. Mit Anmerkungen zu seinem historischen und traditionsgeschichtlichen Referenzrahmen", *ZAH* 12 (1999), 21–47.

Wahl, Klaus, *Aggression und Gewalt. Ein biologischer, psychologischer und sozialwissen-schaftlicher Überblick*, Heidelberg 2009.

Walfish, Barry Dov, *Esther in Medieval Garb: Jewish Interpretation of the Book of Esther in the Middle Ages*, SUNY Series in Judaica, Albany, NY 1993.

Waters, Matt, „Xerxes and the Oathbreakers: Empire and Rebellion on the Northwestern Front", in: John J. Collins und Joseph G. Manning (Hg.), *Revolt and Resistance in the Ancient Classical World and the Near East: In the Crucible of Empire*, CHAN 85, Leiden/Boston 2016, 93–102.

Wechsler, Michael G., „The Purim-Passover Connection: A Reflection of Jewish Exegetical Tradition in the Peshitta Book of Esther", *JBL* 117 (2/1998), 321–327.

Wechsler, Michael G., „Two Para-Biblical Novellae from Qumran Cave 4: A Reevaluation of 4Q550", *DSD* 7 (2/2000), 130–172.

Wees, Hans van, „Genocide in Archaic and Classical Greece", in: Victor Caston und Silke-Maria Weineck (Hg.), *Our Ancient Wars: Rethinking War through the Classics*, Ann Arbor, MI 2016, 19–37.

Wees, Hans van, „Genocide in the Ancient World", in: Donald Bloxham und A. Dirk Moses (Hg.), *The Oxford Handbook of Genocide Studies*, Oxford 2010, 239–258.

Weitzman, Steven, „Plotting Antiochus' Persecution", *JBL* 123 (2/2004), 219–234.

Westermann, Claus, *Prophetische Heilsworte im Alten Testament*, FRLANT 145, Göttingen 1987.

Wetter, Anne-Mareike, „How Jewish is Esther? Or: How is Esther Jewish? Tracing Ethnic and Religious Identity in a Diaspora Narrative", *ZAW* 124 (2011), 596–603.

Wetter, Anne-Mareike, *„On Her Account": Reconfiguring Israel in Ruth, Esther*, LHB/OTS 623, London/New York 2015.

Wetzel, Thomas A., *Violence and the Survival of Israel in the Book of Esther. Doctoral Dissertation, Harvard Divinity School. 2015*, http://nrs.harvard.edu/urn-3:HUL.InstRepos:22801840 (aufgerufen am 22.12.2020).

Whitters, Mark F., „Some New Observations about Jewish Festal Letters", *JSJ* 32 (2001), 272–288.

Wilker, Julia, „Von Aufstandsführern zur lokalen Elite. Der Aufstieg der Makkabäer", in: Boris Dreyer und Peter Franz Mittag (Hg.), *Lokale Eliten und hellenistische Könige. Zwischen Kooperation und Konfrontation*, Oikumene 8, Berlin 2011, 216–252.

Will, Wolfgang, *Der Untergang von Melos. Machtpolitik im Urteil des Thukydides und einiger Zeitgenossen*, Bonn 2006.

Will, Wolfgang, *Herodot und Thukydides. Die Geburt der Geschichte*, München 2015.

Willi, Thomas, „Die Völkerwelt in den Chronikbüchern", in: Michael Pietsch und Friedhelm Hartenstein (Hg.), *Israel zwischen den Mächten (FS Timm)*, AOAT 364, Münster 2009, 437–453.

Wills, Lawrence M., *The Jew in the Court of the Foreign King: Ancient Jewish Court Legends*, Minneapolis 1990.

Wills, Lawrence M., *The Jewish Novel in the Ancient World*, Ithaca, NY et al. 1995.

Winiarczyk, Marek, *Diagoras of Melos: A Contribution to the History of Ancient Atheism*, Beiträge zur Altertumskunde 350, Berlin 2016.

Winitzer, Abraham, „The Reversal of Fortune Theme in Esther: Israelite Historiography in Its Ancient Near Eastern Context", *JANER* 11 (2/2011), 170–218.

Witte, Markus, „Esther", in: Jan Christian Gertz (Hg.), *Grundinformation Altes Testament: Eine Einführung in Literatur, Religion und Geschichte des Alten Testaments*, 5. überarb. Aufl., Göttingen 2016, 481–494.

Wynn, Kerry H., *The Socio-Historical Contexts of the Recensions of Esther*, Doctoral Dissertation, Southern Baptist Theological Seminary, 1990.

Zehnder, Markus, „The Annihilation of the Canaanites: Reassessing the Brutality of the Biblical Witnesses", in: Markus Zehnder und Hallvard Hagelia (Hg.), *Encountering Violence in the Bible*, The Bible in the Modern World 55, Sheffield 2013, 263–290.

Ziemer, Benjamin, *Kritik des Wachstumsmodells. Die Grenzen alttestamentlicher Redaktionsgeschichte im Lichte empirischer Evidenz*, VT.S 182, Leiden 2020.

Zsengellér, József, „Addition or Edition?: Deconstructing the Concept of Additions", in: Géza G. Xeravits und József Zsengellér (Hg.), *Deuterocanonical Additions of the Old Testament Books. Selected Studies*, DCLS 5, Berlin/New York 2010, 1–15.

Bibelstellenregister

Genesis
4,24 136
41,42 127
41,57 128
42,6 152

Exodus
7,8–12LXX 199
17,14 102
23,22LXX 217
23,23 89

Numeri
23,9 106

Deuteronomium
21,22–23LXX 221
25,19 102

Josua
12,9–24 158

1. Samuel
15,9 103
18,10 142
30,27–31 158

2. Könige
25,7 158

Esra
4,15 209
9,5–15 201

Nehemia
1,4–11 201

Judith
4,12 241

EsterAT
2,5 43
3 44–46
3,1–4 23 Tab.

EsterAT *(Fortsetzung)*
3,5–6 239–240
3,5–13 23 Tab.
3,7 22
3,8 44–46, 240
5,21 239
7 31
7,14 243
7,14–17 23 Tab., 47–54
7,14–41 36
7,15–16 35
7,16 243
7,16–17 49
7,17–49 42
7,18–21 22, 23 Tab., 54–57,
    242–247
7,18–33 33
7,22–32 23 Tab.
7,33–34 244
7,34–38 22, 23 Tab., 47–54,
    52
7,40–42 56
7,43–46 22, 23 Tab., 33,
    38–39, 53–54, 57–60,
    247–250
7,47–49 22
Add. A 1–2 43
Add. A 1–10 23 Tab.
Add. A 4–6 236
Add. A 7–8 237
Add. A 11–18 23 Tab.
Add. B 1–7 23 Tab.
Add. B 6 22
Add. E 23 Tab., 47–54
Add. E 20 22
Add. F 23 Tab.

EsterLXX
2,5–6 43
2,21–23 43
3,1–10 21 Tab.
3,6 204
3,6–11 21 Tab.
3,8 44–46, 205

EsterLXX *(Fortsetzung)*
3,12–15 21 Tab.
3,13 219
3,14 199
8,1–2.3–8.9–13 21 Tab.
8,9–10 211
8,11–12 211–215, 217
8,15–17 21 Tab.
8,17 213–214
9,1 211–212
9,1–2 216
9,1–4 21 Tab.
9,1–16 221–222
9,3 217
9,4 58
9,6 218
9,6–10 21 Tab.
9,10 218
9,11–15 21 Tab.
9,13 220
9,14 221
9,16 21 Tab.
9,17–32 222
10,1 222
10,3 222, 252
Add. A 20, 222–224
Add. A 1–11 21 Tab.
Add. A 4–10 196–197
Add. A 5–8 236
Add. A 10 237
Add. A 12–17 21 Tab.
Add. A 17 202–203
Add. B 20, 230
Add. B 1 207
Add. B 1–7 21 Tab.
Add. B 4 207–208
Add. C 20
Add. C 17–18 200–201
Add. E 21, 230–234
Add. E 1–24 21 Tab.
Add. E 17 215
Add. F 20, 21 Tab., 222–224
Add. F 6b 225
Add. F 11 226–227

EsterMT
1 93–96
2,5–6 43
2,21–23 8
3 88–119
3–5 62–69
3,1–5 19 Tab.
3,1–7 97–98
3,4–5 34
3,5 64
3,6 63, 89, 204
3,6–11 19 Tab.
3,7 68–69, 170
3,8 44, 111–112
3,8–9 104–105
3,8–15 104–116
3,9 105
3,12 124
3,12–14 132
3,12–15 19 Tab.
3,13 108–112, 124, 137–138
3,14 199
3,14–15 118
4,7–8 19
5,9 34, 64
5,13 64
7,3–4 19
8 69–73, 120–144
8–10 31–32
8,1 219
8,1–2 19 Tab., 70, 71
8,1–10 120, 121–125
8,3–8 19 Tab.
8,5 122, 124
8,8 123
8,9 124
8,9–14 19 Tab.
8,10 124
8,11 137–138
8,11–13 120, 131–139
8,13 213
8,15 71
8,15–16 120, 125–131
8,15–17 19 Tab., 73

EsterMT *(Fortsetzung)*
8,17 73–75, 120, 139–144, 213–214
9,1 152
9,1–5 19 Tab., 150–156
9,1–16 30, 75–78, 145–166, 172–173
9,2 153–154
9,3 154–155, 217
9,5 155–156
9,6–10 19 Tab., 157–159
9,6–10.16 156–162
9,6.15.16 161–162
9,10.15.16 159–160
9,11–15 19 Tab., 162–166
9,13 220
9,16 19 Tab.
9,17–32 166–173
9,20–32 188, 189
9,24–26 170
10,1–3 65, 72, 186
10,1–13 10
10,3 222

1. Makkabäer
1,41 112–113
1,43 113
1,51–64 113
2,7 113
3,20–21 114
3,21 133–134
3,25 153
3,43 134
4,36–59 169
5,1.9 190
7,43 166
7,46 171
7,48 166, 170
7,50 168
10,18–20 128
10,19.21.65 129
11,20–37.57–64 130
12,21 108
13,5–6 134

1. Makkabäer *(Fortsetzung)*
13,6 115
13,9 134
13,20 209
13,52 170
14,4 168

2. Makkabäer
1,1–11 188
5,11 178
5,12–14 178
6,1–6 179
6,8 189–190
10,1–8 169
12,22 153–154
13,16 154
15,30–34 166
15,36 171

Psalmen
17,7 98

Proverbien
11,10 126
26,27 65

Sapientia Salomonis
10,20 220

Jeremia
31,13 168

Daniel
1–6 91–92
5,7.16.29 127
6,25 139
8,4 156
9,4–19 201
11,3 156
11,31 179

Micha
4,4 169

Gesamtregister

A-Text *siehe* EsterAT
Achämeniden *siehe* Perserherrschaft, Bild der
Achenbach, Reinhard 112, 137
Achiqarerzählungen 80, 97
Adam, Klaus-Peter 142–143
Agag (König der Amalekiter) 66–68, 101–103
Aischylos, *Die Perser* 159
Alexandria
    Konflikte in 231–235, 251, 263–265
Allen, Leslie C. 13
Alpha-Text (Estererzählung) *siehe* EsterAT
Amalek-Tradition *siehe* Agag
antijüdische Deutung, der Estererzählung 3–4
Antiochus IV. Epiphanes 93, 112–113, 177–183
Arrianus, Lucius Flavius 15

B-Text *siehe* EsterLXX
Baumann, Gerlinde 266
Beal, Timothy K. 165
Bedränger und Feinde (Motivik) 100
Bedrohung der Juden durch Vernichtung
    (Vernichtungsmotiv)
    in EstLXX 195–202
    historisch und traditionsgeschichtlich
    88–93
Bellmann, Simon 17, 241, 254
Berlin, Adele 87
Bernhardt, Johannes Christian 177, 180
Berthelot, Katell 107
Bibelauslegung *siehe* historisch-kritische
    Exegese; jüdische Bibelauslegung
Bourdieu, Pierre 9
Brosius, Maria 110
Butting, Klara 103, 167, 268

Carruthers, Jo 30
Cazelles, Henry 28
Chaniotis, Angelos 169
Chanukkafest 169
    siehe auch Purim
Clines, David J.A. 29, 49, 53, 58, 74, 156, 246
Collins, John J. 179, 252
Cook, Herbert J. 29
Crawford, Sidnie W. 226

Dalley, Stephanie 13, 164
Danielbuch 80, 91–92, 155–156
Day, Linda 252
De Troyer, Kristin 35–36, 40, 49, 50, 245, 247,
    251, 253
Diasporatradition
    Estererzählung als 187–192, 231
Dietrich, Walter 135
Diodorus Siculus 106, 107, 181
Dobbeler, Stephanie von 150
Doran, Robert 178
Dorothy, Charles H. 32, 42, 187

Eckhardt, Benedikt 171, 177, 247
Edikt *siehe* Gegenedikt; Vernichtungsedikt des
    persischen Königs
Ego, Beate 10, 15, 33–34, 149, 172, 175, 187,
    207
Elßner, Thomas R. 205
Entstehungsmodell der Esterbücher 39 Tab.
Erbt, Wilhelm 28
Erzählung (Begriff) 6
Ester, und Mordechai 120–139
EsterAT (griechischer Kurztext)
    Bedrohung der Juden 235–242
    Datierung 39–61
    Gewaltdarstellung 22–23, 235–254,
    263–265
    Kürze 41–44
    Überlieferung 39–41
Esterbücher, Entstehungsmodell 39 Tab.
Estererzählung
    Alpha-Text *siehe* EsterAT
    als Diasporatradition 187–192, 231
    griechischer Kurztext *siehe* EsterAT
    hebräischer Text *siehe* EsterMT
    als historische Fiktion 9–12
    politische Deutungs- und Vereinnahmungs-
    versuche 2–3
    Rezeptionsgeschichte 1–5
    septuagintagriechischer Text *siehe* EsterLXX
EsterLXX (septuagintagriechischer Text)
    Abfassungskontext 263
    Bedrohung der Juden 195–211

EsterLXX (septuagintagriechischer Text)
(Fortsetzung)
Gewaltdarstellung 20–21, 195–235,
261–263
Vergeltung der Juden 211–226
EsterMT (hebräischer Text)
Abfassungskontext 260–261
Datierung 61–80, 174–176
Gewaltdarstellung 18–20, 85–88, 174–192,
258–260
literarhistorisches Verhältnis zu EstAT
39–61
Exegese, historisch-kritische
und Gewaltthematk 4–5, 81, 86

Feinde
Todesstrafe für 54–57, 242–247
Vernichtung der 57–60
Feinde und Bedränger (Motivik) 100
Fiktion, historische, Estergeschichte als 9–12
Flaccus Aulus 233
Fohrer, Georg 4
Forschung, literarhistorische
zum Esterbuch 27–39
Fox, Michael V. 30–32, 52, 53, 58
Furcht der Völker vor den Juden (Motiv)
139–144, 153–154

Gambetti, Sandra 234
Gebete und Träume, in EstLXX 195–202
Gegenedikt 69–73, 120–144, 211–215
Gehrke, Hans-Joachim 12
geistesgeschichtlicher Hintergrund der
Gewaltmotivik 99–100
Gerleman, Gillis 149, 168
Geschichte (Begriff) 6
Gewalt (Begriff) 7–9
Gewalt (Motiv) 265–269
Gewaltdarstellung, in Estererzählung 1–5,
255–258
siehe auch historische Kontextualisierung
der Gewaltdarstellung
Gewaltdarstellung, literarhistorische
Entstehung
in EstAT 39–61
Gewaltmotivik, geistes- und traditionsge-
schichtlicher Hintergrund 99–100

Goldman, Stan 87
Goldstein, Jonathan Amos 149
griechische Esterbücher
Gewaltdarstellung 193–195
siehe auch EsterAT; EsterLXX
griechisches Bildungsgut
Einfluss auf EstMT 99–100
Gunkel, Hermann 9, 172

Haag, Ernst 33
Haar Romeny, Bas ter 228
Habakukpescher (1QpHab) 260–261
Hacham, Noah 203–204
Haelewyck, Jean-Claude 39–40
Haman
als Agagiter 66–68, 101–103, 158
Charakter 97–98
als Judenfeind 100–103
und Mordechai 62–69
Vorwürfe gegen Juden 44–46
Hamans Plan
Annullierung von 47–54
in EstAT 239–242
in EstLXX 202–206
Hamansöhne 157–159, 218–220, 220–222
Hanhart, Robert 20, 39, 40
Harvey, Charles D. 217, 242, 243
Hasmonäer
Etablierung der Herrschaft 183–186
Haupt, Paul 137
hebräischer Text (Estererzählung)
siehe EsterMT
Hekataios von Abdera 106
Heltzer, Michael 13
Herodot, *Historiae* 15
Hiepel, Ludger 13
historisch-kritische Exegese
und Gewaltthematk 4–5, 81, 86
historische Kontextualisierung der Gewaltdar-
stellung
in EstAT 250–254
in EstLXX 226–235
in EstMT 174–192
Holt, Else K. 5
Homer, *Ilias* 99
Honigman, Sylvie 178, 252
Hornung, Gabriel F. 27

Iser, Wolfgang 11

Jenni, Ernst 142
Jerusalem
    während Seleukidenherrschaft 177–183
Jobes, Karen H. 32, 50, 199, 230
Johannes Chrysostomos 40
Johnson, Sara Raup 11
Joseferzählung 80
Josephus, Flavius
    Antiquitates Judaicae 39–40, 106, 144, 181,
      182, 190, 229
    Bellum Judaicum 190
    Contra Apionem 108, 208
Judäa
    während Seleukidenherrschaft 177–183
Juden
    Anklage gegen 104–105
    Bedrohung 88–119, 195–211, 235–242
    Begriff 1
    Errettung 222–224
    Furcht der Völker vor den 139–144,
      153–154
    Haman als Feind der 100–103
    Hamans Vorwürfe gegen 44–46
    Kampf gegen Feinde 75–78, 145–166
    und Nichtjuden 139–144
    Plan zur Vernichtung der 62–69
    Überlegenheit im Kampf 150–166
    Unterstützung durch persische Verwal-
      tungsbeamte 154–155
    Vergeltung 211–226
jüdische Bibelauslegung, zum Esterbuch 3
    siehe auch antijüdische Deutung
jüdische Partikularität 106–108

Kahana, Hanna 217
Kalimi, Isaac 90
Kampf des jüdischen Volkes gegen seine
    Feinde 75–78, 145–166
    siehe auch Vernichtung der Judenfeinde
Kessler, Rainer 137
Knauf, Ernst Axel 118, 178, 230
Konstan, David 99
Kontextualisierung, historische *siehe*
    historische Kontextualisierung der
    Gewaltdarstellung

Kosmin, Paul 188
Kossmann, Ruth 32, 63, 219, 245
Kottsieper, Ingo 52, 198, 214, 228, 238, 252
Kratz, Reinhard G. 107, 123
Kugler, Gili 90
Kurztext, griechischer *siehe* EsterAT

Laniak, Timothy S. 13
Lebram, Jürgen-Christian 97, 168, 169, 186
Leonard, Clemens 170
Levenson, Jon Douglas 152–153
Liebowitz, Etka 230
Littmann, Robert J. 13
Loader, James A. 149, 167
Lukian von Antiochia 40
Luther, Martin 3

Ma, John 184
Macchi, Jean-Daniel 34–35, 67–68, 135, 144,
    155, 170
1. Makkabäerbuch,
    Gewalt und Vernichtung in 112–116
makkabäische Erhebung
    als Gründungsmythos der Hasmonäer
      133–134, 177–179
Manetho 208
Mapfeka, Tsaurayi Kudakwashe 73, 187, 188,
    268
Martínez, Matías 6
masoretischer Text (Estererzählung)
    siehe EsterMT
Mathys, Hans-Peter 14
McHardy, Fiona 165
Meinhold, Arndt 149, 187
Michaelis, Johann D. 163
Michel, Andreas 205
Middlemas, Jill 13
Milik, Józef T. 13
Miller, Tricia 165, 229, 251
Mittmann-Richert, Ulrike 187, 195
Mordechai
    Erhöhung 69–73
    und Ester 120–139
    und Haman 62–69
    Macht 125–131
    Traumvision 235–239
Müller, Reinhard 228

Netanyahu, Benjamin 2
Nichtjuden, Furcht vor den Juden 139–144
Niemann, Hermann Michael 178, 230
Nikanor-Episode 114, 171

Oeming, Manfred 90, 181
Old Greek (OG) *siehe* EsterLXX
Opferzahlen, Höhe der 161–162, 249

Pakkala, Juha 221, 228
Partikularität, jüdische 106–108
Paton, Lewis B. 27
Perserherrschaft, Bild der 12–16, 109–110,
    182
Perserhof, Ester und Mordechai am 120–139
Philo von Alexandrien, *In Flaccum* 232–233,
    252
Plünderungsverzicht der Juden 159–160
politische Deutungs- und Vereinnahmungs-
    versuche des Esterbuches 2–3
Proskynese (Motiv) 15–16
Purim
    Namensätiologie 170
    als Siegesfeier 166–173
    siehe auch Chanukkafest

Qumran
    Fragmente (4Q550ᵃ⁻ᶠ) 13
    Habakukpescher (1QpHab) 260–261

Reinhartz, Adele 263
Rezeptionsgeschichte, der Estererzählung 1–5
Ringgren, Helmer 74
Ruiz-Ortiz, Francisco-Javier 87, 101, 125, 154

Sæbø, Magne 152
Sarif, Javad 2–3
Schaack, Thomas 95
Seleukidenherrschaft
    in Jerusalem und Judäa 177–183
septuagintagriechischer Text (Estererzählung)
    siehe EsterLXX

Striedl, Hans 187
Strube, Sonja 268

Talmon, Shemaryahu 126
Thornton, Timothy C.G. 162
Thukydides 110–111
Tilly, Michael 166, 191
Todesstrafe, für die Feinde 54–57, 242–247
Torrey, Charles 29
Tov, Emanuel 36, 52–53
traditionsgeschichtlicher Hintergrund der
    Gewaltmotivik 99–100
Trampedach, Kai 180
Träume und Gebete, in EstLXX 195–202

UN-Völkermordkonvention (1948) 8, 89

Vernichtung der Judenfeinde (Vergeltungsmotiv)
    nach EstAT 57–60, 242–250, 247–250
    nach EstMT 119–173
    als militärischer Präventivschlag 215–222
Vernichtungsedikt des persischen Königs
    104–116, 206–209
Vernichtungsmotiv 89–93; *siehe auch*
    Bedrohung der Juden durch Vernichtung
Verszählung 22–23
Vetus Latina 253–254
Vialle, Catherine 219
Völkermordkonvention der Vereinten Nationen
    (1948) 8, 89

Wacker, Marie-Theres 3, 4, 42, 165, 236, 261,
    265
Wahl, Harald M. 37, 124, 158
Wees, Hans van 101, 111
Wetzel, Thomas A. 148
Wilker, Julia 185
Wills, Lawrence M. 28, 123, 191
Winiarczyk, Marek 111
Wynn, Kerry H. 27

Ziemer, Benjamin 80